逻辑的力量

陈道德 著

LUOJI DE LILIANG

长江出版社
CHANGJIANG PRESS

中国逻辑学会 2011 年学术会议合影留念（前排左三为作者）

2019 年 4 月于湘潭大学，范晦语法国际会议期间合影（前排左三为作者）

2001 年 10 月于北京中国社会科学院
（从左至右为陈道德、周礼全）

1997 年 12 月于澳门，中国名辩学方法论研讨会期间合影（从左至右为周云之、李先焜、陈道德）

2008 年 11 月于天津商业大学，第八次中国逻辑大会期间作者（右）与张家龙合影

1999 年 10 月于广州华南师范大学（从左至右为陈道德、李先焜、胡泽洪）

2009 年 4 月于杭州浙江省教育学院，中国逻辑学会语言逻辑和符号学专业委员会学术会议期间合影（从左至右为陈道德、王维贤、陈宗明、黄卫星）

2007 年 8 月于天津南开大学，中国逻辑史第十一次全国学术研讨会期间合影（从左至右为周山、刘培育、陈道德）

2014 年 8 月于青海循化（从左至右为刘培育、噶尔哇·阿旺桑波、陈道德、傅光全、韩廷杰）

2021 年 10 月于甘肃敦煌，第十六届全国因明学学术研讨会期间合影（从左至右为董志铁、姚南强、沈剑英、刘延寿、陈道德）

1990 年 8 月于四川成都（从左至右为陈道德、孙中原）

2018 年 12 月于山东青岛，中国伦理学大会期间合影（从左至右为江畅、万俊人、陈道德）

2009 年 10 月于成都四川大学，纪念中国逻辑学会成立 30 周年大会期间作者（左）与蔡曙山合影

2011 年 11 月陈波教授（左）来湖北大学讲学期间与作者合影

2021 年 12 月于武汉李永铭家庭院（从左至右为张斌峰、李永铭、陈波、陈道德）

1986 年 7 月于开封河南大学硕士学位论文答辩后留影（从左至右前排为陈为蓬、陈道德、孙学钧，后排为葛黔君、李先焜、马佩、张浩）

1994 年 10 月于武汉，湖北大学政治系建系 20 周年领导和老师留影（第三排左二为作者）

2014 年 10 月于武汉湖北大学，《湖北大学学报（哲学社会科学版）》创刊 40 周年时，学报编辑部领导和教师合影（前排右一为作者）

1991 年 6 月于武汉，湖北大学政教 8701 班毕业留影（前排右五为作者）

2004 年 6 月于武汉，湖北大学哲学系 2004 届硕士研究生毕业留影（前排右三为作者）

2008 年 5 月于武汉，湖北大学辩论队 2004 级学生与教师合影（前排左三为作者）

2011 年 8 月于贵州贵阳，作者（右）与杜凯合影

2008 年 6 月于武汉湖北大学（从左至右为谭绍江、杨卉、陈道德、杨世雄）

2022 年 1 月于武汉湖北大学（从左至右为黄文红、陈道德、杨爱琼）

2015 年 6 月于武汉湖北大学，作者（右）与徐昇合影

2017 年 6 月于武汉湖北大学，作者（左）与高涌瀚合影

CONTENTS

目录

逻辑学研究

符号学研究

中国价值哲学研究

附　录

逻辑学研究

20 世纪语言逻辑的发展：世界与中国

语言逻辑（The Logic of Language）又叫自然语言的逻辑（The Logic of Natural Language），是以自然语言中的逻辑问题为研究对象的一门新兴学科。逻辑是研究推理的科学，语言逻辑就是研究自然语言中的推理问题的科学。它与一般逻辑之间的区别就在于它以自然语言为研究对象，是自然语言的语形学、语义学、语用学三者的综合。研究自然语言中的推理问题，既可以用描述的方法，说明推理的过程，阐述推理的机制；也可以用形式化的方法，构建形式系统和语义模型，证明形式系统的一致性和完全性。用前一种方法形成的语言逻辑可以称为描述的语言逻辑，用后一种方法形成的语言逻辑可以称为形式的语言逻辑。

一、国外意义理论的发展状况

20 世纪语言逻辑的兴起与意义理论的发展是分不开的，我们先简单谈一下国外意义理论的发展状况。

自 19 世纪中叶密尔（J. S. Mill）提出一个名称的意义就是它指称的对象以来，语言的意义问题就一直受到一些著名逻辑学家的关注，由此形成了不同的意义理论。其中对语言逻辑形成影响最大的主要有弗雷格（G. Frege）、罗素（B. Russell）、维特根斯坦（L. Wittgenstein）、克里普克（S. Kripke）、格赖斯（H. P. Grice）、奥斯汀（J. L. Austin）、塞尔（J. R. Searle）、塔尔斯基（A. Tarski）等人的理论，诸如“意义的指称论”“意义的使用论”“真值条件论”“可能世界语义学”等。

塔尔斯基的意义的真值条件论是语形层面的意义理论。“真”是一个典型的语义学概念，尽管它与“指称”有所不同，表示的是某些表达式即语句的一种性质，但是，要解释它的意义不仅要涉及语句，还要涉及这些语句所谈论的对象或这些语句所描述的事态。T 等值式，即“X 是真的，当且仅当 p”这一等值式，就是塔尔斯基对“真”的定义。塔尔斯基开创了现代逻辑的语义学研究，他对“真”的定义所用的是现代逻辑的方法，可以毫不夸张地说，这种方法是塔尔斯基所寻求的目标能够实现的一个先决条件，没有现代逻辑方法就没有塔尔斯基的真值条件论。塔尔斯基用形式化的方法来解决语言意义问题，这是对语言进行逻辑分析的一大创举。他的这一理论以及他所采用的分析方法，乃至他所使用的某些术语，对语言逻辑这一学科的发展产生了重大影响，他的学生蒙太格（R. Montague）正是在他的影响下，创立了蒙太格语法（MG）这一语言逻辑的典范。这种影响至今仍然持续着。

二、国外语言逻辑的形成与发展

国外语言逻辑的发展大致可以分为三个阶段：（1）萌芽阶段（20 世纪初—40 年代）。在弗雷格的“涵义”与“指称”、索引词等理论中就包含有语言逻辑思想的因素，因为其研究对象都是自然语言中的词和句子，都涉及到一些推理问题。罗素的摹状词理论就更不用说了。（2）形成阶段（20 世纪 50 年代—70 年代）。在意义理论的催生下，这一时期产生了希勒尔（Bar-Hillel）的索引词理论、奥斯汀的言语行为理论、格赖斯的隐涵理论、蒙太格语法等。蒙太格语法是语言逻辑形成的标志性成果。（3）发展阶段（20 世纪 80 年代以后）。这一时期的代表性成果有广义量词理论、话语表现理论、情境语义学、加标演绎系统等。

从研究方法来说，国外语言逻辑包括两个方面：描述的语言逻辑和形式的语言逻辑。描述的语言逻辑包括索引词理论、言语行为理论、隐涵与预设理论。形式的语言逻辑包括以蒙太格语法为代表的逻辑语法理论和萨莫斯（F. Sommers）的 TFL 系统。

索引词理论。第一个从现代逻辑角度对索引词进行研究的是弗雷格，他着重论述了索引词意义的不可交流性。继弗雷格之后，罗素探讨了消除索引词的途径。希勒尔则与罗素针锋相对，通过索引词的不可替代性论证了索引词的不可消除性。蒙太格第一个用模型论的方法定义并处理了索引词，卡普兰（D. Kaplan）则第一个建立了关于索引词的演绎系统。由于自然语言逻辑是从逻辑语形学、逻辑语义学及逻辑语用学的角度来研究自然语言的，而对索引词进行逻辑分析时所采取的正是一种语形、语义和语用相结合的方法，从这个意义上说，对索引词进行的逻辑分析是自然语言逻辑这一新兴学科的重要组成部分。

言语行为理论。言语行为（speech acts）这一概念是 20 世纪 50 年代由奥斯汀提出来的。奥斯汀认为，“说什么可能就做什么，或者在说什么的时候我们在做什么”。他指出，人的言语行为是由三种行为构成的：语谓行为、语用行为和语效行为。他的学生塞尔对言语行为三分说进行了修正。塞尔在奥斯汀理论的基础上，取消了语谓行为，用命题行为取而代之，他把奥斯汀的言语行为三分说改为四分说：说出的行为、命题行为、语用行为和语效行为。后来塞尔和他的学生范德维克（D. Vanderveken）运用现代逻辑工具尝试对言语行为理论作形式化处理，构造了一个语用逻辑系统。言语行为理论是把人们的言语交际过程看作一种行为的语言哲学理论，它以自然语言中的话语及其语境作为研究对象，重在揭示人们是如何以言行事，成功地完成言语交际的。虽然它研究的侧重点在于对语言和言语作哲学探讨，但必然涉及一些逻辑问题，并且根据言语行为理论建立的语用逻辑不仅具有以往逻辑类型的指谓性，而且还突出了语言在交际过程中所蕴含和预设的语用力量，因此它对自然语言的逻辑特征作了更广泛的概括。自然语言逻辑同样地也是以自然语言为研究对象，研究重点在于刻画自然语言中的逻辑特征，作为一门完整学科的自然语言逻辑必须包含对语用成分的处理，否则它就是不完备的。因此，我们认为，言语行为理论也是自然语言逻辑的重要构成部分。

隐涵与预设理论。隐涵理论是美国哲学家格赖斯首先提出来的。他认为人们在谈话中，说话人的话语所传达的意义可分为两部分：话语所言说的内容和话语中隐涵的内容。1967 年，格赖斯在哈佛大学的讲演中提出了关于隐涵的理论。自此，隐涵理论就成了语言逻辑的重要研究内容。格赖斯首先把隐涵分为约定隐涵和非约定隐涵。又将非约定隐涵区分为谈话隐涵和非谈话隐涵，并将谈话隐涵再区分为一般性隐涵和特殊性隐涵。格赖斯的隐涵理论主要讨论的是特殊隐涵，他认为特殊隐涵是说话人通过故意违反合作准则的方式产生的。为了说明隐涵产生的机制，格赖斯重点讨论了谈话的合作原则和合作准则，他提出了一条合作原则和四条合作准则，即数量准则、质量准则、关系准则和方式准则。荷恩（L. Horn）在 1984 年将格赖斯的四条合作准则改造为两个原则：数量原则和关系原则。列文森（S. C. Levinson）在 1987 年将格赖斯的四条合作准则改造为三条原则：数量原则、信息原则和方式原则。预设理论，第一个研究预设的是弗雷格，他认为，一个论断是否有真、假值，取决于这个论断中的名称是否有所指。一个论断有真值的条件就是这个命题的预设。后来斯特劳森进一步发挥了弗雷格关于预设的思想，明确使用了“预设”这一术语。引起了逻辑学家们的浓厚兴趣，使预设成为逻辑研究的重要课题。有的逻辑学家从语义角度研究预设，有的则从语用的角度研究预设。后者的代表人物是卡图南（L. Karttunen），他分析了 31 种预设提示语，并提出了一套分析语用预设的方法。预设和隐涵都是话语中没有明确言说的内容，需要听话人根据语境自己推导出来，这是预设和隐涵的共同特点。但是二者之间也有区别。首先，预设和隐涵同话语内容的逻辑关系不同，预设是话语的逻辑前提，而隐涵则是话语的逻辑推论。其次，话语依赖预设的真才有意义，而话语的意义却不依赖于隐涵的真。

逻辑语法理论。蒙太格语法是逻辑语法学科群体的开端和根本基础，逻辑语法的主要理论大都跟蒙太格语法有这样或那样的内在联系。蒙太格语法的特点是：把自然语言看作是同逻辑语言本质上相同的符号系统，提出所谓通用语法思想，开创了自然语言形式语义学研究的新思路。从结构的角度而言，蒙太格语法主张句法和语义同构对应的思想，强调意义的组合原则，即意义的递归可计算性质；作为逻辑语法的进一步发展，广义量词理论继承了蒙太格语法的思路，研究自然语言的限定词和名词短语的量化意义及其语义共性，考察推广的量词概念构成的逻辑系统；话语表现理论针对蒙太格语法之不足，从语义和语用相结合的角度刻画句子之间名词与代词的照应关系以及动词在时间方面的联系，对句子序列的语义分析采用渐进递增的动态方法，还创建了关于自然语言语义表现框图的自然推演系统；情境语义学创立新的意义理论，研究语句的语境因素及命题态度句的认知心理特征，运用信息数据化的方式描述自然语言的语义语用现象；动态语义学与话语表现理论一脉相承，从程序语言状态转换的动态角度看待自然语言的语义现象，据此建立了动态谓词逻辑和普通动态逻辑系统；类型—逻辑语法更直接地贯彻了语义和句法的同构对应原则，用比较简洁的规则和简单类型λ—演算的工具去刻画句子结构的意义特征；而关于自然语言理解的加标演绎系统则以程序化的处理方式构造关于自然语言语义组合的演绎模型，从而展现自然语言的结构意义。

TFL 系统。TFL 系统是英国逻辑学家萨莫斯创立的。20 世纪以来，数理逻辑的迅速发展使人们认为它能完全取代自然语言的逻辑。但是，随着日常语言学派研究成果的不断问世，这种奢望正在逐步被打消。逻辑研究出现了自然主义倾向。自然主义者主张修复传统逻辑，重新确立自然语言语法的地位。但未能建立起可与现代谓词逻辑媲美的逻辑系统，因而缺乏足够的说服力。萨莫斯弥补了自然主义的这一不足。他站在现代逻辑的高度对传统逻辑进行改造，建立起一个以传统逻辑的自然句法为体，以现代逻辑的形式化方法为用的传统形式逻辑的代数系统，简称 TFL 系统。萨莫斯的 TFL 系统是一个自然演绎系统。后来，C. 马钦托什和 M. 洛克伍德等人将 TFL 系统改造成为公理系统，并给出了模型以及一致性和完备性的证明。这使得 TFL 存在的合法性得到了决定性的支持。TFL 系统有两个突出的优点：第一，保留了传统逻辑中自然句法的主谓结构；第二，把推理变成简单的加减运算。最使 TFL 系统有意义的是，它与现代谓词逻辑（MPL）具有同等的推理能力。MPL 能处理的推理 TFL 都能处理，MPL 和 TFL 的推理规则也互相对应。虽然 TFL 系统还存在一些问题，如整个系统只有两个运算符号而萨莫斯又尽量使之保持代数加减的一些特征和作用，因而使得一些表达方式显得过于复杂和勉强，但是我们认为，一个具有完备性和一致性的系统的建立是无可辩驳的事实。系统的建立所指示的方向比系统本身更有意义。它表明，自然语言的句法并非逻辑发展的障碍，自然语言的逻辑是大有发展前途的。

三、国内语言逻辑的形成与发展

我们认为，我国语言逻辑的形成与发展大体上也可以分为三个时期：（1）开创时期（20 世纪 50 年代—80 年代）。周礼全是我国语言逻辑研究的开创者和奠基人，在他的倡导和影响下，一些学者开始系统介绍国外语言逻辑思想，讨论语言逻辑的研究对象和研究内容，这一时期代表性作品是王维贤、李先焜、陈宗明三位先生合著的《语言逻辑引论》。（2）形成时期（20 世纪 90 年代—20 世纪末）。这一时期代表性成果有周礼全主编的《逻辑——正确思维和成功交际的理论》、邹崇理的《一个运用蒙太格语法与广义量词方法分析汉语量化词组的部分语句系统》和蔡曙山的《言语行为和语用逻辑》。这三项成果标志着语言逻辑在中国已经形成。（3）发展时期（21 世纪初）。邹崇理 2002 年出版的《逻辑、语言和信息》可以看作是新的起点。从研究方法的角度来看，周礼全、李先焜、陈宗明三位先生的语言逻辑思想属于描述的语言逻辑，蔡曙山、邹崇理两位博士的语言逻辑思想属于形式的语言逻辑。

周礼全先生早在 1959 年就提出研究自然语言中的逻辑问题。此后，他一方面系统介绍国外的语言逻辑思想，一方面对语言逻辑进行了深入的思考和研究，发表了多篇重要论文。1961 年几乎在奥斯汀提出言语行为理论的同时，他提出了自然语言有三个方面的意义：表述客观事物的情况，是语言的表述意义；表现说话者对事物的态度，是语言的表现意义；激起别人的行动，是语言的激动意义。1994 年出版的《逻辑——正确思维和成功交际的理论》是他关于语言逻辑研究的一项重要成果，他在这部著作中建立起以意义、语境、隐涵、预设为主要范畴的语言逻辑体系，与当时国际上的发展水平大致相当。周先生吸收了西方意义理论的一些合理因素，提出了话语的四层次意义理论。四层次意义理论克服了“指称论”“观念论”“行为论”“使用论”等意义理论的片面性和局限性，着眼于意义的层次性，运用黑格尔的由抽象上升到具体的逻辑方法，分析了意义的四层次结构——命题、命题态度、意谓、意思。这四者之间环环相扣，层层相包。从以上的比较分析中我们可以看出，在“意义”研究的历史长河中，周先生的“四层次理论”是具有开创性的，是意义理论发展史上的一个新的里程碑。另外在语境、隐涵、预设等理论中，周先生都提出了自己的独到见解。正如王路在《周礼全集》的“编者的话”中所说，周礼全先生“关于自然语言逻辑的思想在中国逻辑学界产生了广泛的影响”，“他的这一思想不仅在我国是开拓性的，而且在国际上也是富有创造性的”。

李先焜在语言逻辑研究方面的贡献，不仅仅在于他是语言逻辑研究队伍的领军人物，更重要的是他在语言逻辑理论方面作出了一些开创性的贡献。他与王维贤、陈宗明两位先生合著的《语言逻辑引论》在国内产生了很大的影响。在这部著作中，他对语言逻辑的研究对象、研究内容、研究方法及研究语言逻辑的重大意义作了全面、系统的阐述。他的这些论述使国内逻辑工作者了解到什么是语言逻辑、语言逻辑要研究什么、为什么要研究语言逻辑。他在十多年前作出的论断，在今天初步得到了证实。今天人工智能研究的关键就是自然语言的理解问题，这充分说明了语言逻辑的研究对于信息科学的重要意义。另外他还对定义、修辞的逻辑功能进行了深入的研究，他的这些研究都是富有创见性的。

陈宗明运用现代逻辑的理论知识，研究自然语言中的逻辑形式，特别着重自然语言中的正确推理形式，利用内涵逻辑和深层结构的理论，研究自然语言中的语义问题，阐明自然语言丰富而复杂的逻辑意义。除此之外，他还充分地利用现代符号学理论，研究自然语言的语用问题，阐明自然语言在人们交际中的作用；他还将现代逻辑与修辞理论结合起来，对说话写文章的篇章逻辑进行了有益的探索，与传统逻辑和数理逻辑相比，语言逻辑能够更好地为人们的日常思维和表达服务。陈先生特别重视汉语逻辑特性的研究，他认为汉语单音节特点和它所使用的方块字，形成了汉民族独特的文化传统。在逻辑上，无论语形、语义或语用，汉语都有自身的一些特点，从而区别于其他语言的逻辑。陈先生根据汉语的特点，突出了汉语逻辑中的人文性、交往性和语用性。透过陈先生的语言逻辑研究的历程，我们不难看到，中国语言逻辑的研究正在步步深入：从传统逻辑的领域发展到现代逻辑的领域，从以语形学为主的研究发展到以语义学尤其是以语用学为主的研究；从外延逻辑发展到内涵逻辑；从非形式化的方法发展到形式化与非形式化并举；从引进西方的语言逻辑理论发展到建构汉语的逻辑。

如果说上面三位前辈学者主要是运用描述的方法研究语言逻辑，那么后来的年轻学者则已运用形式化的方法研究语言逻辑，蔡曙山和邹崇理可以看作是他们的代表。蔡曙山主要从事语用逻辑的形式化研究，他在塞尔和范德维克工作的基础上，构造了语用逻辑推理的形式系统：命题语用逻辑自然推理系统 PFN、命题语用逻辑公理系统 PF；量化语用逻辑自然推理系统 QFN、量化语用逻辑公理系统 QF；模态语用逻辑自然推理系统 MFN，模态语用逻辑公理系统 MF。在语形研究方面，他分别构造了以上各系统的自然推理系统和形式公理系统。在语义研究方面，他构造了以上各系统的语义模型。通过形式化研究，蔡曙山认为他能得出塞尔和范德维克用非形式化方法得不到的结论。蔡曙山讨论了语用逻辑各形式系统的一致性和完全性问题，以及命题的语用逻辑与经典命题逻辑、直觉主义命题逻辑的关系，量化的语用逻辑与一阶谓词逻辑、高阶谓词逻辑的关系，模态的语用逻辑与正规的模态逻辑、高阶模态逻辑的关系等问题。他的研究成果也再一次证明了语言逻辑是一种新的逻辑分支。

邹崇理的研究则以蒙太格语法为基础，广泛涉猎逻辑语法与形式语义学领域内的广义量词理论、话语表现理论、类型—逻辑语法和情境语义学等多种理论。并且用这些理论尝试研究现代汉语中的逻辑问题，取得了原创性的研究成果。1993 年他在《一个运用蒙太格语法与广义量词方法分析汉语量化词组的部分语句系统》的论文中，运用 MG 与 GQ 的基本方法，分析了汉语量化词的语义特征，在对汉语量化句特征全面把握的基础上，构造了汉语量化句的部分语句系统 FC。FC 的主要目的在于刻画汉语量化词组的语义特征，注意区分量化词组的分布语义和聚合语义。2002 年他在专著《逻辑、语言和信息》中进一步完善了 FC 系统，在这一系统中定义了汉语所特有的量词，并在这个系统中增加了生成传统对当关系和三段论推理以及描述其有效性的功能。在研究汉语量化句聚合意义的启示下，采取与西方学者不同的思路提出刻画量化表达式聚合意义的一阶谓词逻辑系统，且证明了这个系统的可靠性和完全性。邹崇理还对汉语时间系统的语义特征进行了考察，认为汉语是时态结构比较丰富的语言。他采用时间区间语义学方法处理汉语的时态结构，经过巧妙构思，构造了一个专门刻画汉语时态结构的部分语句系统。邹崇理所做的这些工作是开创性的，为汉语的逻辑研究创出了一条新路，展示了广阔的研究前景。邹崇理的研究成果是我国语言逻辑研究形成的重要标志，显示了中国年轻一代逻辑学者的研究实力，实现了与国际逻辑研究水平的接轨与对话。

（原载《哲学研究》2005 年第 11 期）

周礼全先生的语言逻辑思想

周礼全（1921 年 12 月—2008 年 6 月），男，湖南吉首人，中国社会科学院哲学研究所研究员。1941 年，周先生以优异成绩考入西南联大哲学系学习，后在清华大学师从金岳霖先生。研究生毕业以后先后在清华大学哲学系、北京大学哲学系和中国社会科学院哲学所工作。他是中国著名的逻辑学家、哲学家。从 1983 年至 1996 年，连续担任三届中国逻辑学会的会长。1996 年后被推举为中国逻辑学会名誉会长。周先生在逻辑学科的诸多领域都作出了重要贡献，在语言逻辑研究方面的贡献尤为突出。

20 世纪 50 年代初周先生在北京大学哲学系讲授逻辑课，在教学实践中他深刻认识到："形式逻辑要在提高人们的思维能力方面起重要作用，就必须和自然语言相结合，就必须和语形、语义、语用相结合。……这个认识，最初只是我关于形式逻辑课程的改革意见，但后来很快就转变成我关于如何发展形式逻辑的理论观点。"①1959 年周先生发表了《形式逻辑必须在马克思主义指导下大力修正》一文，文中强调了形式逻辑要与语法修辞相结合。1978 年以后在历次逻辑研讨会上，周先生曾多次提出研究自然语言中的逻辑问题，逻辑结合语言不单是用逻辑翻译自然语言，而且要研究丰富的语言中的逻辑形式。周先生身体力行，他一方面系统介绍国外的语言逻辑思想（翻译出版了沙夫的《语义学引论》、莫里斯的《指号、语言和行为》；讲授了问句逻辑、模态逻辑、蒙太格语法）。另一方面对语言逻辑进行了深入的思考和研究，发表了多篇重要论文，1994 年出版的《逻辑——正确思维和成功交际的理论》是他关于语言逻辑研究的一项最重要的成果，他在这部著作中建立起以意义、语境、隐涵、预设为主要范畴的语言逻辑体系。周礼全先生"关于自然语言逻辑的思想在中国逻辑学界产生了广泛的影响"，"他的这一思想不仅在我国是开拓性的，而且在国际上也是富有创造性的"。②

---

① 周礼全主编：《逻辑——正确思维和成功交际的理论》，人民出版社，1994 年，"序"，第 1 页。

② 周礼全：《周礼全集》，中国社会科学出版社，2000 年，"编者的话"，第 2 页。

一、周礼全的意义理论

1961 年，周先生在《形式逻辑应尝试研究自然语言的具体意义》一文中明确指出，自然语言有三个方面的意义：表述客观事物的情况，是语言的表述意义；表现说话者对事物的态度，是语言的表现意义；激起别人的行动，是语言的激动意义。在这篇重要文献中他还论述了语句的具体意义和抽象意义及二者之间的关系，他说："一个（或一组）语句在它的具体环境中的意义，就是这个（或这组）语句的具体意义。一个（或一组）语句的具体意义，才是它的完全的真正的意义。一个（或一组）语句脱离了它的具体环境的意义，只是它的抽象意义。语言的抽象意义与语言的具体意义的关系，正像解剖了的死人肢体与活人肢体的关系一样。"① 1994 年，在《逻辑——正确思维和成功交际的理论》这一著作中，他进一步发展了这一思想，提出了意义的四层次理论。意义的四层次理论又是根据话语的四层次理论得出的，为了弄清意义的四层次理论，首先让我们看看他的话语的四层次理论。

（一）话语的四个层次

语言是由词汇和语法组成的符号系统，如汉语、英语、日语是三种不同的语言，它们都有各自的词汇和语法。"话语是在一个语境中说话者用来传递讯息所说出的一串语音或写出的一串笔画。"② 话语是某种语言在一个具体交际场合的运用。

1. 话语的三个要素

一句话语由三个要素构成，即语词成分、节律成分、副语言成分。

（1）语词成分

一句话语所包含的一串语词以及它们之间的先后关系就是这句话语的语词成分。

例如："我们今天在这里开学术讨论会"这句话语就是由"我们""今天""在""这里""开""学术""讨论会"这些语词按照一定的顺序排列而成的，这些就是这句话语的语词成分。

（2）节律成分

节律成分是指附加在语词成分之上的语音特征，节律成分包含三个主要因素，即间歇、重音和语调。

在一句话语中的语词之间，常有长短不同的间歇。话语中语词之间长短不同的间歇，表示出话语中语词之间不同程度的联系。

---

① 周礼全：《周礼全集》，中国社会科学出版社，2000 年，第 174 页。

② 周礼全主编：《逻辑——正确思维和成功交际的理论》，人民出版社，1994 年，第 7 页。

“我们—今天—在这里—开学术讨论会。”

如果一句话中某个语音比邻近的语音有较高的音高，常常也伴有较强的音强和较长的音长，那么，这个语音就是这句话语中的重音。

“我们今天在这里开学术研讨会。”

“我们今天在这里开学术讨论会。”

节律中最重要的因素是语调。话语的语调又是由两个因素组成的：一个是话语中的语词、词组和整个一句话的音高水平；另一个是音高的运动方向，它可以是升调、平调、降调、升降调、降升调等。一句话语的语调就是这句话语中语音的抑扬顿挫。

话语的节律是附加在语词成分上的语音性质。它不影响某个语词之为某个语词，也不影响语词之间的先后关系。因此，话语的节律是话语中的非语词成分，而且也不会改变话语的语词成分。

（3）副语言成分

副语言成分是指话语中那些超出音高、音强和音长的正常范围的语音特点以及那些超出正常发音方式的语音特点。

就音高说，一个人用高于正常音高的尖声说话或用低于正常音高的低沉声音说话，这种尖声和低声就是他话语中的副语言成分。

就音强说，一个人有时用强于正常音强的吼叫声说话或用低于正常音强的低悄声说话，这种吼叫声和低悄声就是他话语中的副语言成分。

就音长说，一个人有时用长于正常音长的拖长声音说话，有时用短于正常音长的急促声音说话，这种拖长的声音和急促的声音就是他话语中的副语言成分。

就发音方式说，一个人有时用一种不同于正常发言的鼻音或喉音说话，这种鼻音和喉音就是他话语的副语言成分。

2. 话语的四个层次

“一句话语是由它的语词成分、节律成分和副语言成分所构成的有机整体。”[①] 而且一句话语又总是出现在一个交际语境中。如果分别考察这四个因素，我们就得到话语的四个层次。

第一个层次是“抽象语句”，它是根据语形规则由语词构成的有机整体。如果我们把语词成分记为“A”，由语词成分构成的抽象语句，就用“A”表示。

第二个层次是“语句”，它是在抽象语句基础上，再加上节律成分这个因素。也就是说语句是由抽象语句和节律构成的一个有机整体。如果我们把节律成分记为“F”，

① 周礼全主编：《逻辑——正确思维和成功交际的理论》，人民出版社，1994 年，第 11 页。

则语句就可以用“FA”来表示。

第三个层次是“话语”，它是在语句基础上，再加上副语言成分，即它是由语句和副语言成分构成的有机整体。如果我们把副语言成分记为“U”，则话语就可以表示为“U（FA）”。

第四个层次是“交际语境中的话语”，它是在话语的基础上再加上“交际语境”这个因素。它是话语和交际语境构成的有机整体，如果我们用“C_R”表示交际语境（其中C表示语境，R表示交际准则），则交际语境中的话语可表示为C_R“（U（FA））”。

由以上的表示方法可以看出：话语“U（FA）”是交际语境中话语C_R“（U（FA））”的抽象，语句“FA”又是话语“U（FA）”的抽象，抽象语句“A”又是语句“FA”的抽象。

（二）意义的四层次理论

基于话语四层次的分析，周先生提出了意义的四层次理论：命题、命题态度、意谓、意思。

1. 抽象语句的意义——命题

一个抽象语句表达一个命题。抽象语句所表达的命题，是由抽象语句中的语词所表达的概念构成的有机整体。正像一个概念描述一个事物一样，一个命题描述一个事态，由于一个抽象语句表达一个命题，而这个命题又描述一个事态，一个抽象语句则指谓这个命题描述的事态。

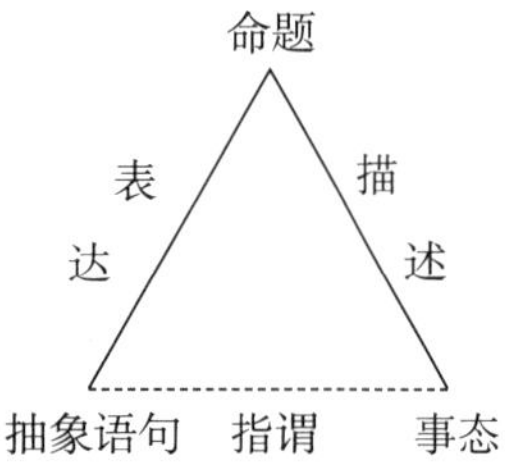

抽象语句所表达的命题，是语言使用者的思想，而命题所描述的事态则是存在于思想之外的客观实在。抽象语句、命题、事态三者之间存在着如右图的语义关系。

如果我们把抽象语句“A”所表达的命题记为A。

抽象语句“A”的意义，就是“A”所表达的命题A。

2. 语句的意义——命题态度

抽象语句表达命题，节律则表达说话者对命题的态度（或对命题所描述的事态的态度），对命题的态度是说话者的一种附在命题上的感情。断定、疑问、要求、愿望、许诺等，都是对命题的态度。

例如：“小李明天去上海。”是一个陈述语句，它的节律表达了说话者对小李明天去上海这个命题或事态的断定态度。

“小李明天去上海吗？”是一个疑问语句，它的节律（包括语助词“吗”）表达了说话者对小李明天去上海这一命题或事态的疑问态度。

“小李明天去上海！”是一个命令语句，它的节律表达了说话者对小李明天去上海这一命题或事态的命令态度。

一个语句“FA”中的抽象语句“A”表达命题A。一个语句“FA”的节律“F”所表达的是对命题的态度，记为F。一个语句所表达的思想感情记为FA。FA是由对命题的态度F和命题A所构成的有机整体。我们把FA叫做命题态度。

一个语句“FA”的意义，就是这个语句所表达的命题态度FA。

3. 话语的意义——意谓

话语“U（FA）”中除了包含语句“FA”外，还包含副语言成分“U”。语句“FA”表达命题态度FA，副语言成分“U”则表达说话者附加在命题态度FA这种思想感情上的思想感情。我们把副语言成分“U”所表达的思想感情记为U。我们把话语“U（FA）”所表达的思想感情记为U（FA）。U（FA）是由语句“FA”所表达的命题态度FA和副语言成分“U”所表达的思想感情U构成的有机整体。

例如，在一次评定一位校长的工作的会议上，甲说：“校长的工作是有成绩的。”甲说这句话是应用一种响亮的明晰的声调。这就是甲说这句话的副语言成分。这种副语言成分表达了明确性或坚定性这样的感情。

乙也说：“校长的工作是有成绩的。”但乙却是应用了一种低微的甚至有些含糊的声调。这就是乙说这句话的副语言成分。这种副语言成分表达了敷衍的、无可奈何的感情。

甲说的那句话语和乙说的那句话语，由于副语言成分的不同，就是两句不同的话语，这两句不同的话语表达了两种不同的思想感情。甲的话语表达的思想感情是：坚定地认为校长的工作是有成绩的。乙的话语表达的思想感情是：敷衍地认为校长的工作是有成绩的。

为了方便，我们把话语“U（FA）”所表达的思想感情U（FA）叫做意谓。一句话语“U（FA）”的意义，就是“U（FA）”所表达的意谓U（FA）。

4. 交际语境中的话语的意义——意思

交际语境中的话语是C_R“（U（FA））”。话语“U（FA）”所表达的思想感情是U（FA）。相应于交际语境C_R，说话者也具有某种思想感情，即说话者对语境中的因素的认识，和说话者遵守交际规则（即合作准则）的意愿。我们把说话者相应于交际语境C_R的思想感记为“C_R^*”。

交际语境中的话语C_R“（U（FA））”所表达的说话者的思想感情，是由说话者相应于交际语境C_R的思想感情C_R^*和话语所表达的思想感情U（FA）（即意谓）所构成的有机整体。我们把这个有机整体记为C_R^*（U（FA））。

在C_R^*（U（FA））这个有机整体中，C_R^*要对U（FA）产生重要的影响。其主要表现以下三个方面：

（1）交际语境 C_R 和 C_R^* 能确定话语“（U（FA））”中索引词的意义。

例如：“我们今天在这里开学术讨论会。”这句话语中的“我们”“今天”“这里”等词语的意义，只有在具体的语言环境中才能确定其所指。

（2）交际语境 C_R 和 C_R^* 能够消除话语“（U（FA））”的歧义。有些话语有两个或两个以上的意义，离开了具体的语言环境这样的话语究竟表达什么意义是不能确定的。

例如：“李莉爱她的孩子甚至于她的丈夫。”这句既可以理解为“李莉爱她的孩子甚于爱她的丈夫”，也可以理解为“李莉爱她的孩子甚于她的丈夫爱她的孩子”。

“鸡不吃了”既可以理解为“人不吃鸡了”，也可以理解为“鸡不吃食了”。

如果在具体的语言环境中谈论这些话语，就可以消除它们的歧义。

（3）交际语境 C_R 和 C_R^* 能够帮助人们理解话语“（U（FA））”的隐含意义。

例如：“老王是头老黄牛。”仅从字面上看，这句话语表达的命题是：老王是一个四支脚的偶蹄动物。但根据交际语境 C_R 和 C_R^*，就可得出这句话语所表达的意思不是说“老王是一个四支脚的偶蹄动物”，而是说“老王是一个踏实肯干的人”。

“我们把交际语境中的话语 C_R‘（U（FA））’所表达的说话者的思想感情 C_R^*（U（FA））叫做话语的意思。”①

交际语境 C_R 中话语 C_R“（U（FA））”的意义，就是它所表达的意思 C_R^*（U（FA））。

周礼全先生关于话语意义的四层次理论克服了“指称论”“观念论”“行为论”“使用论”等意义理论的片面性和局限性。他既注意到话语的抽象意义，也注意到话语的具体意义，并且对它们之间的关系作了精辟的论述：“在命题、命题态度、意谓和意思这四种或四层意义中，后者比前者具体，是由前者和一个新因素所构成的有机整体；前者比后者抽象，是后者这个有机整体中一个构成因素。只有意思才是语言交际中具体的、完全的和真实的意义。其他的意义，都只是语言交际中抽象的和部分的意义，都只是意思的构成因素。”② 周先生的意义理论着眼于意义的层次性，运用黑格尔的由抽象上升到具体的逻辑方法，分析了意义的四层次结构——命题、命题态度、意谓、意思。这四者之间环环相扣，层层相包。

从以上的比较分析中我们可以看出，在“意义”研究的历史长河中，周先生的“四层次理论”是具有开创性的，是意义理论发展史上的一个新的里程碑。

---

① 周礼全主编：《逻辑——正确思维和成功交际的理论》，人民出版社，1994年，第22页。

② 周礼全主编：《逻辑——正确思维和成功交际的理论》，人民出版社，1994年，第22页。

二、周礼全的语境理论

“语境”是语言逻辑中的一个重要概念。这个概念有一个发展过程，最早提出这个概念是为了解决索引词的指谓问题。例如，在话语中经常会出现“我”“你”“他”“这儿”“那位”“去年”“今天”“前者”“后者”……这一类的索引词。这些索引词的指谓问题只有在具体的语言环境中才能得到解决。因此，最早的语境概念只包含谈话的时间、地点、谈话者、上下文这些决定索引词指谓的各种因素。后来又扩展到解决抽象语句的指谓问题。在 D·刘易斯提出的语境概念中，包含了可能世界、时间、地点、说话者、听话者、被指的对象、上下文、值域这八种因素。这些因素都是为了解决索引词和抽象语句的指谓问题。由于指谓问题是属于语义方面的问题，所以，这样的语境就被人们称为语义语境。

近几十年来，随着语言逻辑研究的深入，又由语义语境发展到语用语境。

周先生在语境理论上的贡献主要表现在语用语境方面，周先生认为：“语义语境只能解决指谓和所指谓问题，但不能解决命题态度、意谓和意思问题。因此，语言逻辑家就在语境中加入一些新的因素，即加入说话者和听话者的知识、信念和意图等新因素。”[①] 他在奈昂斯（J. Lyons）关于交际中谈话双方正确说出一句话语或者正确理解一句话语必须具备六个因素的基础上，提出了四种语用语境：C_O、C_S、C_H 和 C_{SH}。

C_0 包括五个方面的因素：（1）当前情境（即谈话时说话者和听话者能直接感知的事物和事态，包括谈话的时间、地点、说话人的面部表情、身体姿势等），（2）上下文（就是说某句话语时的前言和后语），（3）话语所涉及的事物和事态（既包括当前说话者和听话者能直接感知的事物或事态，也包括时间上或空间上遥远的事物和事态，还可以包括想象的或虚构的事物和事态），（4）说话者的情况（包括说话者的历史情况和目前情况，特别是说话者目前的思想感情情况），（5）听话者的情况（包括听话者的历史情况和目前情况，特别是听话者目前的思想感情情况）。这五种因素都是客观存在的。C_0 就是这五个因素的集合，或者说是表达这五个因素的命题的集合。

对于语境 C_0 中的那些客观存在的因素，说话者 S（或者听话者 H）很难有完全的认识，S 和 H 更难有共同的完全的认识。因此，在语境 C_0 之外，还很有必要提出说话者 S 所认识的语境 C_S、听话者 H 所认识的语境 C_H 和 S、H 所共同认识的语境 C_{SH}。

C_S 是说话者 S 所认识的语境。它是一个命题集合，其中的任一命题都是关于 C_0 中的因素的命题并且都是 S 所知道、相信或接受的命题。

---

① 周礼全主编：《逻辑——正确思维和成功交际的理论》，人民出版社，1994 年，第 387 页。

C_H 是听话者 H 所认识的语境。它也是一个命题集合，其中的任一命题都是关于 C_O 中的因素的命题并且都是 H 所知道、相信或接受的命题。

C_{SH} 是说话者和听话者共同认识到的语境。它也是一个命题集合，其中的任一命题都是关于 C_O 中的因素的命题并且都是 S 和 H 所共同知道、相信或接受的命题。

语境 C_O、C_S、C_H 和 C_{SH} 这四个命题集合，常常是相交的，常常有一些命题同时是这四个命题集合中的分子。例如，C_O 中有“说某一话语的‘U（FA）’的时间是 2001 年 9 月 15 日”这一命题，如果说话者 S 知道这一命题，并且听话者 H 也知道这一命题，那么 C_S、C_H 和 C_{SH} 中就也都有这一命题作为分子。而且，C_{SH} 既是 C_S 的子集，也是 C_H 的子集，是这两个集合的交。

这里所说的语境，既包括一句话语或一段话语的语境，也包括一个子句、短语或语词的语境。两个不同的话语，就有不同的语境。即使两句相同的话语，也可能会有不同的语境，因为分别说出这两句话语的说话者、听话者、说话的时间、地点等有可能不是完全相同的。当然，在分别说出两句话语的语境中，可以有并且常常有许多相同的命题作为分子。

在一次谈话中，语境 C_O、C_S、C_H 和 C_{SH} 总是不断地发生变化的。随着谈话时间的延长、谈话内容的增多和谈话者的思想感情的变化，语境就会跟着不断变化。正确地了解话语的语境及其变化，是正确地表达、传达和理解的必要条件和重要条件，也是成功交际的必要条件和重要条件。

周先生的语境理论不仅把语用语境的各种因素阐述得非常清楚，而且说明了各种因素对话语所表达及传达的命题、命题态度、意谓和意思的具体影响。对语境作这样深入细致的分析，在国内外尚未见到，这是周先生在理论上的创新。

三、周礼全的隐涵理论

周先生在批判格赖斯的隐涵理论的基础上提出了自己的隐涵理论。

（一）合作准则

周先生的隐涵理论仍然沿用了格赖斯的合作原则，但对他的合作准则进行了修改和扩充。提出了如下五条合作准则：

1. 真诚准则（相当于格赖斯的质准则）

a. 在一个交际语境 C 中，说话者 S 对听话者 H 说出一句直陈话语“U ⊢A”时，S 必须相信命题态度“⊢A”所断定的事态是存在的，也就是说，S 必须相信命题“A”所表达的事态是存在的或命题“A”是真的。

b. 在一个交际语境 C 中，说话者 S 对听话者 H 说出一句命令话语“U（！A）”时，

S必须相信命题态度“！A”所要求的行动是H能完成的或能实现的。

c. 在一个交际语境C中，说话者S对听话者H说出一句疑问话语“U（？A）”时，S必须相信命题态度“？A”所提出的问题是H能回答的。

2. 充分准则（相当于格赖斯的量准则）

a. 在一个交际语境C中，说话者S对听话者H说出一句直陈话语“U ├A”时，S必须相信命题态度“├A”所断定的事态是S所能提供的最大量事态。

b. 在一个交际语境C中，说话者S对听话者H说出一句命令话语“U（！A）”时，命题态度“！A”所要求的行动必须是S要求H作出的最大程度的行动。

c. 在一个交际语境C中，说话者S对听话者H说出一句疑问话语“U（？A）”时，命题态度“？A”所要求的回答必须是S要求H作出的最大程度的回答。

3. 相关准则（也就是格赖斯的关系准则）

在一个交际语境C中，说话者说出的话语必须是有助于实现谈话的目的的，也就是说，说话者说出的话语必须是和谈话目的相关的。

4. 表达准则（也就是格赖斯的方式准则）

a. 在一个交际语境C中，说话者说出的话语必须是不含混的。

b. 在一个交际语境C中，说话者说出的话语必须是无歧义的。

c. 在一个交际语境C中，说话者说出的话语必须是不冗长的。

d. 在一个交际语境C中，说话者说出的话语必须是有秩序的。

5. 态度准则（格赖斯没有这条准则）

在一个交际语境C中，说话者说出的话语必须是有礼貌的。

态度准则是谈话双方必须遵守的。有礼貌的话语有助于谈话的顺利进行，有助于达到谈话的目的。无礼貌的话语则会妨碍谈话的顺利进行，甚至导致谈话的中断。

这五条合作准则，涉及谈话的两个不同的方面，一方面涉及话语所表达或传达的内容，另一方面涉及话语的表达方式。

真诚准则、充分准则和相关准则都是关于话语的表达和传达的内容的准则。真诚准则要求话语所表达或传达的内容是S相信为真的或者是S相信H能完成的，或者是S相信H能回答的。充分准则要求话语所表达或传达的内容必须是S所能提供的最大量事态，或者必须是S要求H作出的最大程度的行动，或者必须是S要求H作出最大程度的回答。相关准则要求话语所表达和传达的内容必须是和谈话目的有关的。

表达准则是关于话语的表达方式的。表达准则要求话语明确、简洁和有秩序。只有这样才能正确地有效地传达说话者的思想感情，才能达到谈话的目的。

态度准则既涉及话语的表达方式，也涉及话语的内容。有礼貌的话语不仅要求话语所应用的词句（包括声调）必须是有礼貌的，而且要求话语所表达和传达的内容也必须是有礼貌的。

这五条准则虽然分别涉及话语的不同方面，但它们之间是相互联系、相辅相成的。这五条准则的强制力是不一样的，一般说来，相关准则和真诚准则最强。在某个具体的语境中，两条不同的合作准则不能同时遵守时，则必须首先遵守强制力较强的准则。

周礼全先生的这五条合作准则对格赖斯理论的发展主要表现在两个方面：一是把态度准则即“说话者说出的话语必须是有礼貌的”纳入合作准则之中。而格赖斯认为它是一条社会道德原则，把它排除在合作准则之外。周先生说：“人们有理由认为：‘说话必须是有礼貌的’也是一条合作交际的准则。因为说话没有礼貌，就不能进行或至少是妨碍进行合作的交际和谈话。”① 二是格赖斯所讲的合作准则，都是关于直陈话语的合作准则，而没有考虑关于命令话语和疑问话语的合作准则以及它们的谈话隐涵。周先生的合作准则考虑到了命令话语和疑问话语的问题。

（二）隐涵的定义

周礼全先生在他阐述的五条合作准则的基础上提出了关于隐涵的定义：

在一个交际语境 C 中，说话者 S 向听话者 H 说一句话“U（FA）”并且“U（FA）”的意谓中有命题态度 FA 时，话语“U（FA）”隐涵命题态度 F^*B（F^* 可以同于或不同于 F，B 可以同于或不同于 A，但 F^*B 不同于 FA），当且仅当

（Ⅰ）S 遵守合作准则；

（Ⅱ）（a）S 认为，由命题态度 FA 加上合作准则能推出命题态度 F^*B；

或者

（b）S 断定了语境 C 中的因素 c_1，c_2，…，c_n 并且 S 认为由 FA 加上合作准则再加上 $\vdash c_1$，$\vdash c_2$，…，$\vdash c_n$ 能推出 F^*B。

（Ⅲ）S 认为，H 知道（Ⅰ）和（Ⅱ）。

定义中说：话语“U（FA）”的意谓中有命题态度 FA，这里所说的命题态度 FA 是脱离（或抽象掉或不考虑）语境的。定义中说：话语“U（FA）”隐涵命题态度 F^*B，这里所说的 F^*B 却是在交际语境中的并由交际语境决定的。“由命题态度 FA 加上合作准则能推出命题态度 F^*B”这句话的意思是：仅仅由命题态度 FA 或仅仅由合作准则不能推出命题态度 F^*B，只有由 FA 和合作准则这二者才能推出 F^*B。因此，在交际语境中，话语“U（FA）”隐涵命题态度 F^*B，不同于 FA 蕴涵 F^*B（或 A 蕴涵 B），

① 周礼全主编：《逻辑——正确思维和成功交际的理论》，人民出版社，1994 年，第 438 页。

也不同于 FA 意涵 F^*B（或 A 意涵 B ）。

例如：一天 a 和 b 正在谈论某些同事的人品，a 对 b 说：“老张是只老狐狸。”

a 的这句话语，就其意谓本身而言，显然是假的。老张是一个人，怎么会是一只老狐狸？根据真诚准则，a 的这句话必有其他的意思。根据相关准则，a 的这句话语是关于老张的人品的。再根据交际语境中的因素，即汉语中关于狐狸的比喻用法的知识，就可推出，a 说那句话语隐涵：老张是个狡猾的人。由此可以看出，“老张是只老狐狸”这句话的隐涵意义“老张是个狡猾的人”，是在这个谈论人品的具体的交际语境中，由命题态度 FA 和合作准则联合推出的。

周先生关于隐涵的定义对格赖斯的隐涵定义作了两点修改：第一，格赖斯所说的约定隐涵是一种仅仅根据语义规则或广义语义规则的意涵，周先生的定义则把隐涵限制在应用了合作准则或语境这些语用因素而得出的意涵内。也就是说，周先生认为“隐涵”是个语用问题而不是一个语义问题。显然周先生的观点是正确的。第二，周先生提出的五条合作准则，除了包括格赖斯的合作准则外，还包括了关于命令话语和疑问话语的合作准则，也包括了美学的、道德的和社会的合作准则。这样，周先生的隐涵就不仅包括格赖斯的谈话隐涵，还包括了他的非谈话隐涵。格赖斯把隐涵分为谈话隐涵和非谈话隐涵，这种区分本身就是有问题的，甚至是自相矛盾的。格赖斯认为，由合作原则及其准则得出的隐涵是谈话隐涵，由美学的、道德的或社会的原则和准则得出的隐涵则是非谈话隐涵。他一方面以“‘说话必须是有礼貌的’是一条社会道德准则”为由，把它排除在合作准则之外；另一方面又把“不要说你相信为假的话语”作为质准则纳入他的合作准则之中。但后者要求人们在谈话中不说谎话，这显然也应是一条社会道德准则。另外，格赖斯的方式准则“话语不要冗长”和“话语不要含混”，显然也具有美学的特征。周礼全先生把格赖斯的谈话隐涵和非谈话隐涵都作为会话隐涵，这样就消解了格赖斯隐涵理论中的矛盾，使隐涵理论更加科学。这也是周先生对隐涵理论作出的重要贡献。

四、周礼全的预设理论

以前有些语言逻辑学家认为预设是语义现象，而周礼全先生认为预设是语用现象。“预设就是通常所说的语用预设，而不是通常所说的语义预设。”[①]

（一）预设的定义

为了给预设下一个恰当的定义，周先生首先提出了两条预设规则：

---

① 周礼全主编：《逻辑——正确思维和成功交际的理论》，人民出版社，1994 年，第 459 页。

在一个交际语境C中，说话者S对听话者H说出一句话语“U(FA)”时，S相信语词、短语或子句“B”所指的事物或事态存在并且相信H也相信“B”所指谓的事物或事态存在，如果

（Ⅰ）（1）“B”是直陈话语“U ├A”中的专名、摹状词、量化名词（名词短语）或非重音部分（即非重音的语词、短语或子句），

或（2）“B”是直陈话语“U ├A”推出的话语中的专名、摹状词、量化名词（名词短语）或非重音部分，

或（3）“B”是疑问话语或命令话语加上真诚准则推出的语句中的抽象语句。

并且

（Ⅱ）S相信“B”所指谓的事物或事态存在并且相信H也相信“B”所指谓的事物或事态存在，不同S说出话语“U（FA）”、S遵守合作准则或S相信的交际语境C中因素 c_1，c_2，…，c_n 相矛盾。

预设规则的（Ⅰ）中有（Ⅰ）（1）、（Ⅰ）（2）和（Ⅰ）（3）三部分。只要满足其中一部分，就满足了（Ⅰ）。我们把（Ⅰ）叫做预设规则的引发条件。（Ⅰ）（1）主要是处理直陈话语的预设的，（Ⅰ）（2）主要是处理一些特殊的直陈话语的预设的，（Ⅰ）（3）主要是处理疑问话语和命令话语的预设的。我们要确定一句话语有无预设和有什么预设，首先要看是否满足预设规则的引发条件（Ⅰ）。

预设规则中的（Ⅱ），我们把它叫做预设规则的排除条件。当一个语词、短语或子句“B”满足了预设的引发条件（Ⅰ）时，我们还要进一步看“B”是否也满足预设规则的排除条件。只有当“B”既满足预设规则中的引发条件（Ⅰ），又满足预设规则的排除条件（Ⅱ），S才相信“B”所指谓的事物或事态存在并且相信H也相信“B”所指谓的事物或事态存在。

预设规则是人们在交际语境中说出一句话语时普遍遵守的语用规则。

周先生在预设规则的基础上给出了关于预设的定义：

在一个交际语境C中，说话者S对听话者H说出一句话语“U（FA）”时，S预设语词、短语或子句“B”所指的事物或事态存在，当且仅当

（Ⅰ）根据预设规则，S相信“B”所指谓的事物或事态存在并且相信H也相信“B”所指谓的事物或事态存在。

（Ⅱ）S相信H知道（Ⅰ）。

（二）直陈话语的预设

1. 直陈简单话语的预设

为了明晰起见，我们用两个实例来说明如何应用预设规则和预设定义来确定简单

直陈话语的预设。

例 1：在一个交际语境 C 中，说话者 a 对听话者 b 说出一句直陈话语“凯卜勒死于贫困”时，a 预设“凯卜勒”为真。其理由是：

（1）“凯卜勒”是直陈话语“凯卜勒死于贫困”中的专名。

（2）a 相信“凯卜勒”为真并且相信 b 也相信“凯卜勒”为真，不同 a 说出直陈话语“凯卜勒死于贫困”和 a 遵守合作准则相矛盾。因为，由 a 说出话语“凯卜勒死于贫困”和 a 遵守合作准则推不出：a 不相信“凯卜勒”为真或 a 不相信 b 相信“凯卜勒”为真。

（3）a 相信“凯卜勒”为真并且相信 b 也相信“凯卜勒”为真，也不同 a 所相信的交际语境因素 c_1，c_2，…，c_n 相矛盾。

（4）上面的（1）满足了预设规则的引发条件（Ⅰ）（1）。上面的（2）和（3）满足了预设规则的排除条件（Ⅱ）。因此，我们就可以得出：根据预设规则，a 相信“凯卜勒”为真并且相信 b 也相信“凯卜勒”为真。这就是说，由上面的（1）、（2）和（3）就可得出：“凯卜勒”为真满足了预设定义的（Ⅰ）。

（5）在交际语境 C 中，a 对 b 说“凯卜勒死于贫困”时，a 必须相信 b 知道 a 所用的语言及其语形、语义和语用规则（特别是预设规则）。因此，a 必须相信 b 知道：根据预设规则，a 相信“凯卜勒”为真并且相信 b 也相信“凯卜勒”为真。这就是说，“凯卜勒”为真满足了预设定义的（Ⅱ）。

（6）由上面的（1）—（5），就可根据预设定义得出：a 预设“凯卜勒”为真。

例 2：在一个交际语境 C 中，说话者 a 对听话者 b 说出一句直陈话语“上帝存在”，这里“上帝”是专名或摹状词。a 相信“上帝”为真并且相信 b 也相信“上帝”为真，满足了预设规则的引发条件（Ⅰ）（1），但却没有满足预设规则的排除条件（Ⅱ）。因为，如果 a 相信 b 相信“上帝”为真（即 a 相信 b 相信上帝存在），而又向 b 说“上帝存在”，则 a 没有向 b 提供最大量的事态，因而，a 违反了充分准则。这就是说，a 相信“上帝”为真并且相信 b 也相信“上帝”为真，是同 a 说“上帝存在”和 a 遵守合作准则相矛盾的。

a 相信“上帝”为真并且相信 b 也相信“上帝”为真，既然不满足预设规则的排除条件（Ⅱ），则它就不满足预设定义的（Ⅰ）。因此，在交际语境 C 中，a 向 b 说直陈简单话语“上帝存在”时，a 没有预设“上帝”为真。

2. 直陈复合话语的预设

直陈复合话语，就是具有“U ⊢（A→B）”“U ⊢（A∨B）”“U ⊢（A∧B）”和“U ⊢ ¬ A”形式的直陈话语。具有“U ⊢（A→B）”“U ⊢（A∨B）”“U ⊢（A

∧B）”和“U ⊢ ¬ A”形式的直陈话语，分别叫做直陈假言话语、直陈选言话语、直陈联言话语和直陈否定话语。

找出直陈复合话语的预设方法，和找出直陈简单话语的预设方法基本相同。只是在找出直陈复合话语的预设时，常常需要应用子句隐涵作为排除条件的内容。我们仍然用两个具体的例子来说明如何应用预设规则和预设定义来确定复合直陈话语的预设。

例1：在交际语境C中，a对b说一句直陈假言话语“如果上帝是全知全能的，世界就应是十分美好的”时，a预设“上帝”为真，也预设“世界”为真。因为“上帝”和“世界”都是专名或摹状词，它们都满足了预设规则的引发条件（Ⅰ）（1）。同时，a相信“上帝”和“世界”为真并且相信b也相信“上帝”和“世界”为真，是同a所说话语“如果上帝是全知全能的，世界就应是十分美好的”与a遵守合作准则或a相信的交际语境中的因素 c_1，c_2，…，c_n 不矛盾。由此就可得出：根据预设规则，a相信“上帝”和“世界”为真并且相信b也相信“上帝”和“世界”为真。这就是说a预设“上帝”和“世界”为真满足了预设定义的（Ⅰ）。

在交际语境C中，a对b说“如果上帝是全知全能的，世界就应是十分美好的”时，a必须相信b知道a所用的语言及其语形、语义和语用规则（特别是预设规则）。因此，a必须相信b知道：根据预设规则，a相信“上帝”和“世界”为真并且相信b也相信“上帝”和“世界”为真。这就是说，a预设“上帝”和“世界”为真满足了预设定义的（Ⅱ）。

通过上面的分析，就可根据预设定义得出：a对b说一句直陈假言话语“如果上帝是全知全能的，世界就应是十分美好的”时，a预设了“上帝”和“世界”为真。

例2：在交际语境C中，a对b说一句直陈假言话语“如果有上帝，上帝一定是全知全能的”时，a不预设“上帝”为真。

a说“如果有上帝，上帝一定是全知全能的”这句直陈假言话语时，根据子句隐涵，a并不相信有上帝。因此，a预设“上帝”为真，就同a说这句直陈假言话语和a遵守合作准则相矛盾，因而不满足预设定义的（Ⅰ）。所以，a说“如果有上帝，上帝一定是全知全能的”时，a不预设“上帝”为真。

3. 一些特别的直陈话语的预设

对一些特别的直陈话语的预设，不同的语言逻辑学家有不同的说明，下面以周先生提出的预设规则和预设定义来说明一些特别的直陈话语的预设。

例1：在交际语境C中，a对b说出“老王停止打老婆了”这句直陈话语。由这句直陈话语就可推出另一句直陈话语“以前老王打老婆并且现在老王不打老婆了”。也就是说，后一直陈话语的意谓与前一直陈话语的意谓是相同的。如果我们要求a说出“以前老王打老婆并且现在老王不打老婆了”时，a一定会把重音放在“现在老王不打老婆了”这个句子上，而“以前老王打老婆”是非重音部分。

“以前老王打老婆”是由“老王停止打老婆”这句话语推出的话语中的非重音部分，因而满足了预设规则的引发条件（Ⅰ）（2）。

另外，a相信“以前老王打老婆”为真并且相信b也相信“以前老王打老婆”为真，不同a说话语“老王停止打老婆”时应遵守的合作准则或a相信的交际语境中的因素 c_1，c_2，…，c_n 矛盾。这就也满足了预设规则的排除条件（Ⅱ）。

因此，根据预设规则，a相信“以前老王打老婆”为真并且相信b也相信“以前老王打老婆”为真。这就满足了预设定义的（Ⅰ），显然也满足了预设定义的（Ⅱ）。

由以上说明就可得出：a预设“以前老王打老婆”为真。此外，a还预设专名“老王”和摹状词“老王的老婆”为真。

例2：在交际语境C中，a对b说“老张又掌权了”这句直陈话语。这句直陈话语可以推出另一句直陈联言话语“以前老张掌过权，后来有一段时间老张不掌权，并且现在老张掌权”。在这个联言话语中，前两个命题支是非重音部分。同例1情况类似，a预设“以前老张掌过权，后来有一段时间老张不掌权”为真。此外，还预设专名“老张”为真。

（三）疑问话语的预设

1. 选择疑问话语的预设

选择疑问话语是指具有“U（?（$A_1 \vee A_2 \vee \cdots \vee A_n$））”形式的话语。

在一个交际语境C中，说话者S对听话者H说出一个选择疑问话语“U（?（$A_1 \vee A_2 \vee \cdots \vee A_n$））”时，根据真诚准则，S相信“U(?（$A_1 \vee A_2 \vee \cdots \vee A_n$））”是H能回答的。这就表示：S相信“U(?（$A_1 \vee A_2 \vee \cdots \vee A_n$））”有可能回答。这也表示：S相信H相信“U（?（$A_1 \vee A_2 \vee \cdots \vee A_n$））”有可能回答，因为如果H能够回答“U(?（$A_1 \vee A_2 \vee \cdots \vee A_n$））”，则H就相信“U(?（$A_1 \vee A_2 \vee \cdots \vee A_n$））”有可能回答。

“U(?（$A_1 \vee A_2 \vee \cdots \vee A_n$））”的可能回答是：“$A_1$”，“$A_2$”，…，“$A_n$”，S相信“U(?（$A_1 \vee A_2 \vee \cdots \vee A_n$））”有可能回答，就是S相信“$A_1$”，“$A_2$”，…，“$A_n$”中至少有一个为真，但不知道哪一个为真。这就是说，S相信（$A_1 \vee A_2 \vee \cdots \vee A_n$）为真。

同样的，H相信“U(?（$A_1 \vee A_2 \vee \cdots \vee A_n$））”有可能回答，就是H相信（$A_1 \vee A_2 \vee \cdots \vee A_n$）为真。因此，由S相信“U(?（$A_1 \vee A_2 \vee \cdots \vee A_n$））”是H能回答的，就可得出S相信H相信（$A_1 \vee A_2 \vee \cdots \vee A_n$）为真。

因此，当在一个交际语境 C 中，S 对 H 说一句选择疑问话语“U(?（$A_1 \vee A_2 \vee \cdots \vee A_n$））”时，根据真诚准则，S 就相信“（$A_1 \vee A_2 \vee \cdots \vee A_n$）”为真，并且相信 H 也相信“（$A_1 \vee A_2 \vee \cdots \vee A_n$）”为真。这就满足了预设规则的引发条件（Ⅰ）（3）。

疑问话语的真诚准则是合作准则中最强的准则，而且也是一句疑问话语之为疑问话语的本质性条件。S 就相信“（$A_1 \vee A_2 \vee \cdots \vee A_n$）”为真并且相信 H 也相信“（$A_1 \vee A_2 \vee \cdots \vee A_n$）”为真，是从 S 所说的选择疑问话语“U(?（$A_1 \vee A_2 \vee \cdots \vee A_n$））”和真诚准则推出的。因此，S 就相信“（$A_1 \vee A_2 \vee \cdots \vee A_n$）”为真并且相信 H 也相信“（$A_1 \vee A_2 \vee \cdots \vee A_n$）”为真，就不会同 S 说选择疑问话语“U(?（$A_1 \vee A_2 \vee \cdots \vee A_n$））”和合作准则相矛盾，而且也不会同 S 所相信的交际语境中的 c_1，c_2，…，c_n 相矛盾。

由以上的说明就可得出：S 相信“（$A_1 \vee A_2 \vee \cdots \vee A_n$）”为真，也满足了预设规则的排除条件，因而也满足了预设定义的（Ⅰ）。

显然，S 相信“（$A_1 \vee A_2 \vee \cdots \vee A_n$）”为真，并且相信 H 也相信“（$A_1 \vee A_2 \vee \cdots \vee A_n$）”为真，也满足了预设定义的（Ⅱ）。

因此，在交际语境 C 中，S 对 H 说一句选择疑问话语时，S 预设“（$A_1 \vee A_2 \vee \cdots \vee A_n$）”为真。除此之外，S 还可以有其他的预设，这些其他的预设就是直陈选言话语“U（$\vdash$（$A_1 \vee A_2 \vee \cdots \vee A_n$））”的预设。

例如：在一个交际语境 C 中，a 对 b 说一句选择疑问话语“杀人者是张立或王兵或李东吗？”a 预设“杀人者是张立或者杀人者是王兵或者杀人者是李东”为真。此外，a 还预设专名“张立”“王兵”“李兵”为真，也可以预设“杀人者”为真（因为主词“杀人者”通常是非重音部分）。

2. 是否疑问话语的预设

是否疑问话语的形式是“U(?（$A \vee \neg A$））”。是否疑问话话语和选择疑问话语的不同在于：选择疑问话语中疑问支（A_1，A_2，…，A_n）可以多于两个，而且疑问支之间没有矛盾关系；是否疑问话语中的疑问支只有两个，而且这两个疑问支之间有形式的矛盾关系。我们可以把是否疑问话语看作选择疑问话语的特殊情况。

根据真诚准则，在一个交际语境 C 中，S 对 H 说一句是否疑问话语“U(?（$A \vee \neg A$))”时，S 相信“?（$A \vee \neg A$）”是 H 能回答的。由此推出：S 相信“（$A \vee \neg A$）”为真，并且相信 H 也相信“（$A \vee \neg A$）”为真。这就满足了预设规则的引发条件（Ⅰ）（3）。

和选择疑问话语的情况类似，S 相信“（$A \vee \neg A$）”为真并且相信 H 也相信“（$A \vee \neg A$）”为真，也满足预设规则的排除条件，从而也满足预设定义。

因此，在一个交际语境C中，S对H说一句是否疑问话语时，S预设“（A ∨¬ A）”为真。此外，S还可以有其他的预设，这些其他的预设可按处理直陈选言话语的办法处理。

例1：在语境C中，a对b说一句是否疑问话语“凯卜勒死于贫困吗”时，a预设“凯卜勒死于贫困或凯卜勒不死于贫困”为真。此外，a也预设“凯卜勒”为真。

例2：在语境C中，a对b说一句是否疑问话语“有人能跳过四米吗”时，a预设“有人能跳过四米或没有人能跳过四米”为真。由这个预设，还可以得出a预设“人”为真。因为这里“人”是一个量化语词，满足了预设规则的引发条件（Ⅰ）（1），并且也满足预设规则的排除条件，因而也满足了预设定义。

3. 特指疑问话语的预设

特指疑问话语不同于选择疑问话语和是否疑问话语。特指疑问话语有一个问词和一个问域。特指疑问话语的形式是：“U(?（x ∈ B，Ax））”。

特指疑问话语“U(?（x ∈ B，Ax））”的可能回答是：b_1是A，b_2是A，…，而b_i（i=1，2，…）是B类的分子。特指疑问话语“什么人是先秦的大哲学家？”的可能回答是：孔子是先秦的大哲学家，墨子是先秦的大哲学家，老子是先秦的大哲学家，庄子是先秦的大哲学家，……而孔子、墨子、老子、庄子……都是人类的分子。

在一个语境C中，S对H说一句特指疑问话语“?（A（x），x从B类中取值）”时，根据真诚准则S相信这句特指疑问话语是H能回答的。这就是说，S相信在这句特指疑问话语的可能回答是“b_1是A”，“b_2是A”，…中至少有一为真，但不知哪一或哪些为真。这就是S相信（“b_1是A”∨“b_2是A”∨“b_3是A”∨…）为真，这也就是S相信∃x（B（x）∧ A（x））为真。

同样地，由真诚准则也可推出S相信H也相信∃x（B（x）∧ A（x））为真。

因此，S相信∃x（B（x）∧ A（x））为真并且相信H也相信∃x（B（x）∧ A（x））为真，满足了预设规则的引发条件（Ⅰ）（3）。

和选择疑问话语、是否疑问话语的情况一样，S相信∃x（B（x）∧ A（x））为真并且相信H也相信∃x（B（x）∧ A（x））为真，也满足了预设规则的排除条件，从而也满足了预设定义。因此，在一个语境C中，S对H说一句特指疑问话语“?（A（x），x从B类中取值）”时，S预设“∃x（B（x）∧ A（x））”为真，并且S也预设由“∃x（B（x）∧ A（x））”为真推出“∃x（Bx）”和“∃x（Ax）”为真。

例1：在交际语境C中，a对b说一句特指疑问话语“什么城市是中国的大都市？”时，a预设“有城市是中国的大都市”为真，也预设“有城市”和“有中国的大都市”为真。

例2：在交际语境C中，a对b说一句特指疑问话语“为什么项羽在鸿门宴上没有杀刘邦？”时，a预设“有事物或事态使项羽没有杀刘邦”为真，也预设“项羽”“刘邦”“鸿门宴”为真。

特指疑问话语“U(?（x ∈ B，Ax））”，实质上就是“U(?（‘b_1是A’ ∨ ‘b_2是A’ ∨ ‘b_3是A’ ∨…））”。因此，特指疑问话语就是选择疑问话语的一种特殊情况。

（四）命令话语的预设

说话者S对听话者H说一句命令话语“U（！A）”，就是S要求H完成A这一行动。我们所说的命令话语将不考虑S和H相对的社会地位，也不考虑S的要求是强制性的或是恳求性的。

我们把S说出命令话语“U(！A)”时（即H尚未进行A这一行动时）有关的事态记为G，而把H完成A这一行动后的有关事态记为G*。

命令话语“U(！A)”可分为两类：一类“U(！A)”的G不同于G*，即G≠G*；另一类“U(？A)”的G就是G*，即G＝G*。前一类命令话语要求H改变G使成为不同的G*，后一类命令话语要求H使G保持不变。

下面以有关开门和关门的命令话语为例来说明这个问题。

①“请开门！”　　G（门关着）≠G*（门开着）

②“请不开门！”　　G（门关着）＝G*（门关着）

③“让门开着！”　　G（门开着）＝G*（门开着）

④“请关门！”　　G（门开着）≠G*（门关着）

⑤“请不关门！”　　G（门开着）＝G*（门开着）

⑥“让门关着！”　　G（门关着）＝G*（门关着）

就G和G*的相同与否来考虑，②等于⑥，③等于⑤。

任何一句命令话语“U(！A)”都有它特定的G和G*。H完成“！A”这个命令或完成A这个行动，就是H通过他的行动使G成为G*，（G*可以不同于G，也可以就是G）。

根据真诚准则，在交际语境C中，S对H说命令话语“U(！A)”时，S相信A这个行动是H能完成的，也就是说，S相信H通过他的行动使G成为G*。因此，在交际语境C中，S对H说一句命令话语“U(！A)”时，S必相信“G”为真，并且相信H也相信“G”为真。

S相信“G”为真并且相信H也相信“G”为真，是从命令话语“U(！A)”和真诚准则推出的，因而就满足了预设规则的引发条件（Ⅰ）(3)，也满足了预设规则的排除条件（Ⅱ）。

S相信“G”为真并且相信H也相信“G”为真，既然满足了预设规则的引发条件和排除条件，也就满足了预设定义的（Ⅰ），显然也满足了预设定义的（Ⅱ）。由此就可得出，S预设“G”为真。

例如：在交际语境C中，a对b说一句命令话语“请关门！”这里的“G”是“门开着”“G*”“门关着”。a对b说“请关门！”这句命令话语，就是要求b通过他的行动使由门开着（G）成为门关着（G*）。这里a预设“门开着”为真。

最早把预设作为一个专门的逻辑问题加以讨论的是弗雷格，其后罗素、斯特劳森等人对这个问题都进行了深入的研究。在弗雷格和斯特劳森的预设理论中包含了两种成分：从一方面说，他们所讲的预设是一个论断的预设（论断是说话者在一个交际语境中断定的语句），而不是一个语句的预设，这说明他们的预设理论中有语用的成分；从另一方面说，他们在预设定义中，也明确地应用了“真”“假”这些语义概念，说明在他们的预设理论中也包含了语义的成分。后来就形成了两种不同的预设，即语义预设和语用预设。

语义预设后来遭到两个严厉的批评：一个是如果接受语义预设定义的话，那么就能逻辑地推出预设是常真语句，但事实上预设不是常真语句；另一个是如果预设是语义的，则预设必是不可消除的，但事实上预设是可以消除的。这说明语义预设是不能成立的。

现在多数语言逻辑学家都认为预设是一种语用现象。他们从语用的角度提出了不同的预设定义，其中最有代表性的是斯塔纳克（R. C. Stalnaker）1974年提出的预设定义：

> 一个命题B是说话者在某一语境中的语用预设，当且仅当说话者假定或相信B，假定或相信他的听话者假定或相信B，并且假定或相信他的听话者认识到他有这些假定或相信。①

斯塔纳克从语境中的说话者和听话者的假定和相信来定义语用预设，这给了人们很多启示。但这个定义也存在一些问题，其中一个最主要的问题就是这个预设定义太宽泛，把一些人们通常认为不是预设的东西也包括在他的预设之中。例如，在一次学术讨论会上，a对b说“弗雷格的专名理论是很重要的”这样一句话语。如果a和b互相知道彼此都相信上帝存在，那么按照斯塔纳克的预设定义，“上帝存在”就应当是a说那句话语的预设了。

① 转引自周礼全主编：《逻辑——正确思维和成功交际的理论》，人民出版社，1994年，第459页。

周礼全先生的预设定义吸收了斯塔纳克定义中的合理成分，即从说话者和听话者的假定和相信的角度定义预设。另外周先生还创造性地提出了预设规则，而预设规则确定了一句话和预设之间的联系，在预设定义中应用了预设规则，这样就避免了斯塔纳克定义的那种太宽泛的情况。像在上面那个谈话语境中，通过预设规则，“上帝存在”就会被排除在预设之外。显然这是周先生在预设理论方面作出的重要贡献。

在语言逻辑发展的进程中，周礼全先生在意义理论、语境理论、隐涵理论、预设理论等方面都作出了重要贡献。更为重要的是在他的倡导和影响下，有一大批学者投入到语言逻辑研究中，使语言逻辑在中国有了很大的发展。

（原载《二十世纪意义理论的发展与语言逻辑的兴起》第十章，中国社会科学出版社，2007 年 6 月）

李先焜先生的语言逻辑思想

李先焜（1927 年 8 月—2017 年 11 月），男，湖南浏阳人，湖北大学教授。李先生长期从事逻辑学、哲学、语言学的教学与研究，是我国著名的语言逻辑学家、符号学家。他曾担任两届中国逻辑学会的副会长、两届语言逻辑研究会的理事长、两届国际符号学会理事，连任三届中国逻辑学会符号学专业委员会主任。他在语言逻辑、符号学、中国逻辑史、西方逻辑史的研究方面都作出了重要贡献。这里主要介绍他在语言逻辑方面的贡献。

李先生从 20 世纪 70 年代就投入到语言逻辑的研究中。1979 年在他的倡导和组织下，成立了"逻辑与语言研究会"。通过研究会把全国各大专院校和科研单位的一些逻辑和语言工作者组织起来，开展语言逻辑方面的研究。据粗略统计，在 80 年代中期研究会共有会员 400 多人，组建了一支强大的语言逻辑研究队伍。另外，研究会还创办了《逻辑与语言学习》杂志、《逻辑与语言研究》集刊以及"中国逻辑与语言函授大学"。这样，研究会不仅有一支强大的科学研究队伍，而且有了发表科研成果的园地和传播语言逻辑知识的阵地，成为当时国内最有影响、最有生气的一个学术团体。"逻辑与语言研究会"推动了中国大陆语言逻辑的研究，发表了一大批很有影响的科研成果，也培养了一大批年轻的语言逻辑研究者，使国内语言逻辑研究薪火传递，不断深入。

李先生在语言逻辑研究方面的贡献，不仅仅在于他是语言逻辑研究队伍的领军人物，更重要的是他在语言逻辑理论方面作出的一些开创性的贡献。二十多年来他发表有关语言逻辑方面的论文 50 多篇，出版专著、译著 10 余部。他与王维贤、陈宗明两位先生合著的《语言逻辑引论》在国内产生了很大的影响，甚至在国际上也有一定影响。

一、逻辑与语言

李先生认为语言逻辑首先要研究"什么是语言"这个问题。虽然语言是一种最常见的社会现象，但是究竟什么是语言，至今仍是一个值得人们深入探讨的问题。李先生考察了历史上几位有代表性的语言学家关于语言的定义，指出这些定义各自从不同方面或在不同程度上，揭示了语言这一社会现象的特殊本质。这对于进一步深入研究语言具有一定的启发意义。

（一）语言的符号性、指谓性与交际性

在李先生看来，语言主要是指自然语言，如汉语、英语、俄语、日语等，它们都是人类语言集团的本族语。李先生认为语言是以语音为形式、语义为内容，由语形、语义、语用规则构成的一种符号体系。语言作为一种社会现象，它有自己的特征。根据国内外关于语言的定义，李先生概括出语言的三个重要特征，即符号性、指谓性和交际性。第一，符号性。语言是一种符号系统，符号本身是一种物质性的东西，但它可以用来指代另外一种东西，作为那种东西的标记。与其他符号相比，语言符号又有其自身的一些特点：语言符号是线性的；语音和语义的结合具有任意性；语言符号既具有相对的稳定性，又具有一定的可变性；语言符号具有系统性。第二，指谓性。所谓指谓性，就是说每一个语言单位，都要指称或谓述一定的对象，这个对象可以是客观的对象，也可以是人的主观意识中的东西。语言具有指谓性，表明语言符号不可能是一种空洞的、毫无意义的东西，而是有所指的、有意义的。第三，交际性。人在社会的群体中生活，在实践的基础上不仅产生了关于客观外界的感性认识，而且感到自己总有什么东西要告诉别人，同时也想从别人那里获得某种信息，这时人们就得运用语言。尽管人们也可以用其他的方式进行交际，但语言毕竟是人类社会最重要的交际工具。语言符号具有交际的功能，这决定了语言的全民性。我们只有认识到语言的符号性、指谓性与交际性，才有可能进一步探索语言逻辑问题。

（二）语言和言语

“语言”和“言语”两个词在日常语言中很容易混为一谈，但作为科学的术语来说，二者是有区别的。李先生认为，二者的区别在于：语言是一种民族语言的词汇系统和语法系统的总和；言语则是对语言的运用，它既指运用语言的行为，又指运用语言产生的结果，即说出来的话语。语言是社会现象，言语是个人现象。语言逻辑所研究的逻辑形式是从语言中概括出来的，而不是直接从言语中概括出来的。可以说，逻辑形式与语言形式有某种程度的对应关系（但不是严格的一一对应）。需要指出的是，研究语言必须从具体的言语材料入手，研究逻辑形式也需要在一定程度上研究具体的言语材料。强调语言与言语的区别，对于语言逻辑尤其是语用逻辑的研究是非常必要的，因为语用逻辑是研究言语行为的逻辑，主要面向的是言语，即言语行为。

（三）自然语言和人工语言

李先生认为，虽然自然语言是人类社会最重要的交际工具，但也存在着一些缺陷：第一，自然语言存在多义性；第二，自然语言具有一定的模糊性；第三，自然语言的语义依赖语境。由于自然语言的这些缺陷，一些哲学家、逻辑学家和科学家提出了改造语言的问题。他们极力主张建立一种人工语言，至少要设计出这样一种人工语言，在这种人工语言中，自然语言中的上述缺点能够被消除。人工语言最大的特征是它的简明性和一义性。迄今，这种人工语言在数学和逻辑中得到了实现和运用。尽管人工语言有很大的优越性，但它终究是自然语言的派生物，必须建立在自然语言的基础上。在科学的认识中，这两种语言实际上是相辅相成的。自然语言的多义性，如果给予某种限定，它不但不会妨碍人们的思想交流，反而能取得更好的交流效果，在某种程度上还可以说是自然语言的优点。

（四）逻辑研究的直接对象是语言

传统的观点认为逻辑的研究对象是思维形式及其规律，李先生则认为逻辑的研究对象不是思维形式而是语言。1986 年他在《哲学研究》第 8 期上发表了重要论文《语言、逻辑和语言逻辑》。在这篇文章他谈道："一般都认为逻辑是研究思维形式和思维规律的科学，逻辑研究的对象是人的思维。实际上，这只是一种历史的观念，而且是一种不太科学的观念。逻辑研究的直接对象应该说是语言。"①

首先，他用中外逻辑发展的历史证明了自己的观点。无论是古希腊还是古代中国，逻辑科学的产生与发展都是与语言分不开的。古希腊的亚里士多德是公认的逻辑科学的奠基人，他的逻辑著作《工具论》大部分讨论的是语言问题。斯多亚学派的逻辑也是以语言作为研究的中心问题。古罗马时期的逻辑主要是研究修辞中的逻辑问题，而讲授修辞的逻辑又是为讲授雄辩术提供理论与方法基础的。当时有人明确地将逻辑归入所谓"语言的艺术"。

中国先秦时期，无论是《墨经》、荀子的《正名》，还是公孙龙的《白马论》，究其内容，主要是谈"名辩"问题，也就是语言问题。《墨经》中提出"以名举实，以辞抒意，以说出故"，这里的"名""辞""说"就其直接意义来说都是指语言现象。逻辑问题实际上就是这些语言问题的概括。

中世纪的逻辑学也是如此。这一时期的逻辑学以《圣经》中所使用的希腊文、拉丁文这些自然语言作为主要的研究对象，其目的就是为了解释"神的语言"。当时一些逻辑学家往往以"论辩术"一词来代替逻辑一词，而"论辩术"显然跟语言密切联系在一起。中世纪具有代表性的逻辑著作是 13 世纪出版的西班牙的彼得所著的《逻辑大全》，这部著作主要讨论的也是一些语言问题，其中重点讨论了"指代"（suppositio）问题，而指代问题又是直接从语言的运用中概括出来的，也是属于语言问题。

---

① 李先焜：《语言、逻辑和语言逻辑》，《哲学研究》1986 年第 8 期。

现代形式逻辑则更加明确地排斥所谓思维问题。现代逻辑的代表人物波兰著名逻辑学家卢卡西维茨就极力反对所谓逻辑学中的“心理主义”，反对所谓“逻辑是研究思维形式的”这样的观点。卢氏说：“思维是一种心理现象，而心理现象是没有外延的。一个没有外延的对象的形式指的是什么呢？‘思维形式’这个表达式是不精确的，并且这个不精确之处在我看来是来自一个错误的逻辑观念。……认为逻辑是关于思维规律的科学是不对的。”[①] 卢卡西维茨认为逻辑是研究人工符号语言的。人工语言也是一种语言，这种人工符号按其实质来说仍是自然语言的一种抽象，它所行使的仍然是自然语言的某种职能，这样，现代逻辑所使用的人工符号仍然是一种语言，只不过是一种人造的精确化了的语言。

接着，李先生又从思维与语言之间的关系方面说明了自己的观点。马克思说过：“语言是思想的直接现实。”[②] 这说明任何语言都要表达思维。逻辑研究的对象是语言，这是就其直接意义而言的，并不否认逻辑所研究的语言仍具有表达思维的作用。

思维——作为一种心理现象——不像传统逻辑所理解的那么单纯。思维的分类是很复杂的，不是只有一种抽象思维，或称逻辑思维。心理学把思维分为三种类型：形象思维、技术思维和概念思维。概念思维即我们所说的逻辑思维，形象思维与技术思维都是在非语言的形式中实现的。除此之外，思维还有其他的分类。虽然对思维形态的分类还处于探索阶段，但它至少不像传统逻辑所认为的那样，似乎思维只有一种形态，即抽象思维形态。既然思维不止一种，那就很难说思维的形式也只是传统逻辑所描述的概念、判断和推理。思维种类的多样性也就决定了思维形式的复杂性。显然逻辑学难以胜任对各种复杂思维形式的研究，因此，逻辑学的研究对象不可能是思维形式。

回过头来，再看看人们通常所说的“思维形式”。如果仔细考察一下，就可以发现，这些所谓的“思维形式”实际上只是语言形式的抽象。例如，逻辑中的蕴涵式，只是自然语言中一些条件语句的抽象化。人们将条件语句中的前件、后件的其他因素予以排除，只剩下真值关系，这就形成了逻辑上的蕴涵式，用公式表示就是“$p \to q$”。逻辑中的合取式只是自然语言中的一些表示并列关系、顺承关系、递进关系的联合复句，以及表示转折关系的偏正复句的抽象化，合取式用公式表示就是“$p \wedge q$”。当然逻辑形式与自然语言的语句不可能是严格的一一对应关系，因为其中要经过乔姆斯基所谓的从深层结构（即逻辑结构）到表层结构（即生成出来的语句结构）的转换过程。根据转换生成语言学派的观点，深层结构也是一种语言结构。逻辑学研究逻辑结构，就

---

① 卢卡西维茨：《亚里士多德的三段论》，李真、李先焜译，商务印书馆，1981 年，第 22 页。

②《马克思恩格斯全集》第 3 卷，人民出版社，1960 年，第 525 页。

是研究语言的深层结构，也就是研究一种语言结构。它跟语言学的不同就在于它的重点是研究语言的深层结构而不是表层结构。

由上面的分析可以看出，逻辑的研究对象不是思维而是语言。

李先生的这个观点是富有创见性的，论证也是很充分的。他的观点在逻辑界引起了很大反响，因为，在 20 世纪 50 年代初，我们就从苏联的逻辑学家那里接受了这样一种逻辑观念——逻辑是一门研究思维形式及其规律的科学。三十多年来，这种观念几乎成了国内逻辑研究者的一种共识。在这样一种背景下，李先生敢于提出自己的学术观点，充分反映了一个逻辑学家的胆识，在逻辑学界起到了一种振聋发聩的作用。我们认为李先生提出的这一逻辑观念还有更深刻的意义——为语言逻辑正名。既然逻辑的研究对象是语言，那么，以自然语言作为自己研究对象的语言逻辑理所当然是逻辑。

二、语言逻辑就是自然语言的指号学

早在 1981 年，李先焜先生就在《中国语文》上发表了重要论文《要研究自然语言的逻辑》，在这篇论文中他初步提出了自然语言逻辑的研究内容及研究自然语言逻辑的方法等问题。在 1989 年出版的《语言逻辑引论》中他对自然语言逻辑的定义、研究内容、研究方法及其意义作出了更全面的论述。

（一）语言逻辑的定义

李先生说："我们所说的'语言逻辑'，是'自然语言逻辑'的简称，……语言逻辑就是自然语言的语形学、语义学、语用学三者的综合，因此，也就是一般逻辑中所指的指号学。"[①]"一般逻辑"（General Logic）这个概念是瑞士逻辑学家波亨斯基（J. M. Bochenski）提出来的。他认为"一般逻辑"包括形式逻辑、指号学和方法论三个部分。这里"形式逻辑"是指形式化、公理化的演绎系统；"指号学"包括语形学、语义学、语用学三部分；"方法论"也称科学哲学，它主要研究科学是怎样工作和应该怎样工作的，演绎法和归纳法都属于方法论。语言逻辑就是波亨斯基所说的"一般逻辑"中的第二部分即自然语言的指号学，它的研究对象是自然语言中的语形、语义和语用问题。

（二）语言逻辑的研究内容

李先生认为语言逻辑要重点研究以下十个方面的内容：

（1）要研究什么是"意义"的意义。我们要建立一种正确的语义理论，这种理论要符合马克思主义认识论的基本原理，要能对各种不同层次的语言现象给予统一的解释，即它不仅能说明语素与词的意义，而且要能说明短语、语句、话语的意义。

① 王维贤、李先焜、陈宗明：《语言逻辑引论》，湖北教育出版社，1989 年，第 30—31 页。

（2）要对意义给予科学的分类。有的逻辑学家将它分为七类，如概念意义、内涵意义、文体意义、情感意义、联想意义、搭配意义与主题意义（当然不同的语言学家与逻辑学家可能会有不同的分类），通过我们的研究不仅要对意义作出科学的分类，而且要弄清楚各种意义之间的内在联系，以及意义的转移现象。

（3）什么是语句的歧义性和语词的模糊性？产生歧义的原因是什么？如何消除语句的歧义？如何消除语词的模糊性？能否做到语义的绝对明确？

（4）如何揭示语词的意义？也就是说如何给语词下定义？定义有哪些种类，它们各自适用的范围是什么？定义有哪些规则？在这方面要大大突破传统逻辑的范围，要收集、整理、概括自然语言中丰富的科学定义的实例，以发展新的定义理论。

（5）语境包括哪些范围？它对确定语义有什么影响？什么叫外延语境，什么叫内涵语境？什么是内涵逻辑？内涵逻辑与语言的关系是怎样的？索引词在语句中具有什么样的逻辑意义？

（6）什么是专名？什么是摹状词？它们的关系是怎样的？它们各自的涵义是什么？如何分析它们的意义？

（7）什么是语句的语义结构？如何分析这种语义结构？语义结构与语形结构是否具有平行性？分析语义结构不仅涉及陈述句，还涉及疑问句、祈使句、感叹句，以至话语的结构。

（8）要分析各种模态语句的逻辑特征。不仅要分析像“必然”与“可能”这样的模态词，还要分析像“应当”与“允许”这样的道义词，以及像“过去”“现在”与“将来”这样的时态词。

（9）要对蕴涵给予更切合自然语言的解释。要分析预设与蕴涵的区别，研究预设的种类，以及各种预设在语句中的作用。除对预设作语义的分析外，还要作语用的分析，从而引入语句“恰当性”的概念。

（10）要研究各种推理的语言表现形式和各种语义及语用推理。语言逻辑不仅要研究传统逻辑已经探索过的各种推理形式及其在自然语言中的表现，而且还要研究各种形式的语义推理和语用推理。

（三）语言逻辑的研究方法

李先生还初步提出了研究语言逻辑的方法：

首先，要广泛地、系统地收集自然语言的材料，对我们汉民族的语言逻辑研究者来说，主要要收集汉语的材料，要使用一定的逻辑手段对这些材料加以分析。

其次，在研究语言逻辑时单纯地研究一种民族的语言是不够的，还必须研究多种民族的语言，将它们进行分析比较，从而找出现代汉语中的某些逻辑特征。

最后，要充分吸收与利用数理逻辑的方法研究语形、语义、语用问题。语言逻辑是传统逻辑与数理逻辑性的进一步发展，正如数理逻辑包含了传统逻辑的一切优秀成果一样，语言逻辑也应该吸收数理逻辑的一切优秀成果。

（四）研究语言逻辑的意义

李先生认为研究语言逻辑的重大意义主要表现在以下几个方面：

第一，通过语言逻辑的研究可以使抽象的逻辑科学与自然语言更好地结合起来。使逻辑科学能更全面、更深刻、更有效地揭示出隐含在自然语言中的逻辑形式及其规律。

第二，语言逻辑既扩大了逻辑研究的范围，也增加了逻辑研究的深度。前者表现在它不仅研究陈述句的逻辑，还要研究疑问句、祈使句、感叹句的逻辑；后者表现在它不仅要研究语句的真假值即语句的指谓意义，还要研究语句所传达的语旨行为的恰当性条件即语句的意谓意义，而且还要研究在具体的语境中话语所表达的真实涵义，即说话者想通过话语传达给听话者的真正的意思。由于语言逻辑扩大了逻辑的研究领域并且增加了逻辑研究的深度，从而也增强了逻辑在各门学科以及日常生活中的实用性。

第三，语言逻辑是人工智能发展的重要基础。由于当前人工智能与机器翻译、人机对话等一些新兴科学技术的蓬勃发展，我们有必要对自然语言中内在的逻辑特征作出恰当的刻画，让机器能真正听懂人的话语。“人机对话”的关键就是弄清楚计算机怎样才能理解人类的自然语言，也就是自然语言的理解问题，而这个问题的解决有赖于自然语言逻辑的研究。

对语言逻辑的研究对象、研究内容、研究方法及研究语言逻辑的重大意义作这样全面、系统的阐述，我们在国内外的文献中尚未见到。这是李先焜先生在语言逻辑理论方面作出的重要贡献。他在十多年前作出的论断，在今天初步得到了证实。今天人工智能研究的关键就是自然语言的理解问题，这也充分说明了语言逻辑的研究对于信息科学的重要意义。

三、定义就是明确词义的逻辑方法

李先生认为：“定义就是明确词义的逻辑方法。”① 词义包括内涵和外延两个方面，因而定义有两大类：一类是外延定义，另一类是内涵定义。外延定义又可分为实指定义、列举定义、划分定义三种。内涵定义又可分为约定定义、同义语定义、真实定义、语境定义、操作定义、说服定义、显示定义七种。

---

① 王维贤、李先焜、陈宗明：《语言逻辑引论》，湖北教育出版社，1989 年，第 162 页。

（1）实指定义是通过实际指出某个语词的外延（这个语词所适用的对象）来揭示这个词的意义。例如某个小孩不知道什么是“老虎”，就可带他到动物园，指着老虎对他说：这就是“老虎”。这样，这个小孩就知道了“老虎”这个语词的意义。实指定义在我们日常生活中经常使用。

（2）列举定义是通过用语词的形式列举出被定义词项的外延名称来给被定义项下定义的一种方法。例如，当有人问什么是“奇数”时，我们就可以列举出 1、3、5、7、9 等数，对他说这样的数就是奇数。这样，他就明白了“奇数”的意义。

（3）划分定义是通过将一个大类按照同一个标准划分成若干个小类的方法来下定义。例如，当有人问什么是“生物”时，我们就可以回答：生物包括植物、动物和微生物。这种定义方法是将大类包含的小类的名称全部说出来，从而达到明确表达大类的语词意义的目的。这种定义方法在传统逻辑中将它与定义并列，称为划分。实际上它的作用仍然在于明确语词的意义，只不过这种意义是外延方面的意义，所以仍应包含在定义之中。

（4）约定定义是对一个未经定义的语词符号赋予某种特定的涵义。例如，“大月”是指阳历有 31 天或夏历有 30 天的月份；“小月”则指阳历只有 30 天或夏历只有 29 天的月份。在数学中很多词都采用约定的形式赋予涵义。如规定大于零的数为“正数”，小于零的数为“负数”，等等。约定定义是由人们根据社会生产或科学实验以及其他目的的需要而规定的，它带有任意性。但必须指出，这种约定一旦为社会所承认，人们就不能随意地加以更换，否则，将会引起语言交际的严重混乱。

（5）同义语定义是以一个与被定义项在指称与涵义上完全相等的语词作为定义项来进行定义。同义语定义多用于被定义项是一个古语词或比较生僻的语词，它要求定义项是一个大家熟悉的、其意义比较明确的语词。这种定义方法在词典中，特别是在小型词典中运用较多。例如：“郎中”就是“医生”，“宿疾”就是“老毛病”，“辍学”就是“中途停止学习”。这种定义方法在语文教学中经常用到。

（6）真实定义就是传统逻辑中所说的属加种差定义。这种定义是通过首先找出一个语词的上位词（即属），然后找出其种差，再将二者综合起来形成一个确定的定义项而进行的。例如：“固体”就是有一定的体积和形状的物质；“液体”就是有一定体积而形状随容器改变的物质；“气体”就是没有固定的形状和体积，能自发充满任何容器的物质。这三个定义都是真实定义（即属加种差定义）。“物质”是这三个语词的上位词（即属），也就是说“固体是一种物质”“液体是一种物质”“气体也是一种物质”，它们是“物质的三态”。但是，它们相互之间又在属性上存在着一定的差别（即种差），“固体”的种差就在于“它有一定的体积和形状”，“液体”的种差就在于“它有一定的体积但形状随容器而改变”，“气体”的种差就在于“它没有固定的形状和体积，能自发地充满任何容器”。将这些种差与属综合起来就形成了三个定义项，就可以分别给“固体”“液体”“气体”这三个语词下定义了。

（7）语境定义就是将被定义的词放在一定的语境（上下文）中，然后用一个意义相同、但这个被定义的词不出现的语句来下定义，使读者通过后一个语句来理解那个被定义词的意义。这种定义方法适合给那些孤立地看很难确定其实际意义的语词（主要是虚词）下定义。例如，“只有”是一个连词，人们很难单独给它下一个精确的定义，于是，人们为它创造一个语境，如说“只有这张画画得好”，然后找出另一个意义与它相同、但不出现“只有”这个词的语句作为定义项，如“这张画画得好，而其他的画都画得不好”。通过后一句话，人们就理解了前一句话的意义，其中也包括理解了“只有”这个词的意义。这就是语境定义。

（8）操作定义是把对一个对象进行实验操作的过程作为定义项来对这个对象进行定义。这种定义主要用于物理、化学、生物等一些实验性较强的科学中。它在语言中表现为“如果 p，那么 q”这样的条件语句，所以，它也可以称为条件定义。例如，在化学中要给“酸”下定义，就可以这么说：“液体 x 是酸性的 $=_{d_f}$ 如果将蓝色石蕊试纸浸入液体 x 中，那么蓝色石蕊试纸会变成红色。”这就是一个关于“酸”的操作定义。

（9）说服定义不以揭示语词的内涵意义为主要目的，而是试图通过在定义项中引入带有一定情感意义的语词，以影响与激发接受这一定义的人产生同样的情绪，说服他接受某种信念，产生对一件事的某种态度。不过它既然是一种定义，就总得在一定程度上揭示语词的内涵意义，并以此为基础达到影响与激发对方情绪的目的。例如，在有的词典中，对“自然主义”是这样定义的：“自然主义是文学艺术创作上的一种不良倾向，它无选择地描写个别现象和琐碎细节，忽视甚至歪曲事物的本质。”由于在定义项中使用了“不良倾向”“忽视”“歪曲”这些带有强烈情绪意义的语词，所以使人们自然地对“自然主义”产生了一种厌恶、反对的情绪，即使原来对文学艺术创作毫无所知的人也会对“自然主义”产生这种情绪。

（10）显示定义是以一种隐喻的形式将定义项与被定义项所反映对象的某种属性进行比较而作出的定义。例如，有人将“建筑”定义为“凝固的音乐”，这就是一个显示定义。人们是将“建筑”与“音乐”这两个词所反映的对象作比较，显示其属性上的相似性。音乐是由人用各种乐器按照乐谱奏出的乐声所组成，它具有内在的和谐性，使人听起来感到一种美的享受；建筑是由人用各种建筑材料按照设计的结构图案所组成的，它也具有内在的和谐性，使人看起来也感到有一种美的享受。但是二者又有区别，音乐的协调美瞬息即逝，而建筑却将这种美的协调性凝固下来，使人可以长期欣赏。因此，人们将“建筑”定义为“凝固的音乐”。

传统逻辑认为，定义是揭示概念的内涵的逻辑方法。李先生认为“概念的内涵”这种说法是不科学的，因为“概念”和“内涵”其实是同一个东西。什么是概念？概念就是语词的内涵，或者说，就是语词的涵义，它是与语音形式紧紧结合在一起的东西。定义，就是要揭示语词的内涵，也就是要明确一个语音形式究竟表达一个什么概念。如果说定义是揭示概念的内涵的逻辑方法，也就是说它是揭示语词“内涵的内涵”的方法了，显然这是不科学的。

另一方面，定义不仅要揭示语词的内涵，还要揭示语词的外延。一个语词既有内涵也有外延，语词的词义应该包括这两个方面。只有既明确了一个语词的内涵又明确了它的外延，才能说我们掌握了这个语词的词义，具有了关于这个词的完整的知识。传统逻辑认为定义只是“揭示内涵的逻辑方法”，这种认识是片面的。基于这种片面的认识，在传统逻辑中只研究了一种定义——真实定义，因而传统逻辑中定义理论是很薄弱的。

从以上的阐述中我们可以看出，李先生的定义理论不仅对传统逻辑中的定义理论有很大的发展，同时也极大地丰富了语言逻辑理论，因为，定义是语言逻辑研究的一个重要内容。

四、修辞具有重要的逻辑功能

一般情况下，人们认为修辞仅具有美学功能，修辞手法的运用主要在于美化语言，修辞学实际上就是“美辞学”。李先焜先生认为修辞不仅具有美学功能，而且具有重要的逻辑功能。1991年李先生在《湖北大学学报》第二期上发表了重要论文《试论修辞的逻辑功能》。在这篇文献中，李先生提出以下两个主要观点。

（一）修辞的主要作用在于说服

李先生认为，修辞理论在历史上的最初出现，往往不是为了使语句华丽，而是为了使语句具有更强的说服力，使听者读者更易接受。早在中国的先秦时期，孔子就曾认识到修辞的重要作用，他说：“言之无文，行而不远。”[①]可见，孔子认为言是否有文采，涉及到它能否远行的问题，即是否能为听者广泛接受的问题，要使言辞能达、能远行，就要通过修辞手法使言有文采，以增强它的说服力、影响力。而且孔子还认

① 冀昀主编：《左传》（下），北京：线装书局，2007年，第392页。

识到修辞要恰当："质胜文则野，文胜质则史。文质彬彬，然后君子。"① 可见孔子不仅要求言辞要有文采，而且要求文采与朴实配合要恰当，既不要使朴实胜过文采，也不要使文采胜过朴实，否则，就会流于粗野，或者流于虚浮。

在古希腊亚里士多德的《修辞学》中，强调的不是修辞的美学功能，而是它的说服论证的功能。他给"修辞术"下的定义是："一种能在任何一个问题上找出可能说服方式的功能。"② 在亚里士多德那里，修辞学与逻辑学是密切联系着的。亚里士多德在《修辞学》中一开始就强调"修辞术是论辩术的对应物""说服的方式是该技巧的仅有的真正组成部分；其余的东西仅仅是附属的"。③ 这说明论证性的说服方式是修辞技巧的本质。"修辞学的研究，就其严格意义上说，是涉及说服方式的。说服显然是一种论证，因为只有当我们认为一个事物得到了证明之后，我们才被完全说服了。"④

李先生认为，修辞具有说服功能这一古老传统观念是有其合理性的，因而我们是不应该回避或丢掉的。实际上，在言语交际过程与写作过程中仅有美学功能的修辞情况是少数，大多数情况是为了说服论证，即为了说服听者（或读者）相信某一个论题。

（二）隐喻是一种具有很强说服力的修辞手法

隐喻是一种典型的修辞手法，也是一种具有很强说服力的修辞手法。在传统的修辞学教科书中将隐喻归为比喻的一种，其特征只在于本体与喻体之间不用"像"而用"是"来联结，如"革命是历史的火车头"。现代语言哲学与语言逻辑所研究的隐喻比这个范围宽泛得多，它包括一般修辞学中所谓的借代、比拟及各种比喻手法。它可以是一个单句，也可以是词或词组，还可以是段落或篇章。隐喻的主要特征是：话语在特定的语境中产生意义（包括涵义和指称）的转移现象。例如，"菜篮子工程"就是一个隐喻。一般来说"菜篮子"不能与"工程"相结合，现在结合在一起，就出现了意义转移的现象。这里的"工程"，并不是用其一般意义，它是指菜篮子问题像一项工程一样，极其复杂，必须重视，要认真加以组织领导。又如说"计算机病毒"，也是一个隐喻，"计算机"不是生物，很难说它会感染病毒，现在将"计算机"与"病毒"结合起来，就不是使用"病毒"的一般意义，而是指计算机接受了某种破坏性因素，而且这种破坏性因素能像病毒一样在计算机之间传染、流行开来。

再如唐代韩愈的《马说》："世有伯乐，然后有千里马；千里马常有，而伯乐不常有。"

---

① 杨伯峻译注：《论语译注》，中华书局，2006年，第68页。

② 亚里士多德：《修辞学》，1355b。

③ 亚里士多德：《修辞学》，1354a。

④ 亚里士多德：《修辞学》，1355a，4—7。

指出千里马“虽有千里之能”，如果不将它喂饱养好，甚至还享受不到普通马的待遇，“安求其能千里也”。遇到这种情况，偏偏还有人哀叹：“天下无马。”这篇文章通篇讲的是马，其实际涵义却谈的是发现人才、培养人才和使用人才的问题。人们读了这篇文章后感到很受启发，有很强的说服力。这篇文章中的每一个语句都有确定的字面意义，但在具体的语境中，它们的意义却发生了转移，因为它们都作为隐喻而起作用。这种以隐喻作为论据的论证属于论辩性论证，其最终目的在于说服听者和读者，它所用的方法是准逻辑方法，具体说来是一种准类比方法，也就是说是一种近似于类比而并非完全类比的方法。这种推理方法人们在日常生活中经常运用，古今中外寓言故事的逻辑作用就在于此。例如《伊索寓言》中“农夫和蛇”的故事不是至今仍在以一种隐喻的方式说服人们不要对恶棍施仁慈吗？

隐喻在论辩中的逻辑作用往往是用作论据，隐喻用作论据与一般归纳与类比中论据有所不同。一般归纳与类比要求论据一定是真实的，并与所证的结论属于同一个类。但是，隐喻用作论据时并不要求一定是真实的，它可能是纯属虚构的东西，但它要求合乎情理，要求浅显生动，能为听众或读者所接受。这种推理属于论辩性推理，其结论不像证明性推理那样具有必然性，而是具有或然性。但是只要读者（听众）接受了，它就达到了说服的目的。

李先生关于“修辞具有重要的逻辑功能”的观点是非常新颖的，在国内的语言学界和逻辑学界从来没有人提到过，他是第一个提出这个观点的人。这个观点不仅对只注意美学功能的传统修辞学是一种突破，而且对只注意严格的形式推演的现代形式逻辑也是一种突破，说明了逻辑学不仅仅只研究必然性推理，还要研究像隐喻这样一些或然性推理。他的这个观点也极大地丰富了自然语言逻辑理论。

（原载《二十世纪意义理论的发展与语言逻辑的兴起》第十一章，中国社会科学出版社，2007 年 6 月）

邹崇理先生的语言逻辑思想

邹崇理（1953 年 7 月—），男，四川成都人，哲学博士，中国社会科学院哲学所逻辑室研究员。他先后担任两届中国逻辑学会的会长。十多年来，他主要从事自然语言逻辑的研究，其研究以蒙太格语法为基础，广泛涉猎逻辑语法与形式语义学领域内的广义量词理论、话语表现理论、类型—逻辑语法和情境语义学等多种理论，并且用这些理论去尝试研究现代汉语中的逻辑，取得了原创性的研究成果。他出版的专著有《逻辑、语言和蒙太格语法》《自然语言逻辑研究》，发表的重要的科研论文有《论 PTQ 系统的意义公设》《情境语义学》《范畴语法和加标演绎系统》《范畴语法和类型—逻辑语义学》《话语表现理论 DRT 述评》《动态蒙太格语法》《一个运用蒙太格语法和广义量词方法分析汉语量化词组的部分语句系统》。

一、逻辑语法研究

（一）蒙太格语法研究

蒙太格语法（Montague Grammar，简称 MG）是美国数理逻辑学家理查德·蒙太格（R. Montague）在 20 世纪 70 年代初提出的一种新的语法理论。MG 开创了用现代逻辑的形式化方法研究自然语言的新思路，由此形成后来颇具声势的“逻辑语法”（Logical Grammar）流派，近三十年来在国外逻辑学、语言学及语言哲学诸领域内显示出强劲的生命力。邹崇理博士对蒙太格语法作了深入的研究，他在 1995 年出版的专著《逻辑、语言和蒙太格语法》中系统介绍了 MG 产生的历史背景、发展脉络，并从逻辑学、语言学、语言哲学各个角度对 MG 进行了全方位的介绍和评价。

邹崇理博士认为，MG 是现代逻辑与语言学相结合的产物。MG 的学术渊源来自两个方面，一个是逻辑语义学思想。逻辑语义学有广义与狭义之分，广义的理解不仅包括逻辑语义学，还包括逻辑语形学和逻辑语用学；狭义的逻辑语义学涉及意义、真值、所指、内涵、外延、解释、模型、可能世界等基本概念。美国逻辑学家克里普克提出的可能世界语义学的思想直接促进了 MG 内涵语义学的产生。MG 推广了逻辑语义学的重要思想，对逻辑语义学的发展作出了重要贡献。从广义的逻辑语义学角度看，MG 提出了通用语法的思想，把语形、语义和语用的划分推广到自然语言领域，从而获得概括逻辑语言与自然语言最一般的语法模式；从狭义的逻辑语义学角度来看，MG 发展了内涵语义学思想，即在一个形式系统中同时刻画表达式的内涵与外延及二者的互相转化，极大地丰富了内涵语义学的概念。MG 还在类型论和模态逻辑的基础上发展了现代逻辑的重要分支——内涵逻辑理论。MG 强调了意义组合原则，语形与语义对应原则，提出了独具特色的间接语义解释的理论。

MG 的另一个学术渊源是范畴语法（Categorial Grammar）和转换生成语法（Transformational Grammar）。MG 是关于自然语言的形式理论，MG 处理自然语言语形范畴的分类方式来源于范畴语法，MG 生成组合自然语句的树形图方式又不同程度受到转换生成语法的影响。20 世纪 30—40 年代波兰学者列斯尼夫斯基（Lesniewski）与爱裘凯维茨（Ajduciewicz）提出了范畴语法。范畴语法是一种用数理逻辑方法处理分析语言表达式结构关系的语法理论，它根据表达式的形式结构关系来进行分类，确立基本的语法范畴，按一定规则递归地导出其余的语法范畴。范畴语法能使语言表达式在语形与语义两方面都遵从组合原则，即复合表达式总是由直接构成成分所决定，又使语言表达式的语形与语义同态。范畴语法广泛采用逻辑的递归方法，整个理论就是一个演绎系统。范畴语法从整体角度把语言学同数学、逻辑学结合在一起，是形式主义语言学传统的进一步发展。转换生成语法是美国著名语言学家乔姆斯基（N. Chomsky）在 20 世纪 50 年代创立的。转换生成语法使得现代语言学不仅凭借数学手段和演绎方法去考察语言，而且还仿照逻辑人工语言的符号去构造关于自然语言的一整套形式系统。转换生成语法与范畴语法一样，是全面、直接运用数理逻辑方法的产物，其本身就是一个形式化的演绎系统。这个系统以有限的句法规则，生成无限多个符合语法的自然语言语句。转换生成语法既能描写句子的深层结构与表层结构，又能刻画句子从深层结构到表层结构的转换关系。这种研究表明形式主义语言学发展到一个辉煌时期。正是在这样的历史条件下，以逻辑语义学思想为指导，以自然语言的高度形式化处理为特色的 MG 才得以产生。

MG 对范畴语法有所发展，它注意到范畴语法所谓范畴的生成与范畴的运算与逻辑类型论语形学的有关部分非常相似，范畴语法可以很自然地过渡到逻辑类型论，进而与逻辑类型论的语义学联系起来，这给自然语言的语义刻画找到一条新路子。在这个思路的指导下，MG 先在范畴语法的基础上构造一个英语部分语句系统的语形（句法）部分，然后给出一个严格意义的翻译函数，把作为范畴语法的英语翻译成逻辑类型语言。再通过逻辑类型论的语义学解释这些翻译式，就使英语表达式真正获得了它的语义解释。最终实现了英语语形与语义的同态原则，使英语语义的系统化描述成为现实。这使它在自然语言的逻辑处理方面显示出独特的魅力。MG 对转换生成语法也有所发展，转换生成语法在自然语言的句法结构处理方面是比较成功的，MG 在英语系统的句法规则中充分吸收了它的长处。但转换生成语法始终未能提出较为完整的关于自然语言的形式语义学理论，MG 以此为突破口，提出了较为完整的关于自然语言的形式语义学理论，从而体现了对它的超越。MG 对自然语言的语义学进行了严格的形式化处理，使语义的组合如同转换生成语法关于句法结构的生成一样具有能行可操作的特点，这个目标通过贯彻语义与句法的同态对应原则而得以实现。总之，MG 开创了运用现代逻辑方法处理自然语言的研究方向，给自然语言的语义研究带来勃勃生机。

邹崇理博士对蒙太格语法的研究是具有开创性的，正如周礼全先生在《逻辑、语言和蒙太格语法》这部著作的“序”中所言：“邹著是我国第一部全面地系统地介绍和评价 MG 的学术专著。它具有下面三个特点：（1）MG 是一门相当艰深的理论，邹著对其中的重点和难点作出了详尽的和细致的阐述；（2）国内介绍 MG 的文章，只涉及蒙太格本人的思想，对七十年代以来 MG 的发展很少阐述。邹著则详细介绍了七十年代 MG 结合转换生成语法和生成语义学的扩展，并且也勾画出八十年代以来 MG 的最新发展的大致轮廓；（3）邹著从 MG 产生的历史背景及其发展脉络的纵向角度和逻辑学、语言学、语言哲学的横向角度，对 MG 进行全方位的介绍和评价。这正是国外几部有影响的同类书中不足的地方。”①

（二）广义量词理论研究

广义量词理论（Theory of Generalized Quantifier）简称 GQ 理论。广义量词的概念最早是由现代逻辑的创始人弗雷格提出来的，20 世纪 80 年代初在 MG 的启示和影响下，广义量词理论获得了长足发展。广义量词理论从更专门的角度去理解经典逻辑的量词概念，并且把量词的概念推广到自然语言的领域中去。在广义量词理论看来，自然语言中体现量化意义的限定词（determiner）和名词短语（noun phrase）等都可看作是量词。

广义量词理论研究的主要内容有：对自然语言各种类型量词的语义特征进行精确且直观的描述；概括自然语言量化表达式的一些重要的语义性质；从理论角度回答自然语言量词的表达力等问题。此外，广义量词理论还构造了专门刻画量化特征的自然语言部分语句系统，这对计算机、人工智能科学关于自然语言信息处理的工作产生了

① 邹崇理：《逻辑、语言和蒙太格语法》，社会科学文献出版社，1995 年，“序”，第Ⅱ页。

积极影响。广义量词理论对现代逻辑的发展也提供了不少新题材，建立若干包含广义量词的逻辑系统，这些逻辑系统是刻画自然语言的有力工具。

蒙太格语法处理自然语言语义特征的成功范例之一就是对自然语言量化表达式的刻画，把“every”之类的限定词翻译成：

$\lambda X_1 \lambda X_2 \forall x [X_1(x) \rightarrow X_2(x)]$

这个结果说明了自然语言限定词“every”的语义特征，它被解释成类型为〈〈e，t〉，〈〈e，t〉，t〉〉的函项，也可被看作是两个集合之间的某种关系。蒙太格语法的研究直接促进了广义量词理论对自然语言量化表达式的关注，把更多类似“every”的自然语言限定词看作是〈1，1〉类型的量词（也叫二元量词）。秉承蒙太格语法处理量化表达式的基本思想，广义量词理论的作法是：二元量词的语义值就是集合序对的集合。如[①]：

（1） $\|every\| = \{\langle X, Y\rangle \in E^2 \mid X \subseteq Y\}$

（2） $\|some\| = \{\langle X, Y\rangle \in E^2 \mid X \cap Y \neq \varnothing\}$

据此对自然语言量化句进行语义解释就显得直观自然。通常对英语句“every man walks”的理解是：“man”中每一成员都是“walk”中的成员。据（1）获得该句的语义解释为：

$\|every\ man\ walks\| = \|every\|(\|man\|, \|walk\|) = 1$ 当且仅当 $\langle \|man\|, \|walk\| \rangle \in \|every\|$ 当且仅当 $\|man\| \subseteq \|walk\|$

这和直观的理解非常接近，表述也显得自然，这就是广义量词理论处理量词意义的特色。

在广义量词理论看来，自然语言量化表达式具有多种多样的类型：由“every man，some boy”等名词短语表述的量化表达式通常被看作是类型为〈1〉的量词，这表明该量词作为一元函项，其论元是一个集合（其值是真值）；由“all，the”等限定词表述的量化表达式被看成是类型为〈1，1〉的量词，该量词作为二元函项，其论元是两个集合的序对（其值仍是真值）；由“more...than...”等表述的量词，其类型是〈〈1，1〉，1〉，其论元是集合的三元组。如自然语言中类型为〈1，1〉的量化表达式是被研究得最为充分的量词，这种类型的量词如“every，some”在直观上比较接近标准数理逻辑中的“∀”和“∃”。在自然语言中，〈1，1〉类型的量词划分为简单的和复合的两种，分别为：

① 在广义量词理论中，量词的定义相对模型而言，下述 E 表示模型论域。

（简单的）some, a （an）, the, all, every, each, no, several, most, many, few, neither, both, this , these, my, enough, ten, the ten, John's ten, at least ten, more than ten, at most ten, exactly ten, only ten, more than enough, all bu ten, half the, infinitely many, about two hundred, almost every, nearly a hundred, too many, not enough, most of John, a third of the, between five and six, hardly any, ...

（复合的） no more than ten, not more than half the, most but not all, at least two and not more than ten, neither John's nor Mary's, either fewer than five or else more than hundred, most male and all female, not one of John's, more of John's than of Mary's, all but finitely many, seven out of ten, just finitely many, ...

有关的英语例句有：

At least two but not more than ten students [will get scholarships].

Most male and all female doctors [read the New England Journal].

More of John's than Bill's articles [were accepted].

Every student but John [attended the party].

〈〈1，1〉，1〉类型的量化表达式比起前两种类型来说研究得不太充分，在自然语言中的表现有：

fewer...than..., almost as many...as..., not nealy as many...as ..., five more...than..., some student' s...and..., a greater percentage of ...than..., proportionately more...than..., not more than ten times as many...as..., ten percent fewer...than...

有关的例句是：

Almost as many teachers as students [attended the meeting].

Five more students than teachers [attended].

Some student's hat and coat [were on the table].

More of John's dogs than cats [were inoculated].

此外，还有多样模式量词（polyadic quantifier），如例句：

（3）Different students answered different questions .

（4）Every boy in my class dates a different girl .

（5）Every students answered the same questions .

这里包含“different”或“same”的名词短语在句中通常依赖另一个名词短语才能获得语义解释，即包含“different”或“same”的单个名词很难独自获得量化意义，整句的量化意义表现为一个叠置的多样模式的量词。也就是说，名词短语“different students”或“different questions”不是独立的单一模式的量词，而是多样模式量词的一部分。（3）中的量词就是类型为〈〈1，1〉，2〉的量词 G_{diff}，其语义定义为：

$$G_{diff}^{A,B}(R)=1 \text{ 当且仅当 } \forall a, b \in A\ (a \neq b \Rightarrow B \cap R_a \neq B \cap R_b).$$

（5）中复合的量词及语义定义为：

$$G_{sa}^{A,B}(R)=1 \text{ 当且仅当 } \forall a, b \in A\ (a \neq b \Rightarrow B \cap R_a = B \cap R_b)$$

在广义量词理论看来，自然语言不仅具有多种类型的量化表达式，还有许多独特的语义性质。

广义量词理论研究自然语言量化表达式，并不满足于刻画单个量词的语义特征，而是着眼于概括量词共有的语义性质，比如驻留的（conservative），同态的（homomorphic）和单调的（monotonic）等性质。Barwise 甚至还概括所有自然语言在量词方面体现的一些语义共性（semantic universals），如：

U1. NP- 量词的共性：每一种自然语言都具有称之为名词短语的句法成分，其语义功能是表达某个论域之上的广义量词。

U1 意味：所有的自然语言都有名词短语范畴，名词短语包括专名、代词、限定词与普通名词组成的词组等等。名词短语的内部结构及处在句中的位置因不同的自然语言而异，但名词短语却是自然语言中唯一的与模型的个体论域 E 有关的量化表达式。

广义量词理论不仅研究自然语言量词的语义共性，还对自然语言量化表达式的表达力问题感兴趣。就二元量词而言，其实质是集合论基础上定义的二元函项，理论上可能的这种函项有多少？自然语言的量化表达式能够表达多少这样的函项？这就是所谓表达力问题。计算二元量词所对应函项数目的一般公式为：

（6）若 $|E|=n$，则 $|TYPE\langle 1, 1\rangle_E| = 2^{4^n}$ 和 $|CONS_E| = 2^{3^n}$

这就是说在模型论域只有 2 个元素的情况下，类型为〈1，1〉的函项，即二元量词所对应的函项的集合 TYPE〈1，1〉中的成员竟有 $2^{16}=65536$ 个之多[①]。但其中只有 $2^9=512$ 个是 $CONS_E$ 里的成员，是具有驻留性的函项。（6）表明，函项的驻留性决定了自然语言限定词的可能数目，也就确立了自然语言二元量词的范围，回答了自然语言量词的表达力问题。不仅如此，广义量词理论还对自然语言量词和逻辑量词的“亲缘关系”，自然语言量词是否一阶可定义等问题进行了探讨，这些内容直接或间接地与自然语言量化表达式的表达力问题有关，这些研究都极大促进了广义量词理论的蓬勃发展。

总之，广义量词理论从结构角度深化了对量化表达式意义的研究，是逻辑语法中一个极具生命力的分支。邹崇理博士对广义量词理论进行了深入的研究，并在此基础上建立了汉语部分量化语句的形式系统。

（三）话语表现理论研究

话语表现理论（Discourse Representation Theory，简称 DRT）是动态描述自然语言意义的形式语义学理论。其创始人汉斯·坎普（Hans Kamp）曾说：“DRT 从以蒙太格语法为首的关于自然语言语义学的模型论方法那里发展起来。”[②]DRT 把传统模型论形式语义学对自然语言句子的分析扩大到对句子系列的分析，通过对句子上下文的分析，充分展示其中名词和代词的照应关系，以及其中动词在时间方面的复杂联系。DRT 不仅具有通常形式语义学那样的句法规则和模型论语义解释，还在自然语言句法结构分析树与其语义模型之间增设了一个语义表现的中间层面，借以展现人们在语言运用过程中的心理认知特征。此外，DRT 的动态研究方法就刻画句子语义信息的不断积累与递增来说也比以往的静态方法有明显的优越性。自 20 世纪 80 年代初坎普等人提出 DRT 以来，关于话语的语义研究在西方学术界的影响便日益扩大，DRT 不仅受到逻辑学家与语言学家的瞩目，甚至也逐渐为人工智能学家和心理学家所关注。

邹崇理博士系统地研究了话语表现理论，1998 年他在《自然辩证法研究》增刊上发表了重要论文《话语表现理论 DRT 述评》，2000 年又出版了专著《自然语言逻辑研究》。在这些论著中他对话语表现理论作了详细的介绍和客观的评价。他认为，DRT 是对 MG 的发展。MG 从纯粹语义学角度去把握语言形式到内在意义的联系转化，通过严格的形式翻译方法来处理这种转化。MG 的处理具有一步到位的特征，把对自然语言

---

① 已知二元量词的语义值是模型论域 E 的子集序对的集合。如 E 有两个元素，则 E 的子集就有 4 个，由这些子集构成的序对就有 16 个，用“真”或“假”排列 16 次，这样的组合是 $2^{16}=65536$ 个，这就是说理论上可能的二元量词竟有 65536 个之多。

② Hans Kamp & Uwe Reyle，*From Discourse to Logic*，Dordrecht/Boston/London：Kluwer Academic Pubilshers，1993，p253.

的句子系列 S_1，…，S_n 同时翻译成逻辑公式，所获结果一经形成，就不能再增添内容。这种静态的方法在分析“If John owns a donkey，he beats it ”这样的所谓“驴子句”时遇到困难。而 DRT 则不同，它不仅通过话语表现结构（Discourse Representation Structure，简称 DRS）来刻画从语言形式到内在意义的转化，而且还从语言使用者理解话语的心理过程的角度来探讨这种转化的特色。DRT 提出一种动态的渐进的分析方法来形成 DRS。对句子系列 S_1，…，S_n，先分析 S_1，获得 S_1 的 DRS，再在 S_1 的 DRS 基础上分析 S_2，即对 S_1 的 DRS 进行增添扩展，从而获得 S_2 的 DRS，以此类推，直到获得 S_n 的 DRS，也就是整个话语的 DRS。这种逐渐增添内容不断变换分析结果的方法反映了语言使用过程中信息不断积累和递增的实际情况。DRT 的动态语义学方法也比较符合人们理解语言的认知过程，面对句子系列，人们总是一步一步循序渐进去理解，后续句子的理解总是依赖对前面句子的理解结果，其中增添的信息内容又成为理解更后续句子的依据。

DRT 对自然语言语义的形式处理很有特色。突破了把条件句中“a donkey”之类不定词项处理成“存在量化式”的传统模式，确立复杂的DRS-状况“$K_1 \Rightarrow K_2$”，并在其模型论解释方面采用嵌入函项的扩展方法，这样就能准确地把握条件句前件与后件的某种内在联系，也能比较准确地描述出“驴子句”的直观意义。此外，DRT 对选择句、联言句等复合句的处理，也不同程度地超越了传统逻辑的界限。DRT 推演系统的独到之处在于把推理处理成扩张，推出的结论是对作为前提的 DRS 进行语义扩充的产物。而在日常的自然语言理解过程中所出现的言外之意、弦外之音恰恰与话语的语义扩张有关。所以，DRT 那种贴近自然语言实际的逻辑推理系统，对理解自然语言语义的丰富性、处理语境因素等都是大有帮助的，对发展新的逻辑理论也是富有启发性的。

二、汉语逻辑的形式化研究

如果说邹崇理对“逻辑语法理论”的研究是对西方现代语言逻辑理论进行介绍和评价的话，那么他对汉语中的逻辑问题的研究则是原创性的。他应用现代逻辑这个工具，针对汉语的特点，对汉语中的逻辑问题进行了深入的研究，建立了汉语部分语句系统。

（一）汉语量化句的部分语句系统

邹崇理在他的博士论文《Montague 语法及其在汉语语义分析方面的初步应用》中，运用真值条件模型论方法探索了汉语的语义问题：（1）讨论了汉语的语句态和动词体之间“不规则”的搭配关系。他指出汉语四种态，即状态句（如“这朵花是红的”）、达成句（如“这个人死了”）、活动句（如“老王散步”）、完结句（如“小李打死了老王”），除它们都有普通体外，达成句和完结句还有完成体，活动句有进行体，状态句有保持体，等等。（2）在汉语态和体关系基础上，讨论了汉语句中的时间因素，即态、体、时关系。诸如时间副词“曾经”、时间名词“今天”等相应的规则。（3）讨论了汉语的数量结构，如“每人”“个人”等以及“所有人”等的聚合语义和分布语义。（4）还处理了汉语句子中包含子句的语句、内涵语境、句子的否定以及作为修饰语的形容词等语言现象的句法规则。他考虑到汉语语法方面诸多特点，运用 MG 技巧和汉语知识，第一次对汉语进行了较高层次的语形研究。

随后他又对汉语量化句进行了全面的考察，总结出汉语量化句的几个特点：第一，汉语是一种非常简洁的自然语言，其内在的量化结构类似于逻辑量化公式的表现形式，体现为：一部分量化句只包含一个量词且位于句子最前端；由于没有变项被代入的生成方式，具有两个或两个以上量词的汉语量化句大都不存在量词的辖域问题，即量词的辖域依线形排列的顺序而定。这样的一些量化语句具有同逻辑量化公式相类似的简洁性，非常适合于逻辑的处理。第二，包含两个或两个以上的量词的汉语量化句虽然没有量词的辖域歧义，但仍然存在许多复杂特征值得我们注意，这类量化语句有的是可以化归的，有的是不能化归的。第三，汉语量词还有通常所谓表聚合语义的特征。这种量词在汉语量化语句中占了相当大的比重，具体表现在许多场合，例如“所有教师共捐款 500 万元”，它叙说的是名词集合里所有个体共同构成的那个总体的性质，这与量词的所谓分布语义涉及名词集合中每个个体的用法不同。他在对汉语量化句全面把握的基础上，建立了处理汉语量化语句的形式系统 FC。

1993 年，邹崇理在《一个运用蒙太格语法与广义量词方法分析汉语量化词组的部分语句系统》的论文中，运用 MG 与 GQ（Generalized Quantifier，广义量词）基本方法，分析了汉语量化词的语义特征，建立了汉语量化句的部分语句系统 FC。FC 的主要目的在于刻画汉语量化词组的语义特征，注意区分量化词组的分布语义和聚合语义。

FC 系统在语形上广泛使用加标句法范畴，如 NPC、NPD、DetC、DetD 等，从形态分析上区别分布语义和聚合语义的限定词（或量化词组），以区别两种不同的语义解释。FC 给出：

（1）$S \rightarrow NP\ Pred$；

（2）$Pred \rightarrow ADV_t\ VP$；

（3）$VP \rightarrow V_i$；

（4）$VP \rightarrow V_t NP$；

（5）$VP \rightarrow Vdt\ NP_1\ NP_2$；

（6）$VP \rightarrow V_s S$；

（7）$ADV_t \rightarrow \begin{Bmatrix} \text{曾经} \\ \Phi \\ \text{将要} \end{Bmatrix}$

（8）$NP \rightarrow NP_D$；

（9）$NP \rightarrow NP_C$；

（10）$NP_D \rightarrow Det_D\ CN$；

……

如此一共 24 条语形结构规则，再加上 4 条提升转换规则①，构成了 FC 的语形部分。

FC 用于解释汉语语义的内涵逻辑工具是 IL+GQ。IL+GQ 引入个体词组合符号“⊕”，意为若 t_1, t_2 为个体词，$t_1 \oplus t_2$ 仍为个体词。如“张三与李四是朋友”，意谓“张三”和“李四”两个个体词组合起来，即 $t_1 \oplus t_2$，具有“朋友”的属性。FC 语义部分包括：

（1）x_1，x_2，x_3，…是个体变项；c_1，c_2，c_3，…是个体常项；个体变项和个体常项统称个体词。

（2）若 t_1，t_2 是个体词，则 $t_1 \oplus t_2$ 也是个体词。

（3）P_1，P_2，P_3，…是一元谓词，p_1，p_2，p_3，…是其中的一元原子谓词；R_1，R_2，R_3，…是二元谓词；G_1，G_2，G_3，…是三元谓词。

（4）φ 是公式，X 是个体变项，$\lambda x\varphi$ 是一元谓词。

（5）B_1，B_2，B_3，…是个体词与命题的关系词。

（6）φ 是公式，则 $\hat{}\varphi$ 是命题。

……

如此一共 14 条 *IL+GQ* 内涵逻辑的内容，再加上 11 条从汉语到 *IL+GQ* 语言的翻译程序，构成了 *FC* 的语义部分。

FC 的语义模型是五元组 $M=<W, I, <, U, V>$。其中 W 是可能世界的集合；I 是由 < 排序的时刻集合；U 是个体域，是在原子个体域 U_A 上进行 V_i 运算而扩展的个体域，$U_A \subseteq U$；V 是一个函项，它给 *IL+GQ* 中的常项指派相应类型的内涵值。

在上述基础上，作者给出一些例句，对 FC 系统如何生成量词以及怎样刻画其语义特征作出说明。例如语句：

所有学生吃掉 50 个苹果。

据其语形结构生成的树形图得到加标括号式：

[S[NP_1[NP_C，$_1$[所有 C 学生]]][S[NP_2[NP_C，$_2$[50 个 EC 苹果]]][S[ADV_1 ϕ][S[NP_{e1}][VP]

① 参见邹崇理：《一个运用蒙太格语法与广义量词方法分析汉语量化词组的部分语句系统》，《哲学研究》1993 年增刊。

Vt 吃掉][NPe_2]]]]]

再据此翻译得：

（I）（所有′ c（学生′））λx_1（（50 个′$_{EC}$（苹果）λx_2（吃掉′（x_1，x_2）））

在 IL+GQ 模型中，$\|（I）\|^{M, w, i, g}=1$，当且仅当，$\{u_1 \in U$：$\{u_2 \in U$：$\|$吃掉′（x_1，x_2）$\|^{M, w, i, g[[u_1/x_1]u_2/x_2]}=1\} \in \{X \subseteq U$：存在两两不相同的属于 U_A 的 $u_1 \cdots u_{50}$ 使得，$u_i \in \|$苹果′$\|^{M, w, i, g}$ 并且 $u_1 v_i \cdots v_i u_{50} \in X\}\} \in \{X \subseteq U$: sup（$*\|$ 学生′ $\|^{M, w, i, g}$）$\in X\}$。

直观上看，句子的真值为：有 50 个苹果构成的整体属于被吃掉东西的集合，与之相应，所有学生这个总体属于吃掉 50 个苹果者的集合，即全体学生吃掉特定的 50 个苹果，而不是每个学生吃掉 50 个苹果。这是聚合语义的分析。

随着研究的深入，2002 年他在专著《逻辑、语言和信息》中进一步完善了 FC 系统，在这一系统中定义了一系列汉语所特有的量词，并在这个系统中增加了生成传统对当关系和三段论推理以及描述其有效性的功能。在研究汉语量化句聚合意义的启示下，采取与西方学者不同的思路提出刻画量化表达式聚合意义的一阶谓词逻辑系统，且证明了这个系统的可靠性和完全性。

邹崇理所做的这些工作都是开创性的，为汉语的逻辑研究闯出了一条新路，展示了广阔的研究前景。陈宗明先生把他的这种研究称为“汉语的 MG 研究”，并说：“汉语和英语分属两个不同的语系，语法结构差别较大，对汉语的 MG 研究，显然具有深远的意义和广阔的前景。”① 中国逻辑学会会长张家龙先生对《逻辑、语言和信息》一书给予了很高的评价，他说：“本书是一部现代化的、与国际逻辑研究水平接轨的自然语言逻辑专著”“这部著作的出版标志着我国的自然语言逻辑研究进入了发展时期”。②

（二）汉语时间系统的形式语义学研究

科学研究无止境，在对汉语量化语句形式化处理取得重大突破之后，邹崇理又对汉语时间系统的语义特征进行了思考。自然语言的时间系统可以分为三个方面：时相（phase）结构、时制（tense）结构和时态（aspect）结构。虽然自然语言的时间系统都包含有这三个方面，但就某一种具体的自然语言而言，三者的表现程度是不大一样的，有的语言侧重表现时相结构，即时相结构比较发达；有的语言侧重表现时态结构，即时态结构比较丰富。邹崇理认为：由于汉语的动词在时间方面没有形态变化，因而时制不够发达，但却发展出比印欧语言丰富得多的时态结构，这是汉语的本质特征之一。

① 陈宗明：《中国语用学思想》，浙江教育出版社，1997 年，第 355 页。

② 邹崇理：《语言、逻辑和信息》，人民出版社，2002 年，“序言”，第 2 页。

“汉语的时态结构有丰富多样的表现形式，时态结构在汉语的时间系统中占有突出的地位。”①

邹崇理采用形式语义学方法处理汉语的时态结构，其基本思路是：构造一个展现时态结构各种类型的现代汉语部分语句系统，该系统句法部分由基本词项及句法规则生成具有时态特征的汉语句子，再把这些汉语句子翻译成引进各种“态”算子的时间逻辑语言，然后由该逻辑语言的语义模型提供关于时态结构的语义解释，这种语义解释的核心是通过说话者的观察参照时间和事件的时间过程的某种关系表现时态类型。

1. 句法部分

1.1 句法范畴标记的集合

采用递归定义生成该集合 Cat，它是满足下列条件的最小集合：

a）CN，IV，IV_{S1}，IV_{S2}，IV_{S3}，IV_{a1}，IV_{a2}，IV_{a3}，IV_{a4}，IV_{ac1}，IV_{ac2}，$t \in Cat$

b）若 A，$B \in Cat$，则 $A/B \in Cat$。

1.2 基本语词的集合

B_{CN}=｛人，学生，花，书，车，衣服，文章，问题，城市｝；

B_{NP}=$B_{t/IV}$=｛张兵，李蓉，王勇，北京，英文，道教｝；

B_{TVs1}=$B_{IVs1/NP}$=｛是，有，像，属于｝；

B_{TVs2}=$B_{IVs2/NP}$=｛相信，认识，知道，喜欢，尊敬，理解｝；

B_{TVs3}=｛红，黑，干，湿，勤劳，勇敢｝；

B_{IVa1}=｛躺，坐，站，蹲，跪，趴｝；

B_{IVa2}=$B_{IVa2/NP}$=｛思考，琢磨，猜测，考虑｝；

B_{IVa3}=$B_{IVa3/NP}$=｛学，写，读，修，洗，打，听，看｝；

B_{IVa4}=｛劳动，休息，运动，吃饭｝；

B_{IVac1}=$B_{IVac1/NP}$=｛丢失，认出，发现，摔破，修好，学会｝；

B_{IVac2}=｛死亡，凋谢，熄灭，塌方，爆炸｝；

1.3 句法规则

S1. $B_{NP} \subseteq P_{NP}$；

S2. 若 $\alpha \in B_{CN}$，则 $F_1(\alpha)$ = 每一 $\gamma\alpha \in P_{NP}$，其中若 α = 人，学生，挫折，问题，城市，则 γ = 个；若 α = 花，则 γ = 朵；若 α = 书，则 γ = 本；α = 车，则 γ = 辆；若 α = 衣服，则 γ = 件；$F_1'(\alpha) = \alpha \in P_{NP}$；

S3. 若 $\alpha \in B_{CN}$，则 $F_2(\alpha)$ = 有的 $\alpha \in P_{NP}$，$F_2'(\alpha) = -\gamma\alpha \in P_{NP}$，$F_2''(\alpha)$ =

① 邹崇理：《自然语言逻辑研究》，北京大学出版社，2000 年，第 379 页。

$\alpha \in P_{NP}$；

S4. 若 $\alpha \in B_{CN}$，则 $F_3(\alpha)$ =这 $\gamma\alpha \in P_{NP}$，$F_3{'} = (\alpha)$ =那 $\gamma\alpha \in P_{NP}$

S5. 若 $\delta \in B_{IVa1}$，则 $F_4(\delta) = \delta$ 着 $\in P_{IV}$

S6. 若 $\delta \in B_{TVa2} \cup B_{TVa3}$，则 $F_5(\delta) = \delta$ 着 $\in P_{TV}$

S7. 若 $\delta \in B_{TVa2} \cup B_{TVa3}$，则 $F_6(\delta)$ =正在 $\delta \in P_{TV}$

S8. 若 $\delta \in B_{IVa4}$，则 $F_7(\delta)$ =正在 $\delta \in P_{IV}$

S9. 若 $\delta \in B_{TVa2} \cup B_{TVa3}$，则 $F_8(\delta) = \delta$ 了 $\in P_{TV}$

S10. 若 $\delta \in B_{IVa1}$，则 $F_9(\delta) = \delta$ 了一下 $\in P_{IV}$

S11. 若 $\delta \in B_{TVa2} \cup B_{TVa3}$，则 $F_{10}(\delta) = \delta$ 了一下 $\in P_{TV}$

S12. 若 $\delta \in B_{TVs2}$，则 $F_{11}(\delta)$ =开始 δ 了 $\in P_{TV}$

S13. 若 $\delta \in B_{IVs3}$，则 $F_{12}(\delta)$ =开始 δ 了 $\in P_{IV}$

S14. 若 $\delta \in B_{TVac1}$，则 $F_{13}(\delta) = \delta$ 了 $\in P_{TV}$

S15. 若 $\delta \in B_{IVac2}$，则 $F_{14}(\delta) = \delta$ 了 $\in P_{IV}$

S16. 若 $\delta \in B_{TVac2} \cup B_{TVac3} \cup B_{TVac1}$，则 $F_{15}(\delta)$ =曾经 δ 过 $\in P_{TV}$

S17. 若 $\delta \in B_{IVs3} \cup B_{IVac2}$，则 $F_{16}(\delta)$ =将要 δ 了 $\in P_{IV}$

S18. 若 $\delta \in B_{TVs1} \cup B_{TVs2} \cup B_{TVa2} \cup B_{TVa3} \cup B_{TVac1}$，则 $F_{17}(\delta) = \delta \in P_{TV}$

S19. 若 $\delta \in B_{IVs3} \cup B_{IVa1} \cup B_{IVa4} \cup B_{IVac2}$，则 $F_{18}(\delta) = \delta \in P_{IV}$

S20. 若 $\alpha \in P_{NP}$ 且 $\delta \in P_{TV}$，则 $F_{19}(\alpha, \delta) = \delta\alpha \in P_{IV}$

S21. 若 $\alpha \in P_{NP}$ 且 $\delta \in P_{IV}$，则 $F_{20}(\alpha, \delta) = \alpha\delta \in P_t$

2. 时间逻辑语言 $\mathscr{L}$

2.1. $\mathscr{L}$ 的语形理论

2.1.1. 类型的集合

类型集合 T 是满足下述条件的最小集合：

（a）e，t ∈ T；

（b）若 b，c ∈ T，则 <b，c> ∈ T；

（c）T 中任何元素都是有限次运用（a）或（b）生成。这里 e，t 都不是有序对。

2.1.2. $\mathscr{L}$ 的有意义表达式的集合

有意义表达式集合 ME_a（$a \in T$）的递归定义如下：

（a）对任何 $a \in T$，$Var_a \subseteq ME_a$ 与 $Con_a \subseteq ME_a$；

（b）若 $a \in ME_b$ 并且 u 为 c 类型的变项，则 $\lambda ua \in ME_{<c, b>}$；

（c）若 $a \in ME_{<b, c>}$ 并 $\zeta \in ME_b$，则 $a(\zeta) \in ME_c$；

（d）若 Φ，$\psi \in ME_t$，则 $\sim \Phi$，$\Phi \& \psi$，$\Phi \vee \psi$，$\Phi \to \psi$，$\Phi \leftrightarrow \psi$，Prog$\varphi$，Perf$\varphi$，

Shortφ，Inchφ，Termφ，Expφ，Futφ，Genφ $\in ME_t$；

（e）若 a，$\beta \in ME_b$，$a = \beta \in ME_t$；

（f）若 Φ，$\psi \in ME_t$ 并且 u 为变项，则 $\forall u\Phi$，$\exists u\Phi \in ME_t$；

（g）ME_a（$a \in T$）中的元素除运用（a）—（f）生成以外，别无其他。

2.2. $\mathscr{L}$ 的语义理论

2.2.1. $\mathscr{L}$ 的语义框架

$\mathscr{L}$ 的语义框架 Dom 的定义是：

（a）对于基本类型 e，$t \in T$ 而言：

$Dom_e = U$；

$Dom_t = \{0, 1\}$：

（b）对每一派生类型 $<b, c> \in T$ 而言：

$Dom_{<b, c>} = Dom_c^{Dom_b}$

2.2.2. $\mathscr{L}$ 的时间区间结构

$\mathscr{L}$ 的区间结构 Int=〈I，$\subset$，$\subset_{in}$，$\subset_{fi}$，∞，$<$〉的定义如下：

（a）I 是 M 的所有子集 i 的集合，子集 i 满足：对所有 m_1，m_2，$m_3 \in M$ 而言，若 m_1，$m_3 \in i$ 并且 $m_1 < m_2 < m_3$，则 $m_2 \in i$.

（b）$\subset$，$\subset_{in}$，$\subset_{fi}$，∞，$<$的定义参见邹崇理的《自然语言逻辑研究》一书。①

2.2.3. $\mathscr{L}$ 的语义模型

$\mathscr{L}$ 的语义模型 $\mathscr{A}=<D, M, <, \| \|_{\mathscr{A}, i}>$ 定义如下：

（a）D 是个体的非空集合；

（b）以 D 为基础的语义框架 Dom 如上；

（c）M 是时刻的非空集合，$<$是 M 上的严格线性序；

（d）以 M 为基础的区间结构 Int 的定义如 2.2.2；

（e）若 $\alpha \in Con_a$。则 $\|\alpha\|_{\mathscr{A}, i} \in Dom_a$。

由于 $\mathscr{L}$ 中包含自由变项，就有必要 $\| \|_{\mathscr{A}, i}$ 扩展成 $\| \|_{\mathscr{A}, i, g}$，其中 g 是对 $\mathscr{L}$ 中自由变项赋值的函项，即 g：$Var_b \to Dom_b$。由于 $\mathscr{L}$ 的有意义表达式是有内部结构的，是通过 2.1.2.（a）—（g）递归生成的。所以，$\mathscr{L}$ 的语义模型对任何 $a \in T$ 而言 ME_a 中词项的语义值就有相应的递归定义：

（a）若 $\alpha \in Con_a$，则 $\|\alpha\|_{\mathscr{A}, i, g} = \|\alpha\|_{A, i} \in Dom_a$；

（b）若 $\alpha \in Var_a$，则 $\|\alpha\|_{\mathscr{A}, i, g} = g(\alpha) \in Dom_a$；

① 邹崇理：《自然语言逻辑研究》，北京大学出版社，2000 年，第 382—385 页。

（c） 若 $\alpha \in ME_a$ 并且 u 为 b 类型的变项，则 $\| \lambda\mu\alpha \|_{\mathscr{A}, i, g} = f$ 使得，对任 $x \in Dom_b$ 而言，$f(x) = \| \alpha \|_{\mathscr{A}, i, g[x/u]}$；

（d）若 $\alpha \in ME_{<a, b>}$ 并且；$\zeta \in ME_a$，$\| \alpha(\zeta) \|_{\mathscr{A}, i, g} = \| \alpha \|_{\mathscr{A}, i, g}(\| (\zeta) \|_{\mathscr{A}, i, g})$；

（e）若 Φ，$\psi \in ME_t$ 并且 u 为变项，则 $\| \sim\Phi \|_{\mathscr{A}, i, g}$，$\| \Phi \& \psi \|_{\mathscr{A}, i, g}$，$\| \Phi \vee \psi \|_{\mathscr{A}, i, g}$，$\| \Phi \rightarrow \psi \|_{\mathscr{A}, i, g}$，$\| \Phi \leftrightarrow \psi \|_{\mathscr{A}, i, g}$，$\| \forall u\Phi \|_{\mathscr{A}, i, g}$ 及 $\| \exists u\Phi \|_{\mathscr{A}, i, g}$ 的定义如通常的理解；

（f） 若 $\Phi \in ME_t$，则 $\| \mathrm{Prog}\Phi \|_{\mathscr{A}, i, g} = 1$ 当且仅当有 $i' \in \mathrm{I}$ 满足 $i \subset i'$，$\sim(i \subset_{fi} i')$ 且 $\sim(i \subset_{in} i')$ 使得：$\| \Phi \|_{\mathscr{A}, i', g} = 1$；

（g）若 $\Phi \in ME_t$，则 $\| \mathrm{Perf}\Phi \|_{\mathscr{A}, i, g} = 1$ 当且仅当有 $i' \in \mathrm{I}$ 满足 $i \subset i'$ 并且 $\sim(i \subset_{fi} i')$ 使得：$\| \Phi \|_{\mathscr{A}, i', g} = 1$；

（h）若 $\Phi \in ME_t$，则 $\| \mathrm{Short}\Phi \|_{\mathscr{A}, i, g} =$ 当且仅当有 $i' \in \mathrm{I}$ 满足 $i' \subset i$，$\sim(i' \subset_{in} i)$ 且 $\sim(i' \subset_{fi} i)$ 使得：$\| \Phi \|_{\mathscr{A}, i', g} = 1$；

（i）若 $\Phi \in ME_t$，则 $\| \mathrm{Inch}\Phi \|_{\mathscr{A}, i, g} = 1$ 当且仅当有 $i' \in \mathrm{I}$ 满足 $i \infty i'$ 使得：$\| \Phi \|_{\mathscr{A}, i', g} = 1$；

（j）若 $\Phi \in ME_t$，则 $\| \mathrm{Term}\Phi \|_{\mathscr{A}, i, g} = 1$ 当且仅当有 $i' \in \mathrm{I}$ 满足 $i' \infty i$ 使得：$\| \Phi \|_{\mathscr{A}, i', g} = 1$；

（k）若 $\Phi \in ME_t$，则 $\| \mathrm{Exp}\Phi \|_{\mathscr{A}, i, g} = 1$ 当且仅当有 $i' \in \mathrm{I}$ 满足 $i' < i$ 且有 $i'' \in i$ 满足 $i'' \infty i'$ 使得：$\| \Phi \|_{\mathscr{A}, i'', g} = 1$；

（l）若 $\Phi \in ME_t$，则 $\| \mathrm{Fut}\Phi \|_{\mathscr{A}, i, g} = 1$ 当且仅当有 $i' \in \mathrm{I}$ 满足 $i < i'$ 且有 $i'' \in i$ 满足 $i' \infty i''$ 使得：$\| \Phi \|_{\mathscr{A}, i'', g} = 1$；

（m）若 $\Phi \in ME_t$，则 $\| \mathrm{Gen}\Phi \|_{\mathscr{A}, i, g} = 1$ 当且仅当有 $i' \in \mathrm{I}$ 满足 $i' = i$ 使得：$\| \Phi \|_{\mathscr{A}, i', g} = 1$。

由于上述语义值定义是相对赋值 g 和模型 $\mathscr{A}$ 而言的，所以就有进一步的定义：公式 φ 相对 $\mathscr{A}$，i 真当且仅当对每一 $\mathscr{A}$– 赋值 g 而言，$\| \varphi \|_{\mathscr{A}, i, g} = 1$；$\varphi$ 相对 $\mathscr{A}$– 模型类（逻辑）真，当且仅当对每一 $\mathscr{A}$ 和每一 i 而言 $\| \varphi \|_{\mathscr{A}, i} = 1$。

3. 翻译部分

3.1. 从句法范畴标记集合 Cat 到 $\mathscr{L}$ 的逻辑类型集合 T 的映射函项

（a）f（CN）=f（IV）=<e，t>，f（t）=t；

（b）f（A/B）=<f（B），f（A）>.

3.2 . 翻译过程中常用的逻辑变项及其类型的对照

x，y，z，x_1，x_2，…	e
P，Q，…	<e，t>
$\mathscr{P}$，$\mathscr{Q}$，…	<<e，t>，t>

3.3. 翻译规则

T1. 除下列外，对任何 $\alpha \in B_A$，α 翻译为 $\alpha' \in Dom_{f(A)}$ ①；

"张兵"翻译为：$\lambda PP(\mathbf{Z})$

"李蓉"翻译为：$\lambda PP(\mathbf{L})$

"王勇"翻译为：$\lambda PP(\mathbf{W})$

"北京"翻译为：$\lambda PP(\mathbf{B})$

"英文"翻译为：$\lambda PP(\mathbf{E})$

"道教"翻译为：$\lambda PP(\mathbf{D})$

"是"翻译为：$\lambda x\lambda y[x=y]$.

T2. 若 $\alpha \in B_{CN}$，则 $F_1(\alpha) = F_1'(\alpha)$ 译为：$\lambda P \forall x[\alpha'(x) \rightarrow P(x)]$.

T3. 若 $\alpha \in B_{CN}$，则 $F_2(\alpha) = F_2'(\alpha) = F_2''(\alpha)$ 翻译为：$\lambda P \exists x[\alpha'(x) \& P(x)]$.

T4. 若 $\alpha \in B_{CN}$，则 $F_3(\alpha) = F_3'(\alpha)$ 翻译为：$\lambda P\exists x[\forall y[\alpha'(y) \leftrightarrow y = x] \& P(x)]$.

T5. 若 $\delta \in B_{IVa1}$，则 $F_4(\delta)$ 翻译为：$\lambda x((Prog(\delta'(x))))$，$\delta'$ 是 δ 的翻译。

T6. 若 $\delta \in B_{TVa2} \cup B_{TVa3}$，则 $F_5(\delta)$ 翻译为：$\lambda\mathscr{P}\lambda x\mathscr{P}(\lambda y(Prog(\delta'(x, y))))$，其中 δ' 是 δ 的翻译。

T7. 若 $\delta \in B_{TVa2} \cup B_{TVa3} \cup B_{TVa4}$，则 $F_6(\delta)$ 翻译为：（同 $F_5(\delta)$ 的翻译）。

T8. 若 $\delta \in B_{IVa4}$，则 $F_7(\delta)$ 翻译为：$\lambda x(Prog(\delta'(x)))$，其中 δ' 是 δ 的翻译。

T9. 若 $\delta \in B_{TVa2} \cup B_{TVa3}$，则 $F_8(\delta)$ 翻译为：$\lambda\mathscr{P}\lambda x\mathscr{P}(\lambda y(Prog(\delta'(x, y))))$，$\delta'$ 是 δ 的翻译。

T10. 若 $\delta \in B_{IVa1}$，则 $F_9(\delta)$ 翻译为：$\lambda x(Short(\delta'(x)))$，$\delta'$ 是 δ 的翻译。

T11. 若 $\delta \in B_{TVa2} \cup B_{TVa3}$，则 $F_{10}(\delta)$ 翻译为：$\lambda\mathscr{P}\lambda x\mathscr{P}(\lambda y(Short(\delta'(x, y))))$，$\delta'$ 是 δ 的翻译。

T12. 若 $\delta \in B_{TVs2}$，则 $F_{11}(\delta)$ 翻译为：$\lambda\mathscr{P}\lambda x\mathscr{P}(\lambda y(Inch(\delta'(x, y))))$，$\delta'$ 是 δ 的翻译。

T13. 若 $\delta \in B_{IVs3}$，则 $F_{12}(\delta)$ 翻译为：$\lambda x(Inch(\delta'(x)))$，$\delta'$ 是 δ 的翻译。

T14. 若 $\delta \in B_{TVac1}$，则 $F_{13}(\delta)$ 翻译为：$\lambda\mathscr{P}\lambda x\mathscr{P}(\lambda y(Term(\delta'(x, y))))$，$\delta'$ 是 δ 的翻译。

T15. 若 $\delta \in B_{TVac2}$，则 $F_{14}(\delta)$ 翻译为：$\lambda x(Term(\delta'(x)))$，$\delta'$ 是 δ 的翻译。

---

① 用 α' 表示对 α 的翻译，以下均采用这种写法。在本系统中，若 α 为汉语词系，则用该汉语的拼音黑体表示 α'。

T16. 若 $\delta \in B_{TVa2} \cup B_{TVa3} \cup B_{TVac1}$，则 $F_{15}(\delta)$ 翻译为：$\lambda\mathscr{P}\lambda x\mathscr{P}(\lambda y(\mathrm{Exp}(\delta'(x,y))))$，$\delta'$ 是 δ 的翻译。

T17. 若 $\delta \in B_{IVs3} \cup B_{TVac2}$，则 $F_{16}(\delta)$ 翻译为：$\lambda x(\mathrm{Fut}(\delta'(x)))$，$\delta'$ 是 δ 的翻译。

T18. 若 $\delta \in B_{TVs1} \cup B_{TVs2} \cup B_{TVa2} \cup B_{TVa3} \cup B_{TVac1}$，则 $F_{17}(\delta)$ 翻译为：$\lambda p\lambda xp(\lambda y(\mathrm{Gen}(\delta'(x,y))))$，$\delta'$ 是 δ 的翻译。

T19. 若 $\delta \in B_{IVs3} \cup B_{IVa1} \cup B_{IVa4} \cup B_{IVac2}$，则 $F_{18}(\delta)$ 翻译为：$\lambda x(\mathrm{Gen}(\delta'(x)))$，$\delta'$ 是 δ 的翻译。

T20. 若 $\alpha \in P_{NP}$ 且 $\delta \in P_{TV}$，则 $F_{19}(\alpha,\delta)$ 翻译为：$\delta'(\alpha')$，δ' 是 δ 的翻译，α' 是 α 的翻译。

T21. 若 $\alpha \in P_{NP}$ 且 $\delta \in P_{IV}$，则 $F_{20}(\alpha,\delta)$ 翻译为：$\alpha'(\delta')$，α' 是 α 的翻译，δ' 是 δ 的翻译。

最后举个例子来说明本系统是怎样生成汉语时态句并且怎样翻译成逻辑语言而获得模型论语义解释的。首先，由句法部分生成汉语时态句“张兵思考着这个问题”如下：

（1）张兵 $\in P_{NP}$	据基本语词集合及 S1
（2）思考 $\in B_{TVa2}$	据基本语词集合
（3）问题 $\in B_{CN}$	据基本语词集合
（4）这个问题 $\in P_{NP}$	由（3）据 S4
（5）思考着 $\in P_{TV}$	由（2）据 S6
（6）思考着这个问题 $\in P_{IV}$	由（4）（6）据 S20
（7）张兵思考着这个问题 $\in P_t$	由（1）（6）据 S21

与上述推演序列相应的分析树为：

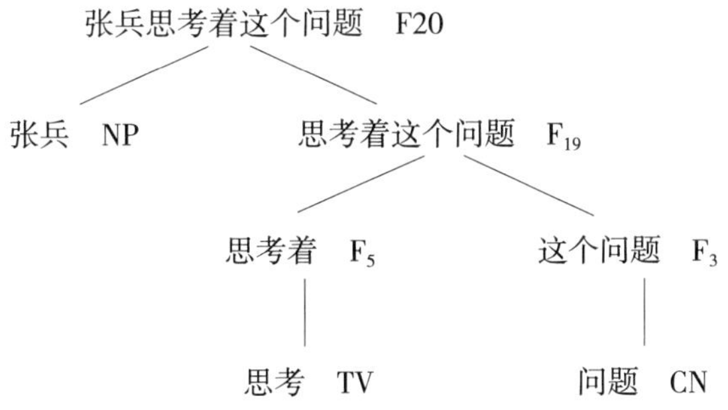

其次，根据句法生成的步骤，一步步运用相应的翻译规则如下：

（a）λPP（z）	（由（1）据 T1）
（b）**sikao**	（由（2）据 T1）
（c）**wenti**	（由（3）据 T1）

(d) $\lambda P\exists u[\forall y[\mathbf{wenti}(y)\leftrightarrow y=u]\&P(u)]$ （由（4）与（c）据 T4）

(e) $\lambda_{\mathcal{P}}\lambda x_{\mathcal{P}}(\lambda y(\mathrm{Prog}(\mathbf{sikao}(x,y))))$ （由（5）与（b）据 T6）

(f) $\lambda_{\mathcal{P}}\lambda x_{\mathcal{P}}(\lambda y(\mathrm{Prog}(\mathbf{sikao}(x,y))))(\lambda P\exists u[\forall y[\mathbf{wenti}(y)\leftrightarrow y=u]\&P(u)])$ （由（6）与（d）（e）据 T20）

(g) $\lambda x\lambda xP\exists u[\forall y[\mathbf{wenti}(y)\leftrightarrow y=u]\&P(u)](\lambda y(\mathrm{Prog}(\mathbf{sikao}(x,y))))$
（(f) λ- 转换）

(h) $\lambda x\exists u[\forall y[\mathbf{wenti}(y)\leftrightarrow y=u]\&\lambda y(\mathrm{Prog}(\mathbf{sikao}(x,y)))(u)]$
（(g) λ- 转换）

(i) $\lambda x\exists u[\forall y[\mathbf{wenti}(y)\leftrightarrow y=u]\&\lambda y(\mathrm{Prog}(\mathbf{sikao}(x,u))$
（(h) λ- 转换）

(j) $\lambda PP(z)[\lambda x\exists u[\forall y[\mathbf{wenti}(y)\leftrightarrow y=u]\&\mathrm{Prog}(\mathbf{sikao}(x,u))]]$
（由（7）与（a）（g）据 T21）

(k) $\lambda x\exists u[\forall y[\mathbf{wenti}(y)\leftrightarrow y=u]\&\mathrm{Prog}(\mathbf{sikao}(x,u))](z)$
（(j) λ- 转换）

(l) $\exists u[\forall y[\mathbf{wenti}(y)\leftrightarrow y=u]\&\mathrm{Prog}(\mathbf{sikao}(z,u))$
（(k) λ- 转换）

（l）式就是“张兵思考着这个问题的逻辑式，对涉及进行时态算子 Prog 的部分给予语义解释，其直观理解为：用说话者（潜在的）观察参照时间来比较，“张兵”所指个体与“问题”类的某个特定个体具有“思考”这样的关系，其时间过程处于延续之中（包含了参照时间）。

这个系统还可生成并解释许多汉语时态句。如进行时态句：“这个学生正在休息”；完成时态句：“张兵打了王勇”；短暂时态句：“李蓉洗了一下衣服”；起始时态句：“这朵花开始红了”；终结时态句：“有人丢失了一辆车”；经历时态句：“每个人（都）曾经读过书”，“有的人曾经相信过道教”；将行时态句：“这件衣服将要干了”；等等。此外，这个系统也还能生成一般时态句，如“北京是一个（大）城市”，等等。

邹崇理关于时间系统的形式语义学研究也是开创性的，在此之前，国内外还没有学者建立一个时态逻辑系统。周礼全先生对他的研究给予了很高的评价：“作者运用自然语言逻辑方法进行了关于汉语时间语义特征的研究，从中体现了勇于探索创新的精神”“作者有关研究的贡献是：（ⅰ）从时间区间语义学出发，运用时间区间的七种基本的集合论关系，描述出汉语丰富的时态类型（进行态、完成态、短暂态、起始态、终结态、经历态和将行态），指出时态是讲话者关于事件时间过程的长短始末的概念，它体现于参照时间与事件时间之间的包含、交叉、同异等关系，这不同于由说话时间与事件时间的先后关系所确定的时制概念；（ⅱ）作者提出的时态概念也能明确地区分于时相概念。时相是由动词的词汇意义所体现的事件本身的特征（如持续性、瞬间性等），而时态则是说话者从不同角度参照比较事件时间过程的产物；（ⅲ）作者以上述理解时态的观点为基础，运用现代逻辑方法，巧妙构思，建立了一个专门刻画汉语时态结构的部分语句系统；（ⅳ）作者还据此提出发展‘态’的时间逻辑的新思路。初步给出进行态算子 prog 和完成态算子 perf 等的语义定义及一些有关的逻辑有效式”。[①]周礼全先生的评价是非常中肯的，是恰如其分的。

邹崇理的研究成果是我国语言逻辑研究形成的重要标志，充分显示了中国年轻一代逻辑学者的研究实力，实现了与国际逻辑研究水平的接轨与对话。

（原载《二十世纪意义理论的发展与语言逻辑的兴起》第十四章，中国社会科学出版社，2007 年 6 月，略有修改）

① 邹崇理：《自然语言逻辑研究》，北京大学出版社，2000 年，“序言”，第ⅱ—ⅲ页。

先秦类推谬误理论探析

类推是先秦逻辑的一个重要内容，它是以事物的类同为基础的。类推时如果同异相混，即误把同类当异类或误把异类当同类，就必然会产生逻辑谬误。

那么，什么是逻辑谬误？据杰·麦基（J. L. Mackie）的定义："谬误就严格意义上说是指无效的推理……但我们把那些与推理有关的错误也叫谬误，当然这是在宽泛的意义上使用的。"

谬误理论一直是西方学者感兴趣的课题，不少西方学者对古希腊的谬误理论作了深入的研究。但是，我国先秦的谬误理论可以说还是一片处女地，等待着人们去开垦。本文仅对先秦有关类推的谬误理论进行初步探讨。

一、墨翟、孟子、公孙龙诸家对类推谬误的批判

在中国逻辑史上，墨翟（约公元前480—前420年）第一个论述了类推的谬误。他在《公输》中说："义不杀少而杀众，不可谓知类。"[①] "杀少"与"杀众"表面上不一样，但本质上却是相同的，都是不义行为，因而是同类。公输盘把同类当成了异类，知道"杀少"是不义，但不能推知"杀众"也是不义，所以墨子批评他"不知类"。

《非攻下》记载："今遝夫好攻伐之君，又饰其说。以非子墨子曰：'以攻伐为不义，非利物与？昔者禹征有苗，汤伐桀，武王伐纣，此皆立为圣王，是何故也？'墨子曰：'子未察吾言之类，未明其故也。彼非所谓攻，谓诛也。'"[②] 好攻伐之君以"禹征有苗""汤伐桀""武王伐纣"与他们的攻伐行为是同类为根据替自己辩护。墨子反驳说，以上三君的行为是"诛"，即讨伐有罪之人，与攻无罪之国是不同的。战争有正义与非正义之分，表面上是同类，都是敌对双方间的武力冲突，但实质是异类。好攻

① 王焕镳：《墨子校释》，浙江文艺出版社，1984年，第403页。
② 王焕镳：《墨子校释》，浙江文艺出版社，1984年，第156页。

伐之君的诡辩就是把异类当同类，所以墨子说他们未察类，不明故。这说明墨子已经初步觉察到仅依据事物表面上的异同进行类推，这是产生“同异相混”逻辑谬误的根源。

继墨子之后，孟子（公元前 372—前 289 年）也同样重视在类推中由于同异相混造成的逻辑谬误。孟子批评齐宣王说：“挟太山以超北海，语人曰：‘我不能’，是诚不能也。为长者折枝，语人曰：‘我不能’，是不为也，非不能也。故王之不王，非挟太山以超北海之类也，王之不王是折枝之类也。”[①] 意思是说，齐宣王的“王天下”是折枝之类，能做到但不愿意做。而齐宣王把“王天下”混淆成挟太山以超北海之类，认为是不能做到，为他不推行“仁政”作诡辩。孟子还驳斥了许行把异类混成同类。这说明孟子已经深刻认识到“同异相混”带来的危害。

但是在实际辩论中，由于孟子不是从分析事物的本质中得出同类或异类的结论，而仅仅是认为“凡同类者，举相似也”[②]，即仅根据事物表面的相似就判为同类，因此往往陷入“无类比附”的谬误中。例如他说：“人性之善也，犹水之就下也；人无有不善，水无有不下。”[③]“人”和“水”是本质不同的两类事物，像这样的比拟，只能说是不伦不类的诡辩。因此荀况批评他是“僻违而无类”（《荀子·非十二子》）。

在中国逻辑史上，公孙龙（约公元前 325—前 250 年）第一个清楚地认识到，划分同类异类要根据事物的本质属性。他说：“羊与牛唯异，羊有齿，牛无齿，而牛之非羊也，羊之非牛也，未可。是不俱有而或类焉。羊有角、牛有角，牛之而羊也，羊之而牛也，未可。是俱有而类之不同也。”[④] 意思就是说，羊与牛虽然不同，但是如果用羊有上齿、牛无上齿作为区分的标准这是不行的，因为这不是羊与牛本质上的差别。有的事物虽然不具有这样的属性，但可能是同类。如果用羊有角、牛也有角作为标准，认为牛就是羊，羊就是牛，这也不行，因为这也不是羊与牛的本质属性。虽然它们都具有这样的属性，但并不一定就是同类。他认为根据事物表面现象的同异划分同类异类，这是产生“同异相混”的一个原因。对这一点，公孙龙认识得比较深刻。这是对墨子思想的发展，是对孟子分类标准的批判。公孙龙的思想对后期墨家产生了直接影响。

① 杨伯峻译注：《孟子译注》，中华书局，1960 年，第 14 页。

② 杨伯峻译注：《孟子译注》，中华书局，1960 年，第 241 页。

③ 杨伯峻译注：《孟子译注》，中华书局，1960 年，第 235 页。

④ 庞朴：《公孙龙研究》，中华书局，1979 年，第 30 页。

二、后期墨家对类推谬误的剖析与分类

后期墨家继承和发展了墨翟、公孙龙的逻辑思想，在《墨经》[①]中建立了相当系统的有关类推谬误的理论体系。他们首先阐述了“同异相混”的可能性；其次分析了“同异相混”的表现形式；最后找出了谬误产生的原因，提出了防止谬误的原则。

《墨经》作者认识到客观事物间的关系和联系是很复杂的，同类对象除了共同的本质属性之外，还有许多不同的非本质的属性；相反，在异类对象之间，除了本质属性不同外，也还会有许多相同的属性。因此《墨经》很详细地论述了同和异的多样性。

“同：重、体、合、类”“同：二名一实，重同也。不外于兼，体同也。俱处于室，合同也。有以同，类同也”[②]。两个“名”指称同一类事物，这样的同就是重同；不脱离整体之外，即同一整体的不同构成部分叫体同；事物所在的处所相同叫合同；所以成为这个事物的属性相同叫类同。

《大取》篇共指出了十种同：“重同、具同、连同、同类之同、同名之同、丘同、鲋同、是之同、然之同、同根之同。”[③]前四种与《经上》所说相同，后面又增加了六同。“同名之同”是语词相同，但意义不同，就是我们今天所说的多义词；“丘同”即区同，指地域相同；“鲋同”即附同，指不同事物上附丽于相同的属性，如白石之“白”，白雪之“白”，白羽之“白”；“是之同”表示主谓项外延包含；“然之同”表示主谓项外延重合；“同根之同”指由同一根源派生出来的事物。

《墨经》论异的多样性：“异：二，不体，不合，不类”“异：二必异，二也。不连属，不体也。不同所，不合也。不有同，不类也”[④]。该条论“异”与上条论“同”相对，“二”对“重”，“不体”对“体”，“不合”对“合”，“不类”对“类”。既然“重”是指二名一实，那么这里的“二”就是指一名二实。所以《经说》解释道：一个语词如果表示两个不同的事物，这是二之异；不属于同一物体的构成部分，这是不体之异；不在同一处所，这是不合之异；不具有成为相同事物的属性，这是不类之异。

《大取》篇又补充了两种：“有非之异，有不然之异。”[⑤]意指互相矛盾之异和互相反对之异。

---

① 指《经上》《经说上》《经下》《经说下》《大取》《小取》六篇。

② 陈孟麟：《墨辩逻辑学》（修订本），齐鲁书社，1983 年，第 112 页。

③ 陈孟麟：《墨辩逻辑学》（修订本），齐鲁书社，1983 年，第 131 页。

④ 陈孟麟：《墨辩逻辑学》（修订本），齐鲁书社，1983 年，第 112 页。

⑤ 陈孟麟：《墨辩逻辑学》（修订本），齐鲁书社，1983 年，第 131 页。

以上分析说明，“同”“异”具有多样性，有的“同”是本质性的“同”（如“重同”“类同”），有的是非本质性的“同”（如“体同”“合同”）。同样，有的“异”是本质性的“异”（如“二之异”“不类之异”），有的是非本质性的“异”（如“不体之异”“不合之异”）。类推时，如果把本质上相同的事物当作异类，把本质上相异的事物当作同类；或把表面上相同的事物当作同类，把表面上相异的事物当作异类，都会出现逻辑谬误。

第一种逻辑谬误是误把本质上相同的事物当异类。如《墨经》中所谓：“知狗而自谓不知犬，过也，说在重”“（知）：知狗不重知犬，则过，重则不过”[①]；“狗，犬也，而杀狗非杀犬也，不可。说在重”“狗：狗，犬也。谓之杀犬，可。若甬蝇”[②]。“狗”和“犬”，二名一实，“狗”“犬”两个语词表示同一事物，当然是同类。“知狗”却说“不知犬”，“杀狗”却说“非杀犬”，就是把同类混为异类的似是而非的推理。

第二种逻辑谬误就是误把本质上相异的事物当同类。如《小取》中有这样一段话：“获之亲，人也；获事其亲，非事人也。其弟，美人也；爱弟，非爱美人也。……盗人，人也，爱盗非爱人也；不爱盗，非不爱人也；杀盗人，非杀人也。”[③]

《小取》作者在每一个侔式推论的结论上都加一个“非”字，就是为了反驳那种“误把本质上相异的事物当同类”的谬误。因为由“获之亲，人也，获事其亲”推出“获事人也”；由“其弟，美人也，爱弟”推出“爱美人也”；由“盗人，人也，爱盗”推出“爱人也”；由“不爱盗”推出“不爱人也”；由“杀盗”推出“杀人也”。这都是似是而非的推理。“事其亲”（侍奉自己的父母）与“事人”（给别人当奴仆）有本质区别。“爱弟”（兄妹之爱）、“爱美人”（男女之间的性爱）也不是同类。“爱盗”与“爱人”本质上不同，“杀盗”与“杀人”也是本质上不同的。墨家的“杀人”是有特定含义的，就是指“杀无辜之人的犯罪行为”。“盗”是危害人民生命财产的罪犯，“杀盗”是为民除害，正是为了保护人民，“杀盗”不犯杀人罪，因此“杀盗人，非杀人也”。

“杀盗非杀人”这个命题为什么会被荀况斥为“用名以乱名”的诡辩呢？是因为“杀人”这个语词是有歧义的：一是可以分析为动宾词组，在这种意义下可以类推，“盗，人也；杀盗，杀人也”。二是“杀人”是一个专门术语，不能拆开，是指“杀无辜之人的犯罪行为”，今天我们所说的“杀人要偿命”就是在这种意义下使用的。《墨经》在第二种意义下使用“杀人”这个术语，荀况却在第一种意义上驳斥《墨经》，因而

① 陈孟麟：《墨辩逻辑学》（修订本），齐鲁书社，1983年，第249页。
② 陈孟麟：《墨辩逻辑学》（修订本），齐鲁书社，1983年，第284页。
③ 陈孟麟：《墨辩逻辑学》（修订本），齐鲁书社，1983年，第134页。

他的批判是对《墨经》的误解。像这样的“异”就是“二之异”，一词二义。一个语词指称了两个根本不同的事物，这是本质上的异，因而不能混为同类。

第三种逻辑谬误是误把表面上相同的事物当同类。如《墨经》说：“疑，说在逢、循、遇、过”“疑：蓬为务则士，为牛庐者夏寒，逢也。举之则轻、废之则重。若石羽，非有力也。柿从削，非巧也，循也。斗者之敝也，以饮酒，若以日中？是不可智也，遇也。智与？以己为然也与？过也”①。这里所说的“逢疑”“循疑”“遇疑”“过疑”都是类推中的谬误。“掌事人”一般都忙于事物；但忙于事物是“掌事人”的非本质属性，见到某人忙于事物，就推知他是“掌事人”，这种谬误就是“逢疑”。地球有吸引力，一般东西丢掉都会像石头一样落在地上，看到某物像石头一样落在地上，就认为某物像石头一样重。能很轻松地举起该物的人力气就一定大，这种谬误就是“循疑”。酗酒的人打架后很狼狈，但狼狈并不是这种人的本质属性，遇到某个斗殴的人很狼狈，就推知这种人是酗酒后在街上打架，这种谬误叫“遇疑”。以上三种谬误类似亚里士多德所说的“偶性”谬误。自作聪明可能会犯错误，但自作聪明并不是犯错误的“大故”，自己犯了错误，就认为是自作聪明造成的，这种谬误就是“过疑”。这相当于亚里士多德所说的“非因误为因”的谬误。这些谬误都是把表面上相同的事物当作同类进行类推造成的。

第四种逻辑谬误是误把表面上相异的事物当异类。《墨经》中说：“曰：‘牛与马不类，用牛有角，马无角，是类不同也。’若举牛有角、马无角，以是为类之不同也，是狂举也。”②用牛有角、马无角推知“牛与马不类”，这是错误的类推。因为“有角”“无角”这只是牛与马表面上的差异，从本质上看二者皆为兽，规定兽之为兽者是“四足而有毛”。故一有角、一无角并不害其属同类。“谓四足兽，牛与，马与。”③

三、后期墨家提出关于防止类推谬误的原则

从以上的分析可以看出，由于“同”和“异”的多样性，因此在类推中可能产生各种各样的谬误。为了防止逻辑谬误，《墨经》提出了以下几条原则。

第一是“不可偏观”的原则。《小取》篇中说：“故言多方、殊类、异故，则不可偏观也。”④“言多方”就是指一个语词有多方面的含义，即词的多义性。由于词的

---

① 陈孟麟：《墨辩逻辑学》（修订本），齐鲁书社，1983年，第211页。
② 陈孟麟：《墨辩逻辑学》（修订本），齐鲁书社，1983年，第274页。
③ 陈孟麟：《墨辩逻辑学》（修订本），齐鲁书社，1983年，第202页。
④ 陈孟麟：《墨辩逻辑学》（修订本），齐鲁书社，1983年，第193页。

多义性，人们稍不注意就会造成类推中的谬误。“殊类，谓不同类也”“异故，谓故有大小之不同也”[①]“‘多方’‘殊类’‘异故’为生出过误之三总因”[②]。因此“不可偏观也”。类推时，人们一定要全面考察，弄清语词的意义，分清类的同异，查清事物的原因，只有这样才能避免产生逻辑谬误。

第二是“有所止”的原则。《小取》篇中说：“有所止而正，……是故辟、侔、援、推之辞，行而异，转而诡，远而失，流而离本。”[③]这说明每一种类推方法，都有一定的适用范围，在一定的范围内使用，类推就是正确的，“有所止而正”。超过了一定的范围，类推就会产生谬误，即“行而异，转而诡、远而失，流而离本”。例如“譬”是“举他物而以明之”。但两物在某一点相同，并不见得其他特性都相同。如果从“白马”之白与“白雪”之白相同，从而推出“白马”与“白雪”相同。这就是“行而异”。“侔”是“比辞而俱行”。但“侔”也只能在一定限度内才不出毛病，超出了这个限度，就“转而诡”了。比如“获之亲，人也；获事其亲，事人也”就是一个错误的侔式推理。“援”是说：“子然，我奚独不可以然也？”但有时单就“然”看，这话好像很有理由，倘若进一步就“所以然”看，两边的区别就显现出来，才知道援例并不适用。因此，“援”有“远而失”之弊。“推”是“以其所不取之同于其所取者予之”。但有时仔细考察了对方的所以取之之故，才知道两句话之间的“同”只是表面的，不是本质的，因为两句话之所以取之之故是不同的。对方取这句话，有其所以取之之故，对方不取那句话，乃是因为与那句话相应的所以取之之故并不成立。因此“推”这种类推方式有“流而离本”之弊。[④]这里的“行”“转”“远”“流”是指超出了一定范围的类推，“异”“诡”“失”“离本”是由这些类推产生的谬误，所以类推时一定要“有所止”。

第三是“异类不比”的原则。《经下》说：“异类不比，说在量。”《经说》解释道：“异：木与夜孰长？智与粟孰多？爵、亲、行、贾四者孰贵？麋与鹤孰高？蚓与瑟孰悲？”[⑤]事物不同类就不能相比。因为衡量标准不同。

这条原则与古希腊亚里士多德关于“三段论推理不能有两个否定前提”的规则有相通之处。亚氏是这样论述这条规则的：“当第一个名辞既不属于中间名辞的任何分子，中间名辞又不属于最后的名辞的任何分子的时候，也不能构成一个三段论。可以选用

---

① 伍非百：《中国古名家言》，中国社会科学出版社，1983年，第453—454页。

② 伍非百：《中国古名家言》，中国社会科学出版社，1983年，第453—454页。

③ 陈孟麟：《墨辩逻辑学》（修订本），齐鲁书社，1983年，第133页。

④ 参见沈有鼎：《墨经的逻辑学》，中国社会科学出版社，1980年，第57页。

⑤ 陈孟麟：《墨辩逻辑学》（修订本），齐鲁书社，1983年，第208页。

科学、线、医学这三个名辞作为两个端辞之间的一种肯定关系的例子；可以选用科学、线、单位这三个名辞作为否定关系的例子。”[①] 亚里士多德认为如果两个端辞所代表的事物与中间名辞所代表的事物都是异类，就不能构成一个正确的三段论，就不能得出必然性的结论。只有中辞至少与一个端词是同类，才能建立正确的三段论，否则就会出现逻辑错误。就端词与中辞的关系来说，也是“类同相推”“异类不比”。

四、《吕氏春秋》关于类推谬论理论的发展

《墨经》之后，在关于类推谬误理论上有一些新发展的是《吕氏春秋》。《吕氏春秋》在提出“类同相召”的同时，指出了“类不可必推”“夫草有莘有藟，独食之则杀人，合而食之则益寿，……类固不必可推知也”。[②]

“类”为什么不可必推呢？《吕氏春秋》认为有三个原因。

一是“物多类然而不然”。“小方、大方之类也；小马、大马之类也；小智，非大智之类也。”由于“类然而不然”，类推就必然产生逻辑谬误。例如：“鲁人有公孙绰者，告人曰：‘我能起死人’。人问其故，对曰：‘我固能治偏枯，今吾倍所以为偏枯之药，则可以起死人矣’。”公孙绰的谬误就是把表面上相同而实质上不同的事物当作同类进行类推。“半身不遂”和“死人”（公孙绰认为是“全身不遂”）表面上相同，实质上是不同类的。所以《吕氏春秋》批评道：“物固有可以为小，不可以为大，可以为半，不可以为全者也。”[③]

二是人的认识能力有片面性和局限性。不仅客观事物是复杂的，而且人的认识能力也有片面性和局限性。“目固有不见也，智固有不知也，数（能力）固有不及也。”[④]“玉人之所患，患石之似玉也，相剑者之所患，患剑之似吴干者；……相似之物，此愚者之所大惑，而圣人之所加虑也。故墨子见歧道而哭之。”[⑤] 这说明，由于人们认识能力的局限，要识别那些表面上相似之物是困难的。如果辨不清这些相似之物，类推必然

---

① 亚里士多德：《前分析篇》26a9—12。

② 中国逻辑史研究会资料编选组：《中国逻辑史资料选（先秦卷）》，甘肃人民出版社，1985 年，第 405—406 页。

③ 中国逻辑史研究会资料编选组：《中国逻辑史资料选（先秦卷）》，甘肃人民出版社，1985 年，第 405—406 页。

④ 中国逻辑史研究会资料编选组：《中国逻辑史资料选（先秦卷）》，甘肃人民出版社，1985 年，第 408 页。

⑤ 陈奇猷校释：《吕氏春秋校释》，学林出版社，1984 年，第 408 页。

产生谬误。例如黎丘丈人由于辨不清真子、假子，而误杀其子[①]。黎丘丈人的推理是这样的：上次是鬼仿效我的儿子，这次遇到的人和我儿子一样，因此也是鬼仿效的。遂杀之。这个故事虽然有迷信色彩，但阐明的逻辑思想是正确的。

三是由传闻带来的谬误。人不可能对每件事情都有直接经验，有很多知识只能间接获得，口传耳闻是获得知识的一个重要途径。但传闻也有带来谬误的可能。《吕氏春秋》告诫说："夫得言不可以不察，数传而白为黑，黑为白。故狗似玃，玃似母猴，母猴似人，人之与狗则远矣。"[②]

上述三种原因是互相联系的，客观事物之间关系的复杂性是最根本的原因。由于"物多类然而不然"，给人们的认识带来了困难；由于认识能力本身的局限性，所以不得不通过口传耳闻获得知识，而"传闻"本身又有产生谬误的可能。

为了防止谬误的产生，《吕氏春秋》提出了要"知之审"的原则。"审"可以克服认识的片面性和局限性；"审"可以分清哪些事物是"类然而不然"，哪些事物是"类不然而然"，这样类推就不会产生谬误；"审"既是辨别相似之物的最好方法，也是避免传闻中谬误的有效措施。"闻而审，则为福也；闻而不审，不若无闻矣。"[③]怎么"审"呢？"必验之以理""缘物之情及人之情"[④]。即用客观事物本身的规律性来验证。通过考察客观事物的本来情况，透过表面现象上的同与异，抓住事物本质上的同与异，这样类推就不会发生谬误了。

综上所述，关于"同异相混—类推之谬"的理论发轫于墨子，经孟子、公孙龙的发展，到《墨经》已经形成了比较完整的理论体系。后来，《吕氏春秋》在某些方面又有了新的发展，从而形成了先秦关于类推的谬误理论。中国先秦逻辑不仅可以与古希腊、古印度三足鼎立，而且谬误理论也完全可以与古希腊、古印度相媲美。先哲们留给我们的这笔宝贵的精神财富，值得我们很好地开掘、借鉴。

（原载《湖北大学学报（哲学社会科学版）》1987 年第 5 期）

① 陈奇猷校释：《吕氏春秋校释》，学林出版社，1984 年，第 408 页。

② 陈奇猷校释：《吕氏春秋校释》，学林出版社，1984 年，第 1526 页。

③ 陈奇猷校释：《吕氏春秋校释》，学林出版社，1984 年，第 1526—1527 页。

④ 陈奇猷校释：《吕氏春秋校释》，学林出版社，1984 年，第 1526—1527 页。

“墨家”的交际理论初探

墨子教授门徒设有谈辩一科。《墨子·耕柱》篇中讲道：“能谈辩者谈辩，能说书者说书，能从事者从事，然后义事成也。”在他的弟子所从事的三种职业中有两种与言语交际相关。墨子认为善于言谈是贤良之士的一个必备条件，这样的贤良之士是国家的珍宝，社稷的重要辅佐人才。《墨子·尚贤上》中说：“况又有贤良之士，厚乎德行，辩乎言谈，博乎道术者！此固国家之珍而社稷之佐也。”正因为墨子非常重视言语交际的实践活动，因此，在墨家后学的著作中包含着丰富的言语交际的思想。

一、“言”的交际功能

“言”的交际功能主要体现在语言的表达功能和理解功能上。对“言”的这两种功能，墨家不仅认识到了，而且给予了深刻的阐述。语言的表达功能又表现为语言的表征性和表意性。

语言的表征性就是通过语言描绘出事物的特征，使人们通过语言来了解认识客观事物。从某种意义上说，人都生活在两个世界里。一个是我们直接接触，即亲眼所见、亲耳所闻、亲身所历的现实世界。由于人生的时间有限，活动范围有限，我们从这个世界获得的知识和信息是非常有限的。第二个是由语言符号所构成的世界，又叫词汇世界。在这个世界里，人们可以通过语言符号获取大量的知识和信息。例如，波澜壮阔的历史长河，灿烂辉煌的世界文化，多姿多彩的异国风情我们不可能都亲眼去目睹她们，亲身去感受她们，但我们可以通过语言去了解她们，其中的奥妙就是因为语言具有表征性。语言的这种特性，《墨经》中已有论述：

《经》31　举，拟实也。

《经说》31　举：告以之名，举彼实故也。

《经》32　言，出举也。

《经说》32　言也者，诸口能之，出名者也，名若画虎。

“举”摹拟客观实物特征，“言”则把实物的这种特征表述出来。“言”是通过口说出事物的名称，事物的名称描绘了事物的特征，例如，“虎”名就像画的虎一样，可使人通过“虎”这个名而了解真实的虎。显然《墨经》作者已经认识到语言的表征性。

语言的表意性就是通过语言把说者内心的思想感情表达出来，让听者知晓。人的思想感情是人内心的一种主观体验，看不见、摸不着，别人是无法知晓的。然而，在交际过程中，说者可以通过语言把这种主观感受表达出来，听者就可以通过语言了解说者的思想感情。语言的这种表意性，《墨经》中也有精辟的论述：

《经》92　言，口之利也。

《小取》　以辞抒意。

“言”是口的一种功能，它是通过口把心中的“意”（思想感情）抒发出来。这就是语言的表意性。

语言的理解功能是指听者通过语言了解说者想要传达的意义。交际是说者与听者双方之间的信息交换，听者怎样才能了解说者的思想感情呢？只有通过语言，通过对说者语言的读解而了解其思想感情。听者为什么能“读”懂说者的语言呢？就是因为人的大脑具有理解能力。对此《墨经》中有深刻的揭示：

《经》91　循所闻而得其意，心之察也。

《经》93　执所言而意得见，心之辩也。

墨家认为听者可以通过“言”来了解说者想要传达的意义，这是因为人的“心”（指大脑）具有辨察和分析能力。

二、交际准则

为了保证交际的正常进行，交际双方必须要遵守交际准则，否则，交际便无法进行。墨家已经认识到交际准则的重要性，在《墨经》中也有一些关于交际准则的论述。

（一）诚信准则

《经》14　信，言合于意也。

《经说》14　信：不以其言之当也，使人视城得金。

信就是言语和所要表达的意义一致。这条准则在现代语言逻辑中叫做真诚准则：“在一个交际语境 C 中，说话者 S 对听话者 H 说出一句直陈话语‘U ├A’时，S 必须相信命题态度‘├A’所断定的事态是存在的，也就是说，S 必须相信命题‘A’所表达的事态是存在的或命题‘A’是真的。”[①] 例如，说话者骗听话者说：“城墙上有一块金子。”听话者跑过去一看果然拾到一块金子，尽管说话者说的话与事实偶然巧合，但这样的话并不符合诚信准则。

（二）通意后对准则

《经》142　　通意后对，说在不知其谁谓也。

《经说》142　通：问者曰：“子知西乎？”应之曰：“西何谓也？”彼曰：“西施。”则知之。若不问西何谓，径应以弗知，则过。且应必应问之时，若应长：应有深浅、大小、不中；在长人长。

这条准则是对应答者提出的要求，要求应答者在回答问题之前一定要弄清楚对方问话的含义是什么，然后针对问题进行回答，否则就会答非所问。而且回答问题时要考虑当时的情况、谈论的对象等等。显然，这已经涉及语境的问题了。

《墨子·公孟》篇记载：“子墨子问于儒者曰：‘何故为乐？’曰：‘乐以为乐也。’子墨子曰：‘子未应我也。今我问曰：何故为室？曰：冬避寒焉，夏避暑焉，室以为男女之别也，则子告我以为室之故矣。今我问曰，何故为乐？曰乐以为乐，是犹问何故为室，曰室以为室也。’”这就是违反“通意后对”的准则，答非所问的典型例子。

（三）相关准则

《经》75　　辩，争彼也。辩胜，当也。

《经说》75　辩：或谓之牛，或谓之非牛，是争彼也。是不俱当，不俱当，必或不当，不当若犬。

这是《墨经》给“辩”下的定义，这个定义中涉及相关准则。相关准则包含着两层意思：一是辩论双方的论题要关涉同一个对象，否则就无法进行辩论。例如：甲说：“此动物是牛。”乙说：“彼动物不是牛。”这样的辩论就分不出胜负。二是辩论双方要围绕矛盾命题展开争辩，否则辩论也不能分辨出输赢。例如：甲说：“此动物是牛。”乙说：“此动物是犬。”这样的辩论也是违反相关准则的，因此也是不恰当的。

（原载《探索与争鸣》1999年增刊《符号学和语言逻辑专辑》）

---

① 周礼全主编：《逻辑——正确思维和成功交际的理论》，人民出版社，1994年，第440页。

汪奠基中国逻辑思想史研究四题

汪奠基先生（1900—1979年）是我国著名的教育家与逻辑学家。他青年时期曾在北京大学学习数学，后到法国里昂中法大学和巴黎大学留学，专攻数学、哲学与数理逻辑等课程。回国后在北京大学、北京师范大学以及国内其他院校执教哲学、法语与逻辑史等课程。他是第一个向中国逻辑学界介绍西方数理逻辑的学者，于20世纪20年代就出版了数理逻辑的专著。随后，他又转向研究中国古代逻辑思想的发展，编纂了中国逻辑史的资料①，发表了大量研究中国逻辑思想史的论文（大部分编入《中国逻辑思想论文选（1949—1979）》），并撰写了专著——《中国逻辑思想史》。1944年秋至1947夏，他曾任国立湖北师范学院（即现在的湖北大学）第一任院长，是我们湖北大学的重要奠基人之一。今年是汪先生110岁诞辰，我们怀着崇敬的心情在此研讨汪奠基先生的学术思想，特别是他的教育思想与中国逻辑史思想，有着特别重大的意义。

汪奠基先生是从数学和数理逻辑转向到研究中国逻辑史的，他发现了中国逻辑史与世界其他国家的逻辑史的共同方面，同时也看出中国逻辑史的许多特殊方面，为此，他提出了许多创造性见解，值得我们认真学习、继承与发展。我们初步将其创造性见解归结为以下四点：（1）中国逻辑史具有人类共同的思维形式，但它同时具有人类不同语言，即不同的民族历史类型的表达形式。（2）“名辩”问题属于中国逻辑史的研究对象与范围，“名辩”具有一般逻辑的基本内容。过去有些中国学者过多地按西方形式逻辑的模式探索名辩问题的“形式”属性，而从现代逻辑发展的趋势看，名辩问题包括了“名”也包括了“辩”。“名”主要是定义和分类；而“辩”则主要是论证与反驳。它们都属于非形式逻辑的范围。（3）“推类”是中国传统推理的主要形式。中国传统中的“类”概念，与西方的“类”概念不尽相同，“推类”过程也很难用类比、演绎或归纳简单地加以概括。它具有非形式逻辑的特点。（4）研究中国逻辑史不仅要

① 汪奠基：《中国逻辑思想史料分析》（第一辑），中华书局，1961年。

研究人文历史的资料，更要重视研究自然科学，尤其是数学发展的资料。正如亚里士多德创立形式逻辑学科，与他深入研究古希腊的自然科学，特别是欧几里得几何学的发展有着密切联系一样。下面我们就从这四个方面谈谈学习汪奠基先生关于“中国逻辑思想史”研究的感想。

一、逻辑形式的人类共同性与民族语言表述的特殊性

汪奠基先生在《中国逻辑思想史料分析》（第一辑）第一章中就提到一个研究逻辑史的基本问题。他说：“一般地说，逻辑思维形式，包括简单辩证思维形式，都是人类思维的共同形式。但是逻辑科学的具体发展，则不能孤立地脱离人们自己民族社会的历史而独立存在。……以为逻辑的共同性只能是一部亚里士多德的范畴形式，这也是否定中国逻辑科学创造的历史成绩。中国逻辑史是说明中国历代逻辑科学思想的发展情况的，它具有人类共通性的思维形式，亦显有人类不同语言的即民族历史类型的表述方式。”[①] 汪先生强调：“这里所提出的问题，当然很复杂。首先就要求我们能如实地有个中国逻辑思想发生发展的全面史料研究，特别是与它关联的语法——民族语言的问题的研究。这是中国逻辑史的一个中心问题。”[②] 他还说：“对于‘共同的逻辑’来说，逻辑同语言文法方面的问题或语言表述方式的问题，本来是密切联系的。从中国正名的逻辑思想来看，历史上的‘正名’早同‘方言’的研究联系在一起了。……《荀子·正名篇》说：‘散名加于万物者，则从诸夏之成俗曲期，而远方易俗之乡，则因之而为通。’这已经科学地肯定了语言逻辑对人们共同生活的重要关系。因此在逻辑史的研究范围内，正视中国民族语言的历史发展与所有语言表述的特殊形式，当然也是必要的。”[③]

我们认为，汪先生在这里确实抓住了一个非常重要的问题。研究一个民族的逻辑发展史，无论研究中国逻辑史，还是研究印度逻辑史，都必须考虑这个民族自己的语言（包括古代语言的历史特征），而不能简单地机械地用以古希腊语写成的亚里士多德的逻辑模式硬套。

我们就以传统逻辑中的一个命题形式为例加以阐明，一般认为“S 是 P”是各个民族普遍的逻辑形式，其实，我们在古希腊的文献中，包括柏拉图和亚里士多德的著作

---

① 汪奠基：《中国逻辑思想史料分析》（第一辑），中华书局，1961 年，第 7—8 页。

② 汪奠基：《中国逻辑思想史料分析》（第一辑），中华书局，1961 年，第 10 页。

③ 刘培育等：《中国逻辑思想论文选（1949—1979）》，生活·读书·新知三联书店，1981 年，第 17 页。

中，究竟有多少语句是以“S 是 P”的形式表述的，恐怕很少。传统逻辑中举的一个经典例子是：“所有的人是有死的。”但是，深谙古希腊语的波兰逻辑学家卢卡西维茨在其专著《亚里士多德的三段论》一书中，就明确指出，亚里士多德并不用这种句式，而是用“P 表述所有的 S”的语句形式（如“有死的表述所有的人”），或者用“P 属于所有的 S”的语句形式（如“有死的属于所有的人”）来表述的①。

在传统逻辑中，这个“是”字称为“系词”（或称“联词”），S 表示语句的主项，P 表示语句的谓项。三段论的前提与结论中的语句，其主项与谓项就靠系词来连接。如果是个否定句，则在“是”之前加一个“不”字。古希腊逻辑的创始人亚里士多德在其著作中，对这个“是”字有过细致的分析②。“是”字在古希腊语中既有“是”的涵义，也有“存在”的涵义（英译本译为“being”名词，或“to be”动词）。所以，中文译者将它译为“是”或“存在”。20 世纪存在主义的主要代表海德格尔从存在主义的角度，对“being”与“to be”从词源及其发展上作了更为细致的分析。在其他西方语言中，与英语“to be”相对应的词，除用法上有一定的差异以外，其基本涵义就是“是”“存在”与“有”，而且这些涵义都是相通的（因篇幅关系，我们不在此作过多的引述）。

“是”这个词在汉语中，是一个有很多义项的多义词，无论从词源上考察，还是从语法结构的作用上来分析，它与英语中的那个“to be”都有着很大的不同。在中国古代甲骨文中，已出现“是”字，它是一个会意字，上面是一个“日”字，下面是两个“止”，表示人的两个脚趾，就是太阳从头顶直照下来，人显露出两个脚趾。商周时期的金铭器或石刻中也有“是”这个词。上面是一个“日”，下面是一个“正”，所以，其本义就是“直”和“正”的意思。许慎在《说文解字》中说：“是，直也。”段玉裁注曰：“以日为正则曰是”“天下之物莫正于日也”。这是说古代人认为日对万事万物是最正直的。

“是”字在先秦文献中出现的频率相当大，如在《诗经》《尚书》《老子》《论语》《孟子》《墨子》《周易》《荀子》等著作中，都可以发现“是”这个词，但是，这些“是”字大多数情况下都不是作为一个判断语句的系词，仅在《孟子·告子》篇中作为系词出现过一次（“公都子问曰：‘钧是人也，或为大人，或为小人，何也？’”）。“是”字在古汉语中可以用作代词（如《论语·八佾》：“是可忍也，孰不可忍也？”）；可用作形容词，表示正确（如《吕氏春秋·察传》：“是非之经，不可不分。”）；也可用作动词，表示肯定（如《荀子·非十二子》：“不法先王，不是礼义。”）。

① 卢卡西维茨：《亚里士多德的三段论》，商务印书馆，1991 年，第 10 页。

② 参见亚里士多德：《形而上学》1003a33。

更多的是用作连词，表示一种因果推论关系（如“是以”“是故”），相当于现代汉语中的“所以”。这种用法在先秦文献中比比皆是，如：《老子》：“上德不德，是以有德。”《论语·先进》：“（子）曰：‘为国以礼，其言不让，是故哂之。’”《墨子·辞过》：“是以富贵者奢侈。”《周易·系辞》：“是故吉凶者，失得之象也。”一直到现代“是”的这些用法还显示出强大的生命力。这些不同的涵义与用法，仔细探究起来，它们之间还有其一定的内在联系。但是，这些涵义与用法在西方语言中是少见或完全没有的。汉语中的这个“是”字，直到现代，在日常生活中以及哲学与逻辑学上，才与英语中的“to be”的意思出现交融，但至今仍然不是全等。这一特点，我们在研究中国哲学史与中国逻辑史时，不得不有所甄别。

以上，我们仅用“S 是 P”这种逻辑形式中的一个系词为例，就足以说明各民族语言表述上的差别，更不要说其他更为复杂的公式了。试图拿一个死公式到各种民族语言中去硬套，肯定是行不通的。

那么，在古汉语中，表达一个判断句，特别是表达定义，是用什么语词呢？很有意思的是它不用什么系动词，而是用一种语气词。如“政者，正也”（《论语·颜渊》），这里“者”“也”都是语气词。古代的定义一般都用“者，……也”的形式，如“仁也者，人也”（《孟子·尽心下》。甚至“者”字也可以省略，如“平，同高也”“梦，卧而以为然也”“罪，犯禁也”（《墨经》）。我们可以说，《尔雅》和《墨经》，基本上是两部定义集，其定义形式多种多样，它们是无法用一种所谓“属加种差”或“A是（或 =）B”的形式来定义的。由此可见，别说用现代逻辑的框架，即使用传统逻辑的那些所谓“公式”去探求在古代语言中的严格表述，不仅在中国古代和印度找不到，恐怕在古希腊都难以找到。我们不妨到柏拉图或亚里士多德的著作中（特别是古希腊文本中），去寻找一下标准的三段论式或“属加种差”的定义形式，看究竟能找出多少个？我们感到，汪奠基先生对中国逻辑史研究方法上的提示，对我们有很大的启发意义，我们绝不要等闲视之。

二、名辩学就是中国古代的逻辑，它属于非形式逻辑的范围

古代有“名家”“辩者”之称。明末李之藻翻译了《名理探》一书，算是中国第一本逻辑学著作，实际上这本书并非当时西方先进的逻辑教材。李之藻以“名理”来表达当时的西方逻辑。一直到清末民初，严复翻译了英国约翰·密尔的《逻辑系统》一书，他称之为《穆勒（即密尔）名学》，后来他又翻译了英国耶方斯的《名学浅说》，严复在这里显然是用“名学”来表达英语中的“logic”一词。后来王国维翻译了《辩学》一书（即耶方斯的《逻辑读本》）。可见那时以“名学”或“辩学”表达西方的“逻辑”

一词，已见普遍。日本将“逻辑”译为“论理学”，中国学者中也有不少人采用了此种译法（日本到现在仍称“论理学”）。后来有些中国学者对这些译法是否妥当有所怀疑，有人主张直接音译为“逻辑”。真正说起来，“逻辑”的名称在严复译《穆勒名学》中就已出现，如“部首·引论”第二节说：“案逻辑此翻名学，其名义始于希腊，为逻各斯一根之转。而本学之所以称逻辑者，以如贝根言，是学为一切法之法，一切学之学；明其为体之尊，为用之广，则变逻各斯为逻辑以名之。”严复虽然认为可用“逻辑”之名称呼此学，但他最后仍然用了“名学”之名。真正使用“逻辑”这个名称来表述英语中的“logic”的是章士钊先生。20世纪上半叶，在中国各种称呼都有，如“名学”“辩学”“论理学”“理则学”“逻辑学”，到下半叶，在大陆逐渐统一称为“逻辑”。

这里出现了一个问题，中国古代与印度古代有没有像西方那样的逻辑，对印度的逻辑，不仅中国人不怀疑，连西方人都不怀疑，所谓“印度逻辑”，或者说“印度佛家逻辑”，中国早已传入，称之为“因明”，并且由中国传入到日本和其他周边国家。但对中国古代有没有逻辑，怀疑者却颇多。汪奠基先生是完全肯定中国古代有逻辑的。他也是最早系统研究中国古代逻辑史的学者之一。在他之前，如梁启超、王国维、章太炎、章士钊等都在一定程度上、一定范围内涉及了中国古代逻辑的问题，但他们没有进行系统研究。而像汪奠基先生那样，既具备西方现代逻辑与数学专业知识，又熟悉中国古代经典，对中国古代逻辑史进行系统研究者，却少有。汪奠基先生不仅充分肯定并全面研究了中国古代逻辑发展史，而且有力地反驳了中国古代无逻辑的虚无主义观点。他认为，中国逻辑史的对象与范围可以概括为三个方面：（1）主要探索自先秦以来，长期封建社会统治的社会历史进程中，有关逻辑思想法则及其理论认识的学说发生和发展的具体情况；（2）因明学的输入及其影响；（3）西方逻辑的输入及其影响。① 他特别强调：“要破斥旧中国哲学史对中国科学与逻辑历史的虚无主义思想。”② 对于第二、第三条，无人能予否认，问题主要在于第一条，有没有一种先秦以来的有关逻辑思想法则及其理论认识的学说，汪先生用大量的历史资料说明是有的。

汪先生在《中国逻辑思想史》的第一编“先秦逻辑思想的产生和发展”中，讲述了六个方面的问题：（1）先秦名辩学派的逻辑思想；（2）墨辩的逻辑思想；（3）儒

① 刘培育等：《中国逻辑思想论文选（1949—1979）》，生活·读书·新知三联书店，1981年，第9—11页。

② 刘培育等：《中国逻辑思想论文选（1949—1979）》，生活·读书·新知三联书店，1981年，第22页。

家正名论的逻辑思想；（4）道家无名论的逻辑思想；（5）法家刑名法术的逻辑思想；（6）先秦兵法及医书中朴素辩证的思想方法。汪先生论述先秦的逻辑思想几乎占据了全书的一半篇幅，可见汪先生对这一部分的重视，也看出这一部分内容的重要。汪先生将中国先秦的逻辑思想讲清楚了，也基本上将中国逻辑史讲清楚了。我们认为，如果印度的佛家逻辑在中国可以用“因明”加以概括的话，那中国的古代逻辑也应该用一个单一的名称加以概括，使其既能表示它是中国的逻辑思想史，又能表示它与西方逻辑相比有自己的特点。我们觉得后来许多学者称之为“名辩学”的名称，最为适合。汪先生将名辩学派视为先秦逻辑思想中的一派，主要是指惠施、公孙龙这一派，但我们觉得不妨将“名辩学”的范围扩大一点，统称先秦的六派。因为先秦六派深入分析起来，它们之间虽然有些差别与不同，但从总体上看，它们涉及的都是“名”与“辩”的问题。“名”与“辩”是密切关联着的，所谓“辩”，首先一条就是“正名”，名不正，或名极其混乱，则无从进行辩论。我们看到，墨辩中包含着正名问题。《墨经·小取》中说：“夫辩者，将以明是非之分，审治乱之纪，明同异之处，察名实之理，处利害，决嫌疑。”这里将辩与名的关系讲得非常明确。辩的任务之一就是要“察名实之理”。《荀子·正名》篇讲道：“名也者，所以期累实也。辞也者，兼异实之名以论一意也。辩说也者，不异实名以喻动静之道也。”这里看出讲“正名”就必然联系到“辩说”。至于公孙龙，虽被后人称为“名家”“辩者”，但他口口声声讲的却是“正名”，公孙龙在《名实论》中说：“其名正，则唯乎其彼此焉。”可见，“辩者之徒”（《庄子·天下》）的首要任务就是“正名”。所以，用“名辩学”来概括各家的逻辑思想，是非常适合的。

有的学者可能认为“名辩”的范围超出了逻辑学的范围，将中国古代逻辑称为“名辩学”不一定恰当。我们认为“名辩”的有些具体内容，确实超出了逻辑的范围，但如果我们抽掉这些具体的东西（如，君应该怎样才是一个合格的“君”，“白马”能不能通过禁“马”的关等等），而就其一般内容而言，比如如何实现“正名”，“辩说”如何做到“以名举实，以辞抒意，以说出故，以类取，以类予”，这些可以说全是逻辑的内容，它们并没有超出逻辑的界限。

也可能有人说，这不是“形式逻辑”，这里没有所谓“形式”。我们说，是的，它们不能冠以“形式逻辑”之名，但它们是“逻辑”！属于当前西方相当流行的所谓“非形式逻辑”的范围。因为，所谓“正名”，归根结底，就是要求一个“名”有确定的适当的涵义，从逻辑上说，就是要有一个恰当的“定义”。定义是逻辑的一种基本功能，这大概无人可以反对。从现代逻辑的角度看，一个逻辑系统，可以不要定义，不过麻烦一点而已[1]，但现代逻辑仍然使用定义。至于传统逻辑，则定义是其不可或缺的部分。翻阅中国古代关于“正名”学说，无一家不讨论定义问题。而定义和分类，都属于“非形式逻辑”的范围。至于“辩”，即“辩说”，说明确一点，就是论证与反驳，论证与反驳必然涉及具体内容，但论证与反驳的规则要求，则完全是“非形式逻辑”的范围。《墨经》中讲到论辩的规则要求相当具体，也相当丰富。汪奠基先生在其《中国逻辑思想史》一书中，对它有专章讨论。因此，可以说，中国古代有逻辑思想，而且有丰富的逻辑思想，它是“非形式逻辑”的逻辑思想。

三、“推类”是中国古代逻辑的一种主要的推理形式

“类”是逻辑学的一个基本范畴，通过“类”的关系进行推理正是逻辑学要探讨的问题。“演绎”“归纳”都离不开“类”，不知“类”，就不能进行推理，就不懂得逻辑。中国古代“类”的概念出现较晚。据吴建国先生考证，在甲骨、金文中尚未发现“类”字。在《尚书》《周书》中，“类”是作为一种祭名。在《诗经》《左传》中，“类”成为一种伦理概念，表示“善”。在《春秋》中它已表示族类，随后扩大为表示物类、事类。一直到后期墨家，在《墨经·小取》中完全成为一个逻辑的“类”范畴[2]。《小取》篇中提出“以类取，以类予”，就是要求依据类的关系进行推理。汪奠基先生指出：“古代‘辩’的中心学说都集中在讨论‘辞’与‘类’的关系问题。”[3]我们认为中国古代的“类”与西方逻辑所谓的“类”有些不同，中国古代的“类”着重于内涵，西方逻辑讲“类”着重于外延。另外中国古代所说的“类”，很少指同一类或不同类的具体事物（仅在《公孙龙子》中见到指“马”与“白马”这样具体事物的“类”），而是指同一类或不同类的社会现象。

在中国古代，讲到“类”就涉及一个“推类问题”。《墨经·经下》中讲道：“推类之难，说在类之大小。”《荀子·正名》篇中也提到“推类”：“辨异而不过，推类而不悖，听则合文，辨则尽故。”有些学者将“推类”看作西方的“类比”（analogy）。我们认为，“推类”与“类比”有些相似，但也有区别。类比一般是指：两个事物甲和乙都具有某些共同属性 a、b、c、d，由于甲事物还具有另一属性 e，以此为据推出乙

① 参见金岳霖：《逻辑》，生活·读书·新知三联书店，1961 年，第 147、226、296 页。

② 刘培育等：《中国逻辑思想论文选（1949—1979）》，生活·读书·新知三联书店，1981 年，第 61—86 页。

③ 刘培育等：《中国逻辑思想论文选（1949—1979）》，生活·读书·新知三联书店，1981 年，第 87 页。

事物也具有属性 e。这种推论具有相当大的或然性，在科学认识过程，这种方法可以提出某种假说，以帮助人们进一步研究，但单靠它作为理由是不充分的。而“推类”则不是这样，推类可以是两个现象也可以是众多现象，它们并不要求具有一系列相同属性，但要求有一共同属性 p，甲现象由于有此属性而导致一个结果 q，乙现象由于也具有这一属性 p，而必然导致结果 q，这种推理可以继续往下延伸，丙现象由于同样具有属性 p，所以，也将导致结果 q。p 与 q 之间具有充分条件关系，即“如果 p，那么 q”。

我们用一个实例表示这种推理过程，最典型的就是《墨子·非攻》中的故事：“今有一人，入人园圃，窃其桃李，众闻则非之，上为政者得则罚之。此何也？以亏人自利也。至攘人犬豕鸡豚者，其不义，又甚入人园圃窃桃李。是何故也？以亏人愈多。苟亏人愈多，其不仁兹甚，罪益厚。至入人栏厩，取人马牛者，其不仁义又甚攘人犬豕鸡豚。此何故也？以其亏人愈多，苟亏人愈多，其不仁兹甚，罪益厚。至杀不辜人也，拖其衣裘、取戈剑者，其不义又甚入人栏厩、取人马牛。此何故也？以其亏人愈多。苟亏人愈多，其不仁兹甚矣，罪益厚。当此天下之君子皆知而非之，谓之不义。今至大为攻国，则弗知非，从而誉之，谓之义。此可谓知义与不义之别乎？”在这些众多现象中，很多属性都不相同，但有一个属性相同，即“亏人自利”。这里存在一个说话者与听话者共同认可的推理前提：“亏人自利，上为政者得则罚之”，而且“亏人自利”的程度越严重，则受罚也越严重（“苟亏人愈多，罪益厚”）。说话者从“入人园圃窃其桃李”开始，一步一步深入，到“至大为攻国”，按照此类推理，结论必然是应该给予最严重的惩罚。这个结论虽然没有明说，但已包含在语义中。而听话者（假定他是攻国的支持者）没有这样做，反而“誉之”，这就陷入了自相矛盾，也就是宣布了他辩论的失败。显然，这里的逻辑性很强，你如果承认前提就必须承认结论，前提与结论之间的联系不是或然的，而是必然的。但这种“必然”不是自然规律性的必然，而是社会约定性的必然，就像我们社会上约定的“杀人者必偿命”那样的“必然”，其说服力显然强于西方逻辑所谓的“类比”。

“推类法”运用到辩说中，是很有说服力的。这种推类法，实际上就是亚里士多德所创，后来没有得到很好发展的“论辩的逻辑”，是一种非形式逻辑。很多修辞的论证手法，如隐喻等等，皆属于这一类推理，它是与演绎和归纳都有区别的推理。比利时逻辑学家佩雷尔曼就是专门研究这类推理的专家，我国逻辑界早有介绍。研究中国逻辑史，不妨从这个角度进行探索，我们可以发现，中国古代善辩者往往使用这种方法，把对方置于必败之地，在《墨子》《孟子》《荀子》《吕氏春秋》等著作中都有很多这类推理的实例。这种“推类”方法最适用于人文现象的辩论，在自然科学中使用起来，则受到一定的限制。汪奠基先生在《略谈中国古代的“推类”与“连珠式”》一文中已经较深入地讨论了推类问题。他将“假物取譬”“引喻察类”，即现在人们所说的“隐喻”都包括在“推类”的范围内。他说：“古代名辩学说中，‘推类’的方法都表现为‘立辞’‘辩类’的基本形式上，这里既有经验归纳的简单知识，亦有演绎公例的普遍原则的认识。‘立辞’，属于一般推类的语言表述问题；‘辩类’，属于推类察断的形式问题。”[①] 他还说：“我们必须分别的是，古代辩者所谓‘推类’，并不就是普通逻辑上的类比推论。”[②] 我们认为，这些都是我们研究推类问题时需要认真思索的。

四、研究中国逻辑史，要与自然科学特别是数学的发展史相结合

汪奠基先生曾说：“逻辑历史的发展不是孤立的。它同科学史有不可分割的联系；它的研究对象，是在科学认识的基础上展开的。”[③] 汪先生的说法是很有见地的，逻辑理论的产生与发展，不仅和日常辩论有着密切的联系，而且与自然科学特别是数学的产生和发展有着密切的联系。因此，研究中国逻辑史也要与中国古代的自然科学特别是中国古代数学的发展史相结合。

中国古代是一个数学思想高度发达的国度。据数学史家李严先生考证，早在公元前 2700 年，中国人的祖先就开始结绳计数。“上古之初，未有文字，先以‘结绳’为记。”[④] 说明那时的中国人就有了数的观念。随着生产劳动和日常生活的需要，人们不仅要计数，而且要对数进行运算，中国最早的运算工具是“筹”。“运算和把头算都用竹制的算筹，上面有刻纹或齿的个数”[⑤]，运算方法称为筹算，“惟有积算——又称筹算的制度是比较完善的，曾沿用过很久的时期”。运算时“五以下的数每一筹各当一，五以上的以一筹当五，余筹各当一”。[⑥] 从筹算的过程中我们就可以看到中国古代数学中的“归类”思想，五以下的数归为一类，五以上的数归为另一类。数学中的这种“归类”思想对中国古代逻辑中的“推类”思想的产生肯定是有启迪作用的，孔子曾说“举一隅不以三隅反，则不复也”（《论语·述而》），“举一反三”的类推方法与筹算方

① 刘培育等：《中国逻辑思想论文选（1949—1979）》，生活·读书·新知三联书店，1981 年，第 87 页。

② 刘培育等：《中国逻辑思想论文选（1949—1979）》，生活·读书·新知三联书店，1981 年，第 88 页。

③ 汪奠基：《中国逻辑思想史》，上海人民出版社，1979 年，第 2 页。

④ 李俨：《中国算学史》，商务印书馆，1955 年，第 1 页。

⑤ 许莼舫：《中国算术故事》，开明书店，1952 年，第 6 页。

⑥ 许莼舫：《中国算术故事》，开明书店，1952 年，第 6 页。

法是多么高度契合！荀子提出的“稽实定数”的正名方法也与古代的计数方法有密切联系，他说：“状同而为异所者，虽可合，谓之二实。状变而实无别而谓异者，谓之化；有化而无别，谓之一实。此事之所以稽实定数也，此制名之枢要也。”（《荀子·正名》）另外荀子提出的“以类行杂，以一行万”（《荀子·王制》）推类方法也与数学中“归类”思想有密切相关性。

不仅中国古代数学的产生和发展影响了中国古代逻辑思想的产生和发展，反过来，中国古代逻辑思想的发展也促进了中国古代数学的进一步发展。《墨经》中的定义理论对数学的发展就起了很好的推动作用，通过定义使数学中的一些最基本的概念更加明晰了。例如《墨经》中关于“圆”的定义：“圆，一中同长也。”（《经上》）第一次明确揭示了圆的内涵。这里的“中”是指中心，也就是圆心，“同长”则是说从圆心到圆周的任何一点都具有相同的长度。“圆”就是有一个圆心，并且从圆心到圆周的任何一点距离相等的一种图形。为了使这个概念更加清晰，《经说上》又作了进一步的说明：“圆，规写交也。”“规”是指圆规，也就说“圆”是用圆规画出的、终点和起点相交的曲线。《墨经》从性质和形成这两个角度定义了“圆”，这两个定义与现代几何学中关于“圆”的定义几乎是完全一致的。另外还有关于“方”、“平”、“直”、“尺”（线）、“端”（点）等概念的定义，都为理论数学的形成奠定了坚实的基础。周瀚光先生曾说：“先秦理论数学的萌芽之所以出现在《墨经》中，绝不是一种偶然的现象，而是《墨经》丰富的逻辑思想所开出的一朵奇葩。正如梁宗臣《世界数学史简编》所说：‘其定义的确切，立论的精辟，实不下于欧几里得的《几何原本》’。”①

中国古代逻辑中关于“类”和“推类”理论对古代数学的发展作用就更大了。在我国最早的数学著作——《周髀算经》（大约成书于公元前一世纪）中，我们就可以看出逻辑中关于“类”和“推类”思想对它的影响。据《周髀算经》记载：荣方向陈子学习测量、计算天体的方法，陈子先教他“累思”（多思考），当“荣方归而思之，数日不得”，又来请教陈子时，陈子说：“子之于数未能通类，是智有所不及而神有所穷。夫道术言约而用博者，智类之明；问一事而以万事达者，谓之知道。……是故能类以合类，是贤者业精习智之质也。”从这段文字中可以看出：陈子认为荣方“不能得”，是因为“未能通类，是智有所不及而神有所穷”造成的，如果能“通类”，就能有所得。陈子最后还总结出“能类以合类，是贤者业精习智之质也”，意思是说，善于“类以合类”（“推类”）是贤者精于数学、习于智慧的本质体现。能够“问一事而以万事达者”，

① 周瀚光：《先秦数学与诸子哲学》，上海古籍出版社，1994年，第27页。

才是真正的贤者。可见，能通类、善推类对于掌握“算数之术”是何等的重要。

中国古代数学名著《九章算术》就是在这种“类以合类”的思想指导下编纂的，该书作者把二百六十四个数学问题及其解法，归为九类，称为《九章算术》。其中有几章是按照问题的性质分类的，如《方田》《粟米》《商功》等章；另外几章是按照解题的方法分类的，如《盈不足》《方程》《勾股》等章。正如刘纯先生所说：“一般来说，所谓一个‘术’就是从若干同类应用问题中提炼出来的普遍方法，连同该类问题的首‘问’，一起构成一个正则的数学模型。周代官学所授之‘九数’，实际上就是九类数学模型……一部出色的中国古算书，就是由形形色色的数学模型串起来的。”①《九章算术》中所使用的模型化方法，其基础就是归类、推类。只有归类，才能形成“术”，只有进行“类以合类”的推类，才能实现推演过程的程序化。以“类以合类”为基础的模型化方法对中国古代数学的发展产生了深远的影响。

从以上论述可以看出：中国古代逻辑思想的产生和发展与中国古代数学思想的产生和发展是密切相关的，它们之间是相互影响、相互促进的。因此，我们研究中国古代的逻辑思想史就要与中国古代的自然科学特别是数学的发展史相结合，这样才能更好地理清中国逻辑思想的发展脉络。

汪奠基先生对中国逻辑思想史的贡献并不局限于以上几点，还有很多方面值得我们认真研究与吸取。汪先生以毕生精力研究中国逻辑思想史，充分肯定中国逻辑思想史的存在，给我们探索出一条前进的道路，为我们进一步研究中国逻辑思想史开辟了一条航道。我们要继承这笔宝贵的遗产，并加以发扬光大。中国古代的名辩学，与古希腊亚里士多德的形式逻辑、古印度的因明学，同为世界逻辑发展史的三大源流，我们不要妄自菲薄与随意丢弃。

（原载《湖北大学学报（哲学社会科学版）》2011年第1期；与李先焜先生合著）

① 刘纯：《谈中国数学史上的正则模型化方法》，《科学月刊》1994年第5期。

论胡适“大胆的假设，小心的求证”的合理性与局限性

“大胆的假设，小心的求证”是胡适提出的“十字真言”，在20世纪二三十年代被我国的许多学者奉为圭臬，在50年代批判胡适的资产阶级反动政治思想时，又被作为资产阶级的东西全盘否定了。今天，我们有必要用马克思主义的观点对这个方法作实事求是的评价。

一、“大胆的假设，小心的求证”抓住了科学研究活动中的重要环节

胡适最早在《清代学者的治学方法》一文中就提出了“大胆的假设，小心的求证”。后来，又把这种方法具体化为五个步骤：

1. 疑难的境地。这是科学研究活动的触发点。当人们遇到现有的理论不能解释和说明的事实时，就处在一种疑难的境地。而为了解决这个疑难，就必然会产生一种探求的欲望。例如顾炎武研究古音，读到《尚书·洪范》“无偏无颇，遵王之义”时，觉得上、下文都协韵，何以这两句不协韵？这种疑难激发他探求“颇”与“义”这两个字的读音。

2. 指定疑难之点究竟在什么地方。这是一个非常重要的阶段，因为疑难的境地是一种不确定的情境，虽然每一个不确定的情境都包含一个它所特有的问题，但是这个特有的问题究竟是什么并不清楚，只有通过对情境的分析、考察，才能把这个真正的问题揭示出来，使不确定的情境变为真正“有问题的”情境，进而明确研究方向。问题确立的正确与否直接影响整个研究活动的成功与失败。例如“无偏无颇，遵王之义”不协韵，这种疑难的境地唐明皇、顾炎武都遇到了。但唐明皇认为问题在“颇”，于是下敕改“颇”为“陂”使与“义”字协韵；顾炎武则认为问题在“义”。由于找到了真正的问题，所以他的研究成功了。

3. 提出假说。胡适认为“假设是承上启下的关键，是归纳法和演绎法的关头”[①]。前两步是为了提出假说，后两步是证明这个假说是否成立，所以“从第一步到第三步是偏向归纳法的……从第三步到第五步是偏向演绎法的”[②]。他认为问题找到以后，就要设想解决这个问题的种种假说。例如，顾炎武找到了“无偏无颇，遵王之义”不协韵是由于“义”字的读音问题，于是就提出了解决这个问题的假说，“古‘义’字之音皆读为‘我’”。这样就与“颇”字协韵了。

4. 以假说为条件，把它所涵的结果一一推演出来。这是对假说进行批判性的考察，以便提高假说的可信度。这一步是从假说引申出若干个关于经验事实的命题。例如顾炎武就从“古‘义’字之音皆读为‘我’”引申出这样的命题：如果古“义”字皆读为“我”，那么在《易传》和《礼记》中“义”字也读为“我”。

5. 最后一步是对所提出的假设进行验证。它是通过验证假说引申出的关于经验事实的命题，从而证实假说。例如顾炎武通过《易传》中“鼎耳革，失其义也，覆公粟，信如何也”其中的“义”字读为“我”，与“何”字协韵。《礼记》中“仁者，右也，道者，左也；仁者，人也，道者，义也”其中的“义”字读为“我”，与“左”字协韵。由此而证实假说：“古‘义’字之音皆读为‘我’”这一命题。

从胡适对“大胆的假设，小心的求证”的具体阐述中，我们可以得到这样几点结论：

首先，胡适的“大胆的假设，小心的求证”在一定程度上揭示了科学发现的逻辑。人们在进行科学研究时，总是首先找出待解决的问题，即发现和确定疑难之处；然后在掌握充分材料（细心搜求事实）的基础上提出解决这些问题（疑难）的办法，即形成关于这些问题的命题或学说体系，它们在未经证实以前，总是以假说的形式出现（大胆假设）；最后对这些命题进行验证，只有经得起实践检验的才是正确的、真正的科学理论。

其次，胡适认为假说是科学研究活动中关键性的一步，这正确地揭示了假说的重要作用。人类科学发展史表明：假说是发现新事物、形成新理论的桥梁，是科学理论的必经阶段。正如恩格斯所说：“只要自然科学在思维着，它的发展形式就是假说。”[③]这是因为，人们在认识世界，探索自然、社会的无穷奥秘时，关键是要认识事物的本质，掌握事物的客观规律性。但它们都是内在的东西，不可能一下就认识清楚。人们首先接触到的是一个个具体事物，开始对这些事物的认识还是零碎的、分散的，而假说能

① 胡适：《胡适文存》卷二，上海书店，1989 年，第 127 页。

② 胡适：《胡适文存》卷二，上海书店，1989 年，第 126 页。

③《马克思恩格斯选集》第 3 卷，人民出版社，1972 年，第 561 页。

将关于这些事物的认识有机地联系起来。“当我们寻得几条少数同类的例时，我们心里已起了一种假设的通则。”① 假说就起着联系、综合事实材料，使人们的科学研究逐步深入事物本质，揭示现象间规律性联系的作用。

假说不仅能将有关的事实材料有机地联系起来，而且还能指导人们进一步地观察和实验。事实证明，绝大多数的观察和实验，都是以验证假说为目的的。“由几个同类的例引起一个假设，再求一些同类的例去证明那个假设是否真能成立，这是科学家常用的方法。”②

胡适鼓励人们“大胆的假设”，在当时起到了一种解放思想的作用。因为自从汉武帝“罢黜百家，独尊儒术”开始，几千年来，封建的经学方法一直占统治地位。这种方法视孔孟之道和四书五经为绝对真理，只许信仰，不许怀疑，它像紧箍咒一样束缚着人们的头脑。那时一些受经学方法熏陶的学者，一个个谨小慎微，把前人的话都当作“至理名言”，哪里还有胆量提出一个新的假设呢？胡适鼓励人们假设要大胆，“假设是愈大胆愈好”③。这实质上是鼓吹了一种探讨的精神。正是由于胡适提倡大胆假设，疑古辨伪风气一时大盛，史学领域成绩斐然。

再次，胡适强调的“小心求证”，是科学研究活动的一个重要环节。胡适一方面鼓励人们假设要“大胆”，另一方面又告诫人们求证要“小心”。他说：“没有证据只可悬而不断；证据不够只可假设，不可武断；必须等到证实以后，方在奉为定论。”④他还认为：“‘有几分证据，说几分话’。有一分证据只可说一分话。有三分证据，然后可说三分话。”⑤ 假说是人们在一定经验材料基础上提出的一个猜想性命题或学说，它不可避免地带有主观臆断的心理因素。只有通过长期的反复的实践验证，客观真理的因素才能不断扩大，主观的不可靠的因素才能逐渐被淘汰。验证对于假说是至关重要的，如果没有验证这一道工夫，假说永远是假说，决不能进入科学理论的殿堂。

对假说的验证是一个相当复杂的过程，它不仅要利用假设的命题对已知的事实作出圆满的解释，而且还要运用这个假设的命题对未来的事件作出预见。如果我们用“p”代表假说，用“q_1，q_2，$q_3 \cdots q_n$”代表从假说引出的所有推断，那么就可以构成这样一个条件命题：

---

① 胡适：《胡适文存》卷二，上海书店，1989 年，第 230 页。

② 胡适：《胡适文存》卷二，上海书店，1989 年，第 230 页。

③ 胡适：《胡适演讲录》，河北人民出版社，1999 年，第 41 页。

④ 胡适：《胡适论学近著》第 1 集，上海书店，1989 年，第 645 页。

⑤ 胡适：《致罗尔纲信》，白吉庵等编：《胡适教育论著选》，人民教育出版社，1994 年，第 356 页。

$$“p \longleftrightarrow q_1 \wedge q_2 \wedge q_3 \wedge \cdots \wedge q_n”$$

由逻辑上的推理规则我们知道，只有当 q_1，q_2，$q_3 \cdots q_n$ 都被证实后，p 才能转化为科学定律。只要有一个 q_i（i 表示从 1–n）没有被证实，p 就仍然是一个假说。恩格斯曾经指出："哥白尼的太阳系学说有三百年之久一直是一种假说，这个假说尽管有百分之九十九，百分之九十九点九，百分之九十九点九九的可靠性，但毕竟是一种假说；而当勒维烈从这个太阳系的学说所提供的数据，不仅推算出一定还存在一个尚未知道的行星，而且还推算出这个行星在太空中的位置的时候，当后来加勒确实发现了这个行星的时候，哥白尼的学说就被证实了。"① 胡适重证据，强调"有几分证据，说几分话"，这是符合科学精神的。

"大胆的假设"与"小心的求证"相互制约，使假设"大胆"而不至于荒唐无稽，求证"小心"而不至于一筹莫展。

总之，胡适的"大胆的假设，小心的求证"抓住了科学研究活动中的两个重要环节，具有一定的科学性。

二、胡适提倡科学方法，促进了逻辑学在中国的传播与普及

熊十力先生曾说："在五四运动前后，适之先生提倡科学方法，此甚要紧。又陵先生虽首译名学，然其文字未能普遍。适之锐意宣扬，而后青年皆知注重逻辑。"② 熊十力是非常不赞成胡适思想的人，但他能这样评价胡适提倡科学方法的功绩，可见这一方法在当时产生的积极影响。

在中国历史上，明代的李之藻第一个引进西方的逻辑学，翻译并出版了《名理探》，然而由于当时历史条件的限制，只留下浮光掠影般的痕迹，几乎没有产生什么影响。清代的严复以资产阶级启蒙思想家的远见卓识，再次比较系统地介绍了西方的逻辑学，翻译并出版了《穆勒名学》《名学浅说》，在中国产生了一定的影响，使中国人始知"逻辑"，但其文字仍未能普遍。胡适鼓吹"大胆的假设，小心的求证"，才在事实上促进了逻辑学在中国的传播与普及。其原因在于以下两个方面：

首先，"大胆的假设，小心的求证"是西方的逻辑方法与中国朴学方法相结合的产物。

科学方法是胡适一生中最关注的，他在 1914 年 1 月 25 日的日记中写道："今日吾国之急需，不在新奇之学说，高深之哲理，而在所以求学论事观物经国之术。"③1915

①《马克思恩格斯选集》第 4 卷，人民出版社，1972 年，第 222 页。

② 熊十力：《十力语要初续》，乐天出版社，1973 年，第 17 页。

③ 胡适：《胡适留学日记》，海南出版社，1994 年，第 96 页。

年他开始撰写博士论文时已经清醒地认识到“近代中国哲学与科学的发展曾极大地受害于没有适当的逻辑方法”[①]。宋明理学的“格物致知”是“与科学的程序和精神不两立”的。他认为这是因为:（1）缺乏实验的程序;（2）忽视了心在格物中积极的指导作用;（3）“最不幸的是把‘物’的意义解释为‘事’”。[②]到了1919年写《清代学者的治学方法》时，他发现了“中国旧有的学术，只有清代的‘朴学’确有‘科学’的精神”[③]，认为它与西方近代的科学方法有相通之处。他说：“汉学家的归纳手续不是完全被动的，是很能用‘假设’的。……他们所以能举例作证，正因为他们观察了一些个体的例子之后，脑中先已有了一种假设的通则，然后用这通则所包涵的例来证同类的例。他们实际上是用个体的例来证个体的例，精神上实在是把这些个体的例所代表的通则演绎出来。故他们的方法是归纳和演绎同时并用的科学方法。”[④]胡适终于在中国传统方法中找到了“可以有机地联系现代欧美思想体系的合适的基础”[⑤]。于是他在方法论的层次上把杜威的实验主义和中国清代朴学方法融合起来，提出了“大胆的假设，小心的求证”这一“科学方法”。他的概括使“汉学家”所用的“不自觉”的方法变为“自觉的”。

在这个方法中既有朴学的因子又有西方近代的科学精神。它比清代的朴学方法更精密、更严格、更系统化了。这对于当时从旧学出身的人是非常具有说服力和吸引力的。于是这个方法的应用范围便随之大为扩展，不只局限于几部古经典的研究，它既可以用来研究小说、戏剧、民间传说、歌谣，又可以用来辨古史的真伪，还可以用来批判传统的制度和习俗，从而使这一方法具有了比较普遍性的作用。

其次，胡适运用这一方法在事实上取得了一系列的科研成果。

中国一直有着“经世致用”重视功利的儒学传统。“实用理性是中国传统思想在自身性格上所具有的特色。”[⑥]这一特色就决定了中国人重实用，重效果。人们判断一种学说、一个方法的好坏，就是看它是否实用，有无效果。胡适深谙中国人的这种性格，他大力宣扬这一方法，“约略估计，在他的文章和讲演中，谈科学方法的至少有五十篇以上。此外在许多通信中也涉及这个问题”[⑦]。他用这种方法研究中国哲学史，

① 胡适：《先秦名学史》，学林出版社，1983年，第7页。
② 胡适：《先秦名学史》，学林出版社，1983年，第8页。
③ 胡适：《胡适文存》卷二，上海书店，1989年，第216页。
④ 胡适：《胡适文存》卷二，上海书店，1989年，第220页。
⑤ 胡适：《先秦名学史》，学林出版社，1983年，第8页。
⑥ 李泽厚：《中国古代思想史论》，人民出版社，1986年，第303页。
⑦ 耿云志：《胡适研究论稿》，四川人民出版社，1985年，第114页。

研究《墨子》，考证《红楼梦》，并且在这些领域都取得了前所未有的成就。他说："我这几年做的讲学的文章，范围好像很杂乱——从《墨子·小取》篇到《红楼梦》——目的却很简单。我唯一的目的是注重学问思想的方法。故这些文章，无论是讲实验主义，是考证小说，是研究一个字的文法，都可说是方法论的文章。"① 胡适运用这种方法取得的科研成果，在当时产生了很大的影响，致使很多学人纷纷效法。

任何一种外来思想，要想在一个民族文化中扎根并产生影响，就必须与该民族传统思想中的合理因素有机地结合起来，逻辑科学也不例外。胡适在长期的探索中，找到了西方现代科学方法与中国传统方法的结合点、生长点，把西方现代科学方法与朴学方法有机地结合起来，提出了一种新的方法。他运用这种方法取得了从考证到辨伪一系列的科研成果，并引起了广大青年对科学方法和逻辑学的重视，从而进一步促进了逻辑学在中国的传播与普及。因此在中国现代逻辑发展史上，胡适应该占有比较重要的地位。

三、"大胆的假设，小心的求证"的局限性

以上，我们阐述了"大胆的假设，小心的求证"的科学性和它的历史作用。但是，今天我们用马克思主义的观点来看，它还有很大的局限性。

首先，这种方法带有浓厚的主观唯心主义色彩。因为胡适所说的疑难的境地不是人在社会实践中产生的，而只是表示作为生物机体的人的行为受到阻碍而处于一种不稳定的状态，也就是人这个有机体受到环境的刺激需要作出反应，但尚未找到反应办法时的状态，是人的"内部本能发生一种冲突"②。他的假设也不是在社会实践的基础上，将感性材料进行加工制作提出来的，而是在人们的行动受阻时为了继续行动而随意提出的。他甚至给假设蒙上了一层神秘的色彩："应该知道，这一步（指提出假设——引者）在临时思想的时候是不可求的，是自然涌上来，如潮水一样，压制不住的。他若不来时，随你怎样搔头抓耳挖尽心血，都不中用。"③ 这虽然在某种程度上揭示了"顿悟"在科学研究活动中的作用，但他忽视了"顿悟"的前提条件——长期的实践、探索和思考。这正暴露了胡适的"假设"不仅是主观意志的产物，还带有强烈的非理性主义色彩。

其次，这个方法本身也不是很严密的。科学方法应对科学研究活动具有指导作用，教人们怎样进行科学研究，因此就要求方法本身具有严密性、可行性。但是，"大胆

① 胡适：《胡适文存》卷一，上海书店，1989 年，"序例"，第 2 页。

② 杜威：《试验论理学》，泰东图书馆，1921 年。

③ 胡适：《胡适文存》卷二，上海书店，1989 年，第 127 页。

的假设，小心的求证”中的“大胆”和“小心”，本身就是意义模糊的词。何谓“大胆”，何谓“不大胆”？何谓“小心”，何谓“不小心”？界说并不明确。用这些意义模糊的词作为科学方法，就不能有效地起指导作用。

正如黑格尔的辩证法虽然是唯心主义的仍有合理的内核一样，胡适的“大胆的假设，小心的求证”虽然是唯心主义的，但仍然有一定的科学性，而且在历史上曾经发挥了积极的作用。今天，我们应该恢复它的历史地位，并批判地加以借鉴。

（原载《湖北大学学报（哲学社会科学版）》1988年第4期）

胡适的科学方法简析

“大胆的假设，小心的求证”是胡适一生极力鼓吹的科学方法。对这一方法，见仁见智，历来就有不同的评价。本文试图从这一方法的来源、实质及作用三个方面作一个简要分析，就教于各位方家。

一

从来源上看，胡适的科学方法是西方近代科学方法与清代朴学方法结合的产物。早在写博士论文时，胡适就在寻找嫁接西方近代科学方法的“砧木”。“我们在哪里能找到可以有机地联系现代欧美思想体系的合适的基础，使我们能在新旧文化内在调和的基础上建立我们自己的科学和哲学？”儒学不行，“儒学已长久失去它的生命力”；宋明理学也不行，“我们一方面充分地认识到王阳明学派的价值，同时也不得不认为他的逻辑理论是与科学的程序和精神不两立的。而宋代哲学家对‘格物’的解释虽然是对的，但是他们的逻辑方法却是没有效果的”。[①] 经过几年苦苦寻找，胡适终于发现了“中国旧有的学术，只有清代的‘朴学’确有‘科学’的精神”[②]，认为它与西方近代的科学方法有相通之处。他说：“汉学家的归纳手续不是完全被动的，是很能用‘假设’的。……他们所以能举例作证，正因为他们观察了一些个体的例子之后，脑中先已有了一种假设的通则，然后用这通则所包涵的例来证同类的例。他们实际上是用个体的例来证个体的例，精神上实在是把这些个体的例代表的通则演绎出来，故他们的方法是归纳和演绎同时并用的科学方法。”[③] 胡适终于在中国传统方法中找到了可以嫁接现代欧美思想体系的“砧木”。于是他在方法论的层次上把西方近代科学方法和中国清代朴学方法融合起来，提出了“大胆的假设，

① 胡适：《先秦名学史》，学林出版社，1983年，第8页。

② 胡适：《胡适文存》卷二，上海书店，1989年，第216页。

③ 胡适：《胡适文存》卷二，上海书店，1989年，第220页。

小心的求证”这一“科学方法”。

我们知道任何一种外来思想，要想在一个民族文化中扎根并产生影响，就必须与该民族传统思想中的合理因素有机地结合起来，科学方法也不例外。胡适在长期的探索中，找到了西方近代科学方法与中国传统方法的结合点、生长点，把西方近代科学方法与朴学方法有机地结合起来，提出这一新方法，在这个方法中既有中国清代朴学的因子，又有西方近代的科学精神。它比清代的朴学方法更精密、更严格、更系统化了。

二

从实质上看，胡适的科学方法是一种假设—演绎法。胡适在《清代学者的治学方法》一文中，曾对“大胆的假设，小心的求证”作了详细的说明：“这种方法，先搜集许多同类的例，比较参看，寻出一个大通则来；完全是归纳的方法……当我们寻得几条少数同类的例时，我们心里已起了一种假设的通则。有了这个假设的通则，若再遇着同类的例，便把已有的假设去解释他们，看他能否把所有同类的例都解释的满意。这就是演绎的方法了。演绎的结果，若能充分满意，那个假设的通则便成了一条已证实的定理。这样的办法，由几个（有时只须一两个）同类的例引起一个假设，再求一些同类的例去证明那个假设是否真能成立：这是科学家常用的方法。”① 从这个说明中我们可以看出，胡适的科学方法实质上是一种假设—演绎法。这种方法既运用了归纳，又运用了演绎，归纳和演绎相互为用、相互补充。

胡适的这一科学方法不仅强调了归纳和演绎在科学研究中的重要作用，而且揭示了直觉思维和逻辑思维在科学研究中的不同作用。所谓直觉思维就是人脑对思维对象本质属性的一种快速直接的把握，是一种顿悟。所谓逻辑思维就是指人们在思维过程中严密遵循思维的逻辑规律和规则，通过逐步推理得出结论的思维方式。

胡适认为，提出假设时要靠直觉思维，“在临时思想的时候是不可强求的，是自然涌上来的，如潮水一样，压制不住的。他若不来时，随你搔头抓耳，挖尽心血，都不中用”②。胡适所描述的这种现象实际上是一种直觉思维，它的产生具有突然性、偶然性和模糊性。在假设的形成过程中，直觉思维起着重要作用，这已被许多重大科学发现所证实。例如，爱因斯坦在创立相对论后曾对其创立过程进行了反思，总结出了许多极具启发性的思想。他认为，在感觉经验的世界与概念命题的世界之间有一条逻

---

① 葛懋春、李兴芝编辑：《胡适哲学思想资料选》（上），华东师范大学出版社，1981年，第200页。

② 葛懋春、李兴芝编辑：《胡适哲学思想资料选》（上），华东师范大学出版社，1981年，第78页。

辑上不能逾越的鸿沟。他自己画出下边的图形来表示科学发现的过程。

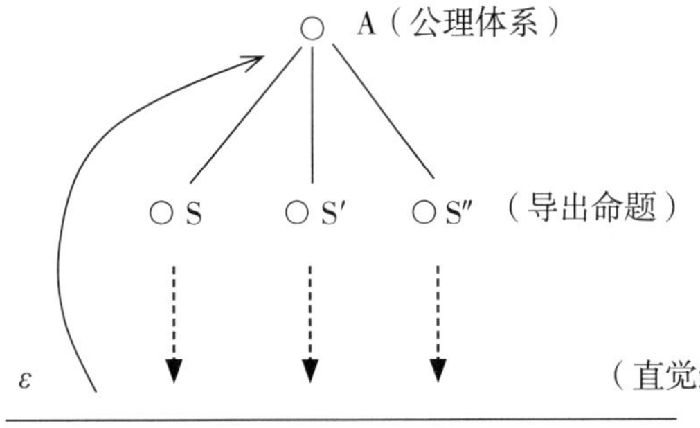

他解释道：“（1） ε （直觉经验）是已知的。（2）A是假设或者公理，由它们推出一定的结论来。从心理方面说，A是以 ε 为基础的，但是在A同 ε 之间不存在任何必然的逻辑联系，而只有一个不是必然的直觉的（心理的）联系，它不是必然的，是可以改变的。”[①] 显然，爱因斯坦认为由经验事实上升到公理体系要靠直觉思维。由经验事实上升到公理体系相当于胡适所说的由少数同类的例上升到假设的通则，也就是提出假设的过程。正因为假设的提出要靠直觉，是一种创造性的思维，因此假设一定要“大胆”，“假设不大胆，不能有新发明”[②]。在假设的提出阶段如果不大胆就会被传统观点所束缚，新理论就产生不出来。试想，当年爱因斯坦如果不大胆，没有一定的理论勇气，怎么能突破牛顿的经典物理学囿限，相对论又怎么能诞生呢？

胡适认为验证假设要靠逻辑思维。验证假设首先要把“假定所涵的结果，一一想出来”[③]。所谓想出来，就是推演出来，就是爱因斯坦所说的“由A通过逻辑道路推导出各个个别的结论 *S*”[④]。“假设的通则”是人们在少数经验材料基础上提出的一个猜想性的全称命题，这个全称命题是无法直接用经验事实验证的。要验证这个假说，第一步的工夫就是由假设推导出各种关于事实的陈述，这一步要靠逻辑思维，通过演绎推理把“假设的通则”所蕴涵的结果一一推演出来、如果我们借用爱因斯坦图中的字母，用 *A* 表示“假想的通则”，*S* 表示关于事实的陈述，那么我们就可以得到下面这个公式：“$A \to S_1 \wedge S_2 \wedge S_3 \wedge \cdots \wedge S_n$”。假设的验证是一个相当复杂的历史过程。首先因为在验证过程中所使用的推理形式在逻辑上是或然的，它的推理形式如下：

① 许良英等编译：《爱因斯坦文集》第1卷，商务印书馆，1976年，第541页。

② 葛懋春、李兴芝编辑：《胡适哲学思想资料选》（上），华东师范大学出版社，1981年，第208页。

③ 葛懋春、李兴芝编辑：《胡适哲学思想资料选》（上），华东师范大学出版社，1981年，第73页。

④ 许良英等编译：《爱因斯坦文集》第1卷，商务印书馆，1976年，第542页。

$$A \to S_1 \wedge S_2 \wedge S_3 \wedge \cdots \wedge S_n$$
$$\frac{S_1 \wedge S_2 \wedge S_3 \wedge \cdots \wedge S_n}{\therefore A}$$

这个推理是充分条件假言推理的肯定后件式，在逻辑上它不是一个有效的推理形式，肯定后件不能必然肯定前件，即使S_1、S_2、…、S_n都是真的，也不能由此必然确定“A”是真的，只能说“A”在某种程度上得到了证实。

其次，S_i（i表示从1—n）既可以是已知的事实，也可以是未知的事件。假设的通则“A”不仅要对已知的事实作出圆满解释，更重要的是要对未知的事件作出准确的预测，未知事件的证实需要等待时间。恩格斯曾说：“哥白尼的太阳系学说有三百年之久一直是一种假说，这个假说尽管有百分之九十九、百分之九十九点九、百分之九十九点九九的可靠性，但毕竟是一种假说；而当勒维烈从这个太阳系的学说所提供的数据，不仅推算出一定还存在一个尚未知道的行星，而且还推算出这个行星在太空中的位置的时候，当后来加勒确实发现了这个行星的时候，哥白尼的学说就被证实了。”①胡适告诫人们“小心的求证”，他说：“没有证据只可悬而不断；证据不够，只可假设，不可武断，必须等到证实之后，方才奉为定论。”②胡适重证据，强调“有几分证据，说几分话”，这是符合科学精神的。

三

从作用上看，胡适宣扬科学方法在当时产生了积极影响，主要表现在以下两个方面。

1. 促进了逻辑科学在中国的传播与普及。

胡适虽然没有留下专门的逻辑理论著作，但在中国近代逻辑史上却有着举足轻重的地位。其中一个重要原因就是他大力提倡科学方法。早在1914年1月，他就在日记中写道：“今日吾国之急需，不在新奇之学说、高深之哲理，而在所以求学论事观物经国之术。”③1915年他开始撰写博士论文时已经清醒地认识到“近代中国哲学与科学的发展曾极大地受害于没有适当的逻辑方法”④。基于这样的认识，胡适在其一生的学术生涯中都以宣传科学方法为己任。直到晚年，他在口述自传中仍说：“我治中国思

---

①《马克思恩格斯选集》第4卷，人民出版社，1972年，第222页。

② 葛懋春、李兴芝编辑：《胡适哲学思想资料选》（上），华东师范大学出版社，1981年，第349页。

③ 胡适：《胡适留学日记》，海南出版社，1994年，第96页。

④ 胡适：《先秦名学史》，学林出版社，1983年，第7页。

想与中国历史的各种著作，都是围绕着‘方法’这一观念打转的。‘方法’实在主宰了我四十多年来所有的著述。”① 据耿云志先生统计，胡适谈科学方法的文章和讲演，至少有五十篇以上。此外在许多通信中也涉及这个问题②。从本文第二部分的分析中我们可以看到，胡适的科学方法实质上是一种假设—演绎法，是归纳和演绎相互为用的方法，因此胡适宣扬他的科学方法也就是宣扬逻辑科学。熊十力先生曾说：“在五四运动前后，适之先生提倡科学方法，此甚要紧。又陵先生虽首译名学，然其文字未能普遍。适之锐意宣扬，而后青年皆知注重逻辑。”③ 在中国历史上，明代的李之藻第一个引进西方的逻辑学，翻译并出版了《名理探》，然而由于当时历史条件的限制只留下浮光掠影般的痕迹，几乎没有产生什么影响。清代的严复以资产阶级启蒙思想家的远见卓识，再次比较系统地介绍了西方的逻辑学，翻译并出版了《穆勒名学》《名学浅说》，在中国产生了一定的影响，使中国人始知“逻辑”，但其文字仍未能普遍。胡适极力鼓吹他的科学方法，才在事实上促进了逻辑学在我国的传播与普及。二十世纪二三十年代，在我国青年中学习逻辑蔚然成风，逻辑著作大量出版，这个时期是西方逻辑学在中国的第一次大传播、大普及时期。这其中的原因虽然是多方面的，但胡适大肆鼓吹科学方法无疑是一个很重要的促进因素。

2. 解放了人们的思想，高扬了科学探讨精神。

胡适提倡“大胆的假设”，在当时起到了一种解放思想的作用。因为从汉武帝“罢黜百家，独尊儒术”开始，几千年来，封建的经学方法一直占统治地位。这种方法视孔孟之道和四书五经为绝对真理，只许信仰，不许怀疑，它像紧箍咒一样束缚人们的头脑。那时一些受经学方法熏陶的学者，谨小慎微，把前人的话都当作“至理名言”，哪里还有胆量提出一个新的假说呢？胡适鼓励人们假设要大胆，“假设是愈大胆愈好”④。这实质上是鼓吹了一种科学探讨精神。正是由于胡适大力提倡这一方法并运用这一方法取得了从考证到辨伪一系列的科研成果，致使当时疑古辨伪风气一时大盛。以顾颉刚为代表的古史辨派提出了“层累地造成的古史”的大胆假设，他们运用近代的科学方法，吸取了社会学和考古学的知识，把我国先秦至汉的古书上有关古史的记载，作了系统的分析，揭露了它们本来的神话传说的真面目，从而揭穿了《经》书的老底，

---

① 葛懋春、李兴芝编辑：《胡适哲学思想资料选》（下），华东师范大学出版社，1981 年，第 106 页。

② 参见耿云志：《胡适研究论稿》，四川人民出版社，1985 年，第 114 页。

③ 熊十力：《十力语要初续》，乐天出版社，1973 年，第 17 页。

④ 胡适：《胡适演讲录》，河北人民出版社，1999 年，第 41 页。

剥去了它的神圣外衣，从根本上推倒了两千多年来人们崇拜的偶像。顾颉刚先生深有感触地说：“我非常感谢适之、玄同两先生，他们给我各方面的启发和鼓励，使我敢于把违背旧说的种种意见发表出来，引起许多同志的讨论。”①

胡适的科学方法不仅对一些社会科学家产生了很大影响，而且给一些自然科学家以启迪。著名美籍华裔物理学家吴健雄，多次在公开场合说她之所以在科研上取得巨大成就，其中主要的原因是由于她遵照胡适所倡导的“大胆的假设，小心的求证”的科学方法去实践。1962 年 2 月 23 日，她在台湾大学作学术报告时，又重申这个看法。她说：“科学不是静的，是动的，是永远不停地在动的，要有勇气去怀疑已成立的学说，进而去求证。就是胡院长说的‘大胆的假设，小心的求证’这两句话。”② 可见，在自然科学研究的某些领域，胡适的科学方法也是卓有成效的。

在中国近代史上，胡适是一个有争议的人物。他由一个“非革命的民主派”转变成一个“国民党政府的御用文人”，在政治上他是反动的，我们应该反对他、批判他。但是我们又不能因为一个人政治上反动就全盘否定他的学术成就，不能因人废言。从以上三方面的分析我们可以看出，胡适的“大胆的假设，小心的求证”这一科学方法是无可非议的，我们应该充分肯定它。

（原载《自然辩证法研究》1995 年增刊《逻辑学研究专辑》）

---

① 顾颉刚：《古史辨》第一、二册，上海书店，1993 年，第 3 页。

② 参见《吴健雄与胡适》，《博览群书》1988 年第 3 期。

世界古代三大辩学传统比较研究

公元前8世纪至前2世纪，被后世誉为世界文明的“轴心期”。但并非所有的早期人类文明都发展到了“轴心期”，只有古印度、古希腊和古代中国的早期文明进入到雅斯贝尔斯所说的“轴心时代”。公元前6世纪前后，这三个地方的一批原创性的思想家、理论家和宗教教主在时代的召唤下纷纷登场，他们中的代表人物是印度的释迦牟尼，希腊的苏格拉底、柏拉图和亚里士多德，中国的孔子、老子和墨子。他们的出现，以彻底成熟的理性化的理论——佛教、古希腊哲学、先秦哲学等，一扫所有神话的阴霾。人类理性彻底觉醒并成熟了。人类理性的觉醒，就需要讲道理、搞辩论，辩学随之应运而生。世界古代的三大辩学传统——印度辩学、古希腊辩学和中国辩学就是这一“轴心时代”孕育出来的理论硕果。对不同文化土壤孕育出来的世界古代三大辩学传统作一些比较分析，既有助于我们对辩学实质的深入理解，也有助于对我国先秦辩学思想特征的认识与把握。

一、三支辩学传统产生原因的“殊途同归”

世界古代三支辩学传统，虽然诞生在不同的地域，有着不同的文化传统和历史背景，彼此之间也互不影响，但有一点是相同的，即它们的产生都与当时现实社会中所进行的日常对话、实际论战直接相联系。日常论辩活动的开展，“百家争鸣”之风的盛行，不仅为辩学的产生提供了思想素材，而且直接刺激和推动了辩学的创立。

在我国春秋战国时期，社会形态的转轨、过渡，导致了“名实相怨”的社会现象；名实关系的失调，诱发了诸子对“正名”问题的热切关注；对“正名”问题的推崇，促动了“百家争鸣”局面的形成。在古代印度，各种宗教派别的并存共处，引发了宗教派别之间的激烈论争。在古代希腊，奴隶制民主政治的推行，为人们各抒己见、彼此对诤、发表政治主张、开展法庭辩论创造了有利条件。如果说古印度辩学的产生是以宗教论争为契机，古希腊辩学的产生是以政治和法庭辩论的实际需要为前提，那么，我国先秦辩学的产生则是以政治、伦理思想论争实践为背景的。辩论活动产生的具体情形虽不尽相同，但辩论活动的频繁开展，却是古印度、古希腊和古代中国共同存在的社会现实。正是各种不同内容、不同方式的实际辩论活动的开展、兴盛，使人们产生了对于辩学理论研究的迫切需要，引发了人们对于辩论对话本身的自觉反思，从而为辩学的产生创造了条件。同时，各种实际辩论活动的开展，各种具体辩论问题的提出，各种具体辩论素材的积累，又为辩学的创立、研究，奠定了思想理论基础。辩论实践是辩学思想产生的"源"，没有实际的具体辩论对话活动，就没有辩学。在这一点上，世界古代三支辩学传统是完全一致的、相同的，即它们都是在各自文化土壤所进行的辩论实践的基础上建立和发展起来的。

二、三支辩学传统的体系特色

在古希腊，从芝诺、苏格拉底到柏拉图和亚里士多德，都十分注重对归谬式反驳这一对话方法的运用和研究。智者们给学生传授的辩论技术，也是这种"归于不可能"的方法。可见，古希腊辩学家所关注的主要是如何在对话中反驳、破击论敌。亚里士多德还对辩论中的谬误作了较系统的分类、总结，归纳出两类共计 13 种谬误，并讨论了揭露这些谬误的方法。研究辩论中的谬误，主要是为反驳论敌服务的。因为，谬误是对话中双方相互攻讦的首要目标，找不出对方的谬误，就难以在辩论对话中有力地反击对方，因此，可以说，古希腊辩学实际上是一种以研究对话中的反驳为核心的辩学体系。对于实际辩论活动而言，对话中的反驳是一种主动性、攻击性的辩论行为。从这个意义上说，古希腊辩学体系属于一种以研究如何破击论敌为核心的"进攻型"辩学模式。

与古希腊不同，我国先秦辩学理论则是以如何确立自己的主张为研究重心，而并不注重对如何破击对方这一问题的深入研讨。后期墨家强调"辞以故生，以理长，以类行""三物必具，然后辞足以生"[①]。荀子提出"辨异而不过，推类而不悖，听则合文，辨则尽故"[②]。这些都是从正面立论、表达思想的角度提出要求，即回答辩论者在对话中如何确立一个正确主张的问题。因此，我国先秦辩学侧重于"自辩"，它更多关注的是对话者对自己思想主张的正面申明，"辩者以辞自明其志则可"[③]。在我国先秦，

① 中国逻辑史研究会资料编选组：《中国逻辑史资料选（先秦卷）》，甘肃人民出版社，1985 年，第 187 页、172 页。

② 中国逻辑史研究会资料编选组：《中国逻辑史资料选（先秦卷）》，甘肃人民出版社，1985 年，第 278 页。

③ 汪荣宝：《法言义疏》，中华书局，1987 年，第 379 页。

虽也有对辩论谬误的一些分析，但从整个先秦辩学体系而言，在这方面的研究，远不及古希腊和古印度。我国先秦辩学是一种以研究对话中的正面立论为核心的辩学体系。按照逻辑学的观点，确立一论点为真，则与之相矛盾的论点必然为假。在辩论对话中，确立了自己的主张，也就等于反驳了论敌的观点，表明了对方所持主张的不正确。因此，在逻辑学看来，“立”与“破”是相辅相成的。但是，对于具体的辩论活动来说，对话中的正面陈述，往往是一种被动性的、防守性的言语行为。因为，在实际辩论过程中，单纯的正面申述，尽管逻辑严密，论证有力，但并不等于在事实上能完全征服听众，说服论敌。而主动出击去破斥对方，揭露对方的不足、局限与语误，则不仅可以在气势上压倒对方，而且，因对对方的立论形成了直接攻击，在心理上打击了对方，破坏了对方的辩论思路，冲击了对方预定的辩论架构，这样，更能赢得听众对自己主张的信服。相对于古希腊辩学研究特点而言，我国先秦辩学体系在总体上属于一种以研究如何确立自己主张为核心的“防守型”辩学模式。这种辩学体系特征的形成，既与我国古代讲求“君子之风”紧密相联，也与我国先秦思想家对“辩”的作用的认识和主张密切相关。我国先秦思想家视“辩”为获得对客观事物正确认识的工具、手段，因而，其重点关注的主要是如何去获得一个关于客观事物的真理性认识，立、敌双方都以建立正确立论为宗旨，而不愿“恃其辩欲以诱他人”，以失“君子风度”。也正因为此，我国先秦辩学思想家对辩论谬误的分析，多是从辩论的原则、要求以及辩论方法适用程度的角度，作正面阐述，以防止、避免辩论方法运用失当而沦于诡辩。这与古希腊从反驳、攻击对方的角度研究辩论中的谬误，有着明显的区别。

古印度辩学是世界古代三支辩学传统中最系统，也最能体现对话特征的辩学体系。它对辩论问题的阐发，细致详尽，规范有序。从对辩题的确立、辩论场所的选择和辩论者的素质，到如何确立自己的论点、如何破击论敌的主张等等，论述系统，体系完整。商羯罗主《因明入正理论》摄颂说：“能立与能破及似，唯悟他。现量与比量及似，唯自悟。”此即“启以八门，通以两益”。在古印度因明辩学家看来，因明的宗旨在于“立正理，破邪说”，它要“以己所主张之论旨，晓示于人”，其目的“非仅自悟，尤重悟他”。[①]《起信论议记·要诀》在谈到佛教辩学家研究因明的动机时指出：“佛灭后一千年，异道勃起，往往沙门抗论，不谙熟因明，即受枉屈。于是陈那、天主二大士，鉴其时运不获已，制因明论。”又窥基《因明入正理论疏·卷一》云：“因明之旨，本欲立正破邪，故先能立，次陈能破。《理门论》云，为简持能立、能破义中真实，作斯论故。”可见，佛家研究因明辩学的动机和其宗旨、目的是完全一致的。

① 慧圆：《因明入正理论讲义》，上海佛学书局，1932年，第1页。

而与“立正破邪”以求“悟他”相应，印度因明辩学体系的建构，也以立、破为纲，不仅区分了真能立（正确立论）与似能立（错误立论），而且区分了真能破（正确反驳）与似能破（错误反驳）。从“立”的角度，因明辩学提出了立宗的原则，正因的条件；从“破”的角度，因明辩学对辩论中的谬误作出了详细分析。因明立宗，规定宗体必须“违他顺自”，“不顾论宗”才是宗的正格，否则就是似宗，即不合理、不正确的宗。因明辩学规定，一个正因，必须符合“因三相”条件，否则即被视为似因、不正确的因。古印度辩学对辩论对话中的谬误亦给予了同样的重视。早期的《正理经》提出了 5 种似因、3 种曲解、22 种堕负和 24 种倒难。到新因明辩学，归结为似宗 9 种、似因 14 种、似喻 10 种，共计 33 种过失。古印度辩学兼论立、破，充分反映和集中体现了立、敌对诤这一言语行为的独特风格。

辩论是两个具体主体之间的直接对话，“立”与“破”无有轻重。只有既有“立”，又有“破”，“立”“破”兼有，才能形成真正的辩难、对诤。因此，如果说，古希腊辩学重“破”，它建构的是一种“进攻型”，或者说是“以攻为守型”辩学模式，中国先秦辩学重“立”，它建立的是一种“防守型”，或者说是“以守为攻型”辩学模式，那么，古代印度辩学则是“立”“破”并重，它建构的是一种“攻守兼备型”辩学模式。由此也可看出，我国先秦辩学以及古希腊辩学在理论上存在的某种局限性。

三、三支辩学传统在研究内容上的相类之处

虽然世界古代三大辩学体系的学术根本性质相同，都是关于两个主体之间直接对话的理论，但由于三大辩学体系的形成，在客观上受其所特有的文化传统、语言习惯、对话方式等多种因素的影响、制约，因而，它们不仅在体系特征上表现出各自的差异、风格，而且在许多具体研究内容上，亦往往难以贯通。不过，尽管如此，我们仍然可以看出，三支辩学传统在某些最能体现辩论特性的基本问题上，以及在某些个别的具体研究内容上，彼此之间表现出一定程度上的相似性和互通性。

首先，强调概念明确、用语准确。作为两个具体主体之间的对话，辩论是一种独特的言语交际行为。交际中的双方准确传达自己的思想信息，这是实现成功交际的必要条件。如果说话的一方所发出的思想信息，不能为说话的另一方所理解、接受，就会引起交际困难，阻碍交际活动的顺利进行。因此，在人与人之间的交际活动中，概念的明确和用词的准确都起着十分重要的作用。同样，概念明晰、用语清楚、表达准确，也是开展辩论对话这种言语交际活动的一个最基本的前提条件。

世界古代三支辩学传统都十分强调概念和语词对于辩论对话的重要作用。在古希腊，苏格拉底提出的“助产术”辩论方法，不仅是从对概念的定义开始，而且以对概

念的定义为归结，即从一个已经形成的概念出发，通过问答对话，找出该概念的不足或不明确之处，使之成为一个完整的概念定义。[①] 柏拉图则强调，在辩论时要“时时刻刻把眼光集中在每个概念的定义上”，并探讨了概念的划分问题。亚里士多德指出：“每一个字必须指示可以理知的某物，每一字只能指示一事物，决不能指示许多事物；假如一字混指着若干事物，这就该先说明它所征引的究属是其中的那一事物”“这样，我们就必须依据一个定义来进行论辩”[②]。在《辩谬篇》中，亚里士多德还区分了“语词歧义”这一谬误形式。古印度辩学也十分重视概念的明确。《因明入正理论疏·卷五》云：“凡因明法，所能立中，若有简别，便无过失。”因明辩学规定，在辩论对话中，对话主体对自己使用的概念必须给予寄言简别，将自许的或他许的概念，分别加以标明，否则就被视为过失即谬误。我国先秦辩学亦同样重视概念与语词的准确运用。刘向《别录》引邹衍云：“辩者别殊类使不相害，序异端使不相乱，抒意通志，明其所谓，使人与知焉，不务相迷也。”后期墨家学者提出“通意后对”的对话原则：“通意后对，说在不知其谁谓也。”[③] 在辩论中，对话双方应当先明确自己所使用的概念和语词的含义，让对方了解，否则，“若饰词以相乱，匿词以相移”[④] 就会带来无谓的纷争。后期墨家还将“言多方”看作是产生辩论谬误的基本因素之一。

其次，注重思维不矛盾原则的运用。世界古代三支辩学传统都注意到了思维不矛盾原则在辩论对话中的突出作用。思维前后一致、不自相矛盾，这是正确思维的最根本的要求和最基本的特征。在辩论过程中，对话双方都力图去揭露敌论中的矛盾，借此战胜对方，因而，思维不矛盾原则也是辩论中的一个最基本的原则和克敌制胜的重要辩论手段。

在古希腊，从芝诺、智者到苏格拉底和柏拉图，他们所运用和总结的辩论方法，都是从对话议论中引出矛盾从而否定对方主张的方法。亚里士多德更视不矛盾原则为辩论的根本原则。他在《形而上学》中明确指出：“同一事物不能在同一时间既是什么又不是什么”“参加辩论的两方必须默契此意，如其不同意这一规律，他们的论辩

---

① 参见П. С. 波波夫、Н. И. 斯佳日金：《逻辑思想发展史》，宋文坚等译，上海译文出版社，1984年，第23页。

② 亚里士多德：《形而上学》，吴寿彭译，商务印书馆，1959年，第216—217、81页。

③ 中国逻辑史研究会资料编选组：《中国逻辑史资料选（先秦卷）》，甘肃人民出版社，1985年，第142页。

④ 中国逻辑史研究会资料编选组：《中国逻辑史资料选（先秦卷）》，甘肃人民出版社，1985年，第5页。

怎么进行？”“一切信条中最无可争议的是，相反的叙述不能同时两都真实”。[①] 在古代印度，《正理经》认为，如果辩论者给出的理由或例证与其宗或立义相违，即被判为堕负。因明辩学中的“违他顺自”的立宗规则，以及“自语相违”“自教相违”等，都是对不矛盾原则的具体运用。我国先秦辩学亦同样重视不矛盾原则在辩论中的作用。后期墨家指出：“以言为尽悖，悖，说在其言”[②]“之人之言可，是不悖，则是有可也；之人之言不可，以当，必不当”[③]。后期墨家还指出，在辩论中形成的有关同一事物的两种相反的认识“不俱当”，其中“必或不当”。韩非则提出了流传千古的“矛盾之说”。总之，世界古代三支辩学传统都不约而同地注意到了不矛盾原则在辩论对话中的重要作用，并总结出了以揭露敌论中的矛盾去破击论敌的辩论方法。

最后，突出辩论中的理由。任何立论都必须有其赖以成立的理由、根据。辩论对话亦是如此，不论是论证、建立一种观点，还是破击别人的主张，都必须有其依据。古希腊辩学旨在寻找敌论中的矛盾以破击论敌，因而，对辩学中的理由少有专门的一般性讨论。在这方面，中、印这两支东方辩学传统则作了特别的强调，给予了十分的重视。

在古印度，早期的《正理经》探讨了“似因”即不正确的理由。到因明辩学，更视辩论对话为明因、探求“理由”的学问，《因明入正理论疏·卷一》云：“所明者因，能明者教。因之明故，号曰因明。”在因明辩学中，立论的理由由“因”和“喻”两个部分构成。“因”“喻”都是能立，都是所立之宗得以证成的根据。“因喻具正，宗义圆成，显以悟他，故名能立。”（《因明入正理论疏·卷一》）“因”“喻”都是因明论式（五支论式或三支论式）中不可或缺的成分，但一般把“因”支看作是立宗的主要依据。为使“因”成为立宗的正确理由，新因明家不仅具体分析了“因”的 9 种正、误情形，即“九句因”，而且在此基础上，提出了正因的三个条件，即“因三相”：“遍是宗法性，同品定有性，异品遍无性。”他们还具体区分出了“似因”（不正确的理由）的 14 种情形。因明中的“喻”是助因成宗的不可缺少的依据。《因明入正理论疏·卷五》云：“前虽举因，亦晓宗义，未举譬况，令极明了。今由此况，宗义明极，故离同立，独得喻名。”新因明辩学将“喻”区分为“正喻”与“似喻”，并分析了“似喻”的 10 种情形。

---

① 亚里士多德：《形而上学》，吴寿彭译，商务印书馆，1959 年，第 78 页。

② 中国逻辑史研究会资料编选组：《中国逻辑史资料选（先秦卷）》，甘肃人民出版社，1985 年，第 157 页。

③ 中国逻辑史研究会资料编选组：《中国逻辑史资料选（先秦卷）》，甘肃人民出版社，1985 年，第 157 页。

与古印度辩学一样，我国先秦辩学也十分重视辩论对话中的理由。墨子提出“辩其故”[①]“明其故”[②]，主张在辩论中要“无故从有故”[③]。荀子提出“辩则尽故”[④]。后期墨家学者发扬墨子重“故”的论辩传统，更对“故”作出了深入、系统的研究。他们特别强调指出，“辞以故生”，“立辞而不明于其所生，妄也”。[⑤]在他们看来，辩论对话的过程，也即“明故”“出故”的过程，“以说出故”[⑥]，“说，所以明也”。[⑦]后期墨家不仅对“故”即理由在辩论中的作用给予了充分的肯定与重视，而且给出了“故”的明确界说：“故，所得而后成也”，并将“故”区分为“小故”和“大故”两类，即“小故，有之不必然，无之必不然”“大故，有之必然，无之必不然”。[⑧]我国先秦辩学特别重视对辩论中的理由的研究，与其重“立”的体系特征以及视“辩”为认识事物的手段，是紧密相联系的。

正如雅斯贝尔斯所说：“从三个地区相逢之际起，它们之间就可能存在一种深刻地互相理解。在初次相遇时，他们便认识到，他们关切同样的问题。尽管相隔遥远，但他们立即相互融合在一起。当然，他们并不共同信奉一种唯一的客观真理……但他们在彼此相遇中耳闻目睹了真实而绝对的真理，即历史上不同血缘的人类所实践的真理。”[⑨]

（原载《中文论坛》第三辑，长江出版社，2016 年 4 月）

---

① 中国逻辑史研究会资料编选组：《中国逻辑史资料选（先秦卷）》，甘肃人民出版社，1985 年，第 207 页。

② 中国逻辑史研究会资料编选组：《中国逻辑史资料选（先秦卷）》，甘肃人民出版社，1985 年，第 210 页。

③ 中国逻辑史研究会资料编选组：《中国逻辑史资料选（先秦卷）》，甘肃人民出版社，1985 年，第 215 页。

④ 中国逻辑史研究会资料编选组：《中国逻辑史资料选（先秦卷）》，甘肃人民出版社，1985 年，第 278 页。

⑤ 中国逻辑史研究会资料编选组：《中国逻辑史资料选（先秦卷）》，甘肃人民出版社，1985 年，第 187 页。

⑥ 中国逻辑史研究会资料编选组：《中国逻辑史资料选（先秦卷）》，甘肃人民出版社，1985 年，第 192 页。

⑦ 中国逻辑史研究会资料编选组：《中国逻辑史资料选（先秦卷）》，甘肃人民出版社，1985 年，第 117 页。

⑧ 中国逻辑史研究会资料编选组：《中国逻辑史资料选（先秦卷）》，甘肃人民出版社，1985 年，第 107 页。

⑨ 卡尔·雅斯贝尔斯：《历史的起源与目标》，魏楚雄、俞新天译，华夏出版社，1989 年，第 15 页。

“譬”与因明中的五支作法

“譬”是中国古代名辩学中最重要的一种论辩方式。无论是儒家、墨家，还是名家、法家、道家都善于运用这种方式进行说理或论辩。

一、“譬”的界说及其认识论基础

先秦诸子不仅在实践中能娴熟地运用“譬”这种方式，而且从理论上进行了概括，揭示了它的本质特征。惠施认为：“譬”就是“以其所知谕其所不知而使人知之”[①]。《墨经·小取》中说：“辟（同譬）也者，举他物而以明之也。”荀子说：“譬称以喻之，分别以明之。”[②]从这些定义中我们可以看出，“譬”是论辩说理的一种表达方式。这种表达方式是：要让对方接受的观点是说者自己所持的观点，要让对方明白的道理是说者已知的道理；但这个观点对于被说服者来说是不赞成的，这个道理对于被说服者来说是不知道的。于是说者就选择和这个观点或道理相类似的又是对方赞同的或已知的形象事例，从而劝服对方接受自己的观点，或明白所要说明的道理。

例如，“来者可知”是墨子所持的观点，但彭轻生子则认为：“往者可知，来者不可知。”墨子就用“譬”这种论辩方式对他说：“‘籍设而亲在百里之外，则遇难焉。期以一日也，及之则生，不及则死。今有固车良马于此，又有驽马四隅之轮于此，使子择焉。子将何乘？’对曰：‘乘良马固车，可以速至。’墨子曰：‘焉在不知来？’”[③]

---

① 中国逻辑史研究会资料编选组：《中国逻辑史资料选（先秦卷）》，甘肃人民出版社，1985 年，第 70 页。

② 中国逻辑史研究会资料编选组：《中国逻辑史资料选（先秦卷）》，甘肃人民出版社，1985 年，第 260 页。

③ 中国逻辑史研究会资料编选组：《中国逻辑史资料选（先秦卷）》，甘肃人民出版社，1985 年，第 224 页。

再如，惠施要使梁王明白“‘譬’在表达中有重要作用”这个道理，也使用了“譬”这种表达方式。“客谓梁王曰：‘惠子之言事也，善譬。王使无譬，则不能言矣。’王曰：‘诺。’明日见，谓惠子曰：‘愿先生言事，则直言耳，无譬也。’惠子曰：‘今有人于此而不知弹者，曰：“弹之状何若？”应曰：“弹之状如弹。”则谕乎？’王曰：‘未谕也。’于是更应曰：‘弹之状如弓而以竹为弦则知乎？’王曰：‘可知矣。’惠子曰：‘夫说者固以其所知谕其所不知而使人知之。今王曰无譬，则不可矣。’王曰：‘善。’”[①]

孟子和荀子还分别揭示了“譬”的认识论基础，在他们看来，由于人类的感觉器官是相同的，所以同类的事物可以形成同样的表象，又由于人们的思维器官是相同的，所以同类事物可以形成同样的认识。有了这样一个认识论的基础，人们才可以“以情度情，以类度类”[②]，才可以用“譬”这种论辩方式晓喻他人。

二、“譬”与传统逻辑中的几种推理形式

关于“譬”这种论辩方式，在学术界存在两种比较流行的观点：一种观点认为“譬”是（或相当于）传统逻辑中的类比推理[③]。第二种观点认为“譬”是一种“演绎推理”，其步骤是先运用典型归纳法，再运用演绎法[④]。我个人认为这两种观点都有值得商榷的地方。

（一）“譬”与类比推理

传统逻辑中的类比推理是：根据两个（或两类）对象在一系列属性上是相同（或相似）的，而且已知其中一个对象还具有其他特定属性，由此推出另一个对象也具有同样的其他特定属性的结论。我认为“譬”与类比推理至少有以下两点区别：第一，在传统逻辑的类比推理中，结论是或然的，结论的真实性有待实践的检验。在“譬”式推论中，结论对于说者来说是已知的，在说者看来结论是必然的。例如在第一部分的例子中，“来者可知”这个结论在墨子看来就是必然的。第二，传统逻辑中的类比推理首先是科学发现的方法，其次才是一种说明的方法。也就是说“类比推理”的主

① 中国逻辑史研究会资料编选组：《中国逻辑史资料选（先秦卷）》，甘肃人民出版社，1985年，第70页。

② 中国逻辑史研究会资料编选组：《中国逻辑史资料选（先秦卷）》，甘肃人民出版社，1985年，第259页。

③ 参见温公颐主编：《中国逻辑史教程》，上海人民出版社，1988年，第17页。

④ 参见周云之：《墨经校注·今译·研究——墨经逻辑学》，甘肃人民出版社，1993年，第332页。

要作用是提出科学假说，为人们探索未知领域提供线索。科学技术史上的许多重大发现和创造发明都与类比推理息息相关。名辩学中的“譬”则没有这种功能，它仅仅是一种论辩方式，是一种表达技巧，它的主要目的是为了说服对方，让对方赞同或接受自己的观点。

（二）“譬”与演绎推理

有的学者根据“譬”的结论是必然的，而认为“譬”是一种演绎类推。其步骤是：先运用（典型）归纳法，再运用演绎法。我认为这种看法有点以偏概全。通过考察，我们可以知道先秦诸子运用的“譬”式推论，至少有以下三种情形：

（1）通过一个或多个形象事例说明一个观点。这是“譬”式推论中最常见的一种类型，例如《墨子·非命上》：“子墨子曰：‘言必立仪。言而毋仪，譬犹运钧之上而立朝夕者也。是非利害之辨，不可得而明知也。’”墨子这里就是用旋转的陶轮上不能分辨东西来说明如果没有一个标准也不能判别言的是非好坏，以此来说明“言必立仪”的观点。显然这个“譬”式推论并没有归纳或演绎的因素。

（2）通过一个事物来说明另一个事物。例如惠施用“弓之状”说明“弹之状”，这个“譬”式推论既没有归纳的因素也没有演绎的因素。

（3）通过一种行为来说明另一种行为。例如，《墨子·公孟》：“子墨子曰：‘执无鬼而学祭礼，是犹无客而学客礼也，是犹无鱼而为鱼罟也。’”这里墨子用“无客而学客礼”“无鱼而为鱼罟”来说明“执无鬼而学祭礼”这种行为是非常荒谬可笑的。显然这个“譬”式推论也没有归纳或演绎的因素。

当然，我们并不否认有些“譬”式推论中的确有归纳和演绎的思想，例如，《吕氏春秋·爱类》篇记载：“惠子曰：‘今有人于此，欲必击其爱子之头，石可以代之。……取代之。子头所重也，石所轻也。击其所轻以免其所重，岂不可哉！……今可以王齐王，而寿黔首之命，免民之死，是以石代爱子头也，何为不为？’”由“以石代爱子之头”归纳出“击其所轻以免其所重”这个一般性的道理，再推出“尊齐王为王从而免除百姓之死”是“以石代爱子头也”。也就是说，“王齐王而寿黔首之命”这种行为也是“击其所轻以免其所重”，所以是应该这样做的。这其中含有归纳和演绎的因素。但请不要忘记，这是我们今天的分析和引申，原文中是用“以石代爱子头”来譬喻“王齐王而寿黔首之命”。

我们不能因为在先秦诸子著作中有少量这样的例子，就证明“譬”式推论是一种先归纳后演绎的演绎类推。“譬”式推论并非都遵循先归纳后演绎这个范式。先秦诸子当时在理论上也没有认识到“譬”式推论要遵循这个范式，他们仅仅认识到“譬”是“以其所知谕其所不知，而使人知之”，是“举他物而以明之”。就是用对方所知道的譬喻对方所不知道的，从而使对方明白他原来不知道的东西。因此无论从理论上，还是从实践上都不能说“譬”就是演绎类推。

说“譬”是演绎类推的学者，另一层意思就是要为“譬”的结论是必然的提供理论上的支持。也就是要说结论的必然性是由推理的形式作保证的。而我个人认为，“譬”的结论的必然性并非由推理的形式作保证，而是靠说者的信念支持的。因为“譬”的结论就是说者自己所持的观点，他在信念上认为这个结论是必然无疑的，他使用“譬”式推论的目的就是要让对方相信这个结论是必然的。

三、“譬”与因明中的五支作法与三支作法

中国古代的名辩学和印度的因明学都是在论辩中发展起来的，都是论辩经验的总结，论辩重在悟他，即让对方接受自己的观点。周谷城先生说：“因明的目的在于悟他，在于使对方懂得立论者所讲的道理……用宗、因、喻等所组成的形式，说服听者，使听者相信立论者的主张或论点。”[1] 由此可以看出，“譬”与因明在目的与功能上是相同的。

我们先看看古因明的五支作法：

五支作法：
- 宗…声是无常
- 因…所作性故
- 喻…譬如瓶等
- 合…瓶是所作，瓶是无常，声亦所作，声应无常
- 结…是故得知，声是无常

再看看新因明的三支作法：

三支作法：
- 宗…声是无常
- 因…所作性故
- 喻…
  - （喻体）若是所作，见彼无常…
  - （喻依）譬如瓶等

由前例可以看出，古因明五支作法中的“喻”支列举一个与“宗”类似的事例，“合”支是一个譬喻推论。无著在《阿毗达摩集论》卷七中说：“立喻者，谓以所见边与未所见边和合正说。”如以瓶喻声，瓶是所见边，声是未所见边。从瓶有所作性因而是无常的，

① 刘培育编：《因明研究——佛家逻辑》，吉林教育出版社，1994年，第47页。

推知声有所作性因而必定也是无常的。名辩学中的“譬式推论”与古因明的“五支作法”在精神实质上是一致的，不同的仅是“五支作法”更程式化一些，而“譬式推论”更灵活一些。

新因明的三支作法对古因明的五支作法进行了重要改造，一是删去了“合”“结”二支，二是在“喻”支中增设了喻体。不要小看这点小小的改动，它在因明发展史上是一个重大进步。它使过去仅有“譬喻”性质的推论具有了归纳与演绎的性质，从喻依到喻体是典型归纳，从喻体到宗是演绎。我国古代名辩学中的“譬”式推论却始终没有走出这重要的一步。

尽管“譬”式推论不是演绎类推，但它仍是一种很有效的论辩方式，直到今天仍没有失去其魅力，人们在说话写文章时仍然经常运用这种论辩方式。

（原载《因明》第三辑，甘肃民族出版社，2009 年 12 月）

强化逻辑思维训练　培养学生创新能力

——逻辑学课程教学改革随想

大学的逻辑学课程教学到底是以向学生传授逻辑学的知识为主还是以培养学生的逻辑思维能力为主？这是逻辑学课程改革的一个关键问题。我们认为大学逻辑学课程教学要以培养和提高学生的逻辑思维能力为主。

一、良好的逻辑思维能力是创新型人才必须具备的品质

创新型人才指富于开拓性、具有创造能力、能开创新局面、对社会发展作出创造性贡献的人才。通常表现出灵活、开放、好奇的个性，具有精力充沛、坚持不懈、注意力集中、想象力丰富以及富于冒险精神等特征。创新型人才一般表现为：（1）有很强的好奇心和求知欲望；（2）有很强的自我学习与探索的能力；（3）在某一领域或某一方面拥有广博而扎实的知识，有较高的专业水平；（4）不拘泥于已有的知识、方法，能够不断创造新方法、新知识，不断解决新问题。创新型人才具有强烈的创造意识和创造激情，富于怀疑性、批评性以及追根问底的求索精神，并且有知识创新和技术创新的能力，能在经济、军事、文化、科技等领域不断有新发明、新发现、新创意、新开拓。他们决不人云亦云、亦步亦趋，不以仿效、复制为满足，而是充满探索欲、求知欲、进取欲，敢于独立思考，勇于向权威挑战，有着永不停息的求新求变的勇气和锲而不舍、不畏艰险的意志和毅力。

良好的逻辑思维能力是创新型人才必须具备的思维品质。逻辑思维能力是指正确、合理思考的能力。具体地说包括对事物进行观察、比较、分析、综合、抽象、概括、判断、推理的能力，以及采用科学的逻辑方法准确而有条理地表达自己思维过程的能力。其中，根据已有的知识推出新知的能力（即推理能力）是逻辑思维能力的核心。爱因斯坦曾说：“推理的这种可赞叹的胜利，使人类理智获得了为取得以后的成就所

必需的信心。”[①] 有学者也提出：“分析和概括能力是抽象思维能力和逻辑推理能力的基础，如果这方面的能力匮乏，抽象思维的理解能力和逻辑推理能力就相当有限甚至很成问题，需要建立在具有充分的理解能力和推理能力基础上的比较、选择、评论、判定等批判性思维能力也就谈不上了。假如说创造性思维能力可以培养，那也必须从培养充分的理解能力做起。缺乏对理论和思想的理解能力，不能很好地继承已有的知识；缺乏批判性思维能力，不能突破已有的知识界限，创造性思维从何说起？”[②]

关于逻辑思维能力与创新型人才培养之间的关系，国外学者进行了广泛而深入的探讨。据有关文献记载，联合国教科文组织曾邀请全球500多位教育家，请他们列出自己心目中最重要的教育目标，结果在16项教育目标中，“发展学生的逻辑思维能力”居第2位。20世纪70年代，哈佛大学进行了一次教改，规定不论文科理科的学生都必须把培养逻辑思维能力放在首位。科学离不开创新，而创新离不开逻辑思维。爱因斯坦认为，科学家的目的是要得到关于自然界的一个逻辑上前后一贯的摹写。逻辑之对于他，有如比例和透视规律之对于画家一样。1953年他在致斯威策（Switzer）的信中谈到科学发展的基础时指出：“西方科学的发展是以两个伟大的成就为基础，那就是：希腊哲学家发明的形式逻辑体系（在欧几里得几何学中），以及通过系统的实验发现有可能找出因果关系（在文艺复兴时期）。”[③] 耶鲁大学前任校长理查德·莱文认为，在当今世界，大学生必须要有批判性的思考、创新的能力，要培养他们的好奇心，严密的逻辑思维和独立思考、解决实际问题的能力。总体而言，国外学者对逻辑思维与创新型人才培养之间的关系已经有了充分的认识，并且已经贯彻到了他们的教育体系之中，形成了一种文化传统。

二、培养学生的逻辑思维能力是学校教育的本质决定的

学校教育的本质就是要培养创新型人才，《国家中长期教育改革和发展规划纲要（2010—2020年）》明确指出：培养创新型人才要“坚持能力为重，优化知识结构，丰富社会实践，强化能力培养。着力提高学生的学习能力、实践能力、创新能力。教育学生学会知识技能，学会动手动脑，学会生存生活，学会做事做人，促进学生主动适应社会，开创美好未来”[④]。我们要“探索贯穿各级各类教育的创新人才培养途径；

---

① 许良英等编译：《爱因斯坦文集》第1卷，商务印书馆，1976年，第313页。

② 谷振诣：《论文科高校的逻辑教学与思维素质培养》，《中国青年政治学院学报》2002年第2期。

③ 许良英等编译：《爱因斯坦文集》第1卷，商务印书馆，1976年，第574页。

④《国家中长期教育改革和发展规划纲要（2010—2020年）》，中国法制出版社，2010年，第8页。

鼓励高等学校联合培养拔尖创新人才；支持有条件的高中与大学、科研院所合作开展创新人才培养研究和试验，建立创新人才培养基地”①。

学校作为培养创新型人才的基地，应义不容辞地肩负起社会与时代赋予的重任。众所周知，创新人才必须要具有创新思维，学校要培养创新型人才，必须在学生创新思维的培养上狠下功夫。创新思维包括逻辑思维和形象思维（直觉、顿悟、灵感等），其中逻辑思维是创新思维的基础，是创新性思维不可或缺的组成部分，逻辑思维训练是培养创新型人才的有效途径。钱伟长先生曾指出：“更关键的是逻辑思维，有了这个习惯以后，就有一个很好的学习方法，它会带你走向无数个成功。”温家宝总理也深有体会地说：“我上学时最大的收获在于逻辑思维训练，至今受益不浅。”②

国外学校教育的经验也充分证明了这一点，欧美各国都非常重视逻辑思维能力在创新型人才培养方面的作用。以美国为例，逻辑思维训练贯彻着整个学校教育的始终，从幼儿园、小学一直到大学教育的各个阶段，甚至伴随着国民的整个人生。在幼儿园，他们鼓励孩子在各种活动中自由发挥，自由创造。教师在各种游戏中通过对幼儿进行有关计划和反思方面的训练，来有效提高幼儿的逻辑思维能力。美国的小学，教师不是让学生死记硬背一些东西，而是侧重于告诉学生怎样去思考问题，教给学生面对陌生领域寻找答案的方法。学校也会组织一些辩论赛。通过课堂教学及其他多种形式，来提高学生的语言能力、思辨能力和推理论证能力。到了中学，教师注重对学生批判性思维能力的培养，鼓励学生质疑一切。老师常在课堂上提出问题，然后指导学生自己去查阅资料（书本或网络），从而得出自己的答案。老师对提出的问题也没有现成且固定的答案，他们让学生充分发挥其想象力，并提出自己的创见。美国高中也开设一些研究型课程，这些课程注重对学生发现问题、分析问题、解决问题以及批判性思维能力的培养。在美国的大学里，都开设了《批判性思维》和《逻辑学导论》这些专门训练学生逻辑思维能力的课程。甚至在很多院校，《数理逻辑》都是文科专业学生的必修课。此外，在整个大学教育中，各专业通过多种多样的方式，如写调查报告、写研究性论文，举行辩论赛、创业大赛等来训练和提高大学生的逻辑思维能力和创新能力。

总体来看，现在世界上很多国家都越来越认识到提高国民的逻辑思维素质与培养创新型人才之间的密切关系。像美国、英国、德国等西方发达国家也越来越重视在学校教育的各个阶段对学生逻辑思维能力的训练与培养。

---

①《国家中长期教育改革和发展规划纲要（2010—2020年）》，中国法制出版社，2010年，第49页。

② 刘叶涛等：《“钱学森之问”的逻辑省思》，《人文杂志》2013年第6期，第13页。

三、强化逻辑思维训练，培养大学生的创新能力

大学教育的本质是要培养创新型人才，创新型人才必须要具有较强的逻辑思维能力，所以在培养创新型人才的过程中，大学的逻辑学课程肩负着重要的责任。大学逻辑学课程教学要以培养和提高学生的逻辑思维能力为己任，为创新型人才的培养贡献力量。大学逻辑学课程教学要担负起培养创新型人才的重任，就要改革原来的教学方法和教学内容。改变过去那种老师讲、学生听为主要形式的灌输式的教学方法，代之以让学生参与讨论、探究式的教学方法；改变过去那种以传授逻辑知识为主要内容的教学，代之以强化学生逻辑思维能力训练为主要内容的教学。

参与、探究式的教学方法和逻辑思维能力的训练符合我国中长期教育发展规划的要求，《国家中长期教育改革和发展规划纲要（2010—2020 年）》明确指出："注重学思结合。倡导启发式、探究式、讨论式、参与式教学，帮助学生学会学习。激发学生的好奇心，培养学生的兴趣爱好，营造独立思考、自由探索、勇于创新的良好环境。"①

参与、探究式的教学方法和逻辑思维能力的训练也符合逻辑学的古老传统。我们回想一下逻辑学产生的原生态环境。两千多年前，在古希腊的雅典城邦论辩之风盛行，逻辑学就产生于这片论辩的沃土中。苏格拉底（Socrates，公元前 469—前 399 年）是古希腊著名的哲学家，也是当时雅典无人不晓的雄辩家。他把自己教育青年的方法称为"助产术"（很像我们现在所说的"启发式"），具体步骤是：首先提出一个问题，让对方给出对某一事物的最初看法；接着引入一些事例，使对方陷入矛盾，从而暴露对方最初的看法不恰当，这时，对方只得放弃自己原来的看法而赞同苏格拉底的看法；如此下去，直到最后取得论辩的胜利，让对方接受自己（苏格拉底）的观点。苏格拉底认为，这种"助产术"可以启发、诱导、帮助青年人获得对事物的正确认识，因而每个人都应该掌握这种艺术。凭借它的帮助，就可以成为最有才干的，在对话中见解最深刻的人。

亚里士多德（Aristotle，公元前 384—前 322 年），世称逻辑学之父，也是古希腊著名的哲学家。他的《论辩篇》就是对论辩方法进行考察、总结的产物。"是一本公认的指导人们从事公开论战的指南。特别是最后一章（第八章）给参加这种论战的提问者和答复者指明了方向。"② 在《论辩篇》开篇，亚里士多德就明确指出："这篇论文是想寻找出一种探索方法，使我们能够就所遇到的每一问题，对被普遍接受的意见进行推论，而且当我们自己要对付某一论证时，避免说出一些不利于自己的话""掌

---

①《国家中长期教育改革和发展规划纲要（2010—2020 年）》，中国法制出版社，2010 年，第 25 页。

② 威廉·涅尔、玛莎·涅尔：《逻辑学的发展》，张家龙、洪汉鼎译，商务印书馆，1985 年，第 45 页。

握论辩的推理方法”“这就是我们这篇论文要求达到的目的”。事实上，亚里士多德在《论辩篇》里所论述的就是对对话行为给予一般意义的战术上的提示。在《形而上学》中，他认为，在辩论中，人们必须遵守不矛盾原则和同一原则，否则，辩论就无法进行。亚里士多德在《修辞学》一书中，也探讨了辩论问题。亚里士多德是古希腊论辩思想发展的集大成者。

参与、探究式的教学方法和逻辑思维能力的训练既符合我国中长期教育发展规划的要求，也符合逻辑学的古老传统。那么在教学过程中怎么运用这种新的教学方法，如何强化逻辑思维训练这一内容呢？我们认为可以从以下三个方面着手：

1. 以典型的论文或精彩的演讲稿为范文，让学生分析归纳文章的观点和作者的论证方法和说理技巧，从学习名家名篇中的逻辑思维方法和论证、说理技巧的过程中获得启示。

2.结合大学生自己写的学年论文和学位论文，让学生自己谈论文的观点及自己对观点的论证过程，请其他同学进行评论，老师最后再进行点评，使学生在写作实践中获得强化逻辑思维的训练。

3. 组织演讲会和大学生辩论赛。一人演讲，大家评论，然后老师点评。或者把一个班的学生分成若干个小组开展辩论赛，让学生从辩论实践中强化逻辑思维训练。逻辑学的知识是从辩论实践中总结归纳出来的，要让学生学到活的逻辑学知识，就要回到辩论实践活动中去。只有在实际的辩论过程中，才能让学生体会到逻辑学的真谛，才能受到逻辑思维的训练。

逻辑学课程教学改革也要求我们教师自身要有创新意识、创新精神以及创新的行动和实践。在学生无惑时引惑，在有惑时一道探惑、释惑，促使学生的认知水平不断达到一个新的高度，这是创新人才培养对教师提出的新的要求。通过师生间教学互动、思想交流、情感沟通、人格碰撞，将教师的专业知识、人生经验、科学思维方法、创新人格传授给学生。引导学生更有目的、更自觉地发现问题并提出解决问题的方法，激活学生的创造性潜能和创新的主动性，增强他们对新知识的渴望和敏感性。

为了实现《国家中长期教育改革和发展规划纲要（2010—2020 年）》提出的培养创新型人才的教育目标，迫切需要对逻辑思维训练与创新型人才培养之间的关系进行深入的研究和探讨，需要构建符合我国国情的逻辑思维训练与创新型人才培养体系。对此，我们逻辑学工作者责无旁贷。

（原载《荆楚学术论丛》第一辑，长江出版社（湖大书局），2014 年 5 月；与黄文红女士合著）

地方普通本科高校逻辑学课程体系建设的思考

——以湖北大学为例

由于多方面的原因，中国大陆的部属高校和地方高校具有显著的区别。由于财力投入的差别很大，师资水平、生源质量都有很大差别。这些差别必然会导致在课程体系建设方面有不同的要求，在课程体系建设过程中遇到的困惑也不完全相同。

一、湖北大学逻辑学课程的回顾

1977 年恢复高考，1978 年春天第一批通过高考录取的大学生进校了，我就是当年被录取到武汉师范学院（湖北大学的前身）中文专业的一名学生。我记得当时在武汉师范学院有两个专业开设了逻辑课，一个是中文专业，另一个是政教专业，课程名称是“逻辑学基础知识”，由李先焜先生给我们授课。大学二年级下学期，学校办了一个逻辑学兴趣班，中文和政教各有 10 多位同学（共计 20 多位）参加了这个兴趣班。李老师用他翻译的卢卡西维茨的《亚里士多德的三段论》做教材。

1982 年 1 月我大学毕业后留校任教，当时和我一同留校的还有数学专业的一个毕业生（杨珊），李老师希望她将来给本科生讲数理逻辑。但没过两年，杨珊就随她父母一起到美国定居了。后来又从牡丹江师范学院调来了蒋春堂老师，这样在二十世纪八九十年代主要是我们三位老师给本科生讲授“普通逻辑学”，“数理逻辑”在本科生中一直都没有开设。当时湖北大学“中文”“政教”“英语”“行政管理”“教育管理”等专业开设了“普通逻辑课”。直到 2002 年，湖北大学才开办哲学本科专业，2002 年 7 月，武汉大学桂起权教授培养的博士宋伟到湖北大学哲学学院工作，2012 年南京大学张建军教授培养的博士李莉到湖北大学哲学学院工作。湖北大学的逻辑学教学团队的核心成员大多数情况下是 2 至 3 人，目前又增加了一些新成员：王振（北京师范大学江怡教授的博士）、徐弢（南开大学李国山教授的博士）。宋伟和李莉的逻辑学课都讲得很好，非常受学生欢迎。《中国教育报》曾以“课堂板书里的‘工匠精神’”

为题报道过宋伟老师讲授的数理逻辑课程。[①]

2003 年我们才开始在哲学专业开设“数理逻辑”。从那时开始我们湖北大学逻辑教研室才考虑到逻辑学课程体系建设问题。通过三年建设也取得了一些成绩，2006 年湖北大学的“逻辑学”课程获“湖北省精品课程”荣誉称号，这是湖北大学哲学专业的第一门省级精品课程。

二、逻辑学课程体系建设的指导思想

我们认为大学本科逻辑学课程就是要培养大学生的逻辑思维能力。“逻辑思维能力是指正确、合理思考的能力。具体地说包括对事物进行观察、比较、分析、综合、抽象、概括、判断、推理的能力，以及采用科学的逻辑方法准确而有条理地表达自己思维过程的能力。”[②] 比较、分析和判断当然包括了对事物的反思和批判的能力，所以批判性思维的训练是逻辑学课程体系中应有内容。关于批判性思维的特点国外学者有很多精辟论述，美国批判性思维运动的开拓者罗伯特·恩尼斯教授指出，批判性思维是一种合理的、反思性思维。他认为，在批判性思维能力中，如下 12 项能力是必须要具备的，即“（1）问题的判定，（2）论证的分析，（3）概念的澄清，（4）证据来源的判别，（5）观察报告的判断，（6）演绎推理及其评估，（7）归纳推理：a）构造和评估归纳推理；b）构造和评估解释性假说（最佳解释推理），（8）价值判断的构造和评估，（9）词义的定义和评估，（10）辨别在意义和推理中的隐含假设，（11）作出和自己立场观点不同的假设推理，（12）结合批判性习性和技能来作出决定和对此论证”[③]。曾任哈佛大学校长 20 年的德雷克·博克博士也认为：“批判性思维能力——提出相关问题、认识并定义问题、分辨各方观点、寻找并使用相关证据、最终作出严谨合理的判断——是有效利用信息和知识的不可或缺的手段，批判性思维既可以服务于实用性目的，也可以是纯思维性的。”[④] 显然，这种能力是当代大学生必须具备的一种能力，也是当代

①《课堂板书里的“工匠精神”》，《中国教育报》2018 年 1 月 8 日 第 8 版。

② 冯艳：《论当代美国大学的逻辑思维教育体系》，《湖北大学学报（哲学社会科学版）》2018 年第 5 期，第 57 页。

③ 董毓：《我们应该教一个什么样的批判性思维课程》，《批判性思维与创新教育通讯》2014 年第 15 期，第 6—7 页。

④ 德雷克·博克：《回归大学之道：对美国大学本科教育的反思与展望》，侯定凯等译，华东师范大学出版社，2012 年，第 75 页。

大学生必须具备的一种素质。博克指出："提高学生的清晰思维和批判性思维能力"①是大学的一个基本目标。"围绕大学课程问题有许多争议，但几乎所有教师都认同：培养学生的批判性思维能力是本科教育的重要目标。"②

三、湖北大学逻辑学课程体系的构成

根据上面我们谈到的逻辑学课程建设的指导思想，湖北大学逻辑学课程体系由三门课程组成：批判性思维、逻辑学导论、数理逻辑。

"批判性思维"课程是全校公选课，每周2学时，共计32学时。讲授的主要内容有：第一章，批判性思维的界定；第二章，理性：批判性思维的基础与旨归；第三章，通过批判性思维的训练形成良好的思维习惯；第四章，理解与陈述；第五章，论据与评估；第六章，反思与解释；第七章，修正与建构；第八章，批判性写作：组织和表达论证。

"逻辑学导论"课程是在哲学、公共管理学、汉语言文学、法学等专业开设的专业基础课。每周3学时，共48学时。讲授的主要内容有：第一章，中西逻辑学简史；第二章，逻辑和语言；第三章，命题逻辑；第四章，词项逻辑；第五章，归纳逻辑；第六章，论证与反驳；第七章，逻辑谬误。

"数理逻辑"课程是哲学专业的一门专业课，仅在哲学专业开设。每周3学时，共计48学时。讲授的主要内容有：第一章，导论；第二章，命题演算；第三章，谓词演算。

四、逻辑学课程体系建设过程中的困惑

在课程体系建设过程中，我们遇到过一些困惑。具体表现在如下三个方面。

1. "逻辑学导论"课程和"批判性思维"课程之间的关系如何处理？

"批判性思维"是全校的公选课，"逻辑学导论"是部分专业的基础课。也就是说，在选修"批判性思维"这门课程的学生中有一部分没有学习过"逻辑学导论"这门课程，这样他们就没有一定的逻辑学知识，对一部分学生来说，学习"批判性思维"课程就有困难。这些困难在部属高校中可能不存在，因为生源质量不同，部属高校（特别是双一流高校）每年录取新生的分数比地方高校要高出很多，当然这些学生的思维品质

---

① 德雷克·博克：《回归大学之道：对美国大学本科教育的反思与展望》，侯定凯等译，华东师范大学出版社，2012年，第46页。

② 德雷克·博克：《回归大学之道：对美国大学本科教育的反思与展望》，侯定凯等译，华东师范大学出版社，2012年，第75页。

和地方高校的学生就不一样。在部属高校学生中讲授“批判性思维”，他们都能听懂，但在地方高校中就是有一部分学生听不懂。如果增补一些逻辑学基础知识的内容的话，又受到课时的限制。

2.“逻辑学导论”课程和“数理逻辑”课程之间如何对接?

在我们哲学本科专业，既开设了“逻辑学导论”课程，又开设了“数理逻辑”课程，这两门课程之间的知识点如何对接?这里面又有两个方面的问题，第一是如何避免重复?比如说“逻辑学导论”讲了命题逻辑和词项逻辑，“数理逻辑”课程又要讲命题演算和谓词演算，其中有些知识是重复的。第二是怎样由“逻辑学导论”自然过渡到“数理逻辑”?也就是说在我们哲学专业的学生中，虽然他们都学过“逻辑学导论”，但仍有部分学生感觉学习“数理逻辑”很困难，对公理系统掌握不好（由于生源质量不同，这种困难在部属高校的学生中也可能不存在）。

3. 如何巩固“批判性思维”这门课程的“公选”地位?

“批判性思维”这门公选课受到其他课程的挤压，导致选课的学生不多。现在大学生的公共政治课开设得较多，而且都是必修课，再加上专业课，学生的课业负担很重。这就导致了选修“批判性思维”这门课程的学生不多。比如我们湖北大学每年仅有100多名学生选修了这门课程（我们每一年的招生人数是5000多人），这些学生大多是湖北大学特色班的学生（如“湖北大学楚才学院”的学生）。

五、建议

根据以上情况，我提四点不成熟的建议。

1. 建议教育部高等教育司把“逻辑学导论”课程作为高校本科生的公共必修课。像“中国特色社会主义理论”和“大学生思想品德修养”等课程一样，这门课程也关乎着国民最基本的素质——思维素质。

逻辑素养是其他国民素质的基础，要培养高素质的国民，就必须要加强逻辑素质的训练。好的逻辑修养，让人富有理性，遇到事情时可以独立思考，使人具有真知灼见。美国著名心理学家霍华德·加德纳（Howard Gardner）曾提出过多元智能理论，他认为每个人都拥有多元智能，这些智能包括“音乐、身体运动、数学逻辑、语言、空间、人际、自我认识、自然观察者智能……”[①] 而在这些多元智能中，逻辑智能是最基本的智能，其他智能都要通过逻辑智能才能得到顺利的发展。

---

① 霍华德·加德纳：《多元智能理论二十年——在美国教育研究协会上的演讲》，沈致隆译，《人民教育》2003年第17期，第10页。

因此，逻辑思维的训练对多元智能的发展与未来成就都是很重要的。说话时有条理地表达想法，是逻辑在语言智能上的表现；研究事物时能观察入微，是逻辑在博物学家智能上的表现；遇到事情时能够自我省察，是逻辑在自我认知智能上的表现；运动时能够活用肢体，是逻辑在身体运动智能上的表现；欣赏音乐、念唱韵文时能展现敏锐的节奏感，是逻辑在音乐智能上的表现；绘画时能用色彩和线条展现创意与空间感，是逻辑在空间智能上的表现；与人相处时能察言观色，则是逻辑在人际智能上的表现。总之，人的每一种智能只有通过逻辑思维的训练才能得到更好的发展。

从逻辑学课程体系建设内部来说，如果把“逻辑学导论”作为公共必修课，上面提到的第一个困惑也就迎刃而解了。学生们可以在修完“逻辑学导论”这门必修课后再选修“批判性思维”课程。

2. 建议再创办 1 至 2 个“逻辑学研究的专业期刊”，为逻辑学专业的师生们提供更多更好的发表科研成果的园地。与哲学其他几个二级学科相比，逻辑学科的专业刊物太少。我们看看中国哲学学科有多少专业期刊：《中国哲学史》《孔子研究》《周易研究》《孔学堂》《船山学刊》等等。外国哲学、马克思主义哲学等学科的专业期刊就更多了，我就不一一列举了，而目前我国逻辑学的专业期刊只有《逻辑学研究》一种，这种情况非常不利于逻辑学学科的人才培养。

3. 建议各高校（特别是双一流高校）积极推荐和培养高层次人才（如长江学者）。与哲学其他二级学科相比，逻辑学学科的高层次人才太少了，目前只有一个长江学者（清华大学的刘奋荣）和一个青年长江学者（中山大学的熊卫），其他学科随便就可以举出 5 至 6 个长江学者。

4. 建议成立“中国高校逻辑学课程教学联盟”。通过这个联盟，一方面指导全国高校的逻辑学课程教学，另一方面积极向教育部高等教育司提建议，采取得力措施，强化全民的逻辑素质的培养，提高中华民族的整体素质，实现中华民族的伟大复兴！

以上是我个人的一些不成熟的想法，欢迎大家批评。

（原载《逻辑学研究》2018 年冬季号特刊）

符号学研究

符号和符号学简述

一、符号

（一）什么是符号

“符号”（sign）[①] 这个词早在古希腊时期就开始使用，当时符号的含义是征兆。公元前 5—前 4 世纪，古希腊医学家希波克拉底（Hippocrates）把病人的“症候”看作符号，后世称其为“符号学之父”。公元 2 世纪，古罗马医生、哲学家盖伦（C. Galen）写了一本症候学的书，名为“Semiotics”，即今天我们所说的“符号学”。中世纪的基督教思想家奥古斯丁（A. Augustine）首先对符号作了界定：“符号是这样一种东西，它使我们想到在这个东西加诸感觉印象之外的某种东西。”[②] 意思是说，符号是代表某一事物的另一事物，它既是物质对象，也是心理效果。奥古斯丁的符号观，直接影响了现代符号学的两位奠基人——索绪尔和皮尔斯的符号学思想。

中国古代虽然没有符号学这门学科，但是在许多文献中已经包含了丰富的符号学思想。与希腊语（sign）一样，古代汉语中的“符”也有“征兆”的含义。所谓“符瑞”，就是指吉祥的征兆；“符节”和“符契”都是作为信物的符号；“符箓”为道教的神秘符号。在古籍《尚书》的注释中有：“言者意之声；书者言之记。”[③] 它清楚地说明了语言是表达意义的符号，文字是记录语言的符号。这和古希腊哲学家亚里士多德所说的“口语是心灵的经验的符号，书面语言是口语的符号”[④] 是完全一致的。

直到 20 世纪初，瑞士语言学家索绪尔（F. D. Saussure，1857—1913 年）把语言符号解释为能指和所指的结合体时，“符号”一词才有了比较确定的含义，人们对于“符

---

① 英语 sign 一词，有学者译为“记号”或“指号”，本文按通行的用法译为“符号”。

② 转引自俞建章、叶舒宪：《符号：语言与艺术》，上海人民出版社，1988 年，第 12 页。

③ 阮元校刻：《十三经注疏》，中华书局，1980 年，第 113 页。

④ 亚里士多德：《工具论》，李匡武译，广东人民出版社，1984 年，第 55 页。

号”的理解逐渐趋于一致。

在索绪尔看来，符号不是别的，而是能指和所指的二元关系。在《普通语言学教程》一书中，索绪尔所说的“能指”（signifier），指的是语言符号的“音响形象”，“所指”（signified）是它所表达的概念。索绪尔把它们比作一张纸，思想（概念）是纸的正面，声音是纸的反面，它们永远处在不可分离的统一体中。他还认为，这是语言符号两个最为重要的特征。索绪尔说：“我们建议保留用‘符号’这个词表示整体，用所指和能指分别代替‘概念’和‘音响形象’。后两个术语的好处是既能表明它们彼此间的对立，又能表明它们和它们所从属的整体间的对立。至于‘符号’，如果我们认为可以满意，那是因为我们不知道该用什么去代替，日常用语没有提出任何别的术语。”①

索绪尔关于符号的二元关系理论，很快得到学术界的公认，因而也就澄清了数千年来对于“符号”一词的混乱解释。其实，符号就是一种关系。索绪尔所说的“能指”是指符号形式，亦即符号的形体；“所指”是指符号内容，也就是符号能指所传达的思想感情，或曰“意义”。符号就是能指和所指，亦即形式和内容之间的二元关系。

在索绪尔提出符号二元关系理论的同时，美国哲学家皮尔斯（C. S. Peirce，1839—1934 年）提出了符号的三元关系理论。皮尔斯把符号看作符号形体（representamen）、符号对象（object）和符号解释（interpretant）之间的三元关系。他说：“对于符号，我的意思是指任何一个真实的或塑造的东西，它可以具有一种感性的形式，可以应用于它本身之外的另一个已知的东西，并可以用另一个我称之为‘解释者’的符号去加以解释，以传达在此之前还不知道的关于其对象的某种信息。这样在任何一个符号、对象与解释者之间就存在一个三元关系。”② 在皮尔斯看来，正是这种三元关系决定了符号过程（semiosis）的本质。

由于索绪尔和皮尔斯关于符号的定义是各自在不同的背景下提出来的，不可避免地存在一些差别。但是我们现在看来，它们彼此之间是有一定联系的。我们认为，索绪尔的“能指”相当于皮尔斯所说的“符号形体”，人们通常称之为“符形”；索绪尔所说的“所指”大体上相当于皮尔斯所说的“符号对象”和“符号解释”，人们通常称之为“意义”或“讯息”。索绪尔和皮尔斯关于符号的“二元关系”和“三元关系”学说，奠定了现代符号学坚实的理论基础，他们也因此成为现代符号学的两位公认的

---

① 索绪尔：《普通语言学教程》，高名凯译，商务印书馆，1980 年，第 102 页。

② Charles S. Peirce, *The Collected Papers of Charles S. Peirce*, Vol.8, Cambridge: Harvard University Press, 1958, p.343.

奠基人。

在皮尔斯之后的另一位著名的美国符号学家莫里斯（C. W. Morris，1901—1979 年）给符号下的定义是："如果某个东西 A，是用这样一个方式控制了向着某个目标的行为，而这种方式是类似于（但不必等同于）另一个事物 B 在它被观察到的那个情况下用于控制关于这个目标的行为的那种方式，那么，A 就是一个符号。"[①] 莫里斯有时也将符号称为"符号媒介物"（sign vehicle），莫里斯定义的一个特点就在于符号不仅与它所代表的对象以及心灵体现者的解释相联系，而且与解释者的行为相联系。

从上面几个定义可以看出，"符号"并不是一个孤零零的某种事物、某个现象，而是体现解释者的心灵与所对应的对象的一种关系。"符号"既是物质的，同时也是一种心灵的现象，它在人的认知和交际行为过程中产生。"符号是用甲表征乙事物，并且通过甲事物来传达关于乙事物的讯息。"[②]

（二）符号的分类

符号有多种分类，我们这里仅介绍最有价值的一种分类，即按照符号的能指与所指之间表征关系的不同把符号分为图像符号（iconic sign）、索引符号（indexical sign）和象征符号（symbolic sign）。

图像符号的能指和所指之间存在着肖似性（肖似度可高可低）的表征关系。也就是说图像符号的符形是用肖似的方式来表征对象的。例如一张地图、一幅照片、一个剪影和它所指对象之间就是一种肖似关系，地图、照片、剪影这类符号就是图像符号。

索引符号的能指和所指之间存在着因果性的表征关系。也就是说符号的符形是用因果性的方式表征所指对象的。例如："烟"表征"火"；"风标移动"表征"有风"；"敲门声"表征"有人在门外"；"皮疹"表征"感染"。"烟""风标移动""敲门声""皮疹"这类符号就是索引符号。

象征符号的能指和所指之间存在着约定性的表征关系。也就是说符号的符形是用约定性的方式表征所指对象的。例如："鸽子"象征"和平"；"天平"象征"正义"；"玫瑰花"象征"爱情"。"鸽子""天平""玫瑰花"这类符号就是象征符号。一般来说语言符号都是象征符号，因为语言符号的意义大多都是约定的。正如中国先秦时期的哲学家荀子所说："名无固宜，约之以命，约定俗成谓之宜，异

---

① 莫里斯：《指号、语言和行为》，罗兰、周易译，上海人民出版社，1989 年，第 9 页。

② 黄华新：《符号学导论》，河南人民出版社，2004 年，第 8 页。

于约则谓之不宜。”[①]

二、符号学

（一）有关符号学的界定

符号学（semiotics）是20世纪初发展起来的一门新兴学科。它是一门研究符号现象一般原理的学科。

20世纪初，索绪尔在瑞士日内瓦大学讲授普通语言学时，曾把符号学设想为“研究社会生活中符号生命的科学”。他说：“我们可以设想有一门研究社会生活中符号生命的科学；它将构成社会心理学的一部分，因而也是普通心理学的一部分；我们管它叫符号学（sémiologie，来自希腊语 sēmeîon‘符号’）。它将告诉我们符号是由什么构成的，受什么规律支配。因为这门科学还不存在，我们说不出它将会是什么样子，但是它有存在的权利，它的地位是预先确定了的。语言学不过是这门一般科学的一部分，将来符号学发现的规律也可以应用于语言学，所以后者将属于全部人文事实中一个非常确定的领域。”[②]

差不多同一时期，在大西洋彼岸的美国，皮尔斯也提出了关于符号学研究的设想。他说：“逻辑学，我认为我曾指出过，就其一般意义而论，只不过是符号学的另一种说法而已，符号学是关于符号的几乎是必然的和形式的学说。在把这门学科描述成‘几乎是必然的’或形式的学科的时候，我注意到，我们是尽了我们之所能来观察这些符号特征的，而且，根据这些观察，并借助于我愿称之为抽象活动的一种过程，我们已经到了可以对由科学才智使用的各类符号的特征进行十分必要的判断的时候了。”[③]

从这两段引文中不难看出，索绪尔的符号学设想着眼于符号的社会功能，看重它的心理因素；皮尔斯受到洛克的影响，着眼于符号的逻辑功能，看重符号的形式研究。然而他们设想的毕竟都是符号学，比如皮尔斯说的“符号特征”和索绪尔说的“符号构成及其规律”都是密切相关的。在今天，英语中的 semiology 和 semiotics 这两个词是同义的，它们指同一门科学——符号学。前者来自索绪尔曾使用的法语 sémiologie，欧洲大陆的人出于对索绪尔的尊敬，喜欢用这个词；后者来自皮尔斯，说英语的人喜欢

---

① 中国逻辑史研究会资料编选组：《中国逻辑史资料选（先秦卷）》，甘肃人民出版社，1985年，第274页。

② 索绪尔：《普通语言学教程》，高名凯译，商务印书馆，1980年，第38页。

③ Charles S. Peirce, *The Collected Papers of Charles S. Peirce*, Vol.8, Cambridge: Harvard University Press, 1958, p.227.

使用，则出于对皮尔斯的尊敬。当然，欧洲大陆和英美的符号学家们的符号学研究，在侧重点上还是有明显区别的。

除索绪尔和皮尔斯以外，还有一些符号学家（包括中国的和外国的），也曾有过关于符号学的设想，或者给出符号学的定义。例如：

符号学是研究符号的一般理论的科学。它研究符号的本质和发展变化的规律、符号的各种意义以及符号与人类活动之间的关系。

符号学研究那些作为一切符号结构基础的一般原则，研究各种符号的特殊性，以及使用这些符号的各种信息的特殊性。

符号学是研究意义的产生、传达和释义过程的学说。

符号学是研究意指作用的学科。

如此等等。

（二）符号学研究的主要内容

从符号学家们提示的符号学研究内容来看，以下两方面是符号学特别应当关注的。

1. 结构、系统和符号串

（1）结构

符号结构就是指符号的“二元关系”或“三元关系”，包括它们的表征和意指方式。符号的“二元”或“三元”关系，也就是符号区别于其他任何事物的特征所在。

符号结构有简单和复合之分。有的符号结构简单，例如选举，只须在候选人名单上打“○”表示赞成，打“×”表示反对，这“○”和“×”都是结构简单的符号。而有些符号的结构则比较复杂，例如一张国家地图是一个符号，但它却是由一些简单符号复合而成，如疆域符号、山脉符号、河流符号、铁路符号、公路符号、城镇符号等等。无论简单符号还是复合符号，它们都具有二元或三元的结构关系。

具有“二元”或“三元”结构的各种各样的符号，都有一个产生、流传和衰亡的过程。我们不妨把这一过程理解为符号的“生命”历程。在社会生活中，如果有人用某个事物来表征另一事物，同时赋予意义，就可以说一个符号产生了。这种给定符形和赋予意义的符号操作，就是把能指和所指结合成为符号的统一体，亦即“意指行为”。然而符号产生以后，并不意味着就有了生命的活力。符号的生命还在于社会的承认，也就是说，要由社会来“约定”这个符号的能指和所指。如果一个符号诞生后不能得到社会的约定，那是“夭亡”；如果在流传中不能得到社会的继续约定，那是由衰老而走向死亡。符号的社会约定性是符号的基本属性。

（2）系统

就符号学而言，符号结构固然重要，但更为重要的还是系统。符号必须组成系统才能产生意指作用。例如交通路口的信号灯之所以有意指作用，就是因为它们组成了系统。一个单独的红灯、绿灯或者黄灯，如果离开了交通信号系统，那是不可能指挥交通的。形形色色的符号都有各自的系统，例如语言符号系统、文字符号系统、礼仪符号系统、服饰符号系统、建筑符号系统等等。不同系统之间的转换，需要通过“翻译”。

系统是依靠编码建立起来的。我们说符号组成系统，实际上就是符号借助于编码组织起来。编码就是规则，就是使用者们之间的约定，符号的意指作用就建立在编码的基础之上。例如方块汉字，就是按照象形、指事、会意、形声等编码规则创造出来，并且组织成庞大的汉字符号系统，直到今天依然极好地发挥它的意指作用。

（3）符号串

系统中的符号是个集合，而符号集合通常是按照一定顺序组成的。这样的有序集叫做“符号串”，也称为“符号链”。例如篮球判罚，就是由裁判员的哨声和一系列的手势动作组成的一个符号有序集，也就是符号串。一个按笔画顺序排列的名单是符号串；一个语句、一篇文章乃至一本著作，都是符号串。

一个符号串的意义，不等于各个元素符号意义的机械相加。几个元素符号相同的符号串，由于排列顺序不同，符号串的意义可能大不相同。例如符号串“不得了”，表示情况严重，没法儿收拾；“了不得”的意思是“大大超过寻常”；而“不了得”则是“不怎么样”或者“没什么了不起”；还有“得不了”，是指“不可能得到”。虽然它们的元素符号相同。

符号串的排列有“时间句法”和“空间句法”之分。例如语言和音乐符号为时间句法，绘画和雕塑符号为空间句法，舞蹈和电影符号则是时间—空间句法。

2. 表征和意指

这里还需要特别强调符号的表征和意指作用。如果没有表征和意指，就没有符号的“二元”或“三元”结构，就没有符号，没有符号系统和符号串。当然也就没有了符号学。

在符号化的过程中，只有用一事物来表征另一事物，才能形成“能指—对象”的结构关系，能指作为讯息的载体，使得人们获取对象讯息成为可能。符号的表征方式，主要表现为肖似的方式、索引的方式和象征的方式。形形色色的符号世界，作为表征方式，无非就是这么几种。现代符号学把符号区分为图像符号、索引符号和象征符号三个类别，恰好体现了三种不同的表征方式。

正是意指的作用，使得能指和所指结合成为符号的二元结构关系。所以一些符号学家，包括皮尔斯和艾柯，都十分强调符号学要研究符号的意指或意指作用。符号的意指作用是通过意指方式实现的，而意指方式则是多种多样。例如一件物品上画有骷髅图像，它会使人联想到死亡，由此推出该物件属于危险品。这是联想和推理的意指方式，同时也是一种约定。又如古代汉字符号“吾”字，字形是能指，字的音义为所指。“吾”是代词，可以作主语和宾语，这是语形的意指方式。“吾”是第一人称，当“我”字讲，这是语义的意指方式。《孙子·计》云：“吾以此知胜负矣。”“吾”指孙武。《荀子·修身》说：“谄谀我者，吾贼也。”“吾”指荀况。这是语用的意指方式。当然这些意指方式并不是彼此不相关的。语形、语义或者语用方式同时也会是联想、推理或纯粹约定的方式。比较起来，语形、语义和语用方式似乎更为根本。美国哲学家莫里斯（C. W. Morris）把符号学划分为语形学、语义学和语用学三个组成部分绝不是偶然的。

至此，对于“符号学研究什么？”我们可以回答说：符号学研究符号的结构、系统以及符号串等内容；就其本质而言，则是研究符号的表征和意指方式。

那么“什么是符号学？”我们也就可以简约地表述（定义）为：

符号学就是研究表征和意指方式的科学。

三、语形学、语义学和语用学

符号学可分为三个分支学科：语形学、语义学和语用学。在符号学的发展历史上，莫里斯第一次明确地把符号学的研究区分为三个组成部分：语形学（syntactics）、语义学（semantics）和语用学（pragmatics）。

1938 年，莫里斯在《指号理论的基础》一书里是这样定义这三个术语的：“语用学研究‘符号和解释者之间的关系’，语义学研究‘符号和其所指示的对象之间的关系’，而语形学研究‘符号相互间的形式关系’。”①

1946 年，莫理斯在《指号、语言和行为》一书中说：“后来的分析表明，这些定义需要加以改进。”于是他又重新定义了这三个术语：“语用学是符号学的这样一个部分，它在符号出现的行为中研究符号的起源、应用与效果；语义学研究符号所具有的各种方式的意谓；语形学研究符号的种种联合，而不考虑这些联合的意谓，也不考虑这些联合和它们在其中出现的那种行为之间的关系。”②

从这两个定义可以看出，莫里斯把符号学分为语形学、语义学和语用学三个组成部分的思想是一贯的，只是后一个定义比前一个更为明确和具体。

莫里斯关于符号学的三分法，得到美籍德裔哲学家卡尔纳普（R. Carnap）的积极

① 转引自莫里斯：《指号、语言和行为》，罗兰、周易译，上海人民出版社，1989 年，第 261 页。“符号”sign，译者译为“指号”。

② 莫里斯：《指号、语言和行为》，罗兰、周易译，上海人民出版社，1989 年，第 262 页。

支持。卡尔纳普在1942年出版的《语义学导论》一书中清晰地表述说："如果在一个研究中明白地涉及了说话者，或者换一个更为普遍的说法，涉及了语言的使用者，那么我们就把这个研究归入语用学的领域中……如果我们不考虑语言的使用者而只分析表达式和它们的所指谓，我们就是从事语义学领域内的工作。最后，如果我们也不考虑所指谓，而只分析表达式之间的关系，我们就是从事（逻辑的）语形学的工作。"①

目前，莫里斯关于符号学三个组成部分的学说已为学术界所公认，并且成为符号学基础理论之一。

（一）符号学思维方法的三个维度

瑞士逻辑学家鲍亨斯基（J. Bochenski）在其著作《当代思维方法》一书中，把符号学看成为当代思维方法中的一种。他说，符号学的方法又叫做语言分析方法，"符号学的对象是符号，而符号对于科学方法已成为重要的，甚至是不可缺少的东西"②。

鲍亨斯基从当代符号学思维方法的观点出发，进一步论述了语形学、语义学、语用学的问题。他说："符号学的主要观点——它也是符号学分门别类的基础——可以陈述如下。当一个人向另一个人说些什么的时候，他所用的每一个词都涉及三个不同的对象：

（a）首先，这个词属于某个语言，这表明它同语言中其他词处于某种关系之中。例如，它可以处于句中的两个词之间（"和"这个词就是这样），或处于句首，等等。这些关系叫作句法关系，它们把词与词连接起来。

（b）其次，这个人所说的话具有某个意义：他的那些词都有所意谓，它们要向别人传递某些内容。这样除了句法关系之外，我们还得研究另一种关系，即那个同它所要意谓的东西之间的关系。这种关系叫作语义关系。

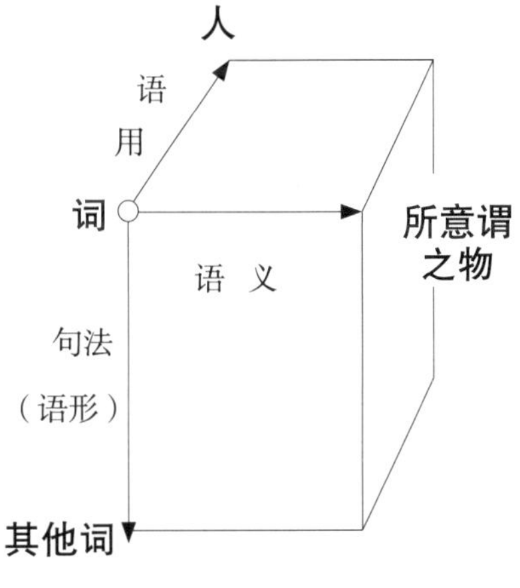

（c）最后，这个词是由一个特定的人向另一个特定的人说，因此，存在着第三种关系，即该词与使用它的人们之间的关系。这些关系叫作语用关系。"③

鲍亨斯基所说的"句法"关系，亦即语形关系。

① 转引自莫里斯：《指号、语言和行为》，罗兰、周易译，上海人民出版社，1989年，第261页。

② 鲍亨斯基：《当代思维方法》，童世骏、邵春林、李福安译，上海人民出版社，1987年，第34页。

③ 鲍亨斯基：《当代思维方法》，童世骏、邵春林、李福安译，上海人民出版社，1987年，第35页。

对于语形学、语义学和语用学三者之间的关系，鲍亨斯基看成符号学方法的三个维度，说它们“好像一个几何物体的三维之间存在的联系”[①]。如右图：

在《当代思维方法》一书中，鲍亨斯基是把符号学方法作为逻辑的第二部分——方法论来讨论的。“方法论”一词来源于希腊文的“沿”和“途”的意思。因此字面上的含义就是“论述（正确）行动的途径”。鲍亨斯基说：“方法是任何特殊领域中实施程序的方式，即组织活动的方式和使对象协调的方式。方法论就是讨论方法的理论。”[②] 鲍亨斯基把语形学、语义学和语用学看成符号学方法的三个维度，这一论述具有重要的方法论意义，体现了语形学、语义学和语用学更大的价值。

不过应当说明，鲍亨斯基关于符号学思维方法的三个维度的理论，只是就言语思维而言的。实际上，它们并不局限于言语思维，也就是说，符号学方法也适用于非言语思维，比如艺术思维以及其他非语言的符号系统，它们也有语形学、语义学和语用学问题。

（二）语形学、语义学和语用学三者之间的关系

语形学、语义学和语用学作为符号学的三个组成部分或符号学思维方法的三个维度，它们之间既相互联系，又有区别。

1. 联系

关于语形学、语义学、语用学三者之间的联系，鲍亨斯基作过精辟的论述。他说：句法关系、语义关系、语用关系以一种特殊方式交织在一起，它们的基础是句法即语形关系。语用关系以语义关系和句法关系为前提，而语义关系则以句法关系为前提。一个无意义的词对于人类理解毫无用处，而为了具有意义，它必须同其他词具有某种关系。另一方面，句法关系则并不以语义关系和语用关系为前提，语义关系也可以在不涉及语用关系的情况下加以研究。即使对一个完全没有意义的语言，也可以构造出一个完整的句法。例如，我们可以形成这样一种简单的语言，其中只出现符号 P 和 X，并且把 P 永远先于 X 作为一条句法规则；并不一定要知道 P 或 X 实际意谓着什么。正如前面所说，词的全貌像个三维物体；不管是前两种关系（句法关系和语义关系）还是单单一种关系（句法关系），要把它们分离出来只能借助于抽象，就像从几何物体中分离出一个表面或一条直线那样。[③]

---

① 鲍亨斯基:《当代思维方法》,童世骏、邵春林、李福安译,上海人民出版社,1987 年,第 36 页。

② 鲍亨斯基:《当代思维方法》,童世骏、邵春林、李福安译,上海人民出版社,1987 年,第 9 页。

③ 鲍亨斯基：《当代思维方法》，童世骏、邵春林、李福安译，上海人民出版社，1987 年，第 35—36 页。

然而，鲍亨斯基从纯语形学或形式化的意义上把语形学看成符号学理论的基础；如果换一个角度，则是另一种情况。卡尔纳普认为，如果就描述语义学或描述语形学而言，他们都是依赖于语用学的，也就是说，语用学是符号学理论的基础。例如爱斯基摩语“igloo”这个词，我们只有从爱斯基摩人的使用习惯中才能了解到它的语义陈述是“用硬雪块砌成的圆顶小屋”，语形陈述即“它是个逻辑谓词”。这语义和语形知识，显然来自先前掌握的语用知识①。

2. 区别

作为符号学的一个分支，语形学同语义学、语用学之间的区别是明显的。然而语义学和语用学之间的区分就比较困难，它们研究的问题往往是相互交织的。究竟怎样明确地把语用学同语义学区别开来，有关的争论中存在着三种不同的观点：①语义优先原则，把语用学归入语义学；②语用优先原则，把语义学归入语用学；③互补原则，认为语义学和语用学是互不相同但又相互补充的研究领域。英国语言学家利奇（G. Leech）赞同互补的观点。他认为语义学和语用学虽然都研究“意义”，但是语义学研究的是 “sense”（字义），是语言片段的抽象和字面的意义；语用学研究的是 “force”（用意），是语言片段在特定场合中的意义。前者为：X 的意思是 Y。后者为：通过 X，S 的意思是 Y。利奇还对意义的某种讨论是否属于语用学的范围，提出四条区分的标准：①是否考虑了发话人或受话人（言者或听者）；②是否考虑了言者的意图或听者的解释；③是否考虑了语境；④是否考虑了通过使用语言或依靠使用语言而施行的那种行为或行动。他说：“如果对这些问题的回答有一个或一个以上是肯定的，就有理由认为我们是在讨论语用学。”②

我们赞同利奇的观点，可用上面四条标准区分语义学与语用学。

（三）语形学

1. 语形学的研究对象

语形学研究什么？莫里斯在 1938 年说：语形学研究“符号相互间的形式关系”。卡尔纳普在 1942 年说：如果我们既不考虑符号的使用者，也不考虑所指谓，而只分析表达式之间的关系，我们就是从事语形学的工作。这同莫里斯的语形学定义是完全一致的。

这些话的意思是说，语形学不是研究符号的整体，因为符号整体包括符号形体（形式）、符号对象和符号解释，而语形学只研究符号的形式，研究一个符号系统内部符

① 陈宗明：《中国语用学思想》，浙江教育出版社，1987 年，第 6 页。

② 利奇：《语义学》，李瑞华等译，上海外语教育出版社，1987 年，第 455 页。

号的形式与形式之间的关系。符号形式即是能指，因此，语形学的研究对象，可以更为准确、鲜明地表达为：

语形学研究符号系统内的符号能指与能指之间的关系。

2. 形式化

语形学研究符号的形式，亦即能指。语形学研究的最高成就是运用形式化方法所形成的形式系统。

（1）形式化方法

从思维方法论的意义上说，形式化方法是在语形平面上的一种操作方法：它使用一套人工的符号语言进行陈述，撇开所有符号的意义，从而把表达式转换为纯粹“形式”的符号系统的方法。明确的“形式化”概念，是由德国数学家希尔伯特（A. Hilbert）在20世纪20年代提出的。形式化方法对于数学和现代逻辑、计算机科学的发展，起着重要的作用。

形式化方法本质上是对一种千百年来众所周知的方法的推广，这种方法就是运算。例如：

$$(3+2)\times 7-11=24$$

$$ax^2+bx+c=0$$

这两个符号表达式，前者为算术运算，后者为代数运算。它们都可以根据语形规则，一步一步地推导出来。

这种形式的推演方法也可以应用于非数学领域，比如逻辑领域。早在古希腊时期，亚里士多德就在他的逻辑著作里使用了符号。例如：

一切A是C，
没有任何B是C，
∴没有任何B是A。

这里的A、B、C都是符号，是撇开内容的形式；但由于表达式中还有描述的成分，所以只是“形式”而不是“形式化”。形式化方法是在数理逻辑中得到充分体现的。数理逻辑把表达式形式化，就是把表达式中的概念转换为人工语言的符号，命题转换为符号公式，定理的推演转换为公式的变形，并把证明变为符号公式的有穷序列。数理逻辑形式化方法用于公理系统产生的形式系统，是形式化方法高度发展的标志。

（2）形式系统

运用形式化方法所构成的符号序列就是一个形式系统。构建一个形式系统一般有以下几个步骤：第一，确定一类符号中哪些是初始符号，初始符号是不加定义就被置入系统的。第二，制定若干规则，即规定怎样组成符号串（合式公式）的规则（形成规则）和将新的符号引进系统的规则（定义规则）。第三，选择一些符号串（合式公式）作为公理，它们是无须证明就被置入系统的。第四，制定一些推导规则，用于指导本系统的所有演算。然后，依靠这些规则，从公理推导出一些定理。

下面是逻辑学中一个较为常见的命题演算的形式系统：

一、初始符号

1. 甲类：p，q，r，s，p_1，q_1，…；

2. 乙类：$\neg$，$\vee$；

3. 丙类：（，）。

二、形成规则

1. 一甲类符号 π 是合式公式；

2. 如果符号序列 X 是合式公式，则 $\neg X$ 是合式公式；

3. 如果符号序列 X 和 Y 是合式公式，则 $(X \vee Y)$ 是合式公式；

4. 只有符合以上三条的符号序列才是合式公式。

三、定义

1. $(A \to B)$ 定义为 $(\neg A \vee B)$

2. $(A \wedge B)$ 定义为 $\neg(\neg A \vee \neg B)$

3. $(A \longleftrightarrow B)$ 定义为 $((A \to B) \wedge (B \to A))$

四、公理

1. $(p \vee p) \to p$

2. $p \to (p \vee q)$

3. $(p \vee q) \to (q \vee p)$

4. $(q \to r) \to ((p \vee q) \to (p \vee r))$

五、变形规则

1. 将合式公式 A 中所出现的某一命题变项处代以某一合式公式 B。

2. 从公式 A 和 $A \to B$ 可推出 B。

3. 定义的左右两方可以互相置换。

定理是推演的结果，是一系列按照推导程序证明为重言式的命题。以下述定理为例：

定理：$(q \to r) \to (p \to q) \to (p \to r)$

证明：

[公理 4] $(q \to r) \to ((p \vee q) \to (p \vee r))$ (1)

[(1)代入] $(q \to r) \to ((\neg p \vee q) \to (\neg p \vee r))$ (2)

[(2)定义 1 置换] $(q \to r) \to (p \to q) \to (p \to r)$

证毕

这一条定理的意思是说，如果 $q \to r$ 并且 $p \to q$，就可以得到 $p \to r$。这实际是假言三段论的规律，称为三段论原则。

命题演算中的许多定理，都是重要的逻辑规律。例如：

同一律：$p \to p$

排中律：$p \vee \neg p$

双重否定律：$p \to \neg\neg p$；$\neg\neg p \to p$

德摩根定律：$(p \vee q) \to \neg p \wedge \neg q$；$(p \wedge q) \to \neg p \vee \neg q$

假言易位：$(p \to q) \to (\neg q \to \neg p)$

它们都可以在这个形式系统中得到证明。

（四）语义学

1. 语义学的研究对象

符号是传递信息的。每一个符号都是形和义的结合体，符号学中的语义学就是研究符号意义的科学。

莫里斯在 1938 年给语义学所下的定义是：语义学研究“符号和其所指示的对象之间的关系”。1946 年修改为：“语义学研究符号所具有的各种方式的意谓。”这个修改十分重要。因为在“符号三角”中，语义学并不直接研究符号形体与符号对象之间的关系，而是通过符号的能指（符形），间接地传达关于符号对象的讯息，这就是符号的意义，亦即所指。这样的符号过程和结果，就是莫里斯所说的“符号所具有的各种各样的意谓”。在莫里斯著作中，所谓“意谓”（signify）或“所意谓”（significatum），实际上都是指符号能指和所指之间的意指（signification）或意指关系。

值得注意的是，莫里斯 1946 年的语义学定义是在语用学定义之后作出的。莫里斯的语用学定义是：语用学研究“符号和解释者之间的关系”。那就是说，语义学研究“意谓”或“意指”并不包括与解释者之间的关系。所以卡尔纳普说：“如果我们不考虑语言的使用者而只分析表达式和它们的所指谓，我们就是从事语义学领域内的工作。”

这样，语义学虽然和语用学都研究符号的“意义”或“意谓”，但由于语义学不研究解释者，因而在研究对象上可以清楚地同语用学区分开来。

还要说及一点，莫里斯和卡尔纳普说语义学不研究符号的“解释者”或“使用者”，这当然正确，但不够到位。更为准确的说法应当是，语义学不研究符号情境，不研究符号情境中的意义。因为符号的解释者或使用者都可以看成符号的情境因素，而符号情境除解释者或使用者之外还有其他。

那么，语义学研究什么？我们的回答是：

语义学研究符号能指和所指之间的意指关系，研究符号的意义（不依赖于符号情境的意义）。

语义学研究意义通常采用两种方法，一种是形式的方法，另一种是描述的方法，因此语义学又可分为形式语义学和描述语义学。

2. 形式语义学

形式语义学又叫逻辑语义学，广义地说，是指借助于数理逻辑的方法研究符号意义的学科；狭义地说，形式语义学只是研究在建立一个形式语言系统时，对其中包含的表达式意义的解释。

（1）形式系统的语义解释

以前一部分所举的形式系统为例，可以作如下语义解释：

初始符号。相当于自然语言的字母表。甲类符号是命题变项。乙类符号是命题联结词，¬读作“并非”，∨读作“析取”。丙类符号分别是左右括号。

形成规则。相当于自然语言的句法。初始符号的组合叫做符号序列，形成规则规定哪些是合式公式，即合乎规则的符号序列，哪些不是。经过解释以后的合式公式是有意义的符号序列，不是合式的公式的符号序列都是没有意义的，不是句子。

定义。除了初始符号以外，通过定义引入三个新的符号：→，读作“蕴涵”；∧，读作“合取”；⟷，读作“等值”。

公理。命题演算是一演绎系统，要有一些断定为真的公式作为出发点，这就是公理。本系统有四条公理：第一条为“重言律”；第二条为“析取引入律”；第三条为“析取交换律”；第四条与算术里“如果 $y<z$，那么 $x+y<x+z$”相类似。这四条公理的真实性在直观上是明显的。

变形规则。即推理规则。第一条为代入规则；第二条为分离规则；第三条为定义置换规则。

当然还可以解释得更为具体一些。

（2）模型论

模型论是研究形式语言及其解释之间关系的理论，是数理逻辑的一个分支。在数理逻辑中，模型论是经典的或标准的形式语义学。美籍波兰逻辑学家塔尔斯基（A. Tarski）是模型论的奠基人。他在1931年发表的《形式语言中的真理概念》是模型论的奠基之作。

所谓“模型”，是指满足一定条件的解释。比如说，令 M 是 L 中的一组公式，I 是 L 中的一个解释，如果 M 中的每个公式在此解释下都真，那么我们就称这个解释为 M 的一个模型。模型论就是研究形式系统中的公式和它们的解释—模型之间的关系。

任何一种形式系统都可以建立与之相应的模型论，而一阶逻辑的模型论是最为基本也最为完善的模型论。因为其他模型论，如高阶模型论、模态模型论、广义量词模型论、多值模型论等，除了采用数理逻辑方法以外，还大量采用数学的方法，特别是近世代数的方法，一种模型常可以看成是一个特殊的代数结构，因此模型也常常叫做结构。一阶模型论的基础性定理是紧致性定理：一阶语言中一个语言集 T 有模型，当且仅当，T 的每一有穷子集有模型。紧致性定理也是一阶模型论的特征。

为形式语言的一个句子集构造具有一定性质的模型，是模型论研究的主要方法。常用的有常量方法、图像方法、超积方法、省略型方法、力迫法等。司寇伦函数和不可辨元也是重要概念和有用方法。

模型论的方法还可以用来解决数学中的一些问题；对于计算机科学也产生了相当的影响。

（3）真值条件语义学

形式语义学一方面用以解释形式语言，而另一方面则是以数理逻辑的形式化方法为工具，转过来用以分析自然语言。这就是把自然语言形式化，以求得对自然语言的准确解释。这是一种非标准的形式语义学。由于任一合式语句都有一个真值条件，即在什么条件下为真，什么条件下为假，所以这种语义学叫做真值条件语义学。

塔尔斯基关于对象语言和元语言的区分以及关于“真实性”的定义，对于真值条件语义学的研究起了很大的推动作用。罗素对摹状词的分析具有开创性的意义。波兰学者爱裘凯维茨（K. Ajdukiwicz）等人创立的范畴语法，也是以自然语言为对象语言的。这种范畴语法注意到语形与语义的同构性，并使内涵语义学成为可能。在此基础上发展起来的蒙太格语法（Montague Grammar，简称 MG），更是将形式语义学方法用于自然语言分析的典型。

在以自然语言为对象语言的真值条件语义学研究中，英语学界的研究相对地比较充分，但汉语学界的研究也有了良好的开端。1992 年，邹崇理博士在他的博士论文

《Montague 语法及其在汉语语义分析方面的初步应用》以及其后发表的论文中，就对汉语的语义问题进行了真值条件语义学的探索，并构建了汉语部分语句系统 *FC*，以及 *FC* 的语义模型。1998 年，蒋严和潘海华两位博士出版了《形式语义学导论》一书，构建了汉语的部分语句系统 *Cp* 等一系列的形式系统，给出相应的语法规则、翻译规则以及语义解释，并且应用了内涵逻辑、模态逻辑以及广义量词理论等工具，对汉语的语义问题进行了广泛的研究。

下面以汉语句子“三毛睡觉”为例，应用 *Cp* 系统理论进行一些解说。

（1）句法规则：a. 1 $GCp\ \ S \rightarrow NP\ V_{不}$

g. 7 $GCp\ \ NP \rightarrow N_{专}$

（*GCp* 表示句法规则，*GC* 前的数字为规则序号，*S* 表示句子，*NP* 表示名词组，*V* 表示谓语动词，$V_{不}$表示不及物动词，$N_{专}$表示专有名词。）

（2）假设词库：a. $N\rightarrow$ { 三毛，八戒，西施，小花，《西游记》}

c. $V_{不}\rightarrow$ { 跑（了），睡觉（了），喝水，上学 }

（3）翻译规则：a. 1 $TGCp\ S' \rightarrow V_1'$（NP′）

g. 7 $TGCp\ NP' \rightarrow N_{专}'$

（*T* 表示翻译，*TGCp* 指 *GCp* 的对应翻译规则系统，上标′表示属于逻辑范畴，下标 1 表示一元谓词。）

（4）翻译过程：

a.	S	
a′.	S'	
b.	$NP_{专}\ V_{不}$	1*GCp*
b′.	V_1'（NP'）	1*TGCp*
c.	$N_{专}\ V_{不}$	7*GCp*.
c′.	V_1'（$N_{专}'$）	7*TGCp*
d.	三毛睡觉。	词项插入
d′.	**Shuijiao′（sanmao′）**	词项翻译

（5）真值条件：*a.* V_1'（NP'）=1 iff〚NP'〛∈〚V_1'〛，否则为 0。

（1 为真，0 为假。iff，即当且仅当。逻辑词项用〚 〛括起来表示语义值，即所指对象。）

（6）给定模型：$M < D,\ F >$

（模型 *M* 由集合 *D* 和函数 *F* 组成。集合 *D* 中的元素决定模型 *M* 的内容；*F*

对各个成分赋值，把 D 中的元素指派给它们。）

$D=\{$**男孩**$_i$，**神怪**$_j$，**女人**$_k$，**书**$_n$，**鲤鱼**$_o\}$

$⟦$sanmao′（三毛）$⟧^M=$ **男孩**$_i$

$⟦$Shuijiao′（睡觉）$⟧^M=\{$**男孩**$_i$，**神怪**$_j\}$

（黑体字的下标表示某个特定的个体。）

（7）真值验证：Shuijiao′（sanmao′）= 1

∵ $⟦$sanmao′$⟧^M \in ⟦$Shuijiao′$⟧^M$

即 **男孩**$_i \in \{$**男孩**$_i$，**神怪**$_j\}$

作者认为："形式语义学的任务止于真值条件的确立。"至于三毛事实上是不是在睡觉，那属于真确语义学的事情。[①]

3. 描述语义学

描述语义学是一种经验性的意义理论，是相对于形式语义学而言的。

最常用的描述语义的方法，是传统逻辑中所说的定义。给一个表达式下定义，就是描述概念的语义特征，把这个概念同其他概念区别开来。例如：

① 商品是为交换而生产的劳动产品。

② 生物包括动物、植物和微生物。

③"双百方针"是指百花齐放和百家争鸣的方针。

④"奇葩异卉"就是指"稀奇难得的花草"。

⑤ 液体 x 是酸性的，当且仅当，如果将蓝色石蕊试纸浸入液体 x 中，那么，蓝色石蕊试纸会变成红色。

它们都是定义。①为内涵定义，揭示了"商品"这个概念的内涵，从而明确了这个语词的意义；②为外延定义，应用分类的方法来明确意义；③为约定定义，是对一个未经定义的表达式赋予某种特定的涵义；④是同义语定义，用一个人们熟知的表达式来说明一个比较生僻的表达式；⑤是操作定义，是把一个表达式的所指对象进行实验操作的过程，作为定义项来对这个表达式下定义。

然而在通常意义下的"描述语义学"，是指语言学的语义学，它的研究是对自然语言的语义现象作经验性的描述。

19 世纪末，法国语言学家布勒阿尔（Bréal）出版《论语义学，关于意义的科学》，

---

① 蒋严、潘海华：《形式语义学导论》，中国社会科学出版社，1998 年，第 67 页。

可以看作语言学的语义学的发端。20 世纪初，深受索绪尔结构主义影响的欧洲语言学家们，提出了“语义场”理论，并逐渐形成了结构主义语义学。60 年代，乔姆斯基接受了凯茨（J. Katz）和福德（J. Fodor）的意见，在生成语法的框架内增加语义部分，语义部分的规则对语法的深层结构作出语义解释，从而得出句子的意义。乔姆斯基的语义学说称为解释语义学。可是乔姆斯基的学生，莱可夫（G. Lakoff）、麦考莱（J. Mc-Cawley）、罗斯（J. Ross）等人不同意乔姆斯基的观点，认为不必假定纯语法的深层结构的存在，主张通过一次转换就从语义直接产生句子的语音形式。这种不以语法为基础而以语义为基础的语义理论模式，称为生成语义学。

在语言学的语义学的纷争中，也有一些比较一致的观点，比如义素分析法和语义场理论。

早在 20 世纪 40 年代，叶尔姆斯列夫就提出义素分析的设想。50 年代，人类学家在分析亲属词的关系时，提出了义素分析法。60 年代，凯茨和福德应用这种方法分析语义特征，引起语义学界的普遍关注。

义素也称为语义成分，是意义的最小单位。义项是同词或短语大致相应的语义单位，由义素构成。例如：

单身汉：〔 + 男性 + 成年 − 有偶 〕
男　孩：〔 + 男性 − 成年 〕

义项“单身汉”由“男性”“成年”“非有偶（即无偶）”三个义素构成。“男孩”由“男性”和“非成年”两个义素构成。

按照义素分析法，由义项可以构成义句。义句是句子的意义模式，相应于语法句子的语义单位。例如“华山险峻”这个句子，就是由“华山”和“险峻”两个义项构成的。

语义场指的是语义系统中含有相同义素的义项集合。一个语义场的各个义项不仅意义相关，而且互相规定。例如：

学生 = { 大学生，中学生，小学生 }

意思是说，“学生”由“大学生”“中学生”“小学生”三个义项构成语义场，它们含有相同义素“学生”，并且互相规定。语义场可以下辖子场。例如“中学生”作为“学生”的子场，由“高中生”和“初中生”两个义项构成，含有相同义素“中学生”。

应当说明的是，“描述语义学就是指语言学的语义学”这句话，只是一般的说法，实际上二者并不等同。因为语言学的语义学也可以采用形式或形式化的方法。比如义素分析法，也可以使用形式的方法。令：A 表示男性，B 表示直系亲属，C 表示长辈，则“父亲”为 $A\,B\,C$，“母亲”为 $\bar{A}\,B\,C$，“儿子”为 $A\,B\,\bar{C}$，“女儿”为 $\bar{A}\,B\,\bar{C}$。这种方法可以归属于“描述—形式语义学”。

（五）语用学

1. 语用学的研究对象

语言学家利奇于20世纪80年代初期曾在他的《语义学》一书中说过：“二十年前，人们即使提到语用学也只是把它看作一只使用方便的废物箱。凡不符合理论的、令人恼火的事实都可以丢进这只废物箱，而现在语用学是语言研究中比较有生气的领域之一。”① 正如利奇所说，目前在符号学的研究诸领域中，语用学的研究是最有生气的领域。

那么，语用学究竟研究什么？1938年，莫里斯说：语用学研究符号和解释者之间的关系。1946年，他作了一些修改，说：语用学是符号学的这样一个部分，它在符号出现的行为中研究符号的起源、应用与效果。显然在第二个定义中，语用学的研究范围有所扩大，包括了符号的起源，并且强调了符号的应用与效果。然而我们并不认为这后一个定义就已经完备。

正如前一节所说，语义学和语用学都要研究符号的意义，它们的区别仅仅在于语义学的研究不依赖于符号情境（准确地说，对情境的依赖程度趋近于零），而语用学必须依赖于符号情境。符号情境既包括符号的解释者或使用者，也包括符号的起源、应用与效果，而且远不止这些。

因此，如果我们把符号出现的行为中各种相关因素都作为符号情境的构成因素，那么我们对语用学的研究内容给出这样的回答：

语用学研究符号情境中的意义。

2. 符号情境（语境）

语用学研究符号情境中的意义，那么，什么是符号情境？符号情境中包括哪些因素？研究语用学，这是我们首先要搞清楚的问题。

符号情境（sign situation）是指交际过程中符号使用者之间应用符号传达思想感情的具体环境。人们通常叫它语境（context）。不过严格地说来，“语境”仅仅着眼于语言符号的情境，范围狭窄了些。如果在明确了“符号情境”的含义之后，说成“语境”也未尝不可，就如把符形学、符义学、符用学说成“语形学”“语义学”“语用学”一样。事实上，本节所讨论的“情境”，也只限于语言符号情境亦即语境问题。所以下面我

---

① 利奇：《语义学》，李瑞华等译，上海外语教育出版社，1987年，第453页。

们就只说“语境”了。

最早提出“语境”这个概念是为了解决索引词的指谓问题。例如，在话语中经常会出现“我”“你”“他”“这儿”“那位”“去年”“今天”“前者”“后者”这一类的索引词，它们的指谓问题只有在具体的语言环境中才能得到解决。因此，最早的语境概念只包含谈话的时间、地点、谈话者、上下文这些决定索引词指谓的各种因素，后来扩展到解决抽象语句的指谓问题。在D·刘易斯提出的语境概念中，包含了可能世界、时间、地点、说话者、听话者、被指的对象、上下文、值域这8种因素。这些因素都是为了解决索引词和抽象语句的指谓问题。这种由话语的相关因素构成的语境，称为静态情境。

20世纪90年代，丹麦语用学家梅伊（J. Mey）和比利时语用学家维索尔伦（J. Verschueren）都明确地提到了语境的动态性，于是语境研究从静态语境发展到动态情境。梅伊在他的《语用学引论》一书中说：“语境是动态的，它不是静态的概念。从最广泛的意义上说，它是言语交际时不断变动着的环境。”[①] 语境的动态研究，更加关注语境在交际实践中的能动作用。

我国语言逻辑学家周礼全先生在《逻辑——正确思维和成功交际的理论》一书中也明确地提出了动态语境的问题。他的动态语境观点，只比梅伊晚一年，而要比维索尔伦早五年。

周礼全把静态语境称为“语义语境”，动态语境称为“语用语境”。他说：“语义语境只能解决指谓和所指谓问题，但不能解决命题态度、意谓和意思问题。因此，语言逻辑家就在语境中加入一些新的因素，即加入说话者和听话者的知识、信念和意图等新因素。”[②] 他提出了四种语用语境：C_O、C_S、C_H 和 C_{SH}。C_O 包括当前情境、上下文、话语所涉及的事物和事态、说话者的情况和听话者的情况五种因素，或者说是表达这五个因素的命题的集合。在他看来，对于语境 C_0 中的那些客观存在的因素，说话者 S（或者听话者 H）很难有完全的认识，S 和 H 更难有共同的完全的认识。因此在语境 C_0 之外，还存在着说话者 S 所认识的语境 C_S、听话者 H 所认识的语境 C_H 和 S、H 所共同认识的语境 C_{SH}。

周礼全说：“在一次谈话中，语境 C_O、C_S、C_H 和 C_{SH} 总是不断地发生变化的。随着谈话时间的延长、谈话内容的增多和谈话者的思想感情的变化，语境就会跟着不断变化。正确地了解话语的语境及其变化，是正确地表达、传达和理解的必要条件和重

① 梅伊：《语用学引论》（英文版），外语教学与研究出版社，2001年，第40页。

② 周礼全主编：《逻辑——正确思维和成功交际的理论》，人民出版社，1994年，第387页。

要条件，也是成功交际的必要条件和重要条件。”①

周礼全先生的动态语境理论，是中国学者对于语境理论研究的重要贡献。

3. 描述语用学

描述语用学是语用学的描写理论，它描写人们来自经验的有关自然语言的应用原则，分析如何同语境相联系。由于奥斯汀、塞尔和格莱斯三位语言哲学家的卓越贡献，描述语用学从20世纪50年代开始得到迅速的发展。根据英国语用学家莱文森（S. Levinson）在《语用学》一书中的归纳，描述语用学主要有五个方面的内容：（1）索引词；（2）会话含义；（3）预设；（4）言语行为；（5）会话结构。

（1）索引词

皮尔斯最早提出了“索引词语”（indexical expressions）的概念。20世纪50年代，巴尔－希勒尔（Bar-Hillel）发展了这一理论。例如句子：

下雨了。

我饿了。

巴尔－希勒尔称之为“索引句”（indexical sentence），认为如果离开了语境，就不能判定它们的真假，所以属于语用学的研究对象。

索引句是一些含有或暗含有指谓代词、指示代词、时间副词、时态助词等索引词的句子。“我饿了。”含有人称代词“我”，要正确理解这个句子，就必须弄清楚说话人是谁以及当时的具体情况。“下雨了。”暗含时间词“现在”，因此，必须确定是什么时间，在什么地点，然后才能判定这个句子是真是假。

在莱文森的《语用学》里，索引词分为人称索引词、时间索引词、地点索引词、话语索引词和社会索引词五类。

（2）会话含义

1967年，美国语言哲学家格莱斯（H. Grice）在哈佛大学的系统演讲中提出了会话含义（conversational implicature）理论。他说，在言语交际过程中，说话人所说出的话语一般表达两种意义：一种是话语中的语词和语句所表达的字面意义，另一种是说话人通过话语所含蓄地表示的意义。格莱斯称后者为会话含义。例如：

A：你知道现在几点钟吗？

B：邮件已经来过了。

① 周礼全主编：《逻辑——正确思维和成功交际的理论》，人民出版社，1994年，第393—394页。

B的答话本身并没有回答A的问题。如果A、B两人都知道邮件一般是什么时间来的，A就可以估计出大致的时间。而这也正是B想告诉A的。这种通过隐晦含蓄的方式所表达的意义就是会话含义。会话含义是日常会话中经常出现的现象。人们说话常常是话外有话，弦外有音，会话含义是一种言外之意。

格莱斯的会话含义理论主要讨论如何从话语中推出言外之意。格莱斯给出了一套合作原则，内容包括：①数量准则；②质量准则；③关系准则；④方式准则。其中数量准则规定了说话人的话语所提供的信息量与交谈的目的应当一致，不能多，也不能少；质量准则规定了话语的真实性，说话人应当说自己相信其为真的话语；关系准则规定了话语应当切题，不说与交谈目的无关的话；方式准则要求话语的用词应当清晰、准确，语句应当简明扼要。

格莱斯认为，合作原则及其准则是得出会话含义的重要因素。当说话人愿意遵守合作原则，但却不愿意把自己的意思直接说出来时，他故意违反某一条合作准则，并且让对方知道这一点，听话人借助于谈话的语境，通过语用推理了解到说话人所要表达的真正含义。在这种情况下会话含义就产生了。例如一次期末考试结束后，父亲与儿子之间有这样一个简短对话：

父亲：这次考试化学这门课你得了多少分？

儿子：68，比上一次多了3分。

儿子的答话不仅回答了父亲的问题，而且将这次的考试成绩和以前的成绩做了比较，从表面看，话说多了些，违反了数量准则。这是因为儿子知道自己的考试成绩不好，害怕受到父亲的责怪，故意地表达了这样的会话含义：虽然我的考试成绩不够好，但和以前相比，我还是进步了，希望以此得到父亲的原谅。父亲自然知道儿子的意思。

格莱斯理论的最新发展是关联理论。1986年，斯珀伯（D. Sperber）和威尔逊（D. Wilson）出版《关联性：交际与认知》一书，从认知心理学出发，试图建立比较具体的认知模式，用相关原则代替格莱斯的合作原则。作者认为，跟合作原则相比，相关原则比较具体，可以对相关程度作相对的比较，从而在描写推理过程方面取得进展。目前，关联理论的研究方兴未艾。

（3）预设

最早研究预设（presupposition）的是德国哲学家弗雷格（G. Freg）。他举例说，“开普勒死于贫困。”如果“开普勒”一词没有所指，那么“开普勒死于贫困”这个句子就没有真假值。所以，“存在一个名叫‘开普勒’的人”这个句子是“开普勒死于贫困”是否有真假值的前提。弗雷格的结论是，如果有什么事物被断言了，那么就有一个明显的预设，即断言中使用的简单的或复合的名称有所指。后来罗素（B. Russell）和斯特劳森（P. Strawson）都曾为预设研究作出过贡献，使得预设理论逐步成熟起来。

预设的一般理解是：

S 预设 S'：S 真，S' 真；S 假，S' 也真。

例如：

S：市长的儿子开高速车。

S'：市长有儿子。

$\overline{S}$：市长的儿子没有开高速车。

句子 S“市长的儿子开高速车”真，则 S'“市长有儿子”为真；如果 S 是假的，也就是说，市长的儿子没有开高速车，那么 S'“市长有儿子”仍然是真的。这 S'“市长有儿子”就是句子 S 的预设。

预设更为宽泛的解释是：**预设是句子恰当性的条件**。也就是说，如果预设不存在，则句子不恰当。例如祈使句：

请坐！

它的恰当性的条件是：

至少有一个听话人；

听话人在说话人身边站着；

听话人有听力；

说话人身边有座位，并且空着；

……

这些恰当性条件都是预设。如果其中某一个预设不存在，那么祈使句“请坐”就不恰当。

我国周礼全先生对预设理论也有比较深入的研究。他强调预设是语用现象，从语用意义上给出了预设的规则，并且解决了复句的预设问题。

（4）言语行为

言语行为理论是英国语言哲学家奥斯汀（J. Austin）于 1955 年在美国哈佛大学讲学时提出的。这个理论认为，当人们说话的时候，他就在完成一种行为，“说什么即是做什么”。

奥斯汀把语言行为分为三种：语谓行为、语旨行为和语效行为。语谓行为是以言指事，即“说了什么”，如甲对乙说：“打死他。”这一串声音，就是语谓行为。语旨行为是以言行事，即说话的用意，如甲命令乙：“打死他！”这命令就是语旨行为。语效行为是以言成事，即说话的效果，如甲说服乙：“打死他。”这“说服”就是语效行为。

奥斯汀在美国的弟子塞尔（J. Searl）进一步将言语行为分为四种：话语行为、命题行为、语旨行为和语效行为。塞尔还区分了显性行为式和隐性行为式，区分了直接行为和间接行为。塞尔对奥斯汀的理论有重要的发展。

（5）话语结构

话语结构分析是由一些社会学家开创的。这一理论认为，会话是一种双向的言语活动，特征是轮番说话，参加者一个一个地说。会话中的基本单位是话轮（turn），话轮的构成可以是单词、短语、句子，也可以是句群乃至更大的语言单位。分析会话结构，必须研究语言使用者在交际时所遵循的格式，如预示语列、对答语列、插入语列、修正语列等。

话语结构有微观和宏观之分。当然，这种区分只具有相对性，宏观结构仅仅是相对于一个较低的平面而言的。荷兰冯·戴克（van Dijk）的宏观话语结构理论，立足于信息单元的平面之上。所谓“信息单元”既是指句子的语义成分，同时又超越了句子的界限，用来描写宏观结构，从而显示出不同平面的多等级形式。冯·戴克提出的宏观结构规则，一共 4 条，即删除、选择、概括和综合，大体上是一些缩减信息的方法。

4. 形式语用学

形式语用学与描述语用学之间并没有不可逾越的鸿沟。1985 年，塞尔和范德维克（Daniel Vanderveken）出版《语旨逻辑基础》一书，就在描述语用学的基础上运用现代逻辑工具对语旨行为作了形式处理，构造了一个语旨逻辑系统。它启示人们：形式语用学是语用学研究中的一个重要发展方向。

塞尔他们的语用逻辑还不是严格意义上的形式系统。在我国，蔡曙山博士在塞尔他们研究的基础上进一步将言语行为理论形式化。他在《言语行为和语用逻辑》一书中建立了命题语用逻辑、量词语用逻辑和模态语用逻辑的形式系统，包括自然推理系统和形式公理系统；建立了各个系统的语义模型。此外，作者还用语用逻辑的观点和方法来分析人类言语行为以及计算机的语言和行为，分析语用逻辑在计算机科学特别是在人工智能中的应用。作者的工作是开创性的。

形式语用学研究还有另一条途径，即由逻辑学家直接构造形式系统。蒙太格语法即是一例。美国逻辑学家蒙太格（R. Montague）从 20 世纪 50 到 70 年代相继发表了一系列论文，论述了语言表达式和内涵之间的关系，后来人们称之为“蒙太格语法”。蒙太格语法既是语形的、语义的，同时也是语用的。蒙太格在《语用学和内涵逻辑》一文中明确地指出：“语用学是个在开始时要效法语义学或它的现代形式——模型论，这种理论最早地探讨真理性和满足性（在一个模型中或一种解释下）的概念。然后，语用学使用类似的概念，不过我们在这里谈到真理性和满足性时，不仅涉及到一种解释，而且涉及到使用的语境。”①

蒙太格语法使用了复杂的高阶内涵逻辑，令一些读者望而生畏。在我国学者中对蒙太格语法进行了卓有成效研究的是邹崇理博士。邹崇理在他的《逻辑、语法和蒙太格语法》《自然语言逻辑研究》《逻辑、语言和信息》等一系列的论著中，介绍和评价了蒙太格及其后继者们的研究，广泛地涉及广义量词理论、话语表现理论、情境语义学和动态语义学等内容，还构建了汉语部分语句的形式系统。

邹崇理以及蒋严、潘海华的语义学研究，既是语义的，也是语用的。从某种意义上说，真值条件语义学就具有形式语用学的性质。比如真值条件语义学是用形式语义学的成果来研究自然语言，其本身就具有应用性；况且“情境”“动态”“命题态度”“话语表现”等本来就是语用学的概念。所以，真值条件语义学也被称为非标准的形式语义学。它的非标准性自然与语用有关。

（原载《符号学视野下的先秦名辩学研究》第一章，人民出版社，2017年2月）

① 莱可夫：《语用学与自然逻辑》，张文熊等译，开明出版社，1994年，第168—169页。

东亚符号学研讨会概述

东亚符号学研讨会于 1992 年 10 月 27 日至 11 月 1 日在湖北大学举行。这次会议是由中国逻辑学会符号学专业委员会、日本记号学会和湖北大学联合举办的。国内外 50 多位专家学者与会，会议收到了学术论文 40 余篇，先后有 41 位专家学者在研讨会上宣读论文。世界著名符号学家、国际符号学学会会长、波兰华沙大学教授佩尔茨（Jerzy Pelc）先生和国际符号学学会秘书长、法国佩皮尼昂大学教授德雷达尔（Gérard Deledalle）先生也应邀参加了这次会议。研讨会对符号学领域的许多问题进行了广泛探讨。现将研讨的主要问题概述如下。

一、关于符号学的基本理论问题

佩尔茨教授和德雷达尔教授对符号学的基本理论进行了新的探讨。佩尔茨在题目为《符号学的理论基础》的报告中指出“符号”有不同的层次，一种是对象语言层次上的符号，另一种是元语言层次上的符号，它是关于对象语言层次上符号的符号。“符号学”是关于符号的科学。对“符号学”有五种不同理解：第一种观点认为符号学研究符号的语形、语义、语用的性质；第二种观点认为符号学是关于符号的语形、语义、语用性质的理论或学说，属于理论符号学；第三种观点认为符号学是关于第二种理论的理论，属于元理论符号学；第四种观点注重符号学的方法，包括符号分析的方法、解释的方法、形式化的方法；第五种观点是应用符号学，如艺术符号学、建筑符号学等等。

德雷达尔报告的题目是《理解“符号”过程中的两种趋向：semiotics 和 semiology》。他说，符号学的理论有两个来源，一个来源于索绪尔的 semiology，另一个来源于皮尔斯的 semiotics。索绪尔的符号学与皮尔斯的符号学主要区别是：（1）索绪尔的符号学限于语言学领域；而皮尔斯的符号学适用于各个领域。（2）索绪尔采用的是二元（能指、所指）分析法；而皮尔斯采用的是三元（符号、对象、解释者）分析法。（3）索绪尔的符号学基础是联想主义心理学和杜尔肯的社会学；而皮尔斯的符号学基础是他的关系逻辑。（4）索绪尔的符号学是一种唯名论；而皮尔斯的符号学是一种实在论。（5）索绪尔的符号学在认识论上把人作为置于世界之外的旁观者；而皮尔斯则把人作为行为者。

二、关于汉字文化的意义问题

"汉字文化的意义"是这次研讨会的主题。众所周知，语言是人类最重要的一种交际符号，语言符号是符号学研究的主要对象。文字是语言的载体，是记录语言的符号。特别是汉字，它不仅是记录汉语的符号系统，而且它还被用来记写日本、越南、朝鲜等东亚语言。因此它不仅在汉文化的发展中发挥了巨大的作用，而且对整个东亚文化都产生了重要影响。

与会专家学者通过充分探讨，一致认为汉字有以下三个显著特征。

1. 汉字是语素文字。它与音素文字有显著区别，音素文字记录的是语言中最小的语音单位——音素，而语素文字则记录的是语言中最小的意义单位——语素。中国符号学专业委员会副理事长陈宗明作了题为《汉字符号学说略》的报告，指出汉字就是为记录汉语语素而造的，汉字的意谓一般就是汉语语素的意谓。由于汉语语素绝大多数是单音节的，因而汉字一字一音节构成了汉字一字一意谓的显著特征。

2. 汉字以象形为主体。许慎《说文解字》中的六书说——象形、指事、会意、形声、转注、假借，前四种是造字的方法，后两种是用字的方法。中国符号学专业委员会学术委员会主任王维贤说："象形"和"指事"制造的字都是"交错其画""依类象形"的象形字；"会意"则是合二体以补单体之不足的一种象形；而一半象形一半象声的形声字，有时象声部分也兼象形。这些造字方法都与"象形"有直接联系。日本记号学会前会长、东京青山学院大学坂本百大教授也认为，汉字是自然物的图形，汉字描写的是自然主义的世界。

3. 汉字的透义性强。由于汉字以"象形"为主体，一个汉字符号的形体与其记录的音义结合的词或语素所指称的对象有某些形似，所以人们从汉字的形体就可以直接看出它所记录的语素的意义。这就使汉字具有了很强的透义性。唐磊认为，汉字在形体上与语音的联系弱，与语义的联系强。从而使得汉字这种视觉符号不仅适应于语音系统大不相同的古代汉语和现代汉语以及国内不同方言，还被借来记写不同语系的日本语。

对于汉字文化的意义，与会专家学者给予了很高的评价。坂本百大教授认为，东亚文化基本上是一种"汉字文化"，有着与欧洲文化完全不同的特点，从而表现出东亚对自然、社会和人类的观点在传统上与欧洲现代主义的根本不同，由此表明它在现在和将来的后现代时期，成为“符号学转向”的新方式。东京大学藤本隆志教授也说，从哲学的观点看，汉字可以更好地阐述某些长期以来困扰着西方许多哲学家的基本问题。汉字的语言系统从使用方便或语义的完善建构上看都不亚于其他文字，特别在涉及科学术语的时候。克服汉字的区域性限制，通过重建某些新的相互补充的东方和西方的范畴系统而予以全球化。樊明亚认为，汉字便于习得，利于目治，文化特征丰富，美学功能突出，适应高科技，具有强大久远的生命力。李建钊说，汉字具有很强的逻辑功能，它可以启发读者在认读过程中自觉或不自觉地展开类推的思维活动，从而得到逻辑思维的训练，开发人的智能。

三、关于中国古代的“名、实”问题

“名、实”问题是中国古代一个很重要的符号学问题。国际符号学会理事、中国符号学专业委员会理事长李先焜教授认为，中国先秦时期的思想家们讨论的“名、实”问题，实际上就是“符号”与“所指”之间的关系问题。古代所谓的“名家”，就是我们今天所说的“符号学家”，公孙龙是其中的杰出代表，他的《名实论》《指物论》是中国古代典范的符号学著作。前者讨论的是名实对应的指称理论；后者讨论符号与所指事物的对应关系，其语义理论仍属指称论。他的理论优越于先秦其他诸子，主要表现在：（1）他摆脱了单纯从封建名位、政权统治、伦理纲常上谈正名的传统，而从语言哲学、言语表达的恰当性上讨论正名问题，成为名副其实的“名家”；（2）强调“名”的单义原则；（3）有了较严密的逻辑论证，较多地使用演绎而较少用归纳例证的方法。许艾琼探讨了荀子正名理论的符号学意义。她说，荀子认为名是符号——“约之以命”，这是符号学上的约定论。名是概念——“期累实”，这孕育着符号学上的观念论。名具有自然价值——“别同异”和社会价值——“明贵贱”，这是符号学上的价值论。

四、关于《墨经》中的符号学问题

一些专家学者认为，《墨经》中具有丰富的符号学思想。张清宇运用国外词项逻辑的新理论研究《墨经》中的逻辑理论，建立了*MZ*系统，讨论了其中的语形、语义问题。孙学钧在提交的论文中从四个方面发掘了《墨经》中丰富的语义学思想：（1）名的本质；（2）名的语义特征；（3）语义悖论；（4）语义关系推理。赵平认为《墨经》对语言的符号功能有深刻的认识，就语谓行为、语旨行为提出了不少语义、语用观点。

五、关于翻译的理论问题

倪鼎夫对严复的翻译理论给予了很高的评价，认为严复在翻译上提出的信、达、雅原则是翻译的语义学标准。严复把西方语义学思想和中国正名学说结合起来，率先对中国哲学概念进行语义分析。严复的工作对提高民族的逻辑思维能力、提倡语义分析的风尚、改进中国文化和思想的研究方法具有划时代的贡献。法国佩皮尼昂大学德雷达尔·罗蒂丝教授作了题为《翻译：符号的变换》的报告，报告认为翻译问题不能局限于纯粹语言学的范围；它们只有在关于符号的一般理论的框架内才能得到解决。皮尔斯关于所有类型的符号的符号学能够提供这种理论框架。佩尔茨教授在讨论中说，翻译是符号学的一个重要内容，文学作品的翻译比科学著作的翻译要困难得多。但在这两种翻译中都要保留原著的认识论的意义。每个词在现实中都有一个副本，句子中词的排列要与实际相符合。翻译就是要找到原命题中词的排列顺序。

六、关于语言符号问题

王文卿和俞长春在《马克思主义与语言符号研究》的报告中认为，马克思主义经典作家关于名称符号和事物、对象关系的分析，不仅对我们坚持辩证唯物主义的反映论有重大意义，而且对我们讨论和研究西方语言哲学中的指称、意义、真理和意向等问题，也是富有指导性和启发性的。日本东京外国语大学川田顺造教授在报告中考察了非洲毛西古王国用来传递信息的鼓语，探讨了用非语言方式表现言语信息的基本特征。并把这种鼓语同日语和一些欧洲语言加以比较，阐明了它们相同或相反的特征，对欧洲拼音文字的价值重新提出质疑。黄汉江和肖丽萍在《论勉语的符号文化特性》的报告中，揭示了勉语（我国瑶族的一种语言）语文表式的文化意涵，阐明了勉语语词、语法的特点及意义。指明在民族文化交流中，由于各民族语言文化接触、融合，形成多种语言符号并用的多元文化现象。胡泽洪探讨了自然语言和人工语言的特征和它们在认识中的不同作用。他认为：前者具有多义性而后者具有单义性；前者具有模糊性而后者具有确定性；前者具有民族性而后者具有全民性。在人们的认识中前者适合于定性分析而后者适合于定量分析；前者适合于模糊认识而后者适合于精确认识；前者适合于归纳而后者适合于演绎。杨习良认为，语言符号不仅传递客观对象的外延性信息，也传递人们的认识、情感等信息。因此语言符号既具有一般词典意义也具有语用讯息意义。杨苏提出了“符号场”这一新概念，分析了符号场的结构和属性，指出符号的意义依赖于符号场。

七、关于艺术符号的问题

艺术符号也引起了与会专家、学者的很大兴趣。日本电气通信大学南条竹则先生在题为《戏剧的和声学——剧本的多义性和多层性》的报告中认为，剧本的“多层性”

就像交响乐的和声，交响乐由于可以用最高峰的复数声部反复演奏不同的旋律，并能同时提高紧张度，因而有着独奏所不能有的演奏效果。戏剧艺术也可以通过不同的“筋脉”达到高潮，给予观众以“情感净化”的效果。日本东京国立文物研究所高桥美都女士的报告说：日本的雅乐和声明乐中的理论和用语的写法都是从中国唐代学来的，它们是汉字文化中的一部分。陈波女士探讨了中国古代艺术符号结构理论，认为“象”“意象”“意境”构成了我国古代艺术符号的三维结构。与苏珊·朗格的艺术符号结构理论相比，中国古代文论对艺术符号结构的透视，带有整体直观与感悟的性质，并采用“象”符号系统来表达，充分显示了东方艺术论独特的价值与永恒的魅力。盛新华女士认为，艺术语言符号系统是具有创造性的一种符号系统，当艺术语言符号的组合能使审美主体进入一种包含复杂情感、充满情趣而又耐人寻味的境地时，才能称之为艺术语言符号的成活。

（原载《哲学动态》1993年第2期）

传播学与符号学散论

卢梭说："人是语言的动物。"西塞罗说："人是社会的动物。"马克思说："人的本质是一切社会关系的总和。"卡西尔说："人是进行符号活动的动物。"施拉姆说："人既不完全像上帝，也不完全像野兽，他的传播行为证明他的确是人。"

这些关于人的定义看来纷繁复杂，但仔细推敲一下就会发现它们之间是相通的。传播行为产生了社会联系，从而使人成为社会的人，而语言和符号正是传播赖以进行的工具。

因此，我们可以说，能运用符号进行传播才是人最基本的属性。

一、传播与传播学

传播（communication）又译为交流。它是指传播者运用传播媒介向受传者传递或交流信息的社会行为。这个定义包括三方面的内容。

第一，传播的基本要素有四个，即传播者、信息、媒介和受传者，缺少其中任何一个要素都不可能构成传播。

传播者就是信息的发送者，既可以是某一个特定的个人，也可以是某一个特定的社会集团（如某一个报社、电台、电视台）。受传者就是信息的接受者，它可以是特定个人或群体，也可以是不特定公众。在传播活动中，传播者处于主导地位，整个传播过程就是传播者实现自己意志的过程，始终渗透着传播者的期望，是传播者主动影响受传者的思想、观念、行为的过程。受传者作为传播的工作对象，自觉不自觉地受着传播者的影响，但他们并不是完全被动地接受，恰恰相反，受传者具有积极的能动作用，因为他们拥有自己特殊的社会经历和个性心理，对传播者传递的信息拥有选择的权利，并在一定程度上反过来影响传播者。

第二，传播的基本内容是信息。

信息本来是指具有新内容、新知识的消息，但传播学意义上的信息主要是指社会信息。凡是传播者要表达、传递的思想、感情、意识都叫信息。信息要通过媒介来传达，媒介是人们用来传递与取得信息的工具，如姿势、动作、语言、文字、报纸、电视等等。媒介与信息密不可分，离开了媒介，信息就无法交流和传播，离开了信息的事物也就不成其为媒介。例如，摆在商品柜的一枚戒指，由于它不传达人们的思想、感情等社会信息，因此只能称之为商品，而不能叫媒介。如果一个青年小伙子买下这枚戒指送给他的女朋友，作为订婚的信物，表达他的爱慕之情，那么这枚戒指就成为了媒介。

第三，传播的基本性质是一种社会性行为，通过这一行为而形成一定的社会关系。

传播作为人类自身的实践活动，体现着人的社会关系。人们通过传播相互影响，相互作用，形成社会关系的特定内容。施拉姆曾说：

> 研究传学其实就是研究人：研究人与人，人与他的团体、组织和社会的关系；研究人怎样受影响，怎样相互影响；研究人怎样报导消息，接受新闻与知识；怎样受教与教人，怎样消遣与娱人。要懂得传学，应先了解人与人怎样建立关系。①

传播是人类社会无所不在、无时不有的活动。可以说有了人类就有了传播。人类最早利用实物（如树枝、火光）、姿态（如手势、面部表情）交流思想、感情、愿望等。后来发明了语言和文字，进一步扩大了传播的深度和广度。

印刷术的发明和电子媒介的出现与发展使人类传播再次发生质的变化，即大众传播的兴起与繁荣。可以说，人类发展史同时也是传播媒介演进史。传播不仅存在于人类历史的整个过程，而且存在于社会生活的各个角落，促进社会政治、经济、文化和精神多方面的发展。马克思曾说：

> 社会——不管其形式如何——究竟是什么呢？是人们交互作用的产物。②
>
> 一个人的发展取决于和他直接或间接进行交往的其他一切人的发展。③

可以说，正是人们之间相互交往和传播，才产生了人类的社会组织，形成了彼此作为社会主体的个人。

随着传播实践的发展，产生了传播学。传播学是研究人类传播现象及其规律的科学。具体来说，传播学主要研究如下几个方面的问题。

第一，研究传播这种社会现象的内部运动规律。

---

① W·宣伟伯（威尔伯·施拉姆）：《传媒、信息与人：传学概论》，余也鲁译述，中国展望出版社，1985 年，第 4 页。

②《马克思恩格斯全集》第 27 卷，人民出版社，1972 年，第 477 页。

③《马克思恩格斯全集》第 3 卷，人民出版社，1960 年，第 515 页。

传播是一种社会现象，表现为传播者、传播内容、传播媒介、受传者各要素之间组成的传播关系。研究传播，首先就要研究传播者与受传者之间的社会关系和心理关系。在传播过程中，传播者始终发挥着主导作用，受传者同时又积极地、深刻地影响着传播者及传播模式的选择。因此，我们研究传播的内部运动规律就必须探讨传播者与受传者之间的相互关系。传播者把信息内容转换成各种符号进行传播，同时也期望受传者积极认可传播的内容，并自觉参与传播过程，实现传播的社会价值。这就出现了传播者与受传者之间的相互影响、相互协调的问题。我们研究传播规律，就是探讨如何建立协调机制，提高相互影响的有效性。

传播学是一门应用性很强的科学，具有很强的实践性，因此，我们研究传播运动的内部规律，还要研究传播的应用理论，包括传播实践的方法论和传播的工作模式，不断发展传播技能，增强传播的实际效果。传播的应用理论主要是为了解决传播的操作技术问题，诸如如何搜集处理信息，怎样选择传播模式，如何制订传播计划，怎样确定传播时机，怎样评价传播效果，等等。

第二，研究传播与社会的相互关系。

传播与社会是相互影响、相互作用、相互制约的。传播学研究传播与社会的关系，首先，要研究传播对社会的影响。传播通过信息的传递交流，形成强有力的舆论力量，能够促使社会的政治、经济、文化以及生活方式、价值观念等发生巨大的变化。如果传播内容积极、健康、科学、文明，那么传播的社会影响则是进步的，可以提高社会的凝聚力和人们的精神文明程度。相反，如果传播内容是落后、腐朽、反动的，就会造成人们的社会规范、价值观念乃至伦理道德方面的混乱，不仅不利于社会秩序的巩固，反而形成传播的负效应。研究传播对社会的影响，就要认真探讨传播对社会影响的机制，分析传播造成消极后果的条件与预防措施，使传播更好地为社会发展服务。

其次，传播学还要研究社会对传播的控制与管理。由于传播在社会生活中具有重要作用，因此社会必然高度重视对传播事业的投资，加强对传播的有效管理，利用各种社会力量繁荣健康文明的传播事业。社会对传播的控制作用主要体现在：

其一，传播事业发展赖以实现的物力、财力等由社会提供；

其二，传播发展的规模及其深度受制于社会生产力、社会制度与社会文化；

其三，传播的服务方向由社会的统治阶级规定；

其四，国家通过行政、法律和经济手段调节传播活动；等等。

第三，研究传播与文化的相互关系。

文化与传播的关系十分密切，文化离不开传播，而传播本身就蕴含了文化的传播。从更广泛的意义上说，传播也是一种文化现象，传播学研究文化与传播之间的关系，就要研究传播是怎样影响文化的形成与发展的。传播把文明之火播向世界各地，促进了整个人类的文明进化；传播促使不同文化彼此借鉴、吸收、认同，最终融为一体；传播带来了文化的增殖与放大，它一方面表现为量的增放（即传播面的扩大），另一方面表现为质的增放（即产生出新的价值或意义）；传播导致了文化的积淀，文化是一种符号的积累，只有通过世世代代的传播才能继承、传流下来。

传播学还要研究文化对传播有哪些重要影响，文化本身的特性是怎样制约、影响传播的。例如，文化本身具有一种自我保护功能，当外来文化有利于原有文化时，便容易被接纳，并被作为一种新的营养补充到文化机体之中，当外来文化对原有文化具有危害或破坏性时，它便会竭力阻止破坏性文化的侵入。

文化的这一特性告诉人们，当一种文化传播到另一个文化圈中时，它必须适应这一文化圈的特殊情形，没有这种适应，传播便不能正常进行，甚至可能中途夭折。在中国历史上，佛教传入中国的过程就表现了对中国原有文化圈的强烈依附和适应。佛教传入之初，由于儒学至尊，佛教受到排挤，甚至在法律上规定了汉人不许出家为僧。面对中国文化的自我保护功能，佛教不可能长驱直入，因此，东汉时佛教是依附于当时流行的道术而存在与传播的。小乘佛教传入中国之时，把佛教的“五蕴”与中国道学中的“气”和“五行”拉扯在一起；大乘佛教把佛教的“缘起性空”与中国道教中的“无”联系起来。总之，佛教文化作为外来文化传入中国，首先要适应中国文化的特色，对中国传统文化采取一定程度的依附与迎合，以此逐渐传播与扩大影响，没有这种适应过程，佛教不可能有后来的广泛传播。

二、符号与符号学

符号学（semiotics）一词来自古希腊语的 semiotikos。在柏拉图的《克拉底鲁》一书和亚里士多德的《工具论》《诗学》《修辞学》等著作中，都有关于符号的论述。17 世纪英国哲学家洛克在《人类理解论》一书中开始使用“符号学”这一术语。洛克将科学分为三类：第一类是物理学，它是关于事物的知识；第二类是实践之学，主要是伦理学；第三类称之为符号学，或称为关于符号的学说，这种符号最为常见的就是语词。符号学也可以恰当地被称为逻辑学，它研究符号的本质，研究心灵如何来理解事物，或者如何将那些知识传达给他人。

现代意义上的符号学产生于 20 世纪初。现代符号学的创始人有两位：一位是美国的著名哲学家和逻辑学家皮尔斯（C. S. Peirce），另一位是瑞士的著名语言学家索绪尔（F. de Saussur）。在他们之后，符号学才逐渐形成为一门独立的学科。

首先，我们看看符号学家关于符号的定义。

皮尔斯说："对于符号，我的意思是指任何一种真实的或塑造的东西，它可以具有一种感性的形式，可以应用于它本身之外的另一个已知的东西，并可以用另一个我称为解释者的符号去加以解释，以传达在此之前还不知道的关于其对象的某种信息。"①

美国的另一位著名的符号学家莫里斯（C. Morris）关于符号的定义是："如果任何东西 A 是一个预备—刺激，而这个预备—刺激，在发端属于某一行为—族的诸反应—序列的那些刺激—物不在当前的时候，引起了某个机体倾向于在某些条件下应用这个行为—族的诸反应—序列去作出反应，那么，A 就是一个符号。"② 为了说明这个定义，他举了这样一个例子：某人正沿着一条路驾驶汽车到某城市去，这时被另一个人拦住，拦者告诉他，前面的路被山崩堵塞了。驾车的人听见这些说出的声音后，转入一条支路，改走另一条路线到达目的地，拦者说的那些话对驾驶者是一些符号，因为这些话使他倾向于作出避开某条路上某个地点的一个障碍物这样一些反应序列，虽然在听到这些话的声音时障碍物本身并不是一个刺激物。

从这些定义中我们可以看出符号学所研究的符号就是能传递某种信息的事物，实际上也就是传播学中所说的媒介。正是从这个角度，有些学者才认为符号学是传播学的一个分支。英国著名学者特伦斯·霍克斯（Terence Hawkes）曾说："大体说来，符号学的疆域和结构主义接壤：两个学科的兴趣基本上是相同的。从长远看来，两者都应被囊括在第三个容量很大的学科内——它简单地被称作传播（communication）。"③

其次，我们再来看看符号学家关于符号的分类。

皮尔斯根据符号与对象之间的关系把符号分为三种，即图像符号、索引符号与象征符号。图像符号是一种与指涉对象有某些相似性的符号。皮尔斯说："一个图像符号是一种仅以其自身特征相涉于它所指涉的对象的符号。"④ 换句话说，图像符号以其与对象相关或分享的某种品质，而"看起来"或"听起来"像它们指涉的对象。例如，一张照片，一幅地图，或一个简单的形象性标志，甚至包括厕所门上的男女剪影，都是"看起来"像它们所指涉的对象。口技或音乐中的各种模拟效果音、语言中的象声词，都是"听起来"像它们所指涉的对象。至于视觉、听觉并用的影视艺术，其传

---

① Charles S. Peirce, *The Collected Papers of Charles S. Peirce*, Vol.2, Cambridge: Harvard University Press, 1932, p.7.

② 莫里斯：《指号、语言和行为》，罗兰、周易译，上海人民出版社，1989 年，第 12 页。"符号"（sign），译者原文译为"指号"。

③ Terence Hawkes, *Structuralism and Semiotics*, London: Routledge, 1977, p.124.

④ Charles S. Peirce, *The Collected Papers of Charles S. Peirce*, Vol.2, Cambridge: Harvard University Press, 1932, p.47.

递的符号和消息文本，也大多是图像性的符号。

索引符号是一种与其指涉对象有着某种直接联系或内在关系的符号，又称标志、指征。皮尔斯说："一个索引符号以实际地为对象所影响而相涉于它所指涉的对象。""当符号的个体存在与其对象确实发生关联时"，即为索引符号[①]。如烟之于火，闪电之于雷鸣，打喷嚏之于受凉感冒等。在通常情况下，因为两者之间具有某种事实上或"受影响"的因果联系，故前者皆可被视作后者的索引符号。这种符号往往以人们不曾意识到的"强制"方式，把人们的注意力引向对象。

象征符号是一种与其指涉对象没有自然的、必然性联系的符号。它之所以成为一种对象的再现，完全是由于某种规则或约定俗成的惯例。皮尔斯说："一个象征符号是一种某种普遍观念的协作联合，它的运作能使象征符号指涉于相关对象。"换言之，"当符号在或多或少的肯定程度上，被出自惯例读解为代表某对象时"，它便可被"称之为象征符号"[②]。口语中的大部分词汇、书面拼音文字、大部分数字、大部分法定的或公认的标志，相对其对象而言，通常是约定俗成的，或文化性的。其间没有什么必然的根据来解释它为什么"代表"这个对象而不"代表"那个对象，例如，"牛"这个词为什么只能代表牛而不能代表马，这完全是约定俗成的。再如，十字路口的"红灯"为什么表示停，"绿灯"为什么表示行，这也没有什么理论依据，完全是由交通规则规定的，是一定的惯例、习俗、规则使它们成为象征符号。

上述符号类别，绝非界限森严或完全不相容。事实上，它们既相互区别，又相互联系。有时，它们还作为不同类别的构成因素，共同并存于同一符码中，并通过这些因素，使该符码具有多种特性。试以一个表示弯道的交通标志为例，根据该标志的位置、形态——它通常被置于公路边，并以红白相间的立杆所支撑，我们凭借以往的经验，自然将其"读作"一个交通符码。根据交通"符规"，该符码中的"红圈"表示"警告""注意"——这是一个象征性的符号，因为其含义是为相应的交通符规所决定的。红圈中的"Z"形，则是一个由图像和象征因素混合而成的符号："Z"的形状与弯道相似——这是图像性的；但我们之所以把它"读作"弯道，而不是其他"Z"形的物体，或英文中的Z字母，则是由于交通符规的规定——因此，它又是象征性的。在现实生活中，当我们驱车经过这里，看到这个标志牌时，图中的"Z"形就会告诉我们，前面将会有

① Charles S. Peirce, *The Collected Papers of Charles S. Peirce*, Vol.2, Cambridge: Harvard University Press, 1932, p.48.

② Charles S. Peirce, *The Collected Papers of Charles S. Peirce*, Vol.2, Cambridge: Harvard University Press, 1932, p.49.

急转弯，要小心——这样，它又成了一种索引符号。

由此，我们可以看出，符号学关于符号类别的研究对传播的编码、译码是大有裨益的，它既可以指导人们选择正确的符码传递信息，也可以帮助人们准确地译码、释码，从而更好地接收、理解信息。

三、传播学与符号学

从以上的分析我们可以看出，传播学与符号学的研究内容有一部分是相同的。这两门学科都研究符号，莫里斯认为符号学应包括语形学、语义学和语用学三个组成部分。语形学主要研究符号与符号之间的各种关系；语义学主要研究符号与所指对象之间的关系；语用学主要研究符号和符号的使用者之间的关系。传播学关于编码、译码、释码的研究也要涉及这三方面的内容。编码就是传播者把要传递的信息转化成符号，因为传播者要传递的信息（包括思想、感情）仅是个人的主观体验，在自己的大脑里，别人是无法知晓的。要想把这些东西传达给别人，就要把它们转化成文字、声音、表情、姿势等各种各样的符号，变成别人凭各种感官就可以感觉到的东西。译码是编码的逆变换，即接受者把接收到的符号再转换成信息，对这些信息的理解就是释码。显然编码者要考虑语形、语义问题：选择什么样的符号？怎样组织符号才能准确地传达意义，才能使对方（指受传者）正确地理解意义？译码、释码者也要考虑语义、语用的问题：这些符号的意义是什么？对方（指传者）使用这些符号表达什么意思？

传播学和符号学也有很多不同的研究内容。传播学除了研究传播的媒介——符号以外，还要研究传播的过程、传播的技巧、传播的效果、传播对社会的影响、传播与文化的关系等等。这些内容符号学是不研究的。

同样，人类传播所使用的符号也只是符号学研究内容的一个方面。除此之外，符号学还研究有机体的新陈代谢作用、动植物的刺激反应过程、高级生物的知觉和倾向性方式、灵长目动物的相互作用以及机器中的信息加工等内容。例如，美国当代著名的符号学家西比奥克（T. A. Sebeok）创立的动物符号学就是研究各种动物（如蜜蜂、鸟、猩猩等等）之间的信息传递问题。显然，这些内容传播学是不研究的。

传播学与符号学是20世纪初在西方发展起来的两门新兴学科。对于这两门学科之间的关系，有些西方学者认为传播学中包含了符号学，符号学是传播学的一部分；也有一些西方学者认为符号学中包含了传播学，传播学是符号学的一部分。通过以上有关“传播”与“符号”的定义以及传播学与符号学研究内容的分析、论证，我们得出的结论是：传播学与符号学是两门相互交叉的学科。

（原载《湖北大学学报（哲学社会科学版）》1997年第2期）

符号学是深化先秦名辩学研究的更优范式

“范式”这个术语是美国著名哲学家库恩（Thomas. Kuhn）从语言学里借用来的，原意是语法中表示词形的变化规则，如名词变格、动词人称变化等，由此可以引申出模式、模型、范例等义。库恩在《科学革命的结构》一书的序中给“范式”下的定义是：“我所谓的范式通常是那些公认的科学成就，它们在一段时间里为实践共同体提供典型的问题和解答”① “为特定的连贯的科学研究的传统提供模型”②。

20世纪初，西方传统形式逻辑译介到我国后，当时的一大批名辩学研究者这一“实践共同体”就把它作为范式来研究先秦时期的名辩学。在这一百多年的研究历程中虽然取得了很大的成就，但也存在一些问题。进入新的世纪后，怎样深化先秦名辩学的研究是摆在当前中国学者面前的一个重要课题。

一、以西方传统形式逻辑为范式研究我国先秦名辩学的得与失

我国先秦名辩学的研究兴起于20世纪初。在西学东渐的过程中，西方传统形式逻辑被译介到中国，这种具有方法论性质的学科介绍到我国以后，立刻引起了广大学者的兴趣，很多学者开始在我国传统文化中寻找这方面的思想资源。孙诒让第一个认识到《墨经》诸篇中有亚里士多德的演绎法和培根的归纳法。受孙诒让的启发，梁启超开启了以西方传统形式逻辑为范式诠释《墨经》中名辩学的先河，按照概念、判断、推理的理论框架诠释《墨经》中有关名、辩的思想资料。

梁启超之后，胡适、章太炎、章士钊、谭戒甫、沈有鼎、詹剑峰等学者继续沿用这种范式研究先秦名辩学，他们通过发掘先秦思想史上的资料，然后比照传统形式逻辑中的概念、判断、推理和论辩的理论体系整理史料，从而把先秦诸子著作中的“名”解释成为概念，“辞”解释成为判断，“说”解释成为推理，“辩”解释成为论辩。

① 库恩：《科学革命的结构》，金吾伦、胡新和译，北京大学出版社，2003年，第4页。

② 库恩：《科学革命的结构》，金吾伦、胡新和译，北京大学出版社，2003年，第9页。

通过这些学者的努力，“逻辑”思想资料的发掘更为丰富了，比较研究的视野也进一步扩大和加深了。

十一届三中全会以后，中国迎来了科学的春天，也迎来了中国逻辑史研究的春天，一大批学者投入到中国逻辑史的研究中，20 世纪 80 年代是中国逻辑史研究空前繁荣的时期，这一时期成长起来了一批知名学者，出版、发表了大量有较大影响的研究成果。尤其是 1989 年至 1991 年由甘肃人民出版社出版的五卷本《中国逻辑史》和与之配套的《中国逻辑史资料选》，是这一时期研究成果的代表作。这一成果集中了当时 20 多位中国逻辑史研究者的智慧，具有里程碑的意义。这种以西方传统形式逻辑为范式，诠释中国先秦时期名辩学的模式，取得了令人瞩目的成绩。它有力地推动了先秦名辩学研究的深入，极大地提高了名辩学研究在学术界的地位，扩大了其影响。

这种研究范式在取得丰硕研究成果的同时，也存在一些问题，而且这些问题受到越来越多的批评。从梁启超的《墨子之论理学》一出版，就有学者提出异议。1925 年吴熙在《墨子的名学》一文中指出：“墨子的名学，在形式和理论二方面，都和西人的逻辑学完全相反，如果不悉心研究，强合西人的逻辑学，便要弄得十分的‘支离破碎’的。”[①]20 世纪 90 年代以来，对这种研究范式的批评更为激烈。刘培育先生曾指出：“以传统逻辑体系为范本去剪裁与建构中国名辩学体系，却发生了明显的负面效应：（1）扭曲了名辩学体系的原貌，或使其原貌变得模糊不清。（2）为适应传统逻辑体系的内容，而造成对名辩学史料的误解和强解。”[②] 曾祥云先生说：“我们看到，在我国近现代的名辩逻辑化过程中，研究者在‘吾国固有’这样一种狭隘民族文化心理的影响下，一味热衷于以西方逻辑诠释名辩、比附名辩。”[③] 程仲棠先生进一步指出：“把墨辩过度诠释为‘逻辑学’，就无异于伪造历史。”[④] 这些批评无疑是切中要害的，的确以西方传统形式逻辑为参照系，对中国古代名辩学进行比较研究，造成了比附之风盛行和对史料的“过度诠释”。

但我们要进一步追问的是：为什么会出现这种现象？是比较研究这种方法的问题呢，还是参照范式的问题呢？我们认为比较研究方法是没有问题的，问题就出在比较

---

① 吴熙：《墨子的名学》，中国逻辑史研究会资料编选组：《中国逻辑史资料选（现代卷）》（下），甘肃人民出版社，1991 年，第 439 页。

② 刘培育：《名辩学与中国古代逻辑》，《哲学研究》1998 年增刊。

③ 曾祥云：《中国逻辑史研究的误区》，《长沙电力学院学报（哲学社会科学版）》2003 年第 4 期。

④ 程仲棠：《从诠释学看墨辩研究的逻辑学范式》，《学术研究》2005 年第 1 期。

研究中选择的参照范式不恰当。就中国古代的语言文字特点来看，汉字是表意文字，每个字符和它表达的意义紧密联系在一起，很难从汉字中抽象出一些符号做逻辑常项或逻辑变项，因此就不能对语言进行形式刻画。从先秦的文献中很难找到像西方传统逻辑那样的“形式”，就名辩学原典自身来说，既没有像亚里士多德逻辑那样的变项，也没有像亚里士多德逻辑那样的推理形式的刻画，因此，用西方传统形式逻辑为研究范式诠释中国古代的名辩学就必然会出现牵强附会的现象。通过以上的分析我们可以看出，要想深化先秦名辩学的研究，开创中国逻辑史研究的新局面，就要寻找新的参照范式。我们认为符号学是深化先秦名辩学研究的更优范式。

二、符号学概观

符号学（semiotics）是20世纪初发展起来的一门新兴学科。符号学方法是一种当代思维方法，也是一种语言分析方法。瑞士语言学家索绪尔（F. de Saussure，1857—1913年）和美国哲学家皮尔斯（C. S. Peirce，1839—1934年）是世上公认的现代符号学的两位奠基人。

（一）符号

在索绪尔看来，符号不是别的，而是能指和所指的二元关系。在《普通语言学教程》一书中，索绪尔所说的“能指”（signifier），指的是语言符号的“音响形象”，“所指”（signified）是它所表达的概念。索绪尔把它们比作一张纸，思想（概念）是纸的正面，声音是纸的反面，它们永远处在不可分离的统一体中。他还认为，这是语言符号两个最为重要的特征。索绪尔说：“我们建议保留用‘符号’这个词表示整体，用所指和能指分别代替‘概念’和‘音响形象’。后两个术语的好处是既能表明它们彼此间的对立，又能表明它们和它们所从属的整体间的对立。至于‘符号’，如果我们认为可以满意，那是因为我们不知道该用什么去代替，日常用语没有提出任何别的术语。”①

索绪尔关于符号的二元关系理论，很快得到学术界的公认，因而也就澄清了两千多年来对于“符号”一词的混乱解释。其实，符号就是一种关系。索绪尔所说的“能指”是指符号形式，亦即符号的形体；“所指”是指符号内容，也就是符号能指所传达的思想感情，或曰“意义”。符号就是能指和所指，亦即形式和内容之间的二元关系。

在索绪尔提出符号二元关系理论的同时，美国哲学家皮尔斯提出了符号的三元关系理论。皮尔斯把符号看作符号形体（representamen）、符号对象（object）和符号解释（interpretant）之间的三元关系。他说：“对于符号，我的意思是指任何一个真实的

① 索绪尔：《普通语言学教程》，高名凯译，商务印书馆，1980年，第102页。

或塑造的东西，它可以具有一种感性的形式，可以应用于它本身之外的另一个已知的东西，并可以用另一个我称之为‘解释者’的符号去加以解释，以传达在此之前还不知道的关于其对象的某种信息。这样在任何一个符号、对象与解释者之间就存在一个三元关系。”[①] 在皮尔斯看来，正是这种三元关系决定了符号过程（semiosis）的本质。

由于索绪尔和皮尔斯关于符号的定义是各自在不同的背景下提出来的，不可避免地存在一些差别。但是在我们看来，他们彼此之间是有一定联系的。我们认为，索绪尔的“能指”相当于皮尔斯所说的“符号形体”，人们通常称之为“符形”；索绪尔所说的“所指”大体上相当于皮尔斯所说的“符号解释”，人们通常称之为“意义”或“讯息”。索绪尔和皮尔斯关于符号的“二元关系”和“三元关系”学说，奠定了现代符号学坚实的理论基础。

皮尔斯之后的另一位著名的美国符号学家莫里斯（C.W. Morris，1901—1979 年）给符号下的定义是：“如果某个东西 A 是用这样一个方式控制了指向某个目标的行为，而这种方式类似于（但不必等同于）另一个东西乃在它被观察到的情况下用以控制指向这个目标的行为的那种方式，那么，A 就是一个符号[②]。”[③] 莫里斯有时也将符号称为“符号媒介物”（sign vehicle），莫里斯定义的一个特点就在于符号不仅与它所代表的对象以及心灵体现者的解释相联系，而且与解释者的行为相联系。

从上面几个定义可以看出，“符号”并不是一个孤零零的某种事物、某个现象，而是体现解释者的心灵与所对应对象的一种关系。“符号”既是物质的，同时也是一种心灵的现象，它在人的认知和交际行为过程中产生。“符号是用甲事物表征乙事物，并且通过甲事物来传达关于乙事物的讯息。”[④]

（二）语形学、语义学和语用学

在符号学的发展历史上，莫里斯第一次明确地把符号学的研究内容分为三个组成部分：语形学（syntactics）、语义学（semantics）和语用学（pragmatics）。目前，莫里斯关于符号学三个组成部分的学说已为学术界所公认，并且成为符号学基础理论之一。

---

① Charles S. Peirce, *The Collected Papers of Charles S. Peirce*, Vol.2, Cambridge: Harvard University Press, 1932, p.7.

② 符号（sign）原文译为“指号”，下同。

③ 莫里斯：《指号、语言和行为》，罗兰、周易译，上海人民出版社，1989 年，第 9 页。

④ 黄华新、陈宗明：《符号学导论》，河南人民出版社，2004 年，第 8 页。

1. 语形学研究符号系统内的符号能指与能指之间的关系

1938年，莫里斯在《指号理论的基础》一书里是这样定义语形学的："语形学研究'符号相互间的形式关系'。"①1946年，他在《指号、语言和行为》一书中对这个定义又作了一些改进："语形学研究符号的种种联合，而不考虑这些联合的意谓，也不考虑这些联合和它们在其中出现的那种行为之间的关系。"②

莫里斯关于语形学的思想得到美籍德裔哲学家卡尔纳普（R. Carnap）的积极响应。卡尔纳普在1942年出版的《语义学导论》一书中说："如果我们不考虑语言的使用者……也不考虑所指谓，而只分析表达式之间的关系，我们就是从事（逻辑的）语形学的工作。"③

莫里斯说语形学不研究符号的意谓和行为，只研究符号的种种联合；卡尔纳普也指出，语形学不考虑符号的使用者，也不考虑符号的所指谓，只分析表达式之间的关系。这些论述都非常明确地把语形学和语义学、语用学严格地区分开来。值得注意的是，莫里斯所说的符号并不是指符号的整体，而仅仅指的是符形，也就是索绪尔所说的"能指"；卡尔纳普所说的表达式也不是指表达式的整体，仅指表达式的形式，即表达式的"能指"。通过这两位哲学家的论述，我们就能够非常明确地体会到：语形学的任务就是研究符号系统内的符号能指与能指之间的关系。

2. 语义学研究符号的能指与所指之间的意指关系，研究符号的指谓意义（不依赖于符号情境的意义）

莫里斯在《指号理论的基础》一书里关于语义学的定义是这样的："语义学研究'符号和其所指示的对象之间的关系'。"④在《指号、语言和行为》一书中他对这个定义又作了一些修改："语义学研究符号所具有的各种方式的意谓。"⑤

卡尔纳普在《语义学导论》一书中指出："如果我们不考虑语言的使用者而只分析表达式和它们的所指谓，我们就是从事语义学领域内的工作。"⑥

莫里斯所说的"意谓"和卡尔纳普所说的"所指谓"实际上就是符号的能指和所指之间的意指关系。也就是说语义学是研究符号的能指与所指之间的意指关系。需要

---

① 转引自莫里斯：《指号、语言和行为》，罗兰、周易译，上海人民出版社，1989年，第261页。
② 莫里斯：《指号、语言和行为》，罗兰、周易译，上海人民出版社，1989年，第262页。
③ 转引自莫里斯：《指号、语言和行为》，罗兰、周易译，上海人民出版社，1989年，第261页。
④ 转引自莫里斯：《指号、语言和行为》，罗兰、周易译，上海人民出版社，1989年，第261页。
⑤ 莫里斯：《指号、语言和行为》，罗兰、周易译，上海人民出版社，1989年，第262页。
⑥ 转引自莫里斯：《指号、语言和行为》，罗兰、周易译，上海人民出版社，1989年，第261页。

注意的是这种意指关系是“不考虑语言的使用者”的，更明确地说语义学所研究的符号的指谓意义不依赖于符号情境的意义，这是它和语用学最显著的区别。

3. 语用学研究符号情境中的意义

莫里斯在《指号理论的基础》一书里对语用学的定义是：“语用学研究‘符号和解释者之间的关系’。”① 在《指号、语言和行为》一书中修改为：“语用学是符号学的这样一个部分，它在符号出现的行为中研究符号的起源、应用与效果。”②

卡尔纳普在《语义学导论》一书中说：“如果在一个研究中明白地涉及了说话者，或者换一个更为普遍的说法，涉及了语言的使用者，那么我们就把这个研究归入语用学的领域中。”③

从这两位哲学家关于语用学的定义中我们可以清楚看到，语用学所研究的符号的意义不同于语义学，语用学研究的是“符号和符号的使用者”之间的关系，除此之外，还要研究“符号的起源、应用与效果”，这些内容就是人们所说的“符号情境”。

关于语形学、语义学、语用学三者之间的联系，瑞士逻辑学家鲍亨斯基（J. M. Bochenski）在《当代思维方法》一书中作过精辟的论述。他说：句法（语形）关系、语义关系、语用关系以一种特殊方式交织在一起，它们的基础是句法即语形关系。语用关系以语义关系和句法关系为前提，而语义关系则以句法关系为前提。一个无意义的词对于人类理解毫无用处，而为了具有意义，它必须同其他词具有某种关系。另一方面，句法（语形）关系则并不以语义关系和语用关系为前提，语义关系也可以在不涉及语用关系的情况下加以研究。即使对一个完全没有意义的语言，也可以构造出一个完整的句法；例如，我们可以形成这样一种简单的语言，其中只出现符号 P 和 X，并且把 P 永远先于 X 作为一条句法规则；并不一定要知道 P 或 X 实际意谓着什么。④

作为符号学的一个分支，语形学同语义学、语用学之间的区分是比较容易的。然而语义学和语用学之间的区分就比较困难了，它们研究的问题有些是相互交织的。究竟怎样明确地把语用学同语义学区别开来，英国语言学家利奇（G. Leech）在《语义学》一书中作出了比较充分的论述。他认为语义学和语用学虽然都研究意义，但是语义学研究的是“sense”（字义），是语言片段的抽象和字面的意义；语用学研究的是“force”

---

① 转引自莫里斯：《指号、语言和行为》，罗兰、周易译，上海人民出版社，1989 年，第 261 页。

② 莫里斯：《指号、语言和行为》，罗兰、周易译，上海人民出版社，1989 年，第 262 页。

③ 转引自莫里斯：《指号、语言和行为》，罗兰、周易译，上海人民出版社，1989 年，第 261 页。

④ 鲍亨斯基：《当代思维方法》，童世骏、邵春林、李福安译，上海人民出版社，1987 年，第 35—36 页。

（用意），是语言片段在特定场合中的意义。前者为：X 的意思是 Y。后者为：通过 X，S 的意思是 Y。利奇还对意义的某种讨论是否属于语用学的范围提出四条区分的标准：（1）是否考虑了发话人或受话人（言者或听者）；（2）是否考虑了言者的意图或听者的解释；（3）是否考虑了语境；（4）是否考虑了通过使用语言或依靠使用语言而施行的那种行为或行动。他说："如果对这些问题的回答有一个或一个以上是肯定的，就有理由认为我们是在讨论语用学。"①

我国著名逻辑学家周礼全先生把语言表达式分为四个层次：抽象语句、语句、话语、交际语境中的话语。与此相对应的表达式的意义也分为四个层次：抽象语句的意义——命题；语句的意义——命题态度；话语的意义——意谓；交际语境中的话语的意义——意思。②

根据利奇的四条标准，我们就清楚知道只有"抽象语句的意义——命题"是语义学的研究对象，其他三个层次的意义都是语用学的研究对象，因为这三种意义都考虑了语言的使用者和语境。

三、符号学是深化先秦名辩学研究的更优范式

从上面对符号学的介绍中，我们可以看到与西方传统形式逻辑相比，用符号学做范式研究我国先秦的名辩学有更多的优势。

传统形式逻辑的主要内容包括概念、判断和推理三大部分。"概念"用索绪尔的话来说是符号的"所指"，也就是说在传统形式逻辑中根本没有考虑符号的"能指"，而先秦名辩学中的"名"恰恰是能指和所指的结合体，是语词符号。"判断"和"推理"主要研究推理形式的有效性，属于语形学的研究内容，遗憾的是先秦名辩学中根本没有涉及推理有效的问题，也就是说根本没有语形学的内容。名辩学中所讨论的推理都是语用推理，而西方传统形式逻辑中又根本没有研究语用推理的问题。与此相反，符号和语用推理在符号学中都给予了充分的研究，据此我们认为符号学是深化先秦名辩学研究的更优范式。

下面我们以"名"的符号性质和"譬""侔""援""推""止"五种论式为例来说明符号学范式的优越性。

（一）"名"是语词符号

用西方传统形式逻辑为研究范式，把"名"解释为"概念"，我们通过阅读分析

① 利奇：《语义学》，李瑞华等译，上海外语教育出版社，1987 年，第 455 页。

② 周礼全主编：《逻辑——正确思维和成功交际的理论》，人民出版社，1994 年，第 16—20 页。

名辩学的原典，就会感受到这样解释太牵强。

首先，我们看看《墨经》中关于名的论述。《墨经·小取》说："以名举实。"《墨经·经上》31说："举，拟实也。""拟"的含义就是摹拟，即按照事物的样子画下来就像原物那样。《易·系辞》说："拟诸形容，象其物宜。"这和许慎说的象形字如出一辙，许慎说："象形者，画成其物，随体诘出，日月是也。"（《说文解字·叙》）《墨经·经说上》32讲得更明白："名若画虎。"即写"虎"字，就像画虎一样。显然"以名举实""名若画虎"中的名不是概念，而是符号。

其次，我们再看看《荀子》中关于名的定义："名也者，所以期累实也。"根据许慎《说文解字》，"期"有约定之义，"累"有附加之意。因此我们可以把荀子的定义理解为"名"是通过约定，附加在"实"上的符号。《荀子》另一段著名的论述进一步证明了名的符号性："名无固宜，约之以命，约定俗成谓之宜，异于约则谓之不宜。名无固实，约之以命实，约定俗成谓之实名。"名和实之间是没有必然联系的（概念和事物之间是有必然联系的），某个"实"用什么"名"来表达，某个"名"表示什么"实"，既没有自然的法则，也没有固定的模式，而是约定俗成的结果。

符号和概念的区别在哪里？概念是反映事物属性的思维形式，是思维领域内的东西，是索绪尔所说的"所指"。符号则是符形和符义的结合体，用索绪尔的话来说是能指和所指的结合体，它们就像一张纸的两面是不能分开的。先秦文献中的"名"既可指文字符号，也可指声音符号。如果指文字符号，它就是字形和字义的结合体，如果是声音符号，它就是音响形象和概念的结合体。

（二）"譬""侔""援""推""止"五种论式都是语用推理

1."譬"式推论

惠施给"譬"下的定义是："以其所知谕其所不知而使人知之。"（《说苑·善说》）《墨经》的定义是：

> 辟（譬）也者，举他物而以明之也。（《墨经·小取》）

《墨经》的"譬"是作为一种推论形式提出来的。"举他物以明之"的"明"指明类。乙物与甲物本质（共性）相同，举乙物作譬，达到获得甲物与乙物为同类的认识的目的。涉及论辩双方的背景知识，显然具有语用推理的性质。

例如《墨子·耕柱》说：

> 大国之攻小国，譬犹童子之为马也。童子之为马，足用而劳。今大国之攻小国也……农夫不得耕，妇人不得织……故大国之攻小国也，譬犹童子之为马也。

儿童骑竹马，是一种白费力气、没有用处的儿戏，这和大国攻小国的“百姓苦其劳，而弗为用”（《墨子·鲁问》）在本质上相同，因而大国攻小国和“童子之为马”为同类，它们都是劳而无功的儿戏。

2.“侔”式推论

侔也者，比辞而俱行也。（《墨经·小取》）

“比”，“其本义谓相亲密也”（《说文解字》段注）。比的引申义有类等、齐等、同等。据此，“比辞”可以理解为两个命题相类、相等或相同。“比辞而俱行”就是比较作为前提与结论的命题，并以其相类、相等或相同为根据而进行的推演，这也正是“侔”式推理的特征。这种推理涉及上下文，是典型的语用推理。

白马，马也；乘白马，乘马也。
骊马，马也；乘骊马，乘马也。
获，人也；爱获，爱人也。
臧，人也，爱臧，爱人也。（《墨经·小取》）

“白马，马也；乘白马，乘马也”，这句话应译为“白马是马，所以，骑白马是骑马”。这一推理的前提与结论均为直言命题，结论的主、谓项是由在前提中主、谓项上附加相同语词而构成的复杂语词，表达这些复杂语词的是由若干词构成的词组（“乘白马”与“乘马”均为动宾词组），而不是句子。这些实例表明，前提与结论之间的齐等之处不在于具体内容的无差别，而是它们的主、谓项之间均具有属种关系，即主项包含于谓项。就这点而言，作为前提与结论之间的两个命题可视为类同，这种“类同”正是“侔”式推理的根据。

3.“援”式推论

援也者，曰：“子然，我奚独不可以然也？”（《墨经·小取》）

“援，引也。”（《说文解字·手》）“援”式推理的特点是：引述对方的论点与自己的论点进行比较，以双方论点属同类为根据，驳斥对方对己方所持观点的否定是站不住脚的。这一特点被孙诒让概括为“引彼以例此”。[1] 这种论式是通过指出对方所赞同的观点与其企图反驳的观点是相同的，从而说明对方是自相矛盾的。它依赖于语境，是语用推理。

① 孙诒让点校：《墨子间诂》，中华书局，1986年，第380页。

《墨经·小取》的一段论述可以作为“援”式推理的例子，世人有“盗人，人也；多盗，非多人也”的论点，墨者有“盗人，人也；杀盗，非杀人也”的论点，“引彼以例此”，二者同类。因此，“世有彼而不自非也，墨者有此而非之”就站不住脚了。这个例子表明“援”兼有证明和反驳的作用，反驳是主要的。“援”是十分有力的论辩手段。

4.“推”式推论

推也者，以其所不取同于其所取者予之也。“是犹谓”也者，同也；“吾岂谓”也者，异也。（《墨经·小取》）

所谓“推”式，就是揭示对方所否定（“所不取”）的命题和对方所肯定（“所取”）的命题为同类，从而推知其结论只能是要么都肯定，要么都否定，而不能肯定一个而否定另一个。这也和论辩的语境密切相关，毫无疑问属于语用推理。

“推”式推论既可用于证明也可用于反驳，更多是用于反驳，例如：“公孟子曰：‘无鬼神。’又曰：‘君子必学祭礼。’子墨子曰：执无鬼而学祭礼，是犹无客而学客礼也，是犹无鱼而为鱼罟也。”（《墨子·公孟》）

“是犹”，即《墨经·小取》“是犹谓也者，同也”的“是犹”。“执无鬼而学祭礼”和“无客而学客礼，无鱼而为鱼罟”也是“是犹”关系，即同类关系。按“法同则观其同”，两者要么同真，要么同假，而不能一真一假。

5.“止”式推论

“止”式推式是《墨经》中明确总结了的一种推式：

止，因以别道。（《墨经·经上》99）

止：彼举然者，以为此其然也，则举不然者而问之。（《墨经·经说上》99）

止，类以行之，说在同。（《墨经·经下》101）

止：彼以此其然也，说是其然也；我以此其不然也，疑是其然也。（《墨经·经说下》101）

“因以别道”，是指把不同的、别的情况（这儿是指具有矛盾关系的命题）指出来加以反驳。但这个不同情况的命题必须限于同类（“类以行之”），即命题的主宾项同一。比如对方举出一个正面事例，得出关于这类事物都是这样的一个全称命题（“彼举然者，以为此其然也”），这是由个别到一般的类取，是简单归纳。我们只要举出这类事物中有不是这样的例子，就可以推翻对方这个全称肯定的命题。这就是“止”

式推论。

又如，对方举出这类事物都是这样（“彼以此其然也”），推出这一类事物中某物也是这样（“说是其然也”），我只要举出这类事物并非这样（“我以此其不然也”）的一个全称否定命题，就可以证明对方那个某事物是这样的特称肯定命题为假（“疑是其然也”），这同样也是“止”式推论。

可见，“止”式推论是利用命题之间矛盾关系进行的推论，这也是和语境密切相关的，因而也是语用推理。

从以上的论述中我们可以看出，用符号学作范式研究先秦的名辩学，能够对“名、辩”问题作出更加合情合理的阐释。由此我们坚信：符号学是深化先秦名辩学研究的更优范式。

（原载《湖北大学学报（哲学社会科学版）》2013 年第 3 期）

言、象、意简论

言、象、意是中国哲学史上三个重要范畴，先秦诸子已对“言”“意”这两个范畴及其关系进行了深入的讨论。《周易》中又引入了“象”这个范畴，并讨论了言、象、意三者之间的关系。在以后的易学发展史上，历代都有思想家论述这三个范畴。本文试图对先哲们的论述加以梳理并从符号学的角度对这三个范畴加以讨论。

一、先秦诸子关于言、意关系的论述，以及对“言意相离”的批判

在先秦诸子那里，“言”是指语词或语句，他们有时又称为辞或语；“意”是指概念或命题，他们有时又称为“志”。“言”和“意”之间的关系是一种表达与被表达的关系。“言”是“意”的表达形式，“意”是“言”的思想内容。这种关系先秦诸子已经有所认识，《墨经》说：“以辞抒意。”[①] 荀子进一步指出：“辞也者兼异实之名以论一意也。”[②]《吕氏春秋》说得更明白：“夫辞者，意之表也”“言者以喻意也”[③]。即语言是思想的表现形式，它的功用就是把心中的意表达出来，让别人知晓。

语言表达意义，意义通过语言来表达，但它们之间并非一一对应，存在着“一对多”或“多对一”的情形。即同样的“言”可以表达不同的意义，这就是语言的“多义性”；相同的意义也可以用不同的“言”来表达，这就是语言的“同义性”。古代诡辩论者常常利用语言和意义之间的复杂关系，玩弄语词游戏，混淆概念，进行诡辩。先秦诸子对这种现象进行了分析批判，指出这是一种“言意相离”的逻辑错误。先秦诸子认为，

---

① 中国逻辑史研究会资料编选组：《中国逻辑史资料选（先秦卷）》，甘肃人民出版社，1985年，第192页。

② 中国逻辑史研究会资料编选组：《中国逻辑史资料选（先秦卷）》，甘肃人民出版社，1985年，第278页。

③ 中国逻辑史研究会资料编选组：《中国逻辑史资料选（先秦卷）》，甘肃人民出版社，1985年，第398页。

语言和意义之间的关系虽然是复杂的，但在具体的语言环境中它们之间的关系是确定的。“言意相离”就是指语言和确定的意义相脱离、相分离。

这种“言意相离”的错误，《墨经》作者已经认识到了。为了防止这种错误，《墨经》提出了“通意后对”的原则：“通意后对，说在不知其谁谓也。”[①]

“通意后对”的原则就是要求答者先弄清语词或语句的意义，然后再回答，而且在应答时要考虑当时的语言环境，准确地把握语言的意义。这样的要求无疑是正确的，就是在今天也仍然适用。

在中国思想史上，荀况第一个认识到言与意之间的关系具有约定性：“名无固宜，约之以命，约定俗成谓之宜，异于约则谓之不宜。”[②]一个语词表达什么意义，是约定俗成的，一旦约定俗成，它的意义就是确定的，这样人们才能用语言表达思想交流感情。如果使用语言“异于约”就是不恰当的，就会妨碍思想的交流：“苟之，奸也。”[③]言不求其通而自歧其说，这样的言就是“奸言”。

为了防止“言意相离”的错误，荀况对言者提出了要求：“正其名，当其辞，以务白其志义者也。彼名辞也者，志义之使也，足以相通则舍之矣。”[④]这就要求言者，正确地使用语言，明白地表达思想，充分地交流思想，反对“玩奇辞”“治怪说”。

韩非批判“言意相离”是基于他的法术观点的。韩非认为，“名”是圣人之所以为治道的三要素之一。他说：“名者上下之所同道也。”[⑤]意思是：“名”的含义必须一致，然后才能通行。这里，“名”实际上具有法的作用。诡辩论者利用语言歧义混淆是非，颠倒黑白，当然在韩非的法的所禁之列。

韩非首先树立了批判的靶子，列举了语词歧义造成的逻辑错误。“书曰：‘绅之束之。’宋人有治者，因重带自绅束也。人曰：‘是何也？’对曰：‘书言之，固然。’”[⑥]《书》

---

① 中国逻辑史研究会资料编选组：《中国逻辑史资料选（先秦卷）》，甘肃人民出版社，1985年，第142页。

② 中国逻辑史研究会资料编选组：《中国逻辑史资料选（先秦卷）》，甘肃人民出版社，1985年，第274页。

③ 中国逻辑史研究会资料编选组：《中国逻辑史资料选（先秦卷）》，甘肃人民出版社，1985年，第282页。

④ 中国逻辑史研究会资料编选组：《中国逻辑史资料选（先秦卷）》，甘肃人民出版社，1985年，第282页。

⑤ 中国逻辑史研究会资料编选组：《中国逻辑史资料选（先秦卷）》，甘肃人民出版社，1985年，第318页。

⑥ 梁启雄：《韩子浅解》，中华书局，1960年，第284页。

所讲的“绅之束之”是指用道德规范约束自己，是指修身谨慎之意。但宋人曲解其意，用两根腰带捆束其身。

宋人的曲解是由语词歧义造成的。“束之”有两种意义：一是指用带子捆住；二是指用道德规范约束自己，修身养性，谨慎从事。《书》中的“绅之束之”是第二种意义，而宋人理解成第一种意义，歪曲了《书》作者的原意，造成了言意相离。

韩非还列举了语句歧义造成的谬误。“哀公问于孔子曰：‘吾闻夔一足，信乎？’曰：‘夔，人也，何故一足？彼其无他异，而独通于声。尧曰：夔一而足矣，使为乐正。故君子曰：夔有一，足。非一足也。’”①

“夔一足”。这个句子有两种意义。句读时如果短暂的停顿在“夔”后，这个句子的意思就是：“夔只有一只脚。”如果短暂的停顿在“一”后，这个句子的意思就是：“夔一个就足够了。”前一种意义的句子结构是：“夔，一足。”后一种意义的句子结构是：“夔一，足。”“夔只有一只脚”这句荒谬的话，就是人们传闻的时候不审查语句歧义造成的。这里韩非借孔子的口正了“言”，驳斥了这个谬论：“夔，人也，何故一足？……尧曰：夔一而足矣，使为乐正。”

为了防止“言意相离”，韩非提出了“言而不辩”的原则。“辩”是指“文丽辞艳”“舞文弄墨”之辩。实际上是继承了荀况的思想。要求语言只要能表达思想就可以了，不要过多注重修饰和文采，否则就会使人只注意表面的言辞，而忽略了言辞所表达的思想内容，使言意相离，适得其反。

荀况、韩非都对“言者”提出了要求。要求“言者”用朴实无华的语言，准确地表达和交流思想，以免产生歧义，引起误会，导致诡辩。这些要求无疑都是正确的。

《吕氏春秋》进一步分析了产生“言意相离”的原因，它认为主要有两种原因：一种是说话者说出的“言”不能准确表达思想，使人听言而不知其意。“听其言而意不可知，其与桥言无择。”②意思是说，听到他说的话，但不知道这些语言表达什么意思，使人不知所云，这样的言语和曲折难晓的言辞没有什么区别。另一种原因是听话者“鉴其表而弃其意，悖”。③意思是说，听者只注意到言辞的外表而抛弃了它所要表达的意义，这样就必然产生“言意相离”的谬误。

---

① 梁启雄：《韩子浅解》，中华书局，1960 年，第 300 页。

② 中国逻辑史研究会资料编选组：《中国逻辑史资料选（先秦卷）》，甘肃人民出版社，1985 年，第 400 页。

③ 中国逻辑史研究会资料编选组：《中国逻辑史资料选（先秦卷）》，甘肃人民出版社，1985 年，第 400 页。

《吕氏春秋》列举了许多生动的例子，说明由于“听其言而意不可知”与“鉴其表而弃其意”导致“言意相离”，从而造成诡辩。例如：

> 荆柱国庄伯令其父“视日”，曰“在天”；“视其奚如”曰“正圆”；“视其时”曰“当今”。令谒者“驾”，曰：“无马”。令涓人“取冠”“进上”。问马齿，圉人曰：“齿十二与牙三十。”[①]

这是说，楚国的“柱国”庄伯叫他父亲去“看看太阳”。意思是想知道时间的早晚，而他父亲却答非所问地说：“（太阳）在天上。”庄伯又说：“看看太阳怎么样了。”他父亲回答说:“正圆着呢！”庄伯进一步说:“看看是什么时候。”他父亲又回答说:“就是现在这个时候。”庄伯又令谒者“驾”，意思是叫“谒者”去通知车夫“准备马车”。谒者却回答他本人“没有马”。庄伯又令涓人“取冠”，意思是要涓人把帽子取下来，“涓人”却又取一顶帽子“进上”。庄伯“问马齿”。是想知道马的年龄大小，圉人却回答说：“十二颗齿三十颗牙。”

庄伯的话为什么这些人都领会错了呢？一是因为他的话太含混，没有把意思表达清楚，别人“听其言而意不可知”；二是因为这些人只注意“言”的外表，没有透过这些简单的“言”领会问者的意图。这说明，人们在说话时一定要提供一个具体的语言环境，只有在具体的语言环境中，一个言辞才有确定的意义。否则，言辞的意义是不确定的，这会给诡辩论者留下可乘之机。

有时，即使提供了具体的语言环境。诡辩论者也还要利用语词的多义性进行诡辩。例如，“齐有事人者，所事有难，而弗死也。遇故人于途，故人曰：‘固不死乎？’对曰：‘然，凡事人以为利也。死不利，故不死。’故人曰：‘子尚可以见人乎？’对曰：‘子以死为顾可以见人乎？’”[②]

这里，“故人”说：“你还有脸见人吗？”“事人者”说：“你以为人死了反而可以看见人吗？”这两个“见人”的意思显然是不同的。“故人”的“见人”是道德意义上的“见人”，“事人者”所说的“见人”是生理意义上的“见人”。可见“事人者”是“鉴其表而弃其意”。故意利用辞的多义性，偷换概念，答非所问，使“言意相离”，为自己的行为诡辩。

为了防止“言意相离”的谬误，《吕氏春秋》对“言者”“听者”都提出了要求。

① 吕不韦著，陈海献校释：《吕氏春秋新校释》下册，上海古籍出版社，2002 年，第 1196 页。

② 中国逻辑史研究会资料编选组：《中国逻辑史资料选（先秦卷）》，甘肃人民出版社，1985 年，第 400 页。

“凡言者，以谕心也。”[①]“心”即思想，因为古人认为“心”是思维的器官。意思就是说，说话的人一定要把思想表达得清楚明白，使人“听言而意可知”。这种观点是继承和发展了荀况、韩非的“言务白其志义”的思想。

“听言者，以言观意也。”[②]意思是说，听话的人要根据言辞，理解说话人的原意，弄清别人的意思后再对答、辩论。这是继承和发展了墨子和后期墨家“通意后对”的思想。

在先秦诸子中，老子和庄子与以上各家具有不同的思维路数。以上各家认为“言”是能达“意”的，造成言意相离不是“言”本身的问题，而是语言的使用者或接受者的问题。但老、庄则认为言、意并非是一一对应的关系，因为有的“意”是“言”表达不了的。

老子认为：“道可道，非常道；名可名，非常名。”[③]即可以言说的道不是常道（常道是不能言说的），可以言说的名也不是常名（常名是不能言说的）。王弼在《道德经注》中说：“可道之道，可名之名，指事造形，非其常也。故不可道，不可名也。”[④]意思是说可以言说的是可识可见有形象之具体事物，至于那个没有具体形象的“常道”则是不可言说的。老子的“常道”是指自然的法则或规律，在老子看来语言是有局限的，语言只能表达那些有形可察的具体事物，至于事物的本质、宇宙的规律这些无形的东西，语言是无能为力的。庄子和老子有相同的观点，庄子在《天道》篇中说道：“意之所随者，不可以言传也，而世因贵言传书。世虽贵之，我犹不足贵也，为其贵非其贵也。故视而可见者，形与色也；听而可闻者，名与声也。悲夫，世人以形色名声为足以得彼之情。夫形色名声果不足以得彼之情，则知者不言，言者不知，而世岂识之哉！”[⑤]意思是说，用眼睛看到的只是形与色，用耳朵听到的仅是名与声。可悲啊！世人以为形、色、名、声就足以获得它（道）的真实情况！事实上形、色、名、声并不能获得它（道）的实情，那么，知道的不言语，言语的不知道，世人难道懂得这个道理吗？

---

① 中国逻辑史研究会资料编选组：《中国逻辑史资料选（先秦卷）》，甘肃人民出版社，1985 年，第 401 页。

② 中国逻辑史研究会资料编选组：《中国逻辑史资料选（先秦卷）》，甘肃人民出版社，1985 年，第 400 页。

③ 中国逻辑史研究会资料编选组：《中国逻辑史资料选（先秦卷）》，甘肃人民出版社，1985 年，第 22 页。

④ 王弼著，楼宇烈校释：《王弼集校释》，中华书局，1980 年，第 1 页。

⑤ 王世舜主编：《庄子译注》，山东教育出版社，1983 年，第 254 页。

庄子认为：“语之所贵者意也。”[①] 即言语所值得重视的是它表达的意义，因此他主张：“得意忘言”“荃者所以在鱼，得鱼而忘荃；蹄者所以在兔，得兔而忘蹄；言者所以在意，得意而忘言”[②]。在庄子看来，“言”只是“得意”的一种工具，就像捕鱼的荃和捕兔的蹄一样。庄子的这种观点对后世的王弼影响很大，同时，也开启了文学艺术与名辩不同的理路先声。今人伍非百举“异类”不能“吡量”而文学则反生光彩时说：“古今诗人比类，往往有极可笑者。如李白诗‘白发三千丈，缘愁似个长。’……是异类比长也……李煜词：‘问君能有几多愁，恰似一江春水向东流。’是异类比多也。此种比量，愈不合理而愈有妙致。盖诗人求‘美’，名家求‘真’，其性质固不同也。”[③]

二、《易》学中的言、象、意理论

先秦诸子论述的主要是言、意关系，对“象”这个范畴很少涉及。在《周易》中，首先在“言”“意”之间引入了“象”这个范畴。《周易·系辞上》：“子曰：书不尽言，言不尽意。然则，圣人之意，其不可见乎？子曰：圣人立象以尽意，设卦以尽情伪，系辞焉以尽其言。”[④]

在《周易》中，“象”的定义是这样的：“圣人有以见天下之赜，而拟诸其形容，象其物宜，是故谓之象。”[⑤] 从这个定义中我们可以看到，《周易》中所说的“象”是指用卦爻符号所表示的“物象”，这种“物象”比抽象思维中逻辑范畴的概括力还要强，它可以驰骋人们的想象力，进行比附、类推。正如朱熹所说：“《易》说一个物，非真是一个物，如说龙非真龙。”[⑥] 这个有龙名而非真龙的“龙”，可以表示各种各样的意义，可以因人因时因地加以解释，故此易象可以“范围天地之化而不过，曲成万物而不遗”[⑦]。在《易传》作者看来，言不能尽意，只有象才能尽意。言描绘出卦爻符号所表示的物象，再由物象表达意义。例如：乾卦初九爻辞中“潜龙”和“勿用”之间的关系就是通过一种物象连结起来的。乾之初九，阳爻而处乾卦之下，正是阳道将萌而未萌的时候，犹如龙在潜伏之中，不能动也不宜动。这种形象才传达出了不要有

① 王世舜主编：《庄子译注》，山东教育出版社，1983 年，第 254 页。

② 王世舜主编：《庄子译注》，山东教育出版社，1983 年，第 530 页。

③ 伍非百：《中国古名家言》，中国社会科学出版社，1983 年，第 114—115 页。

④ 高亨：《周易大传今注》，齐鲁书社，1979 年，第 541—542 页。

⑤ 高亨：《周易大传今注》，齐鲁书社，1979 年，第 518 页。

⑥ 朱熹：《朱子语类·》第 6 册，中华书局，1986 年，第 1660 页。

⑦ 朱熹：《朱子语类·》第 6 册，中华书局，1986 年，第 513 页。

所施行，不要有所作为，即“勿用”这种意义。

在中国易学史上，对“言”“象”“意”三者的关系论述得最充分的是王弼。何劭《王弼传》说王弼“幼而察慧，年十余，好老氏，通辩能言”。由于王弼自幼好老、庄，这种“先行具有”（海德格尔语）影响了他对《周易》的解释，因为“解释向来奠基在先行见到之中，它瞄着某种可解释状态，拿在先有中摄取到的东西‘开刀’。被领会的东西保持在先有中，并且‘先见的’（‘谨慎地’）被瞄准了，它通过解释上升为概念”。[①] 王弼接受了老、庄的“言不尽意”的观点，并且进一步分析了“言不尽意”的原因。王弼在《老子指略》中说：“名必有所分，称必有所由。有分则有不兼，有由则有不尽。”[②]“名”“称”在这里都是指“言”，意思是说，由于语言只能从某一角度反映事物，它既不能反映事物的全貌，也不能穷尽事物的一切，因此“言不尽意”。既然言不能尽意，那么“意”由什么来尽呢？王弼从《周易・系辞上》中“圣人立象以尽意”得到启发，提出了“由象尽意”的观点，他在《周易略例・明象》中说：“夫象者，出意者也；言者，明象者也。尽意莫若象，尽象莫若言。言生于象，故可以寻言以观象；象生于意，故可以寻象以观意。意以象尽，象以言著。故言者，所以明象，得象而忘言。象者，所以存意，得意而忘象。犹蹄者所以在兔，得兔而忘蹄；荃者所以在鱼，得鱼而忘荃也。然则，言者，象之蹄也；象者，意之荃也。是故，存言者，非得象者也；存象者，非得意者也。象生于意而存象焉，则所存者乃非其象也；言生于象而存言焉，则所存者乃非其言也。然则，忘象者乃得意者也，忘言者乃得象者也。得意在忘象，得象在忘言。”[③] 王弼的这段话包括以下几层含义：第一，象是表意的工具，只有象才能尽意；第二，言是明象的工具，只有言才能尽象；第三，忘言忘象才能得意。王弼在这里首先明确肯定了言、象在传达意义中的作用，接着告诫人们在认识过程中又不能滞留、拘泥于言、象，必须透过言、象，把握言、象所表达的意义。

王弼把老庄的“言意关系”论和《周易》中“立象尽意”论融会贯通，折衷出超脱言象而又不废言象，具有辩证色彩的观点：“尽意莫若象，尽象莫若言”，“得意在忘象，得象在忘言”。这一思想启发人们在透过有限的可以感知的东西，体悟那些有限的东西背后所蕴藏的无限意蕴。这无疑是十分深刻的。

---

① 马丁・海德格尔：《存在与时间》，陈嘉映、王庆节译，生活・读书・新知三联书店，1987 年，第 164 页。

② 王弼著，楼宇烈校释：《王弼集校释》，中华书局，1980 年，第 196 页。

③ 王弼著，楼宇烈校释：《王弼集校释》，中华书局，1980 年，第 609 页。

三、结论

从以上的论述中我们可以得出如下几点结论。

（一）我国古代的先哲们都认识到“言”“象”是达“意”的工具

庄子形象地把“言”比喻为捕鱼的“荃”和捕兔的“蹄”。荀子明确指出：“彼名辞也者，志义之使也。”[①] 即“辞”是传情达意的使者。《墨经》认为：“以辞抒意。”[②]《吕氏春秋》说：“凡言者，以谕心也。”[③]《周易》：“圣人立象以尽意。”[④] 王弼说：“夫象者，出意者也；言者，明象者也。”[⑤]

从这些比喻和论述中我们可以看出，先哲们已经很清醒地认识到“言”“象”是达“意”的工具。

（二）“贵意论”像一条红线贯穿中国文化史的始终

正因为“言”“象”是达“意”的工具，因此“意”才是人们在交际过程中所追求的东西。庄子明确指出：“语之所贵者意也”“言者所以在意，得意而忘言”。[⑥]《墨经》强调：“通意后对。”[⑦] 荀子说：“正其名，当其辞，以务白其志义者也”，“足以相通则舍之矣”。[⑧] 即“言”的任务就是要把“意”表达清楚明白，双方互相理解了对方的“意旨”就可以舍弃“言”。韩非告诫人们：“若辩其辞，则恐人怀其文忘其直，

---

① 中国逻辑史研究会资料编选组：《中国逻辑史资料选（先秦卷）》，甘肃人民出版社，1985 年，第 282 页。

② 中国逻辑史研究会资料编选组：《中国逻辑史资料选（先秦卷）》，甘肃人民出版社，1985 年，第 192 页。

③ 中国逻辑史研究会资料编选组：《中国逻辑史资料选（先秦卷）》，甘肃人民出版社，1985 年，第 401 页。

④ 高亨：《周易大传今注》，齐鲁书社，1979 年，第 542 页。

⑤ 王弼著，楼宇烈校释：《王弼集校释》，中华书局，1980 年，第 609 页。

⑥ 王世舜主编：《庄子译注》，山东教育出版社，1983 年，第 530 页。

⑦ 中国逻辑史研究会资料编选组：《中国逻辑史资料选（先秦卷）》，甘肃人民出版社，1985 年，第 142 页。

⑧ 中国逻辑史研究会资料编选组：《中国逻辑史资料选（先秦卷）》，甘肃人民出版社，1985 年，第 282 页。

以文害用也。”[①]《吕氏春秋》说：“听言者，以言观意也。”[②]王弼认为：“忘象者乃得意者也，忘言者乃得象者也。得意在忘象，得象在忘言。”[③]以上论述无论是“以言观意”，还是“忘言得意”，其目的都是强调“意”的重要性。这一思想对中国的文化产生了持久而强烈的影响，追求“意境”，强调“神似”都是“贵意论”在文学艺术领域中的体现。

（三）“言”“象”是符号，“意”是信息

如果我们用现代符号学的观点来审视我国古代先哲们关于言、象、意的论述，我们就会清楚地看到，先哲们所说的“言”“象”都是符号，“意”是信息。现代符号学的奠基人皮尔斯（C. S. Peirce）曾说：“对于符号，我的意思是指任何一种真实的或塑造的东西，它可以具有一种感性的形式，可以应用于它本身之外的另一个已知的东西，并可以用另一个我称为“解释者”的符号去加以解释，以传达在此之前还不知道的关于对象的某种信息。”[④]从皮尔斯的定义中我们可以看出，符号具有两个基本特征：一是具有可感性，二是具有工具性。这两个基本特征与我国先哲们关于“言”“象”的论述是很相近的。

皮尔斯根据符号和意义之间的联系，把符号分为三大类型，即“icon”（图像符号）、“index”（索引符号）、“symbol”（象征符号）。“icon”是一种包含所意谓的事物的某些性质的符号，也就是说符号与对象之间具有某种性质的共同性，例如图表或绘画与其对象之间就具有这种关系。我们再回过头来看看《周易》对“象”的定义：“象其物宜，是故谓之象。”[⑤]由此我们可以看出，“象”与“icon”何等相似！“symbol”是社会成员通过相互约定具有某种内涵的符号，虽然它与对象之间的联系具有任意性，但这种联系一旦约定之后就为社会普遍接受，不能任意改变。这种符号和荀子关于名的论述“名无固宜，约之以命，约定俗成谓之宜，异于约则谓之不宜”真是如出一辙。

因此，我们有理由说，在我国传统文化中有丰富的符号学思想。我国古代的先哲

---

① 梁启雄：《韩子浅解》，中华书局，1960 年，第 273 页。

② 中国逻辑史研究会资料编选组：《中国逻辑史资料选（先秦卷）》，甘肃人民出版社，1985 年，第 400 页。

③ 王弼著，楼宇烈校释：《王弼集校释》，中华书局，1980 年，第 609 页。

④ Charles S. Peirce, *The Collected Papers of Charles S. Peirce*, Vol.8, Cambridge：Harvard University Press, 1958, p.343.

⑤ 高亨：《周易大传今注》，齐鲁书社，1979 年，第 518 页。

们不仅论述了符号与意义之间的关系，而且讨论了符号和意义相离相背的可能性，提出了一套防止符号和意义相离的规则。并且初步把符号作了分类，论述了“言”符、“象”符的功能和作用。这是我国优秀文化宝库中的一笔财产，我们应该好好地发掘、整理它。而这只有通过“语言分析”的洗礼才能做到，因为在传统文化笼罩下的汉语尽管有其长处和优点，但也有不少缺欠和弊病。近代的严复就反复指出汉语中如“气”的多重含义造成的混乱，但至今在学术上仍未得到很好的解决，如美学大讨论中的“形象思维”、国学热中的“国学”等也还是一词多义、并无确解。应该说这对我们的现代化进程是不利的，如能汲取英美分析哲学的成果，使语词概念明晰准确，使思维严谨，无疑是重要的。本文所以提到汉语言的长处，意在提高自信心；而希望引入分析哲学，则意在避免夜郎自大而与时俱进。

（原载《哲学研究》1997 年第 6 期）

先秦诸子对名的认识的再认识

名辩学是中国古代的“逻辑学”。前辈学者以西方传统逻辑为参照系，从中国古代浩瀚的史料中发掘出许多有关名辩学的宝贵财富，建立了不可磨灭的功勋。但是，这种以西方传统逻辑为参照系统的比较研究法是一柄双刃剑，既有它的积极作用，也带来一些负面效应，造成了中国逻辑史研究中的比附之风盛行，有的是有意拔高，有的是生拉硬扯。中国逻辑史的研究如果还沿着这条路走下去，很难取得新的丰硕成果。我们认为中国逻辑史研究的出路在于研究范式的变革。本文试图挣脱西方传统逻辑体系的束缚，根据史料对先秦诸子关于“名”的论述重新检讨，进行一次再认识。

一、孔子对名的认识

从《论语》中，我们可以看出孔子在两种意义下使用“名”这个概念：一是指事物的名称，例如《论语·阳货》中的“多识于鸟兽草木之名”。显然这里的“名”是指鸟兽草木的名称。二是指名分、名位，例如在《论语·子路》中有一段很著名的文字，当子路问孔子，如果卫国的国君让您帮他治理国家，您将首先干什么？孔子很果断地回答：“必也正名乎！”即首先就是抓正名的工作。当子路表示不理解，并批评老师太“迂腐”时，孔子就讲了如下一番大道理：“名不正则言不顺，言不顺则事不成，事不成则礼乐不兴，礼乐不兴则刑罚不中，刑罚不中则民无所措手足。”在《论语·里仁》中说：“君子去仁，恶乎成名？”在《论语·卫灵公》中说：“君子疾没世而名不称焉。”显然在这些地方孔子所说的“名”是指名分、名位。

孔子的“正名”就是要正名分，正名位。春秋战国之际是一个天崩地坼的时代，社会急剧变革，新旧交替频繁，“高岸为谷，深谷为陵”。这样的现实，对以维护周礼为己任的孔子来说简直是“礼崩乐坏”，糟糕透顶。国君不符合国君的名分，臣子不符合臣子的名分，父亲不符合父亲的名分，儿子不符合儿子的名分。孔子的正名就是要纠正这种“君不君，臣不臣，父不父，子不子”的现象，做到“君君，臣臣，父父，子子”。即为君的人要符合君之名，为臣的人要符合臣之名，为父的人要符合父之名，为子的人要符合子之名。在孔子看来，“名”是一种社会规范，像“君”“臣”“父”“子”这些表示社会关系的名就是周礼规定现实中的君、臣、父、子应该如此的标准。“正名”就是要使现实中的君、臣、父、子符合周礼规定的标准，使名实相符。

孔子虽然多次使用了“名”这个词（《论语》中出现了八次），但他并没有从理论上对“名”进行描述。

二、公孙龙的正名学说

从现有的史料看，公孙龙最早从理论上对名进行了考察，他的贡献主要有两点：一是认识到名是客观事物的称谓。他给“名”下的定义是：“夫名，实谓也。”即“名”是客观事物及其属性的称谓。在公孙龙之前虽然有人在这种意义下使用“名”（例如孔子），但没有人能从理论上进行概括，公孙龙第一个对“名”作了理论上的概括，这是他的一大贡献。从《名实论》中我们可以看出公孙龙已经认识到“名”有以下两种特性：（1）指谓性。“名”是代表“实”的一种符号，“名”之所以可以代表“实”，是因为“名”具有指谓性。只有当“名”指谓某一个对象时才具有意义，才成其为“名”。（2）确定性。在公孙龙看来，“名”与“实”之间的关系是一一对应的，此“名”只能专指此“实”，彼“名”只能专指彼“实”，否则就行不通。“谓彼而彼不唯乎彼，则彼谓不行，谓此而此不唯乎此，则此谓不行。”

二是提出了“唯乎其彼此”的正名原则。“其名正则唯乎其彼此焉……故彼彼当乎彼，则唯乎彼，其谓行彼。此此当乎此，则唯乎此，其谓行此。”即事物的名称如果是正确的，那么，彼此的称谓就要固定下来，“白马”之名只能指谓白马之实，“马”之名只能指谓马之实。“白马”既不能泛指马，也不能泛指白。公孙龙的“白马非马”的著名命题就是对这一原则的具体说明。

三、《墨辩》中有关名的理论

《墨辩》是指《经上》《经说上》《经下》《经说下》《大取》《小取》六篇后期墨家的著作。在这六篇著作中对名有比较详细的论述，《墨辩》中有关名的理论贡献主要表现在以下三个方面。

1.《墨辩》中的“名”是指文字符号

很多学者认为《墨辩》中的“名”是表示概念，我们通过认真阅读分析原文，认为《墨辩》中的“名”并非表示概念而是指文字符号，理由有二：

其一是《墨辩》认为“名”的功能是“举实”。

《小取》：以名举实。

《经上》31：举，拟实也。

“拟”的含义是摹拟，即按照事物的样子画下来就像原物那样。《周易·系辞传》有：“拟诸形容，象其物宜。”这和许慎所说的象形字如出一辙，许慎在《说文解字·叙》中说：“象形者，画成其物，随体诘诎，日月是也。”《经说上》32讲得更明白：“名若画虎。”即写“虎”这个字，就像画虎一样。显然“举实”（摹拟实物）不是概念的功能而是文字的功能。

其二是《墨辩》常常把“名”与“言”对举。

《经上》32：言，出举也。

《经说上》32：言也者，诸口能之，出名者也。

《经上》92：言，口之利也。

《墨辩》作者认为“言”是用口把“名”说出来，即用声音符号把文字符号表达出来。因此，在《墨辩》中“言”是指声音符号，“名”是指文字符号。

2. 命名是对事物的称谓

如果说“名”是通过摹拟事物形成的文字符号，那么“命名”则是通过称谓事物而形成的语言符号。

《经上》80：谓：命、举、加。

《经说上》80：谓：谓狗犬，命也。狗犬，举也。叱狗，加也。

把犬称谓狗，这是给犬命名；把犬写成狗，这是对犬进行摹拟；喝叱某物为狗，这是强加给某物上的骂名。《墨辩》作者对命、举、加所作的区别正说明这是三种不同的符号行为，命名才是对事物的称谓。

3. 对命名的分类

由于在《墨辩》中“名”是指文字符号，“命名”是对事物的称谓，因此，人们常说的关于“名”的分类，实际上是对“命名”的分类。《墨辩》从命名对象的范围和命名对象的属性两个方面讨论了分类问题。

（1）达、类、私

这是以命名对象的范围大小为标准进行的划分。

《经上》79：名：达、类、私。

《经说上》79：名：物，达也，有实必待之名也命之。马，类也，若实也者必以是名也命之。臧，私也，是名也止于是实也。声出口，俱有名，若姓字俪。

在《经说》中特别强调“命之”，由于“物”是对所有实的命名，因此，这样的名叫“达名”，“马”是对某类实的命名，因此叫“类名”，“臧”是对某个实的命名，因此叫私名。所有从口里说出来的声音都是对实的命名，就像把“俪”这个字用口说出来一样。

（2）形貌命者、居运命者、量数命者

这是以命名对象属性为标准进行的划分。

《大取》篇曰：以形貌命者，必知是某也，焉知某也，不可以形貌命者，唯不知是某也，知某可也。诸以居运命者，苟入于其中者皆是也，去之因非也。诸以居运命者，若乡、里、齐、荆者皆是。诸以形貌命者，若山、丘、室、庙者，皆是也。

苟是石也白，败是石也，尽与白同。是石也唯大，败是石也，不与大同。

诸非以举量数命者，败之尽是也。

形貌命者是根据事物的形状样子所命的名，例如，“地面形成的高耸的部分”，我们把它命名为“山”，所有具有这种形状的事物我们都称谓“山”。丘、室、庙等都是根据事物的形状样子所命的名，它们都是形貌命者。

居运命者是根据居住迁徙状态所命的名，例如，某人原来居住在齐国，称其为“齐国人”，后来迁居到楚国，就应该称其为“楚国人”。乡、里、齐、荆都是居运命者。

量数命者是根据事物体积的大小或数量的多少所命的名，例如，某块石头体积很大，称其为“大石头”。这种属性会随着事物量的改变而改变，如果那块体积很大的石头破碎了，就不能再称其为“大石头”了。量数命者和非量数命者是不同的，非量数命者不会随着事物量的改变而改变，例如，某块石头是白色的，称其为“白石头”，尽管这块石头破碎了，仍然可以称其为“白石头”。

四、荀子的正名思想

荀子是战国末期著名的思想家，他的正名思想是先秦名辩思潮的产物。他在有关“名”的理论方面的主要贡献有以下几点。

1.“名”的定义

《荀子·正名》：名也者，所以期累实也。

《说文解字》云："期，会也。"段注曰："会者，合也。期者，要约之意。所以为会合也。"《说文解字》又云："累，增也。"段注曰："增者，益也。凡增益谓之积累。"从许慎的《说文解字》和段玉裁的注中我们可以看出，"期"有"约定"之意，"累"有"增益、附加"之意。据此我们对荀子"名"的定义可以作这样的理解：名是通过约定后附加在实上的东西。

荀子的这个定义已经认识到"名"的社会性，名是通过约定而形成的。《荀子·正名》曰："名无固宜，约之以命，约定俗成谓之宜，异于约则谓之不宜。名无固实，约之以命实，约定俗成谓之实名。"某个"实"用什么"名"来表达，某个"名"表示什么"实"，既没有自然的法则，也没有固定的模式，而是约定俗成的结果。一经约定俗成，什么"名"表达什么"实"就是确定的了，这样的"名"就成了人们表达和交流思想感情的工具。

荀子的这个定义还认识到了"名"的符号性，"名"既不是"实"本身的一部分，也不是"实"的某种属性，而是人们约定后附加在"实"上的一种符号，以便"实"不在场时人们可以用"名"来代表它。苏珊·朗格（S. K. Langer）曾说："一个符号，可以是任意一种偶然生成的事物（一般都是以语言形态出现的事物），即一种可以通过某种不言而喻的或约定俗成的传统，或通过某种语言的法则去代表某种与它不同的另外的事物。"①

2."名"的分类

《荀子·正名》：故万物虽众，有时而欲遍举之，故谓之物，物也者，大共名也。推而共之，共则又共，至于无共然后止。有时而欲偏举之，故谓之鸟兽，鸟兽也者，大别名也。推而别之，别则又别，至于无别然后止。

荀子的这种分类是根据"名"表示的对象的范围大小进行的分类。"大共名"是所有事物共有的名，例如"物"。"共名"是一类事物共有的名，"别名"是一类事物中一部分事物的名，例如"动物"这个名是动物这一类事物共有的名，它就是一个"共名"，"马"是动物这类事物中一部分事物的名，它就是一个"别名"。"大别名"是某个事物的名，例如"臧"是某个奴隶的名，它就是一个"大别名"。

3.命"名"的原则

《荀子·正名》：然后随而命之：同则同之，异则异之；单足以喻则单，单

① 苏珊·朗格：《艺术问题》，中国社会科学出版社，1983年，第125页。

不足以喻则兼，单与兼无所相避则共，虽共，不为害矣。知异实者之异名也，故使异实者莫不异名也，不可乱也，犹使同实者莫不同名也。

在这段话中，荀子提出了两条正名原则：其一是“同则同之，异则异之”，即相同的实就命以相同的名，不同的实就命以不同的名。例如，同是马这类事物就命以“马”名，如果一类事物是马，另一类事物不是马，就不能都命名为“马”，而应该用不同的“名”称呼它们。知道是不同的实就要命以不同的“名”，就像相同的实命以相同的“名”一样。

其二是“单足以喻则单，单不足以喻则兼”，意思是如果单音词能够表达清楚就用单音词，如果单音词表达不清楚就用复音词。例如，如果只需要表达清楚这是些什么动物时，我们就可以用“马”“牛”这类单音词；如果要表达清楚这是些什么颜色的动物时，我们就要用“白马”“黑牛”这类复音词。如果单音词与复音词不相互违避（即不相互冲突），我们就可以共同使用它们，这样并不会造成什么危害。例如，当下在我们身边有一匹白色的马，有人指着它问：“这是什么动物？”我们既可以回答说：这是一匹“马”。也可以回答说：这是一匹“白马”。同时使用“马”或“白马”并没有引起什么混乱。

在先秦诸子中，对“名”认识得最深刻、讨论得最充分的就是以上四家。通过对以上四家关于“名”的理论的分析我们可以看出：“名”在先秦诸子那里主要是指称谓事物的“名称”或摹拟事物的“文字”，即语言符号和文字符号。可是在以往的中国逻辑史研究中，人们往往把“名”等同于传统逻辑中的“概念”，显然这种比附就太牵强了。

崔清田教授认为：“深化中国逻辑史研究，应当改变‘据西释中’的方法，更加注重历史的分析与文化的诠释。”[①] 我完全赞同崔教授的观点。研究先秦时期的名辩学，就要把它放在先秦文化的大背景下，运用文化符号学的方法进行分析与考察。

（原载《湖北大学学报（哲学社会科学版）》1998 年第 1 期）

① 崔清田：《中国逻辑史研究世纪谈》，《社会科学战线》1996 年第 4 期。

论《周易》符号的象征意义

《周易》是我国一部古老的典籍。它包括两部分内容：一部分是由六十四个卦形和卦、爻辞组成，历史上称这部分为《易经》；另一部分是由《彖传》上下、《象传》上下、《系辞》上下、《文言》、《说卦》、《序卦》和《杂卦》共计七种十篇组成，历史上通称“十翼”，又称《易传》。《易传》从各个方面对《易经》进行了阐述和发挥。《周易》的流传已有近三千年的历史，早在春秋战国时代就被人们重视，以后在长期的封建社会里，一直被奉为神圣的经典，列在群经之首，研究它的人连续不断，本文仅从符号学的角度对《周易》作些探讨。

一、《易经》符号是怎样产生的

《易经》的六十四个卦形是由“—”“--”两个符号排列组合而成的。关于这两个符号的起源，学术界有三种观点：

一是以郭沫若为代表的男根女阴说。“八卦的根柢我们很鲜明地可以看出是古代生殖器崇拜的孑遗。画一以象男根，分而为二以象女阴。”①

二是以高亨为代表的一节之竹、二节之竹说。“占筮用竹棍，……竹棍有两种：一种是一节，用来象征阳性，‘—’象一节竹之形；一种是两节，用来象征阴性，‘--’象两节竹之形。”②

三是以乌恩溥为代表的日象月象说。“‘—’阳爻渊源于日象；‘--’阴爻渊源于月象。……古代的人们将⊙象的圆圈展平拉直，就构成了‘—’阳爻；将☽象的两划平列连画起来，就构成了‘--’阴爻。”③

我们不同意这三种观点，我们认为《易经》符号起源于古代的“九”字和“六”

① 郭沫若：《中国古代社会研究》，人民出版社，1964年，第23页。

② 高亨：《周易杂论》，齐鲁书社，1979年，第4—5页。

③ 乌恩溥：《周易——古代中国的世界图示》，吉林文史出版社，1988年，第13页。

字①。

1.《系辞上》说："乾之策二百一十有六，坤之策百四十有四，凡三百有六十，当期之日。二篇之策万有一千五百二十，当万物之数。"按当时四策一揲的方法，我们看会出现什么奇迹：

216 ÷ 4 = 54 ÷ 6 = 9（策）☰乾

144 ÷ 4 = 36 ÷ 6 = 6（策）☷坤

爻题中把"—"称为九，"--"称为六，刚好和它们所代表的策数相等。"二篇之策万有一千五百二十"，四策一揲，可以揲出 192 个"九"，192 个"六"，刚好合于六十四卦中的 384 爻。如果"—"和"--"不是分别代表古代的"九"字和"六"字，《系辞上》所记载的数字怎样能这般巧合呢？

2. 在考古中有很多物证。例如陕西省岐山县周文王时的古墓中出土了一个甗，在腹内后壁口沿下有一个极醒目的卦画"𝌆"，保持了古六字的写法。安徽阜阳双古堆汉墓中出土的竹简上，也都写作"𠆢"，如"临卦卦画，今本作'䷒'，马王堆帛书作'䷒'，阜阳简则作'䷒'"②。从中我们可以看到"--"的演变过程，阜阳简是最古的写法，帛书次之，通行本《周易》是最后的一种定型写法。"—"则在很古时就有了定型写法，一直沿用下来。

"—""--"两个符号渊源于古代的"九"和"六"，那么六十四个卦形又是怎样产生的呢？我们认为：从逻辑顺序来看是由阴阳到八卦，再由八卦重为六十四卦，但从历史发展顺序看则是先有六十四卦，后有八卦。理由有三点：第一，无论是通行本《周易》，还是帛书《周易》，《易经》的部分都没有单独三画卦的卦形，在卦、爻辞中也没有关于八卦的文字。如果先有八卦，后有六十四卦，六十四卦是由八卦重出来的，《易经》中不可能没有八卦的卦形和卦辞。第二，我们都知道《易经》是一部筮书，如果这部筮书先有三画卦，后有六画卦，那么在先民的占筮活动中应有大量三画卦的记载，遗憾的是《左传》《国语》所记载的卜筮活动中遇到的都是六画卦，考古所发现的殷周时代的甲骨，青铜器上的卦形也多是六画卦。第三，"阴""阳"是一对很抽象的哲学范畴，从人类思维发展的情况看，抽象的哲学范畴是从具体的事物中概括出来的，因此，它们的形成是比较晚的。大量文献资料证明，"阴""阳"这对哲学范畴在战国中晚期才形成，而六十四卦最迟在殷周时代就已

---

① 甲骨文中的"九"写作"九"，上面的一撇又细又轻，如果略去把横折钩拉直就成了"—"。甲骨文中的"六"字写作"𠆢"，把两笔拉平中间离开一点就成了"--"。

② 阜阳汉简整理组：《阜阳汉简简介》，《文物》1983 年第 2 期。

经有了。显然不可能由晚八百年左右的“阴”“阳”范畴演出八卦，又由八卦重为六十四卦。

六十四卦不是由八卦重出来的，那么它们是怎样产生的呢？我们的回答是：六十四卦是筮师们用蓍草揲出来的。最初筮师们用不同策数的蓍草揲出了其中的几卦，相同策数的蓍草运用不同的排法又揲出了几卦。这样日积月累，经历了一个漫长的过程，最后由殷周时代的筮师们把前人的成果加以归纳、整理，得到六十四个卦形，并给各卦配上卦爻辞，再从卦爻辞中找出一个或两个字作为卦名，六十四卦就这样形成了。

二、《易经》符号的象征意义

《易经》符号本来是没有什么神秘含义的（它的意义仅表示九和六策蓍草）。但几千年来却围绕这两个符号演出了一幕幕生动活泼的戏剧。古代的筮师们用这两个符号排列组合成了六十四卦，并利用六十四卦给人们测算吉凶祸福；数学家们利用它们探索数之间的奥秘，莱布尼兹就是从《周易》中发现了二进位制；哲学家们用它来解释自己的哲学观点，《易传》作者就是应用这些符号建立了自己的哲学体系。

《易传》作者通过考察《易经》中的六十四卦，发现其中有八个卦上面三画与下面三画相同，于是就从这八个卦中各取一半作为三画卦，八卦就这样形成了。可见，八卦是《易传》作者分析的产物，而不是古代筮师们归纳的产物。

《易传》作者又进一步分析六十四卦的结构形式，找到了其中的规律性：两爻自重或互重三次得到八卦，八卦又自重或两两相重得到六十四卦，从而建立了六十四卦的形式系统。这个形式系统与《易传》作者对世界的认知系统具有逻辑上的同构关系。

六十四卦的形式系统：

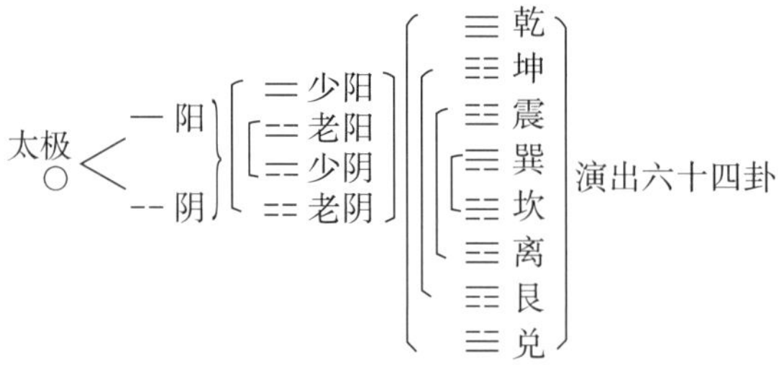

《易经》作者对世界的认知系统：

混沌 < 天 / 地 } 天地交感产生 [春 夏 秋 冬] 四时运行产生 [天 地 雷 风 水 火 山 泽] 演出六十四卦

正因为这两个系统具有逻辑上的同构关系，于是《易传》作者就借用六十四卦的形式系统来解释他们的认知系统。

这个解释系统是怎样建立的呢？我们认为是应用象征的语义关系建立起来的。

符号和对象间的语义关系，大致说来有图像（picture）、标志（sign）、象征（symbol）三种。我国古代的象形文字与表达的对象之间是图像关系。如“⊙”“☽”，它们与表达的对象的形状是相像的。用画有骷髅的标签表示有毒，是标志关系，通常表现为一种因果联系。交通路口的红绿灯，红灯表示停止，绿灯表示通行，这是象征关系。象征是人为规定的，它建立在约定俗成的基础上，需要解释者的配合。卦爻符号与它所表示的对象之间就是一种象征关系。

（1）爻

“⚊”象征阳、刚、寒、奇、男……

“⚋”象征阴、柔、暑、偶、女……

（2）经卦

“☰”象征天、健、马、首、父、君……

“☷”象征地、顺、牛、腹、母、臣……

“☳”象征雷、动、龙、足、长男……

“☴”象征风、入、鸡、股、长女……

“☵”象征水、陷、豕、耳、中男……

“☲”象征火、丽、雉、目、中女……

“☶”象征山、止、狗、手、少男……

“☱”象征泽、说、羊、口、少女……

（3）别卦

别卦的卦形是由两经卦组成的，因此别卦的象征意义也由两经卦象征意义之间的关系构成。例如泰卦䷊，《彖传上》曰：“天地交而万物通也，上下交而其志同也；内阳而外阴，内健而外顺；内君子而外小人，君子道长，小人道消也。”首先，泰之下卦为乾，上卦为坤。乾为天，坤为地。天气在下，地气在上，天气上腾，地气下降，天地相交。天地相交，则万物各遂其生。故曰："天地交而万物通也。"此是自然界之泰。乾又为君，坤又为臣，泰之卦又象征了君上之意达于下，臣下之意达于上，上下相交。上下相交，则上下同心。故曰："上下交而其志同也。"君臣上下关系如此，则国家昌盛，此是国家之泰。其次，泰之内卦为乾，外卦为坤。乾为阳卦，象阳气；坤为阴卦，象阴气。泰卦又象征阳气进入宇内，阴气退出宇外。故曰："内阳而外阴。"此亦是自然之泰。再次，乾，健也；坤，顺也。所以，泰卦又象征内有刚健之德性，外抱柔顺之态度。故曰："内健而外顺。"人能如此，则可得志。此是个人之泰。最后，乾象征有才德之君子，坤象征无才德之小人。所以，泰卦又象征君子在朝内，小人在朝外；君子之道盛长，小人之道衰消。故曰："内君子而外小人，君子道长，小人道消也。"朝廷有此现象，则国家昌隆，则亦是国家之泰。

《易传》就是这样利用符号的象征意义解释六十四卦的。

三、《易经》符号象征意义的特点

两千多年来人们普遍接受了《易传》这个解释系统。一方面，由于《易传》作者给这个系统披上了孔子所作的神圣外衣，于是在学术上具有崇高的地位；另一方面，也是最主要的方面，则是这个系统有一定的合理性。具体表现在以下几个方面。

（一）象征意义的广泛性

任何事物、属性、关系中都存在对立的两面：性质的刚柔，人的男女，气候的寒暑，数的奇偶……把这些对立的两面分属到阴阳两爻中去，以至于阴阳两爻的象征意义充满了无限的张力。可以用它们解释宇宙间的万事万物。

经卦的象征意义也很广泛。它们既象征自然界的天、地、雷、风、水、火、山、泽，也象征社会伦理中的君、臣、父、子、母、女。既可象征马、牛、龙、鸡、豕、雉、狗、羊等各种动物，也可象征首、腹、足、股、耳、目、手、口等人体上的各个部分。既可象征健、顺、动、入、陷、丽、止、说（通"悦"）八种性质，又可以象征东、东南、南、西南、西、西北、北、东北八个方位，等等。

由八经卦组成的六十四个别卦，其象征意义更加丰富多彩。八卦所象征的事物任意两种进行组合，都可能产生丰富的意蕴与联想。同时它们又分为阴卦、阳卦，卦中又分阴爻、阳爻。这样就能从不同的方位、不同的层次作出各种解释和引申。

例如大畜卦☶☰，乾象征天，天的性质刚健，"天行健，君子以自强不息"。艮象征山，山的性质静止。乾的刚强不息象征人的奋发学习，艮的静止象征学识不断得到巩固与充实。这样就能使才德日进一日，日有所新。才德积于中，辉光必然发于外，所以大畜卦可以象征“刚健笃实，辉光日新其德”。乾又可象征朝廷，艮又可象征才德高尚之贤人，因此大畜卦又可象征才德高尚的贤人云集于朝廷，引申出君主能尚贤。乾象征天，艮象征山，大畜卦还可象征“天在山中”，“天在山中”进一步引申为小能藏蓄大，因此这个卦又可象征贤人通过学习积蓄前人的言论业绩，从而增长自己的德性与才干。大畜卦的六爻由于性与位的不同又可象征不同的事物。只此一卦就可以象征这么多事物，我们可以想象六十四的象征意义有多么广泛。

象征意义的广泛性使《易传》这个解释系统具有很大的弹性。《易传》作者可以用这个系统合理地解释世界上的一切现象和事物。后来的易学家也可以借这个系统合理地阐释自己的哲学观点，因此，他们对这个系统推崇备至。

（二）象征意义的一致性

“一致性”即无矛盾性，对于一个理论体系来说是至关重要的。如果某一个理论体系不一致，出现了矛盾，它将不攻自破。《易传》这个解释系统具有一致性，原因就是在这个系统中始终坚持最初语义上的规定：“—”象征阳及阳性事物，“--”象征阴及阴性事物。始终贯彻一条解释原则：阴阳交感而产生宇宙万物。

我们通过《说卦》《彖传》《象传》对咸卦的解释就能证明这一点。

咸卦“䷞”（下艮上兑），《说卦》认为：艮表示山，具有止的属性；表示少男，具有刚的属性。兑表示泽，具有说（通“悦”）的属性；表示少女，具有柔的属性。《彖传》解释道：“咸，感也。柔上而刚下，二气感应以相与，止而说，男下女”，“天地感，而万物化生，圣人感人心，而天下和平，观其所感，而天地万物之情可见矣”。这是说咸卦表明阴阳二气的交感，是宇宙万物的普遍规律。阴阳二气的交感，在自然界是阳在下，阴在上，阳气上腾，阴气下降，这样形成了阴阳交感的过程。阴阳交感，在人类社会就小处说是以男下女，就大处说是圣人以至诚感化人心，以达到天下和平。《象传》解释道：“山上有泽，咸。君子以虚受人。”《象传》和《彖传》一样，将咸解作“感”。泽在山上，泽性润下，土性受润，是山泽之气相感而通。君子观山泽通气之象，则当虚其中以受于人，以谦虚之心接受他人之教益，以此与人相感。这又把咸卦的含义引申到修身处世方面。由此可以看出，《说卦》《彖传》《象传》对咸卦的解释是一致的。

一致性是《易传》这个解释系统的坚强内核，它使这个系统经受各方面的挑战而立于不败之地。

（三）象征意义的变通性

变通性是这个解释系统的修补机制，使其内核免遭批判。变通性是对一致性的辩护，因为它是在遵守最初语义规定基础上的变通。

例如，艮卦（☶）为什么既可以象征“山”，也可以象征“贤人”；可以象征“阳气”，也可以象征“谷实”；可以象征“男”，也可以象征“刚”，还可以象征“止”呢？《易传》解释道，“艮为山”是基本卦象，而贤人之才德崇高坚实，可比于山也，故艮可以象征贤人。艮可以象征阳气，是因为艮为阳卦；艮可以象征谷实，是因为谷实坚刚，其性可比于山。“艮为男”，是因为艮为阳卦，男为阳性；“艮为刚”，是因为艮为阳卦，阳卦为刚也；“艮，止也”，此因山是静止不动之物也。通过这一番变通，使人们认识到这几个意义是互相联系的，具有逻辑上的一致性。

总之，《易传》作者运用符号的象征意义，建立了一个精致的解释系统。这个系统对中国文化的影响是其他经典无法相比的。它是中国文化的源头活水。

（原载《湖北大学学报（哲学社会科学版）》1989 年第 5 期）

《周易》——古代中国的符号宇宙

中国是一个具有丰富符号学思想传统的国家，《周易》就是古代中国人建造的一座符号宇宙。

现代符号学的奠基人皮尔斯（C.S.Peirce）曾说过："对于符号，我的意思是指任何一种真实的或塑造的东西，它可以具有一种感性的形式，可以应用于它本身之外的另一个已知的东西，并可以用另一个我称为'解释者'的符号去加以解释，以传达在此之前还不知道的关于其对象的某种信息。"① 这就是说，符号是一种可感知的媒介物或表达形式，它一方面与它所代表的对象发生联系，另一方面又与一个相应的心灵的表现者即"解释者"发生联系。根据皮尔斯关于符号的定义，我们认为，《周易》有两种符号——卦画符号和文字符号。在这两种符号之间有三层意义平面：卦画与它所表示的"物象"是第一意义平面；卦爻辞与卦画之间是第二意义平面；《易传》与卦画、卦爻辞之间是第三意义平面。也就是说卦爻辞是解释卦画的，《易传》又是解释卦画和卦爻辞的。如果我们把卦画符号叫做对象语言的话，那么卦爻辞的文字符号就是元语言，《易传》的文字符号就是元元语言。

一、卦画符号的语形系统

《周易》中的六十四个卦画组成了一个符号系统，这个符号系统是怎样建构起来的？它们在排列上有什么规律性？我们分别给予说明。

（一）六十四卦建构的逻辑系统

《系辞上》曾对八卦的形成作了概括的说明："易有太极，是生两仪，两仪生四象，四象生八卦。"这就是说，八卦由四象演变而来，四象由两仪演变而来。如图所示：

---

① Charles S. Peirce, *The Collected Papers of Charles S. Peirce*, Vol.8, Cambridge: Harvard University Press, 1958, p.343.

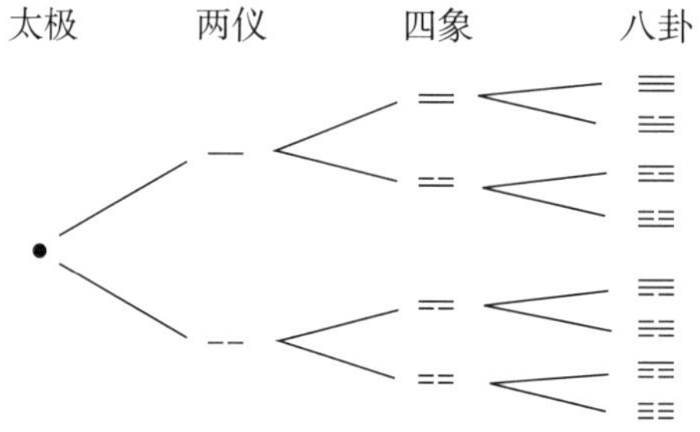

用现代符号学的观点审视这个“八卦小成图”，我们可以得到这个符号系统的初始符号和形成规则。

1. 初始符号：（1）⚊

（2）⚋

初始符号是组成一个符号系统的基本要素，它相当于某种语言中的基本词汇。《周易》符号系统是到目前为止所发现的符号系统中初始符号最少最简单的一种。

2. 形成规则：（1）初始符号是合式公式。

（2）由任意三个初始符号相互重叠的表达式是合式公式。

（3）只有由规则（1）（2）得到的表达式是合式公式。

初始符号可以有各种各样的排列和组合，但是这些排列和组合并非都符合某一形式系统。只有符合形成规则的那些排列和组合才符合这一形式系统。形成规则相当于某种语言中的语法规则，正如基本词汇只有按照一定的语法规则生成正确的句子一样，初始符号也只能按照一定的形成规则产生合式公式。该系统的基本合式公式是：

① ⚊ ② ⚋ ③ ☰ ④ ☷ ⑤ ☳ ⑥ ☴ ⑦ ☵ ⑧ ☲ ⑨ ☱ ⑩ ☶

3. 变形规则：任意两个三画形合式公式重叠产生一个新的合式公式。

《易经》中的六十四卦就是以八个三画形的合式公式为公理，根据变形规则导出的新的合式公式。例如：

③“☰”与③“☰”重叠产生“䷀”

④“☷”与④“☷”重叠产生“䷁”

③“☰”与④“☷”重叠产生“䷋”

⑨“☱”与⑩“☶”重叠产生“䷞”

（二）六十四卦排列的逻辑规律

六十四卦由乾坤起，至既济、未济止，在排列组合上有一定的规律性。

1.“二二相耦，非复即变”

《周易》六十四卦是将两个互相对立的卦排列在一起，孔颖达把这种组合方法概括为“二二相耦，非复即变”[①]。六十四卦每两个配成一对，如乾与坤、屯与蒙……既济与未济，共配成三十二对。配对方法有两种模式。

（1）复——倒置变换。这种变换模式是将某一卦中六个爻的次序从初爻到上爻倒置过来。例如：

屯　　蒙

䷂ ⇆ ䷃

如果我们用 G 表示原卦，$\overline{G}$ 表示对立的卦，R 表示这种变换，那么这种配对模式的公式就是“$G\overset{R}{\rightleftarrows}\overline{G}$”，符合这种变换模式的共有二十八对。

（2）变——阴阳换号。这种变换模式是将某一卦中的六个爻位符号均对应改变，即原来的阴爻变成阳爻，原来的阳爻变成阴爻。例如：

乾　　坤

䷀ ⇆ ䷁

如果我们用 T 表示这种变换，那么这种配对模式的公式就是“$G\overset{T}{\rightleftarrows}\overline{G}$”，符合这种变换模式的有乾与坤、颐与大过、坎与离、中孚与小过四对。

2. 引申转化，非正则反

六十四卦按照上面的两种模式配成了三十二对，又运用卦的象征意义的引申与转化，排成了一个起于乾、坤，终于既济、未济的形式系统。这个系统的排列也有两种基本模式。

（1）正——由一卦的象征意义引申出另一卦的象征意义，从而排列出另一卦。设 G_i 的象征意义是 M_i，G_j 的象征意义是 M_j，其公式是：

有 M_i 然后（必）有 M_j；所以 G_i 后面是 G_j。

例如，乾、坤象征天、地，其余六十二卦象征由天、地产生的万物。《周易·序卦》曰“有天地然后万物生焉”，万物始生，充盈于天地之间；而始生的万物又处于童稚状态，蒙昧不明。这两种状态就是屯、蒙的象征意义，所以乾、坤后面排着屯、蒙。

（2）反——由一卦的象征意义转化成另一卦的象征意义，从而排列出另一卦。其公式是：

不可以终 M_i，故 M_j；所以 G_i 后面是 G_j。

例如，泰的象征意义是通，物不可以终通，物极必反，通久必塞，“塞”正是“否”的象征意义，所以，泰卦之后是否卦。

① 王弼、韩康伯注，孔颖达等正义：《周易正义》，上海古籍出版社，1990 年，第 188 页。

二、“言—象—意”：《周易》的第一个语义系统

《周易》分《经》和《传》两部分，根据史学专家的考证，《易经》部分即六十四卦和卦爻辞产生于西周初期①，距今已有三千多年的历史。那时人们对事物的认识还很幼稚，认为万物有灵，宇宙间充满了各种神灵，这些神灵用各种物象的变化或显现指示着人们的行动。人们为了趋吉避凶就运用种种术数探究神旨，《易经》就是这些术数中的一种，六十四卦是当时人们用来占筮的工具。

人们占筮是为了得到神灵的启示，指导自己的行为，所以占筮的人需要得到的是“吉”或“凶”的答案。但是占筮的结果仅仅是一些符号的排列，而他们则认为这种排列就是神灵提供的一种物象，这种征兆只有通过筮师们的解释，才能使占筮者得到答案。卦爻辞就是筮师们对六十四卦和三百八十四爻的解释，所以卦爻辞一般都是由兆辞（说明物象的语词）和断辞（断定吉凶的语词）组成。我们仅以乾卦为例加以说明。

表 1　　乾卦卦爻辞

卦爻	兆辞	断辞
☰乾	元亨	利贞
初九	潜龙	勿用
九二	见龙在田	利见大人
九三	君子终日乾乾 夕惕若	厉无咎
九四	或跃在渊	无咎
九五	飞龙在天	利见大人
上九	亢龙	有悔
用九	见群龙无首	吉

如果我们把卦爻称作“象”，兆辞称作“言”，断辞称作“意”，这三者之间存在着这样一种语义关系：“言者，明象者也”“象者，出意者也”②。这种关系可以用下面的语义三角表示：

① 参见高亨：《周易古经今注》，中华书局，1984 年，第 12 页。

② 王弼著，楼宇烈校释：《王弼集校释》，中华书局，1980 年，第 196 页。

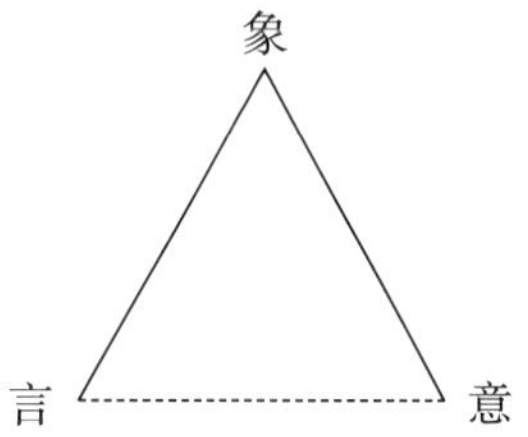

在这里，“言”与“意”之间的关系是间接的，要通过“象”这个中间环节来沟通。言描绘出一个形象，再由这个形象传达出意义。

例如，乾卦初九爻辞中“潜龙”和“勿用”之间的关系就是通过一种物象连结起来的。乾之初九，阳爻而处乾卦之下，正是阳道将萌而未萌的时候，犹如龙在潜伏之中，不能动也不宜动。这种形象才传达出了不要有所施行，不要有所作为，即“勿用”这种意义。

《周易》中的卦爻辞就是按照“言—象—意”这样的语义模式建立起来的一个解释系统。即使有些兆辞是叙事的，它也是通过描述一种事物情景，事实上也是一种物象，从而传达出某种意义。

“言—象—意”这种语义模式是早期人类思维的共同特点，著名符号学家卡西尔（Ernst Cassires）曾说：“人类不可能以抽象的思维或以理性的语言开始，它必须要经过神话和诗歌的象征语言的时代。各原始民族不是以概念而是以诗的形象来思维的；他们说的是寓言，写的是象形文字。”[①]不仅《周易》中遵循着“言—象—意”这种语义模式，在其他民族的神话中也同样是这种语义模式。例如在《圣经》亚当与夏娃的故事和古埃及神话蛇与太阳神的故事中“蛇”都是表示“邪恶”这种意义，蛇为什么能表示邪恶呢？就是因为“蛇”能在人们头脑中唤起这样的意象：“蛇有毒，咬人并能致人于死地。”正是这种意象把“蛇”这种动物与“邪恶”这种抽象意义联系起来。

三、“原型—象征—引申”：《周易》的第二个语义系统

如果说卦爻辞是《周易》第一个语义系统，那么《易传》就是《周易》的第二个语义系统。卦爻辞运用“言—象—意”的语义模式推断吉凶，指导休咎。《易传》则是以卦爻符号为原型，运用象征、引申等手法，建立起一个哲学体系。

（一）原型

“原型”是荣格心理学中的一个术语，我们这里仅仅在哲学意义上使用它。从哲学的角度，荣格把原型理解为“纯粹形式”，他说：“原型不是由内容而是仅由形式

① 恩斯特·卡西尔：《人论》，甘阳译，上海译文出版社，1985年，第195页。

决定的……原型本身是空洞的，纯形式的。”[①] 原型就相当于冯友兰先生所说的“代数公式”：“这些公式用一些符号表示出来。对于数目字来说，这些公式只是些空套子。正是因为它们是空套子，所以任何数目字都可以套进去。我说周易可称为宇宙代数学，就是这个意思。”[②]

1.“—”阳、“--”阴原型

“—”“--”这两个符号虽然来源于古代的“九”字和“六”字，但在《易传》中它们已经“化数为形”，失去了原来的意义，变成了两个纯粹的象征符号（symbol）。由于“—”形似男根，“--”形似女阴，这样它们就分别表示了阳、阴这两个抽象观念，变成了《易传》作者解释世界的两个最基本的原型。这两个原型潜在着各种解释的可能性，因为宇宙间存在的现象几乎都是二元对立的。不仅《易传》中的原型是二元性的，而且“各个极其不同的社会所发明的大多数人工代码都是二元性的，从‘丛林电报’（特别是具有二音符的刚果部落的话鼓）直到莫尔斯电码”，“二元选择现象具有相当的普遍性”。[③]

2. 八卦原型

八卦原型是阴阳原型的扩充。☰（乾）由三个阳爻重叠而成，☷（坤）由三个阴爻重叠而成，它们仍代表具有二元对立性质的两类事物。《周易·系辞下》曰：“乾，阳物也，坤，阴物也。”☳（震）、☵（坎）、☶（艮）由两个阴爻和一个阳爻构成，其中两阴爻构成形，一阳爻表示性；☴（巽）、☲（离）、☱（兑）由两个阳爻和一个阴爻构成，其中两阳爻构成形，一阴爻表示性。由此可知，乾、震、坎、艮是阳原型的扩充；坤、巽、离、兑是阴原型的扩充。

（二）象征

象征是一种语义关系，这种关系中的能指（符号）与所指（对象）之间的联系是靠类比联想建立起来的。认知对象以其某一方面的外部特征激发起主体经验或常识中其他对象的相似特征，从而构成类比联想，把未知的事物同已知的事物联系起来，将主体意识中已有的图式和结构，投射到新的认知对象上，从而把对象同化于已有的图式中。

《易传》中原型（能指）与所指（对象）之间就是一种象征的语义关系。阴阳、八卦原型是《易传》作者意识中已有的图式，他们把这些图式投射到新的认知对象上，

---

① 卡尔·古斯塔夫·荣格：《心理学与文学》，冯川、苏克译，译林出版社，2014 年，第 7 页。

② 冯友兰：《代祝词》，唐明邦等编：《周易纵横录》，湖北人民出版社，1986 年，第 7 页。

③ 罗兰·巴尔特：《符号学原理》，李幼蒸译，生活·读书·新知三联书店，1988 年，第 164 页。

这些对象就成了原型的所指。

《周易·系辞下》曰：“天地絪缊，万物化醇；男女构精，万物化生。”当时人们已经懂得了生育的生理原因：男女交媾，生育出子女。由此而类比联想到天地之气交感，产生万物。由于人类的生殖与植物从大地中生长出来在现象上的类似，于是大地便成了女性、母亲，而给大地以阳光、雨露的天空自然就成了男性、父亲。人们就把表示纯阳、纯阴的乾坤两个原型分别投射到天与地上，从而乾就象征天，坤就象征地。与人们生活有密切关系的自然现象除了天地之外，还有雷、风、水、火、山、泽。雷声振聋发聩，使人感到震惊、恐怖，由此人们可以想象到一个脾气暴躁的男人；风能给人以凉爽，微风扑面，如同纤纤细手在抚摸，由此人们可以想象到一个温柔的女性（我国民间向来就有雷公、风婆之说）。人们就把震、巽两原型分别投射到雷与风上，震象征雷，巽象征风。雨水是从天上降下来的，具有天的特性，所以就用坎象征水；火的鲜艳、明亮，像位光彩照人的女性，人们就用离象征火。山峰高大耸天，像个伟岸的男人，人们就用艮象征山；泽为人、鱼、鸟、兽取养之处，犹如母亲是孩子的取养之处，所以人们就用兑象征泽。雷、风、水、火、山、泽是天地间的六种自然现象，当时人们认为它们是由天地交媾产生的，所以，天地是父母，雷、风、水、火、山、泽是子女。

由于象征的语义关系是靠类比联想建立起来的，这样能指与所指之间的联系就不是一一对应，而是一多对应。一个能指往往在类比联想的作用下意指不同的对象。所以，八卦原型能够“范围天地之化而不过，曲成万物而不遗”（《周易·系辞下》）。《易传》中八卦原型象征的主要对象如表：

表 2　　八卦原型象征对象表

组合段平面 →

联想平面 ↓

原型 / 对象 / 解释域	☰（乾）	☷（坤）	☳（震）	☴（巽）	☵（坎）	☲（离）	☶（艮）	☱（兑）
自然界	天	地	雷	风	水	火	山	泽
事物性质	健	顺	动	入	陷	丽	止	说
人类社会	君	臣						
	父	母	长男	长女	中男	中女	少男	少女
动物界	马	牛	龙	鸡	豕	雉	狗	羊
人体部位	首	腹	足	股	耳	目	手	口
……	……	……	……	……	……	……	……	……

此表中横轴表示组合段平面，在这个平面上，一个要素“只是由于它跟前一个或后一个，或前后两个要素相对立才取得它的价值”[①]。例如，乾是与坤的对立，才具有价值，没有坤，也就无所谓乾。

纵轴表示联想平面，这个平面是一个开放的系统。在这个平面上，一个事物只要与原型或原型象征的某一对象具有某些相似性，就可以作为这个原型的象征对象。例如，“君”之所以可以作为乾的象征对象，是因为乾为天，天是万物之统帅，至高至尊；而君是万民之首领，在一国之中，地位至尊如天，正是由于在这一点上相似，所以，乾也可以象征君。

（三）引申

《周易·系辞上》曰：“引而伸之，触类而长之。”由于六十四卦是由八卦重叠而成的，所以《易传》在解释六十四卦时，就把八卦原型的象征意义加以引申发挥，由组成某卦两个原型的象征意义引申出该卦的各种象征意义。例如：“大畜”（䷙）卦是乾与艮组成的，它的象征意义就是乾、艮两原型象征意义的引申与发挥。乾象征天，天的性质刚健；艮象征山，山的性质静止。乾的刚健不息象征人的奋发学习，艮的静止象征学识不断得到巩固与充实。这样就能使才德日进一日，日有所新。才德积于中，辉光必发于外，所以“大畜”卦可以象征“刚健笃实，辉光日新其德”（《周易·象传上》）。乾象征天，以天比朝廷，艮象征山，以山比才德高尚之贤人，所以，“大畜”卦又可象征才德高尚的贤人云集于朝廷，引申出君主能尚贤。其次，乾，健也；艮，止也。所以“大畜”之卦象是“健能止”，象征君主强健而不妄行，可止则止也。因此，“大畜”卦的象征意义可以是：“其德刚上而能尚贤，健能止，大正也。（《周易·象传上》）”乾象征天，艮象征山，“大畜”的卦象也可以是“天在山中”（《周易·象传上》）。“天在山中”进一步引申为小能藏蓄大，因此这个卦又可象征贤人通过学习，积蓄前人的言论业绩，从而增长自己的德性与才干，“君子以多识前言往行，以畜其德”（《周易·象传上》）。

从以上的分析可以看出，《易传》的运演机制是象征，正是象征给原来仅具有巫术意义的卦爻符号赋予了新的生命，使它们具有了丰富的哲学意蕴。

卡西尔认为：“我们应当把人定义为符号的动物，来取代把人定义为理性的动物。”因为，“除了在一切动物种属中都可以看到的感受器系统和效应器系统以外，在人那里还可以发现可称之为符号系统的第三环节……人不再生活在一个单纯的物理宇宙之

---

① 索绪尔：《普通语言学教程》，高名凯译，商务印书馆，1980 年，第 171 页。

中，而是生活在一个符号宇宙之中。”[①]《周易》就是古代中国人建造并生活在其中的一个符号宇宙。当时的人们在这些符号的启迪下，天才地揭示出世界产生和发展的规律性——“一阴一阳之谓道”。在以后的两千多年里，这些符号启发了我国人民理论思维能力的不断提高，推动了我国古代文明的发展。

（原载《湖北大学学报（哲学社会科学版）》1991 年第 1 期）

① 恩斯特·卡西尔：《人论》，甘阳译，上海译文出版社，1985 年，第 33—34 页。

论卦爻符号的起源及《周易》的意义层面

通观《周易》文本，我们可以发现它使用了两种符号，一种是卦爻符号，另一种是汉字符号。在这两种符号中有三层意义平面：卦象与它的“所指”是第一意义平面；卦爻辞与卦象之间是第二意义平面；《易传》与卦爻辞、卦象之间是第三意义平面。如果我们把卦爻符号叫做对象语言的话，那么卦爻辞就是元语言，《易传》就是元元语言。

一、卦爻符号起源于远古刻划符号

《易经》的六十四个卦形是由“—”“--”两个符号排列组合而成的。关于这两个符号的起源，历史上存在着许多种说法，像“太极说”“河图洛书说”等，通过近代学者的考证，已被证明是虚妄之词。但是，当前学术界仍然存在着各种不同的说法，归纳起来有以下六种：一是以郭沫若为代表的男根女阴说。二是以高亨为代表的一节之竹、二节之竹说。三是以乌恩溥为代表的日象月象说。四是以刘钰为代表的土圭测影说。五是以屈万里为代表的龟卜说。六是以陈道生为代表的绳结说。我们不同意以上六种观点。

根据近些年来的考古材料，我们认为卦爻符号起源于原始社会时期的刻划符号。早在原始氏族社会时期，先民们因生产或生活的需要，曾创造出一些刻划符号。陕西西安半坡、临潼姜寨、浙江良渚和青海乐都柳湾等地均发现刻划在陶器上的形状相似的符号。

在这些符号中我们可以看到卦爻符号的影子，尤其是“—”“∧”这两个符号，就是“—”“--”两个符号的前身。1978 年在陕西岐山县周文王时的古墓中出土了一个甗，在腹内后壁口沿上有一个极醒目的卦画“䷒”，就是由这两个刻划符号组成的。安徽阜阳双古堆汉墓中出土的竹简上六十四个卦画也都由这两个刻划符号组成，如“临卦卦画，今本作（䷒），马王堆帛书作（䷒），阜阳简则作（䷒）”①。由此我们可以看出“--”

① 阜阳汉简整理小组：《阜阳汉简简介》，《文物》1983 年第 2 期。

的演变过程，阜阳简是最古的写法，马王堆帛书次之，通行本《周易》是最后一种定型写法。“—”则从远古一直沿用下来。

在这众多的刻划符号中，《易经》为什么选中了这两个符号作为卦爻符号呢？我们认为有以下两方面的原因。

1. 从语形上看，这两个符号最简单，而且容易区别，使用起来既经济又明晰。“=”虽然简单，但在直书时容易与“—”发生混淆。

2. 从语义上看，“—”表示“1”，“∧”表示“6”（见第二部分的论述）。在精通五进位制的古代人看来，“6”是第二个“1”（在新赫布里底群岛的阿皮族语言中就是这样称呼的，他们把“1”叫“tai”，“6”叫“otai”，即“另一个”的意思），刚好与第一个“1”形成了意义上的对立。我们认为在十进制算法发明以前，中华大地曾流行过一种五进制的数算方法，证据有三：（1）从认识发展史来看，人们识数总是先通过一只手的五个手指来学习，由一数到五。然后再数另一只手的手指。（2）从表示数的汉字结构上来看，“十位数字中，于文字之结构上可判为二系，一至五为一系，五至十又为一系”①。“∧”是一个假借字，“原是‘入’字”②。“入”者“进”也，即进一位。（3）我国古代所采用的算筹计数法，其布筹成式，正是从五进位归一的，其码法如下：

表 1　算筹计数法的码法

数字	1	2	3	4	5	6	7	8	9
算筹	—	=	≡	≣	𝍤	⊥	⊥̲	⊥̳	⊥≡

筹算与筮占之间具有密切联系。鉴于以上原因，所以《易经》就选用这两个符号作为构造符号体系的元件。

二、“象—数”——《周易》的第一个意义层面

《周易》中的“象”有现象、意象、法象、卦象等几种含义，这里我们所说的“象”是指卦象，即由卦画组成的图像。整部《易经》都是围绕着象展开的，筮数以定象，系辞以释象，据象以定占。

通过第一部分的考察，我们知道了组成卦象的两个符号来自原始社会时期的刻划符号。我们认为先民们创造这些刻划符号是用来表示数的。河南安阳四盘磨出土的卜

① 郭沫若：《郭沫若全集·考古编》第2卷，科学出版社，1983年，第278页。

② 钱宝琮：《中国数学史》，商务印书馆，2019年，第6页。

骨有这样三组符号“八∧∧⊠八十”“十⊠十∧∧”“十八十∧十∧”，张政烺先生认为这是三个数字卦，可以改写成“八六六五八七”“七五七六六六”“七八七六七六”。郭沫若先生认定：“这些刻划文字，很明显地和彩陶上的刻划符号是一个系统。”[①] 同一系统的符号，所表示的对象应当是一致的。

另一方面也可以从民族学上得到证明。直到现代我国少数民族仍有用刻划符号记录账目和数字的。北京民族文化宫曾经陈列西盟佤族这样一件木刻（见图一），莫阿寨艾给向艾草借鸦片烟60两，言明年利30两，“双方打木刻”为凭。木刻左端刻60道，另一端刻30道，分别代表本钱和利钱，一遇十道，划“×”形符号一个，代表整数。然后一剖为二，各执其一作为凭证。

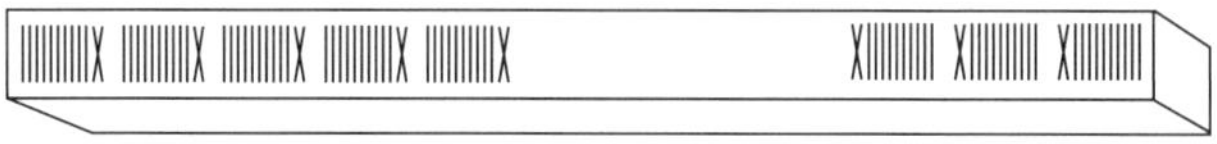

图一

20世纪70年代墨江哈尼族仍用木刻记工分，其方法也是用一根木片，社员得多少工分就刻多少道，每隔十道中间划一粗道标明整数。[②] 由此我们可以想象在原始社会时期可能有很多这样的记数木刻，由于木头易烂，不能留存到现在，我们仅能从不易腐烂的陶器上见到一些。

既然这些刻划符号是表示数的，那么《易经》中的两个刻划符号又是表示什么数呢？

从字形上来看，“—”和“∧”这两个符号是古代的“一”和“六”，但是在卦象中“—”和“--”这两个符号已不仅仅表示“1”和“6”这两个具体数值，而是分别代表奇数和偶数。张政烺先生在考察100多个数字卦后作出这样的结论：“我的看法是═、≡、≣都是积画为之，写在一起不易分辨是几个字，代表哪几个数，所以不能使用，然而这三数并非不存在，而是筮者运用奇偶的观念当机立断，把二、四写为六，三写为一……我这种推断，就一般考据学讲未免是胆大妄为，但对易卦当作别论，易本来就讲变，当筮占时筮者抓着数之奇偶，而不重视数值，将三改一，二、四改六，正是重其本而舍其末的表现，合乎易学的逻辑。”[③]

在民族学上同样可以找到这方面的例证，我国四川凉山彝族有一种叫“雷夫孜”

① 郭沫若：《古代文字之辩证的发展》，《考古学报》1972年第1期。

② 参见汪宁生：《从原始记事到文字发明》，《考古学报》1981年第1期。

③ 张政烺：《张政烺文史论集》，中华书局，2004年，第659页。

的卜筮方法。具体情况是这样的：巫师取细竹或草秆一束握在左手，右手随便分去一部分，看左手所余之数是奇是偶，而不考虑具体数值。如此共行三次，即可得三个数字。有时亦可不用细竹或草秆，而用一根木片，用小刀在木片上随便划上许多刻痕，再将木片分为三个相等部分，看每一部分刻痕共有多少，亦可得出三个数字，然后巫师根据这三个数的奇偶及其排列，判断所占之事的吉凶[①]。由此我们可以看出“—”“--”这两个符号表示的意义，经历了这样一个变化过程：开始分别表示“1”和“6”；然后“—”表示“1”和“3”，“--”表示“2”“4”“6”；最后“—”表示奇数，“--”表示偶数。综上所述，《易经》中象—数对应关系（每一卦画从下往上读）如下表：

表 2　《易经》象—数对应关系表

象（能指）	数（所指）
—	奇
--	偶
☰	奇奇奇
☷	偶偶偶
☳	奇偶偶
☴	偶奇奇
☵	偶奇偶
☲	奇偶奇
☶	偶偶奇
☱	奇奇偶
䷀	奇奇奇奇奇奇
䷁	偶偶偶偶偶偶
…	…

三、“言—象—意”——《周易》的第二个意义层面

数字崇拜是人类原始文化中普遍存在的现象。《易经》运用表示数的卦爻符号卜筮吉凶，祈求神灵的保佑，这正是古代中国人数字崇拜的具体体现。但是占筮的结果仅仅是一些表示数的符号排列，在古人看来这种排列就是神灵提供的一种物象。这种物象只有通过筮师们的解释，才能使占筮者得到答案。卦辞和爻辞就是筮师对六十四卦和三百八十四爻的解释。六十四卦配上卦辞，三百八十四爻配上爻辞，在《周

① 参见汪宁生：《八卦起源》，《考古》1976 年第 4 期。

易》成书史上起了重要作用，它不仅使这套符号体系变得井然有序，而且借助于汉字符号的提示作用，使卦爻符号摆脱了数的羁绊，赋予它们以新的意义。在卦爻辞的作用下，卦爻符号的所指发生了变化，由原始的奇偶数，变成了物象，从而拓展了卦爻符号的意义空间，提高了人们解释它们的自由度。《易经》中卦爻符号所表示的“物象”是经过归纳、概括和整饬过的。它舍弃了个别事物的局限性，具有了同抽象思维中的逻辑范畴一样的功能，具有极强的统摄能力。正如朱熹所说：“《易》说一个物，非真是一个物。如说龙，非真龙。”① 这个有龙名而非真龙的“龙”，具有指代诸象的抽象意义，可以因人因时因地加以解释。

卦爻辞与卦象又是按照什么样的模式建立起一个解释系统的呢？为了弄清这个问题，我们有必要对卦爻辞的结构作进一步的分析。就一般情况而言，卦爻辞是由两部分构成的，一部分是说明物象的语词——兆辞，另一部分是断定吉凶的语词——断辞。例如在泰卦六五爻辞中“帝乙归妹以祉”是兆辞，“元吉”是断辞。如果我们把兆辞称作“言”，断辞称作“意”，卦爻符号及其所表示的物象简称为“象”，在这三者之间存在着这样一种语义关系：“言者，明象者也”，“象者，出意者也”②。用图表示如下：

言 → 象 → 意

在这里“言”与“意”之间的关系是间接的，要通过“象”这个中间环节来沟通。言描绘出卦爻符号所表示的物象，再由这个物象传达出意义。例如乾卦初九爻辞中“潜龙”和“勿用”之间的关系就是通过一种物象连结起来的。乾（䷀）之初九，阳爻而处乾卦之下，正是阳道将萌而未萌的时候，犹如龙在潜伏状态，不能动也不宜动。这种形象才传达出了不要有所施行，不要有所作为，即“勿用”这种意义。

《周易》中的卦爻辞就是按“言—象—意”这样的语义模式建立起来的一个解释系统。即使有些兆辞是叙事的，它也是通过描述一种事物情景，事实上也是一种物象，从而传达出某种意义。例如泰卦六五爻辞“帝乙归妹以祉”，据顾颉刚先生考证，这叙述的是殷帝乙嫁女于周文王的故事。帝乙为什么要把女儿嫁给周文王呢？“这是就当时的情势可以推知的，自从太王‘居岐之阳，实始剪商’以来，商日受周的威胁，不得不用和亲之策以为缓和之计。……这在商是不得已的亲善，而在周则以西夷高攀诸夏，正是他们民族沾沾自喜的举动呢？”③ 泰（䷊）之六五，阴爻而居君位，

① 朱熹：《朱子语类》第6册，中华书局，1986年，第1660页。

② 王弼著，楼宇烈校释：《王弼集校释》，中华书局，1980年，第196页。

③ 李镜池：《周易探源》，中华书局，1978年，第35—36页。

它位极尊而性极柔，它愿意屈己之尊而顺从九二之阳。表现了帝王之女下嫁给臣下，也要降其尊贵，顺从其丈夫。这对周民族来说是非常自豪、无比荣耀的事，正是这种物象才传达出了“元吉”的意义。“言—象—意”这种语义模式是早期人类思维的共同特点，著名符号学家卡西尔曾说：“人类不可能以抽象的思维或以理性的语言开始。它必须要经过神话和诗歌的象征语言的时代。各原始民族不是以概念而是以诗的形象来思维的；他们说的是寓言，写的是象形文字。”①

四、“原型—象征”——《周易》的第三个意义层面

如果说卦爻辞运用“言—象—意”的语义模式推断吉凶，指导休咎，《易传》则是以卦爻符号为原型，运用象征、引申等手法，建立起一个哲学体系，实现了从巫术文化向人文文化的重大转变。

（一）原型

原型就相当于冯友兰先生所说的“代数公式”。“这些公式用一些符号表示出来。对于数目字来说，这些公式只是些空套子。正是因为它们是空套子，所以任何数目字都可以套进去。我们说周易可称为宇宙代数学，就是这个意思。”②

（1）“—”阳，“--”阴原型。在《易经》中，“—”“--”这两个符号的意义是“奇数”和“偶数”，但在《易传》中它们变成两个具有象征意义的符号（symbol），分别代表“阳”“阴”这对基本的哲学范畴。这两个符号的意义为什么会发生转化呢?笔者认为这是原始思维中“互渗律”作用的结果。自然数的属性是非奇必偶、非偶必奇，事物的属性是非阳必阴、非阴必阳，都是对立统一的。再者，阳阴同奇偶一样都可以在一定条件下互相转化。正是这些相似点成了互渗推导的媒介，启发了古人的联想，使他们把二者合二为一。“—”既是奇又是阳，“--”既是偶又是阴。“奇—阳”“偶—阴”，这样的观念在东西方古代人的思维中也是相同的，毕达哥拉斯派同样认为：“偶数是可以分解的，从而也是容易消失的、阴性的、属于地上的；而奇数则是不可分解的、是阳性的、属于天上的。”③

阳、阴这两个原型潜在着各种解释的可能性，因为宇宙间存在的现象几乎都是二元对立的，例如天，地；男，女；刚，柔；南，北；君，臣；父，子；寒，暑；进，退；尊，卑；……正因为这样，所以不仅《周易》中的原型是二元性的，而且“各个极其

① 恩斯特·卡西尔：《人论》，甘阳译，上海译文出版社，1985 年，第 195 页。

② 冯友兰：《代祝词》，唐明邦等编：《周易纵横录》，湖北人民出版社，1986 年，第 7 页。

③ T. 丹齐克：《数——科学的语言》，苏仲湘译，商务印书馆，1985 年，第 33 页。

不同的社会所发明的大多数人工代码都是二元性的，从‘丛林电报’（特别是具有二音符的刚果部落的话鼓）直到莫尔斯电码”，“二元选择现象具有相当的普遍性”。[①]

（2）八卦原型。八卦原型是阴阳原型的扩充。☰（乾）由三个阳爻重叠组成，☷（坤）由三个阴爻重叠组成，它们仍代表具有二元对立性质的两类事物。《周易·系辞下》曰：“乾，阳物也；坤，阴物也。”☳（震）、☵（坎）、☶（艮）由两个阴爻和一个阳爻构成，其中两阴爻构成形，一阳爻表示性；☴（巽）、☲（离）、☱（兑）由两个阳爻和一个阴爻构成，其中两阳爻构成形，一阴爻表示性。由此可知，乾、震、坎、艮是阳原型的扩充；坤、巽、离、兑是阴原型的扩充。

（二）象征

象征是一种语义关系，这种关系中的能指（符号）与所指（对象）之间的联系是靠类比联想建立起来的。认知对象以其某方面的外部特征激发起来主体经验或常识中其他对象的相似特征，从而构成类比联想，把未知的事物同已知的事物联系起来，将主体意识中已有的图式和结构，投射到新的认知对象上，从而把对象同化于已有的图式中。

《易传》中原型（能指）与对象（所指）之间就是一种象征的语义关系。阴阳、八卦原型是《易传》作者从《易经》那里继承来的，是他们意识中已有的图式，他们把这些图式投射到新的认知对象上，这些对象就成了原型的所指。

《周易·系辞下》曰：“天地絪緼，万物化醇；男女构精，万物化生。”男女交媾，生育出子女。由此而联想到天地之气交感，产生万物。由于人类的生殖与植物从大地生长出来在现象上的类似，于是大地便成了女性、母亲；而给大地以阳光、雨露的天空自然就成了男性、父亲。人们就把表示纯阳、纯阴的乾坤两个原型分别投射到天与地上。与人们生活有密切关系的自然现象除了天地之外，还有雷、风、水、火、山、泽。雷声振聋发聩，使人感到震惊、恐怖，由此人们可以想象到一个脾气暴躁的男人；风能给人以凉爽，微风扑面，如同纤纤细手在抚摸，由此人们可以想象到一个温柔的女性（我国民间向来就有雷公、风婆之说）。人们就把震、巽两原型分别投射到雷与风上。雨水是从天上降下来的，具有天的特性，所以就用坎象征水；火的鲜艳、明亮，像位光彩照人的女性，人们就用离象征火。山峰高大耸天，像个伟岸的男人，人们就用艮象征山；泽为人、鱼、鸟、兽取养之处，犹如母亲是孩子的取养之处，所以人们就用兑象征泽。雷、风、水、火、山、泽是天地间的六种自然现象，当时人们认为它们是由天地交媾产生的，所以，天地是父母，雷、风、水、火、山、泽是子女。

---

① 罗兰·巴尔特：《符号学原理》，李幼蒸译，生活·读书·新知三联书店，第164页。

由于象征的语义关系是靠类比联想建立起来的，这样能指与所指之间的联系就不是一一对应，而是一多对应。一个能指往往在类比联想的作用下意指不同的对象。所以，八卦原型能够“范围天地之化而不过，曲成万物而不遗”（《周易·系辞上》）。《易传》中八卦原型象征的主要对象如下表：

表 3　　《易传》中八卦原型象征的主要对象

原型 对象 解释域	☰（乾）	☷（坤）	☳（震）	☴（巽）	☵（坎）	☲（离）	☶（艮）	☱（兑）
自然界	天	地	雷	风	水	火	山	泽
事物性质	健	顺	动	入	陷	丽	止	说
人类社会	君	臣						
	父	母	长男	长女	中男	中女	少男	少女
动物界	马	牛	龙	鸡	豕	雉	狗	羊
人体部位	首	腹	足	股	耳	目	手	口
……	……	……	……	……	……	……	……	……

此表中横轴表示组合段平面，在这个平面上，一个要素“只是由于它跟前一个或后一个，或前后两个要素相对立才取得它的价值”[①]。例如，乾是因与坤的对立，才具有价值，没有坤，也就无所谓乾。

纵轴表示联想平面，这个平面是一个开放的系统。在这个平面上，一个事物只要与原型或原型象征的某个对象具有某些相似性，就可以作为这个原型的象征对象。

由于在观念上可以把六十四卦看作是由八卦重叠而成的，所以《易传》作者在解释六十四卦时，就把八卦原型的象征意义加以引申发挥，由组成某卦两个原型的象征意义引申出该卦的各种象征意义。例如“大畜”（䷙）卦是乾与艮组成的。乾象征天，天的性质刚健；艮象征山，山的性质静止。乾的刚健不息象征人的奋发学习，艮的静止象征学识不断得到巩固与充实。这样就能使才德日进一日，日有所新，才德积于中，辉光必发于外，所以“大畜”卦可以象征“刚健笃实，辉光日新其德”（《周易·系辞上》）。乾象征天，以天比朝廷，艮象征山，以山比才德高尚之贤人，所以“大畜”卦又可象征才德高尚的贤人云集于朝廷，引申出君王能尚贤。其次，乾，健也，艮，止也。所以“大畜”卦象又是“健能止”，象征君王强健而不妄行，可止则止也。因此，

① 索绪尔：《普通语言学教程》，高名凯译，商务印书馆，1980年，第171页。

“大畜”卦的象征意义可以是：“其德刚上而能尚贤，健能止，大正也。”（《周易·象传上》）乾象征天，艮象征山，“大畜”的卦象也可以是“天在山中”（《周易·象传上》）。“天在山中”进一步引申为小能藏储大，因此这个卦又可象征贤人通过学习，积蓄前人的言论业绩，从而增长自己的德性与才干，“君子以多识前言往行，以畜其德”（《周易·象传上》）。

从以上的分析可以看出，《易传》的运演机制是象征，正是象征给原来仅具有巫术意义的卦爻符号赋予了新的生命，使它们具有了丰富的哲学意蕴。

“—”“--”这两个符号是组成六十四个卦画的基本元件，六十四个卦画是《周易》的构架，卦爻辞和《周易》都是对这个构架的解释，随着社会的发展和人类思维能力的提高，这两个符号表示的意义也跟着发生变化。它们最原始的意义是“1”和“6”；在《易经》形成时期，它们成了占筮的工具，为了占筮的需要，筮师们把它们的意义抽象为“奇数”和“偶数”；在《易传》形成时期，它们变成了解释世界的两个原型，解释者为建立哲学体系的需要，又把它们的意义进一步地加以抽象，变成了可以解释世界上各种现象的阳、阴两个哲学范畴。这两个符号的功用和意义不断变化的过程反映了中华民族的先民们思维水平由低级到高级的发展过程。

（原载《哲学研究》1992年第11期）

中国价值哲学研究

试论中国价值哲学的地位与特点

价值哲学又称价值论，它是关于人生价值和幸福的理论。中国价值哲学就是中国传统文化中有关人生价值和幸福的理论。本文仅就中国价值哲学的地位与特点谈点自己的看法，就教于各位专家学者。

一、中国价值哲学在中国传统哲学中处于核心地位

中国传统哲学是一个博大精深的理论宝库，本体论、认识论、辩证法、价值论都是它所包括的重要领域。其中价值哲学在整个中国传统哲学中处于核心地位。

首先，从各家哲学的主题来看，儒、墨、道、法虽然旨趣各异，但却殊途同归，百虑一致，都把致思的最终趋向确定在世界对人的意义上，归结到价值理想的追求上。儒家鼻祖孔子“不语怪力乱神”，把“与命与仁”作为世界观的核心，其目的是通过弘扬“仁者爱人”，“为政以德”，以恢复周礼；墨家巨子墨翟，把自己的哲学主张概括为尚贤、尚同、节用、节葬、非乐、非命、兼爱、非攻、天志、明鬼等十事，其理想是“兴天下之利，除天下之害”；法家集大成者韩非，宣扬法、术、势相结合的政治哲学，为建立中央集权的封建专制制度进行理论论证；道家哲学大师老子和庄子建立了以“道”为哲学本体的形而上学体系，为中国哲学本体论作出了杰出贡献。然而，他们的“道”既是宇宙万物的根本，又是人们追求的理想境界，世界本体与价值渊源合而为一，“体道”的“至人”和“法道”的“至德之世”是最高的人格价值和社会价值。可见，各派哲学无不把价值问题置于核心地位。

其次，从哲学的理论体系来看，中国传统哲学的本体论并非以宇宙的本质为认识的根本目标，而是借“天道”以明“人道”；中国传统哲学的认识论并非以认识的来源和规律为探讨的最终归宿，而是借“知行”以说“道德”；中国传统哲学的辩证法并非以世界的运动过程为研究的至上兴趣，而是借“阴阳”以言“治平”；中国传统哲学的历史观也并非以历史发展的客观必然性为思考的终极意义，而是借“理势”以论“至治”。总之，自然与人伦合一，知识与道德融合，宇宙法则与治世规范统一，“必然”原理与“应然”判断贯通，是中国传统哲学的本质特征。就是说，价值哲学渗透于哲

学的各个领域，成为其他哲学问题环绕的核心。当然，这并不是说，中国传统哲学的本体论、认识论、辩证法和历史观等理论都没有确定的内容、客观的真理和独立的价值，而是说，这些哲学理论都和价值论紧密联系，并且从“终极”“至上”的意义上都服务于哲学家思考价值问题和建立价值论系统。古代哲人们也明确说明了这一点，孔子说：“知之者不如好之者，好之者不如乐之者。”（《论语·雍也》）孟子云：“君子深造之以道，欲其自得之也。”（《孟子·离娄下》）荀子说：“君子之学也，以美其身。”（《荀子·劝学》）“乐之”“自得”“美其身”都是指的价值目标，实现价值乃是“求知”“为学”的理想境界。

最后，再从中国传统哲学的总体特征来看，中外学者对中国哲学特征的具体看法虽说有种种不同，但多数学者都认为重道德、重价值是中国哲学的根本特色之一。著名的中国哲学史家张岱年先生曾说：“中国哲人探求真理，目的乃在于生活之迁善，而务要表见之于生活中”；“中国哲学乃以生活实践为基础，为归宿”；“西洋人研究宇宙，是将宇宙视为外在的而研究之；中国人则不认为宇宙为外在的，而认为宇宙本根实与心性相通，研究宇宙亦即是研究自己”；“中国哲人认为真理即是至善，求真乃即求善。真善非二，至真的道理即是至善的准则。即真即善，即善即真……宇宙真际的探求，与人生至善之达到，是一事之两面”；“中国思想家认为经验上的贯通与实践上的契合，就是真的证明”。[①] 到了20世纪80年代，张先生更加明确指出：“中国传统哲学的核心部分是价值观。”[②]

由以上三点我们不难看出，价值哲学在中国传统哲学中处于何等重要的地位。

二、中国价值哲学的特点

中国价值哲学具有鲜明的特点。

首先从理论体系上看，中国价值哲学是以人为本位，以道德为主导，以功利和权力为两翼，以“自然无为”为补充，以群己和谐、天人和谐为真善美统一的理想境界的价值观念体系。

所谓以人为本位，是指中国价值哲学把肯定人的价值作为其全部理论的基础，全部理论都是为确立人在宇宙间的崇高价值地位而展开的。所谓以道德为主导，是指在中国价值哲学中，道德价值处于比其他价值更高的层次，并指导和制约着对其他价值的选择。道德渗透和贯穿于经济、政治、文化、科学、艺术以及社会风俗等各个价值

① 张岱年：《中国哲学大纲》，中国社会科学出版社，1994年，“序言”，第8页。

② 张岱年：《文化与哲学》，中国人民大学出版社，2006年，第264页。

领域之中，发挥着主导作用。所谓以功利和权力为两翼，是指在以道德价值为主导的前提下，物质利益价值和政治权力价值仍有一定的地位，二者虽然不能处于最高层次，但却可以说属于二级层次。儒家诚然崇义，认为义高于利，但多数学者不否定利，而且在承认道义主导的前提下，肯定利益的价值；儒家固然崇德，主张“为政以德”“导之以德”，认为德重于力，但并不完全排斥力，而是要求在道德的主导下发挥权力的作用。“道之以政，齐之以刑，民免而无耻”（《论语·为政》）、“刑者德之辅”（《春秋繁露·天辨在人》）等观点，既是对德高于力的价值层次的确定，也是对行政权力价值的承认。至于墨家、法家，更是十分重视功利、强力价值。所谓以“自然无为”为补充，是指在尊重人的社会能动作用的前提下（重视道德，肯定功利、权力，都是对人的积极作为的尊重），同时也强调顺应自然，不任意妄为，不过多干预，以缓冲由于过分推崇人的能动性而形成的人与自然的张力，防止人力对自然环境的破坏。所谓以群己关系、天人关系的和谐为真善美统一的理想境界，是指通过上述各价值要素在自己应处的价值层次上发挥作用，以及各价值要素间的相互制约、相互影响，实现个人和社会之间、人和自然之间的高度和谐，达到理想的价值境界。这个境界也即是真善美统一的境界。

这个价值体系，通过学派表现出来，就是以儒家（道德取向）为主导，以墨家（功利取向）和法家（权力取向）为两翼，以道家（自然取向）为补充；以范畴表现出来，就是义利、德力、义生、德智、理欲、公私六对表示具体价值取向的范畴和群己、天人两对表示崇高理想的范畴，以及真、善、美三个表示群己和谐、天人和谐的美好境界的范畴共同构成一个完整的体系。

其次从内容结构上看，中国价值哲学具有重视规范、多元取向、道德主导、内在冲突、相成互补等特点。

1. 重视规范

价值理论一般包括两个层次（或者说两个部分）。一是价值原理，或者叫价值的基本理论，它主要探讨价值的本质、特性、分类、评价等一般性问题，重在解答人们现实生活中所追求的多种多样价值的共同本质问题；二是价值规范理论，它研究人应该追求什么样的价值，在面临着许多价值对象发生矛盾、冲突的时候，人应该作出什么样的具体选择。以此而论，中国价值哲学中元理论部分相对薄弱，而规范理论部分却十分丰富。

尽管在中国价值哲学中也有关于价值本质的探讨，例如“可欲之谓善”“不全不粹之不足为美”“富有之谓大业，日新之谓盛德”“和为贵”等命题都对价值的本质进行了探讨，在价值分类、价值评价方面也提出了一些深湛的论点，对主体的需要也有比较深入的论述；但从总体上看，哲学家们的主要注意力似乎并不在此，而是着重论述在现实生活中人应该追求什么才有意义，应该怎样生活才有价值。因之，提出了如义利、德力、义生、德智、理欲、公私、群己、天人、真善美等等价值规范，进行分析、比较，确定选择方向，这些才是中国价值哲学研究的重点。中国价值哲学重视价值规范这种现象，可能与整个中国哲学不太着力于形而上学的抽象思考，而特别关注现实生活实际问题这种致思趋向有关。

2. 多元取向

中国价值哲学关于实际人生中价值目标的选取是多元的，主要有道德、功利、权力、自然四个方向。儒家尚道德，墨家重功利，道家以自然无为为的鹄，法家以权力法治为目标，这是就其大者言之，先秦其他各家的价值取向与此四家也不一致，所谓百家争鸣，“各引一端，崇其所善”（《汉书・艺文志》）。而且，在每一家内部，各派也是同中有异，争论不休。汉以后，儒家独尊，百家之学隐而不显，但其思想观念并未中绝消亡。价值取向上的多元现象，尽管受到统治者意识形态一体化的制约，但在哲学理论中却依然存在，当然形式发生了种种变化，如外儒内法、明儒暗道、儒法并举、儒道互用等等。纵观中国哲学史，价值取向的多元化是贯彻始终的。

3. 道德主导

在多元取向的结构中，各元之间并不是不分主次、地位均等的。从总体上看，儒家“义以为上”的道德取向事实上占据主导地位，汉以后的儒家独尊乃是历史事实。由于封建统治者一方面弘扬儒家的价值观念，一方面压抑别家的价值追求，致使多数哲学家都以儒家的学说为正宗，在价值论上也同样视儒家为准则。即使一些有离经叛道精神的哲人，也往往借儒家的外衣宣扬自己的理想，“明修栈道，暗渡陈仓”。真正公开亮出自己的旗帜，与儒家逆向而动、异向而取的，终是少数。而且更值得注意的是，许多异端思想家所主张的价值观念，虽然不同于儒家的“仁义”至上，“天理”第一，但并不是完全否定道德的价值，而是崇尚某种与儒家不同的道德。所以无论是以学派取向为“元”，还是以价值类型为“元”，在多元结构中，道德都是主导的一元。

4. 内在冲突

多元取向必然存在内部冲突。中国价值哲学史上的义利之辩、德力之辩、理欲之辩、公私之辩、群己之辩、天人之辩等等，都是内在冲突的表现。这些冲突从先秦以至清末，源远流长，时起时伏，不绝如缕。以学派而言，儒墨冲突主要表现为义利之辩（当然也有德力之辩）：儒家尚义，墨家重利。“义”包括道德原则、政治原则、义务观念；“利”包括功业和物质利益。儒家竭力反对私利，也不太重视公利，墨家则主张兴天下之利。儒法冲突集中表现为德力之辩（当然也有义利之辩）：儒家重德贬力，以德政、仁政与力政对立；法家贵力贱德，认为只有强力、暴力才能维持政治统治，道德没有意义。儒道冲突主要集中于天人之辩和群己之辩：儒家重人为，道家崇自然；儒家尚群体团结，道家贵个体自由。儒家讲天命，但天命的内容是道德，仍是重人；道家重人生，但人生的意义在于顺应自然，仍是尊天。不仅儒道之间有天人、群己之辩，墨、法与道之间也存在天人、群己之辩：墨言人之利，法言人之力，都是重人；墨主“尚同”，法主“齐一”，都是贵群。不仅儒墨之间、儒法之间有义利、德力之辩，墨法之间也有义利、德力之辩：墨家之利指公利而言，为公利即是“义”，故也贵义，不同于法家的狭隘功利主义；墨家贵力指劳力言，强力劳动即是“德”，并不非德，不同于法家反道德的暴力主义。所以，法家韩非总是把儒、墨两家拉在一起，进行批判。

不仅各学派之间有价值冲突，各学派内部，特别是儒家内部也存在着义利、德力、群己、天人以及理欲、公私、义生、德智等问题上的争辩。历史上所谓的正统与异端、正宗与别宗的区分即与上述争论有关。这种冲突是中国哲学史上价值观发生演变的一个重要动力，也是形成中国价值哲学观点纷呈、丰富多彩的一个重要原因。至于到了近代，随着西方种种思潮的纷至沓来，不但更加激化了中国价值哲学固有的内在冲突，而且又增加了中西价值观冲突的内容。

5. 相成互补

取向的多元化不但导致了内部的对立和冲突，而且也促使了各元的相互补充、相互转化。不但墨家以“兴利天下”补充了儒家“重义轻利”的偏颇，道家以“贵夫无为”缓和了儒家“知其不可而为之”的激进，而且儒家的“义以为上”和法家的“争于气力”，道家的“遗世独立”和儒家的“明分使群”，墨家的“先质而后文”和儒家的“郁郁乎文哉”……也恰好相互补充而构成了统一体的两面。至于玄学中“名教”与“自然”的合一，理学中儒、释、道的融合，有些哲人的价值观念似儒似道（如周敦颐、邵雍），也有一些哲学家的价值观念似儒似法（如陈亮、叶适），这都是价值取向相成互补的产物。这种相成互补促成了中国传统价值系统的内部协调和相对稳定。而且，由于冲突、争论的各方，在批判对方价值观念的同时又吸收对方的某些东西，在坚持自己价值主张的同时又变通自己，使得各元之间同中有异，异中有同，共同构成了中华民族统一的价值观念体系。并不是像庄子所说，百家学者“皆有所明，不能相通”（《庄子·天下》），而是矛盾中有统一，争辩中有贯通。

从上面的论述中，我们可以看出中国价值哲学具有鲜明的特点，并且在中国传统文化中处于重要地位。

（原载《价值论与伦理学论丛》（2），湖北人民出版社，2002 年 12 月）

先秦时期社会价值观念的嬗变：从尊神到贵民

天道观念是人类进入文明社会以后最早出现的意识形态。殷商时期以尊神著称，事事都秉承鬼神的意志。《礼记·表记》说："殷人尊神，率民以事神，先鬼而后礼。"①周王朝建立以后，周公制礼作乐，提出"敬德保民"思想，人们关注的重点逐渐从"尊神"转向"贵民"，"神"与"民"被放在了同等重要的位置。战国时期，各诸侯国兼并战争愈演愈烈，广大民众生活在水深火热之中，不堪其苦的民众纷纷起来推翻贵族的统治。一些有识之士此时已经深刻认识到"得民心"的重要性，"敬德保民"思想得到了进一步的弘扬，孟子在此基础上提出了"民为贵，社稷次之，君为轻"②的重要论断。由此可见，从商、周到战国时期，社会价值观念发生了翻天覆地的变化，由最初的"尊神"转向到后来的"贵民"，并为后世民本思想的发展奠定了坚实的理论基础。

一、殷商时期——尊神

殷商时期，人们沟通神灵的媒介主要有祭祀和卜筮两种形式。以祭祀为主要内容的宗教活动在整个国家和社会生活中占有非常重要的地位，王室贵族认为宗庙祭祀关乎国家存亡，以至于在殷代几乎每天都有祭祀活动，甚至一天之内有数次祭祀活动。《尔雅·释天》说道："夏曰岁，商曰祀，周曰年。"③卜、筮是殷商时期巫术的主要表现形式，是占问吉凶的两种方法。《礼记·曲礼上》曰："龟为卜，策为筮。"④卜、筮活动的普遍性充分反映了殷人对自然神、帝神、祖先神等各种神灵的崇拜，以及一切事务首先求之于神灵旨意再做决定的一种尊神心态。殷商时期人们对神灵的尊崇主要体现在自然崇拜、帝神崇拜、祖先崇拜三个方面。

① 杨天宇撰：《礼记译注》，上海古籍出版社，2004年，第724页。

② 杨伯峻译注：《孟子译注》，中华书局，2008年，第197页。

③ 邓启铜注释：《尔雅》，东南大学出版社，2015年，第160页。

④ 杨天宇撰：《礼记译注》，上海古籍出版社，2004年，第31页。

（一）自然崇拜

自然崇拜最早出现于新石器时代，是人类历史上最原始的宗教形式。自然崇拜是指人们把自然物和自然力视作具有生命、意志和某种神性的对象而加以崇拜。《左传·昭公元年》说："山川之神，则水旱疠疫之灾，于是乎禜之。日月星辰之神，则雪霜风雨之不时，于是乎禜之。"[①]《礼记·祭法》也说道："山林川丘谷陵能出云，为风雨，见怪物，皆曰神。有天下者祭百神。"[②]从以上引文可以看出，我国古代对自然的崇拜由来甚久，日神、雨神、土（社）神、岳神等自然神都是当时祭祀的重要对象。

日神是殷商时期人们信奉的最重要的自然神之一，具有变幻天象、呼风唤雨等神力，它通过控制太阳的自然变化来预示福祸事件的发生，从而引发人们对它的敬畏。《甲骨文合集释文》说道："癸巳卜，贞今其㞢𡆥。……雨……甲午晕。"[③]不仅如此，由于受到生产工具的限制，殷商时期人们抵抗风、雨等自然灾害的能力明显不足，于是祭风、祭雨等祭祀活动也成为人们日常生活的重要组成部分。如《殷虚卜辞综述》一书中解释道："甲午奏舞，雨。"[④]随着殷人对自然神的祭祀活动越来越多，人们便开始在原有自然神崇拜的基础上增加了一些对神灵的思考。于是，被人格化了的土（社）神、岳神等就成了人们心目中更加尊崇的对象。《甲骨文合集释文》在记载人们祭祀土神时说道："贞尞于土三小宰，卯一牛，沉十牛。"[⑤]《殷虚卜辞综述》也说道："庚午卜其𠦪雨于山。"[⑥]由以上引文不难看出，殷人不仅对这些被人格化的自然神灵非常崇拜，而且这些被人格化了的自然神灵已经具有了相当多的人世间统治权力的投影。

殷人对自然神灵的崇拜表面上看来充满着愚昧和迷信，实际上却凝聚着当时人们对自然现象的精细观察和冷静思索。殷人通过对日月星辰、日照、大气运动等自然现象的观察和记录，再与占卜的结果进行对比，以此来说明原先所作出判断的正确与否。虽然对比结果的准确性并不能排除其偶然性，但总体而言，是殷人对气象长期观察和分析的结果，是人类智慧与经验的结晶。

---

① 郭丹、程小青、李彬源译注：《左传》，中华书局，2012 年，第 1570 页。

② 杨天宇撰：《礼记译注》，上海古籍出版社，2004 年，第 600 页。

③ 胡厚宣主编：《甲骨文合集释文》，北京社会科学出版社，2009 年，第 682 页。

④ 陈梦家：《殷虚卜辞综述》，中华书局，1988 年，第 600 页。

⑤ 胡厚宣主编：《甲骨文合集释文》，北京社会科学出版社，2009 年，第 61 页。

⑥ 陈梦家：《殷虚卜辞综述》，中华书局，1988 年，第 595 页。

（二）帝神崇拜

“帝”在殷代宗教中是一种新出现的神灵。学术界认为，“殷代在武丁时就有了高高在上主宰着自然和人类一切命运的统一之神的宗教信仰。殷人相信在天上存在着这样一个具有人格和意志的至上神，名叫‘帝’或‘上帝’”[①]。

帝的权能大致可以分为两个方面：首先，帝是自然天时的主宰，能够决定是否或何时降风、降雨。《甲骨文合集释文》云：“戊子卜，𣪊，贞帝及四月令雨。”[②]《殷虚卜辞综述》说：“羽癸卯帝其令风”，“帝其降旱”。[③]从这一方面来看，帝的这一权能基本上综合了原先人们侍奉的日、月、风、雨等自然神的所有神力。它既可以让自然界风调雨顺，保证农作物丰收；也可以降旱灾或水灾给人间，使农作物歉收。其次，上帝具有支配社会现象和支配社会统治者的神性，有干预某些社会生活的神力。《殷虚卜辞综述》说道：“贞卯，帝弗其降祸，十月”，“帝示若，今我奏祀，三月”[④]。由以上引文可见，帝既可以造福于民，又可以降灾于民，人们若想平安度日，只能战战兢兢每日占卜，每日祭祀，谄媚讨好祈求神灵的保佑。

（三）祖先神崇拜

在殷人的宗教信仰中，祖先神是人们尊崇的重点。殷商时期祖先神的尊位是在灭夏之后取得并随着各部族的兼并融合而融合，所以殷人所祭祖先的范围相当广泛。既有上甲以前的夒、王亥、王恒，也有不少女性，如妣甲、母乙等。商人不仅尊崇自己的先祖，而且也非常尊崇并祭祀非商王室的先祖和异性部族的先祖。如出身于有莘氏的伊尹就与殷先祖共同受到殷人的祭祀。《甲骨文合集释文》中写道：“□戌卜，又岁于伊二十示又三。”[⑤]不仅如此，别的部族也会祭祀商王的先祖，同时殷人也会为其他部族的繁荣向自己的先祖祈福。如“乙[亥]卜，争，贞酒危方氏牛自上甲。一月”[⑥]。从以上引文可以看出，殷商祖先崇拜是一个以商族祖先神为中心，各部族祖先神并存的系统。在这个系统里，商族祖先神处于中心地位，各部族祖先神处于次要地位。殷人之所以对祖先神的崇拜更甚于帝神崇拜主要是因为虽然上帝是令雨令风的主宰，但人们并不能直接与上帝进行沟通，而祖先神则是人们与上帝沟通的中介者，祖先神向

① 陈熙国、李翔海主编：《北大中国文化研究》，社会科学文献出版社，2012年，第54页。
② 胡厚宣主编：《甲骨文合集释文》，北京社会科学出版社，2009年，第739页。
③ 陈梦家：《殷虚卜辞综述》，中华书局，1988年，第563、564页。
④ 陈梦家：《殷虚卜辞综述》，中华书局，1988年，第564、567页。
⑤ 胡厚宣主编：《甲骨文合集释文》，北京社会科学出版社，2009年，第1678页。
⑥ 胡厚宣主编：《甲骨文合集释文》，北京社会科学出版社，2009年，第540页。

上帝转达人间的请求，帮人们完成心愿。殷人对祖先神的高度崇敬不仅反映了他们对自己祖辈征服自然功绩的赞叹，而且反映了祖先崇拜在其宗教观念和王权政治中占有着极其重要的地位，还对维护商王朝贵族阶级内部的团结有着至关重要的作用。

综上所述，殷商宗教观具有尊神的显著特征。在这一时期，受人类自身思维能力的限制，人们对周围发生的不能正确理解的自然现象，都会产生崇敬之情。在分析其功能之后，人们便将其归类，填入神灵的名单之中。在他们看来，自己尊崇和祭祀的神灵越多，人世间就能得到更多的保障。殷商时期之所以存在浓厚的尊神观念主要有两个方面的原因：一是人们的认知能力有限，把自然界发生的自然现象归之于史前社会万物有灵的观念。二是商王以“帝”的继承者身份来统治百姓，并且要求他人“尔尚辅予一人，致天之罚”[①]，其目的就是剥夺平民与天神沟通的权力，把沟通“天”与“人”关系的权力限制在巫、筮、史的手中，从而实现对神权的垄断。

二、周朝时期——敬德保民

殷商时期，“尊神”思想是国家政治价值以及意识形态的核心，一切事情的发展都围绕着天命神权而展开。但也正是由于这种“我生不有命在天”[②]的思维定式，最终导致一个经营了600多年的殷商大厦颓然坍塌。周取代商以后，周王朝统治者为了防止重蹈商王朝的覆辙，汲取了殷商覆灭的教训，提出了“惟命不于常”[③]、“以德配天”、“敬德”和“保民”等主张。这些观念的提出不仅是对殷商统治者“我生不有命在天”思维定式的修正和更新，也为后来德治主义的形成开创了历史的先河。

（一）“敬德保民”思想的主要内容

1.“敬德”的涵义

段玉裁认为：“内得于己，谓身心所自得也。外得于人，谓惠泽使人得之也。”[④]这里的“得”即是“德”，是指做事要适宜、得体。殷商时期，“敬德”的涵义主要表现为一种宗教观念，包含谨遵天命、遵循先王、勤劳从事等意思。到了周代，周公在吸取殷商覆灭的教训之后，将“敬德”作为治国的政治纲领提了出来，它不仅要求统治者要加强自身德性修养，而且要求统治者要做到勤于国事、体察民情、慎用刑罚等等。周公之所以将“敬德”作为治国的政治纲领是因为他坚信统治者只要有“德”，

① 王世舜、王翠叶译注：《尚书》，中华书局，2012年，第98页。
② 王世舜、王翠叶译注：《尚书》，中华书局，2012年，第130页。
③ 王世舜、王翠叶译注：《尚书》，中华书局，2012年，第195页。
④ 许慎撰、段玉裁注：《说文解字注》，上海古籍出版社，1988年，第502页。

上可以得到神灵的庇佑，下可以得到百姓的拥戴，从而一统天下。

2.“保民”的涵义

周公将“保民”作为“敬德”的重要内容是有历史原因的，在武王伐纣的战争过程中，殷人阵前纷纷倒戈，投降到周。这一现象使周公深刻地意识到民心的向背足以决定一个国家的生死存亡，由此周公得出了“保民”的思想主张。他认为只要做到保民、得民就能得天下，社会就能长治久安。例如，《尚书·康诰》篇中就有大量的“裕民”“民宁”“用康保民”“惟民其康乂”等文字。不仅如此，周公还提出了“人无于水监，当于民监”[①]的思想主张。

3.“敬德保民”的主要内容

周公“敬德保民”思想的重心是“保民”，他希望通过“保民”措施的施行，取得民众的支持与拥戴，确保周王朝的长治久安。其主要包含了以下三个方面的内容：

第一，体恤民众，力戒贪逸，帮助弱者。在《尚书·无逸》开篇，周公说道：“呜呼！君子所其无逸。先知稼穑之艰难，乃逸则知小人之依。相小人，厥父母勤劳稼穑，厥字乃不知稼穑之艰难乃逸。乃谚既诞，否则侮厥父母，曰：‘昔之人无闻知’。”[②]周公通过以上正反两方面的对比就是要告诉后世君主珍惜先王留给自己的伟大基业，勤于国事，体恤百姓，力戒贪逸。不仅如此，在《尚书·梓材》篇，周公还指出：“无胥戕，无胥虐，至于敬寡，至于属妇，合由以容。”[③]其意思就是要体恤那些鳏寡孤独者，对他们施以恩惠，加以保护，才能真正实现“保民”。

第二，正确引导民众，重在教育。周公指出，要想治理好国家，首先，统治者应具备天子的品德，做天下臣民的表率。即“其惟王位在德元，小民乃惟刑用于天下”[④]。其次，统治者要正确地引导民众，让民众走到统治者所要求的轨道上，做一代新民，如果没有人去引导他们，他们就不会向善，国家的政治就搞不好，即“封！爽惟民迪吉康。我时其惟殷先哲王德，用康乂民作求。矧今民罔迪不适，不迪则罔政在厥邦”[⑤]。

第三，“慎罚”。周公认为，“罚”是维护统治不可或缺的重要手段，但刑罚一定要慎重，“罚”的最终目的是使民众走向正道。对于“慎罚”，周公将其大致分为以下几个方面：一是刑罚的轻重不是看一个人罪恶的大小，而是看他是否故意为之。

① 王世舜、王翠叶译注：《尚书》，中华书局，2012年，第205页。
② 王世舜、王翠叶译注：《尚书》，中华书局，2012年，第254页。
③ 王世舜、王翠叶译注：《尚书》，中华书局，2012年，第212页。
④ 王世舜、王翠叶译注：《尚书》，中华书局，2012年，第226页。
⑤ 王世舜、王翠叶译注：《尚书》，中华书局，2012年，第192页。

即“人有小罪，非眚，乃惟终，自作不典，式尔，有厥罪小，乃不可不杀。乃有大罪，非终，乃惟眚灾，适尔，即道极厥辜，时乃不可杀”①。二是对于犯人供词一定严格审查，避免错误，即“要囚，服念五六日，至于旬时，丕蔽要囚”②。三是对于“不孝不友”的“元恶大憝”和“乃别播敷，造民大誉”③的要犯一定要施以重刑。不仅如此，《尚书·吕刑》篇还对“惟官，惟反，惟内，惟货，惟求”④五种情况进行了说明。“慎罚”原则不仅营造了宽松的社会环境，保证了百姓的财产安全，而且还对统治者执法手段进行了强有力的约束，对维护周王朝统治起到了不可代替的作用。

周公“敬德保民”思想的提出，不仅体现了周王朝统治阶级对民众社会地位的认同和重视，而且还要求统治阶级吸取殷商覆灭的教训，在敬畏上天的同时，保护民众、争取民心，以维护周王朝以及整个社会的长治久安。

（二）“敬德保民”思想提出的缘由

周公提出“敬德保民”的思想，主要有两方面的原因：第一，为“惟命不于常”⑤这一命题找到理论依据。“惟命不于常”是周公在总结史实的基础上提出的命题。周公认为天命是可变的，如果一国之君不能做到“敬德”这一点，那么天就会另求“明主”，从而将天命转移。周公“惟命不于常”命题的提出并不是为了挑战或怀疑上帝的绝对权威，而是认为上帝所赐予的大命并不是固定不变的，而是以“敬德”为标准，经过审慎选择后决定的。《尚书·康诰》篇解释道：“惟时怙冒闻于上帝，帝休，天乃大命文王殪戎殷，诞受厥命越厥邦厥民。”⑥第二，为周朝取代商朝提出一个合理的解释。众所周知，殷商尊神、信奉天命，商朝取代夏朝时，商汤曾振振有辞地宣称：“有夏多罪，天命殛……夏氏有罪。予畏上帝，不敢不正。”⑦无独有偶，周取代殷商以后，周公曾训诫殷商遗民道：“非我小国敢弋殷命，惟天不畀允罔固乱，弼我。”⑧周公高举“上天弼我”的大旗，既可一改篡弑的大逆不道，又可名正言顺地迫使天下归附，最终主宰天下。由此可见，周公提出“以德配天”的理论并不是全盘否定殷商时期的天命观，

---

① 王世舜、王翠叶译注：《尚书》，中华书局，2012 年，第 185 页。
② 王世舜、王翠叶译注：《尚书》，中华书局，2012 年，第 187 页。
③ 王世舜、王翠叶译注：《尚书》，中华书局，2012 年，第 189—190 页。
④ 王世舜、王翠叶译注：《尚书》，中华书局，2012 年，第 325 页。
⑤ 王世舜、王翠叶译注：《尚书》，中华书局，2012 年，第 195 页。
⑥ 王世舜、王翠叶译注：《尚书》，中华书局，2012 年，第 181 页。
⑦ 王世舜、王翠叶译注：《尚书》，中华书局，2012 年，第 97 页。
⑧ 王世舜、王翠叶译注：《尚书》，中华书局，2012 年，第 244 页。

而是将“敬德”与“天命”联系到了一起，是对殷商天命观的进一步改造和革新。

在经历过武王伐纣以后，周公深刻认识到民众的力量对于政权的稳固有着至关重要的作用。他提出的“民惟邦本”，就是对民众在国家中地位的最大肯定。《尚书·泰誓》中说道：“天视自我民视，天听自我民听。”①《尚书·皋陶谟》中也说道：“天聪明，自我民聪明。天明畏，自我民明威，达于上下，敬哉有土。”② 在这里，天与民之间是相互通达的，上天听取的意见，观察到的问题，都来自于民间。上天表彰好人和惩罚坏人也是依据民众的意见，民众的地位得到了大大提升。周人认为，治国的根本就是管理好黎民百姓。因此，统治阶级必须居安思危、恪尽职守，做好“保民”工作，以祈天永命。后来，这一思想被提炼为一句政治格言——“民惟邦本，本固邦宁。”③ 就君、民、天三者关系而言，天命高高在上令人生畏，可以决定君权的走向。君权可以掌控四方诸侯，统治黎民百姓。但天命是以民意为基础的，也就是说君权不是一成不变的，民意可以支配君权的变置，民众才是治国之根本。而周朝的君主之所以提出“敬德保民”思想，就是想通过施行德政来获取民心，从而维护周王朝的长久统治。

（三）“重民”思想进一步强化

到了春秋时期，“敬德保民”思想有了新的发展，“敬天”和“重民”的思想观念悄然发生了改变，“重民”思想得到了进一步强化。据《左传·僖公十六年》记载，“十六年春，陨石于宋五，陨星也。六鹢退飞过宋都，风也。……君失问。是阴阳之事，非吉凶所生也。吉凶由人，吾不敢逆君故也”④。叔兴这种注重事物自身发展规律、区分天人关系的说法不仅将自殷周以来所形成的天命神权观念打破，而且将人的主观能动性与自身价值放到了首要位置。郑国政治家子产在总结前人思想的基础上，从理论的高度指出了天道与人道之间的关系，提出“天道远，人道迩，非所及也，何以知之？”⑤ 从此以后，天道在世人心中的神性光环逐渐被人道所替代，人道在社会生活中的作用与价值逐渐显现出来。

春秋时期的军事家孙子在《孙子兵法》中也说道：“故明君贤将，所以动而胜人，成功出于众者，先知也。先知者，不可取于鬼神，不可象于事，不可验于度，必取于

① 王世舜、王翠叶译注：《尚书》，中华书局，2012 年，第 436 页。

② 王世舜、王翠叶译注：《尚书》，中华书局，2012 年，第 39 页。

③ 王世舜、王翠叶译注：《尚书》，中华书局，2012 年，第 369 页。

④ 郭丹、程小青、李彬源译注：《左传》，中华书局，2012 年，第 415 页。

⑤ 郭丹、程小青、李彬源译注：《左传》，中华书局，2012 年，第 1857 页。

人而知敌之情者也。”[①] 孙子从战争的角度分析天人关系，他坚信明君与贤将之所以能够在战争中取胜并不是因为祈求鬼神、施行巫术，而是从人事的角度预先洞悉敌情、分清敌我态势、作出有利于自身方面的调整，最终才能做到百战百胜。军事家范蠡在论述天道与人事的关系时强调，不仅要注重天道以及日月星辰的发展变化，而且要充分地将自然条件的变化与人的主观能动性结合起来，利用天时、把握人和，只有这样才能增加获胜的把握。他说：“臣闻古之善用兵者，赢缩以为常，四时以为纪，无过天极，究数而止。……今其来也，刚强而力疾，王姑待之。”[②] 范蠡这种知天道、尽人事的观点不仅否认了传统的天命神学观念，还原了天的自然本性，使人们彻底摆脱了神本观念的束缚，而且还将以人为本的价值观念带入到人们的视野中。

“尊神”向“重民”的转化最终使“以人为本”的价值观念得到确立。管仲曾提出成就霸业与人之间的关系，他说：“夫霸王之所始也，以人为本。本理则国固，本乱则国危。”[③] 他还通过比喻的方式强调了培养人才的重要性，即“一年之计，莫如树谷；十年之计，莫如树木；终身之计，莫如树人。一树一获者，谷也；一树十获者，木也；一树百获者，人也”[④]。到了春秋时期，以人为本观念的确立更多是以重人才的形式表现出来。据《国语》记载，赵简子问于壮驰兹曰：“‘东方之士孰为愈？’壮驰兹拜曰：‘敢贺！’简子曰：‘未应吾问，何贺？’对曰：‘臣闻之：国家之将兴也，君子自以为不足；其亡也，若有余。今主任晋国之政而问及小人，又求贤人，吾是以贺。’”[⑤] 由以上文献可以看出人才对于国家的治理、发展的重要作用。

通过以上论述我们可以看出，从西周初期到东周后期，随着人们主体意识的觉醒以及理性思维能力的提高，传统天道思想虽然依旧统治着整个社会，但人们的价值观念已经向人道思想方向偏移，原有的以“尊神”思想为核心的治国理念已经向既“尊神”又“贵民”的方向发生了转移，这是人类历史上神人关系的一次重大思想突破。

三、战国时期——民为贵，社稷次之，君为轻

战国中期，各诸侯国兼并战争愈演愈烈，形成了“争地以战，杀人盈野，争城以

---

① 古棣主编：《孙子兵法大辞典》，上海科学普及出版社，1994 年，第 241 页。
② 陈桐生译注：《国语》，中华书局，2013 年，第 728 页。
③ 管仲：《管子》，时代文艺出版社，2008 年，第 165 页。
④ 管仲：《管子》，时代文艺出版社，2008 年，第 12 页。
⑤ 陈桐生译注：《国语》，中华书局，2013 年，第 556 页。

战，杀人盈城”[1]连年征战不休的混乱局面。各诸侯国为了增强战斗实力，大肆扩充军备，鱼肉百姓。《孟子·梁惠王上》在描述当时百姓生活状况时说道：“今也制民之产，仰不足以事父母，俯不足以畜妻子；乐岁终身苦，凶年不免于死亡”[2]，“庖有肥肉，厩有肥马，民有饥色，野有饿莩，此率兽而食人也”[3]。不仅如此，各国君主为了实现一统天下的愿望，在对百姓横征暴敛的同时，还四处招贤纳士寻找治国方略。其中法家富国强兵、以法治国，并在自身强大的同时对外实行兼并、扩张的治国理念颇受各国诸侯的欢迎。与法家提出的理念相反，孟子在反思当时社会动乱的原因后说道：“孔子曰：‘道二，仁与不仁而已矣。’暴其民甚，则身弑国亡；不甚，则身危国削。”[4]由此可见，孟子以史为鉴，将国家的灭亡归结于统治者对民众的暴行，认为要想实现“莅中国而抚四夷”[5]的美好愿望则必须施行“仁政”。孟子还在继承前人思想的基础上提出了“民为贵，社稷次之，君为轻”[6]的民本思想。

（一）孟子民本思想的理论基础

1. 性善论与民本思想

孟子民本思想观念的提出首先要追问到人性问题上。孔子曰：“性相近也，习相远也。”[7]孟子在继承孔子“性相近”的基础上，提出了“性善论”的主张，即“人性之善也，犹水之就下也。人无有不善，水无有不下”[8]。在这里，孟子所说的“人性”是人类特有的一种社会性，是相对于其他动物的“兽性”而言的。它是人所独有的那一部分属性，即人的道德性。故孟子曰：“恻隐之心，人皆有之；羞恶之心，人皆有之；恭敬之心，人皆有之；是非之心，人皆有之。恻隐之心，仁也；羞恶之心，义也；恭敬之心，礼也；是非之心，智也。仁义礼智，非由外铄我也，我固有之也，弗思耳矣。”[9]这里的恻隐之心、羞恶之心、恭敬之心、是非之心就是孟子所说的“人性”。孟子认为人性是向善的，这种向善的本性是所有人都具有的，所以他喊出了“圣人，

---

① 杨伯峻译注：《孟子译注》，中华书局，2008 年，第 132 页。
② 杨伯峻译注：《孟子译注》，中华书局，2008 年，第 13 页。
③ 杨伯峻译注：《孟子译注》，中华书局，2008 年，第 7 页。
④ 杨伯峻译注：《孟子译注》，中华书局，2008 年，第 123 页。
⑤ 杨伯峻译注：《孟子译注》，中华书局，2008 年，第 12 页。
⑥ 杨伯峻译注：《孟子译注》，中华书局，2008 年，第 197 页。
⑦ 杨伯峻译注：《论语译注》，中华书局，2009 年，第 179 页。
⑧ 杨伯峻译注：《孟子译注》，中华书局，2008 年，第 196 页。
⑨ 杨伯峻译注：《孟子译注》，中华书局，2008 年，第 200 页。

与我同类者”“人皆可以为尧舜”[①] 的口号，并且肯定了普通百姓与贵族在人格、生命等方面的平等性。孟子人性向善的主张提高了人的价值和尊严，论证了人与人之间的平等性。孟子还坚信人人皆有的“不忍人之心”就是人所固有的恻隐之心、羞恶之心、恭敬之心、是非之心。由此可见，孟子的“性善论”一方面给“仁政”主张或“民本”思想提供了理论依据，另一方面也为实施“仁政”的可能性进行了充分论证，认为君主是完全可以做到的，这对于“民本”的实施具有很强的支撑作用。

2. 仁政与民本思想

在《孟子》中，“民本”二字出现的次数虽然不多，但是孟子的民本思想却经常与“仁政”“王天下”等结合在一起。

战国时期七国争雄，整个社会战乱频繁、民不聊生。各国国君都希望通过“霸天下”来实现一统天下的美好愿望。孟子虽然同意“定于一”[②] 的观点，但主张通过“王天下”而非“霸天下”来实现天下统一，并指出实现“王天下”的策略就是实行“仁政”。对于什么是“仁政”，孟子曰：“人皆有不忍人之心。先王有不忍人之心，斯有不忍人之政矣。以不忍人之心，行不忍人之政，治天下可运之掌上。”[③] 在《孟子·公孙丑上》篇中还指出：“地不改辟矣，民不改聚矣，行仁政而王，莫之能御也。……孔子曰：‘德之流行，速于置邮而传命’。当今之时，万乘之国行仁政，民之悦之，犹解倒悬也。故事半古之人，功必倍之，惟此时为然。”[④] 由以上可以看出，在君、民二元结构中，孟子想通过“仁政”这一中介将君主所希望的“王天下”与民众所期望的“以民为本”联系在一起，并最终实现天下统一。

（二）孟子民本思想的基本内容

孟子提出的“民本思想”并不是一句空洞的口号，它拥有一套完整的思想体系，主要分经济、政治、教育三个方面的内容。

1. 经济方面——制民之产、使民以时、薄赋敛

“制民之产”是指规定人民的产业以保证人民有一定数量的土地。孟子提出的“制民之产”措施若想得到实施就必须得到统治阶级的支持，所以孟子就告诫统治阶级：“无恒产而有恒心者，惟士为能。若民，则无恒产，因无恒心。苟无恒心，放辟邪侈，无

---

① 杨伯峻译注：《孟子译注》，中华书局，2008 年，第 201、214 页。

② 杨伯峻译注：《孟子译注》，中华书局，2008 年，第 10 页。

③ 杨伯峻译注：《孟子译注》，中华书局，2008 年，第 59 页。

④ 杨伯峻译注：《孟子译注》，中华书局，2008 年，第 43 页。

不为已。”[①] 并且在土地多少的分配上给出了一个原则，即“是故明君制民之产，必使仰足以事父母，俯足以畜妻子，乐岁终身饱，凶年免于死亡”[②]。孟子在提出“制民之产”的同时还提出了“使民以时”。孟子曰：“不违农时，谷不可胜食也；数罟不入洿池，鱼鳖不可胜食也；斧斤以时入山林，材木不可胜用也。谷与鱼鳖不可胜食，材木不可胜用，是使民养生丧死无憾也。养生丧死无憾，王道之始也。”[③] 孟子之所以提出“使民以时”是因为各诸侯国兼并战争愈演愈烈，不仅消耗了大量的人力、物力、财力，而且势必会造成土地无人耕种，最终导致“民有饥色，野有饿莩”[④] 的情况发生。不仅如此，孟子还提出了“薄赋敛”的经济主张。孟子在与梁惠王的一次对话中说道：“王如施仁政于民，省刑罚，薄税敛，深耕易耨……彼陷溺其民，王往而征之，夫谁与王敌？故曰：‘仁者无敌。’王请勿疑！”[⑤]

2. 政治方面——人格平等、与民同乐、重民意、举贤能

在政治上，孟子希望统治阶级能够重视民众，其理论根基就是孟子提出的“圣人，与我同类者”。而对于现实生活中人与人之间的差异，孟子认为这是由于外在环境及自身修养造成的，并不是由人的本性差异造成的。孟子曰：“富岁，子弟多赖；凶岁，子弟多暴，非天之降才尔殊也，其所以陷溺其心者然也。”[⑥] 不仅如此，孟子还认为人与人之间是平等的，人们在社会职位上的差别只是社会分工的不同，并没有高低贵贱之分。《孟子·梁惠王下》说：“天降下民，作之君，作之师，惟曰其助上帝宠之，四方有罪无罪惟我在，天下曷敢有越厥志？”[⑦] 孟子之所以呼吁人与人在人格上的平等是想将统治阶级与被统治阶级放在同等的地位上，享受平等的权利与义务。在此基础上，孟子提出君主要“与民同乐”，并且将这种思想上升到了“王天下”的高度，他说：“乐民之乐者，民亦乐其乐；忧民之忧者，民亦忧其忧。乐以天下，忧以天下，然而不王者，未之有也。”[⑧] “重民意、举贤能”也是孟子政治方面要求人人平等的一项措施。孟子认为，治理国家的先决条件是必须任用“吉士”即有德之人。这些经过重重考验而被

---

① 杨伯峻译注：《孟子译注》，中华书局，2008 年，第 13 页。
② 杨伯峻译注：《孟子译注》，中华书局，2008 年，第 13 页。
③ 杨伯峻译注：《孟子译注》，中华书局，2008 年，第 4 页。
④ 杨伯峻译注：《孟子译注》，中华书局，2008 年，第 7 页。
⑤ 杨伯峻译注：《孟子译注》，中华书局，2008 年，第 8 页。
⑥ 杨伯峻译注：《孟子译注》，中华书局，2008 年，第 201 页。
⑦ 杨伯峻译注：《孟子译注》，中华书局，2008 年，第 23 页。
⑧ 杨伯峻译注：《孟子译注》，中华书局，2008 年，第 24 页。

任命的有德之士，一旦被任用，君主就应当让其充分发挥自己的智慧和才能，不必过多干扰其行政职权。他举例说道：“舜发于畎亩之中，傅说举于版筑之间，胶鬲举于鱼盐之中，管夷吾举于士，孙叔敖举于海，百里奚举于市。”[①]

3. 教育方面——孝悌

孟子深受孔子的影响，十分注重文化教育。他认为教育主要分为两个方面：一方面是生存技能的培养，另一方面是人伦方面的培养，且后者的培养比前者更重要。生存技能的培养是指教导人们种植庄稼、栽培谷物从而满足人们日常生活需要。孟子曰：“后稷教民稼穑，树艺五谷；五谷熟而民人育。”[②]人伦方面的培养是指教导人们处理日常生活中面临的各种复杂社会关系，即处理父子、君臣、夫妇、长幼、朋友这五伦关系，这也是仁、义、礼、智、信在日常生活中的具体体现，概而言之，即为“孝悌”。而“孝悌”的最终目的就是达到“老吾老，以及人之老；幼吾幼，以及人之幼”[③]这种和谐美满的理想状态。从以上引文可以看出，孟子“民为贵，社稷次之，君为轻”[④]民本主义思想的提出就是想让君主通过施行“仁政”，进而实现“王天下”的最终目的。

综上所述，从殷周到战国末期，我国的政治价值观念发生了根本性的嬗变：从“尊神”到“贵民”。通过对这些宝贵资料的发掘与整理，我们可以看出整个嬗变过程脉络清晰、思想丰富。这种“贵民”的政治价值观念既为我国民本思想的发展奠定了坚实的理论基础，也是先秦思想家留给我们的一笔宝贵的精神财富，值得我们借鉴。

（原载《道德与文明》2017年第1期；该文与博士生高涌瀚先生合著）

---

① 杨伯峻译注：《孟子译注》，中华书局，2008年，第231页。
② 杨伯峻译注：《孟子译注》，中华书局，2008年，第94页。
③ 杨伯峻译注：《孟子译注》，中华书局，2008年，第12页。
④ 杨伯峻译注：《孟子译注》，中华书局，2008年，第197页。

试论儒家价值观对中国传统体育的影响

体育作为人类特有的一种有目的、有意识的活动，其活动本身往往承载着特定的文化内涵，表现出特定的价值取向，这种价值取向深刻地体现着某一民族哲学价值观对体育的影响。中国传统体育和中国传统哲学的关系即是如此。中国传统体育又称中华民族传统体育，是相对于起源于古希腊、发展成熟于西方文化氛围的现代体育而言的。它指“包括汉民族在内的中国各民族在本民族居住地区内共同创造、形成、继承和延续的带有浓郁的民族文化色彩和特征的传统体育活动”①。其主要内容包括武术、养生术、智力性游戏、民俗体育四个部分。本文中的中国传统体育主要指中华民族传统体育中占主导地位的汉民族传统体育，其中，探讨汉民族传统体育项目又以养生术、武术为主。

中国传统哲学源远流长，流派众多，儒、墨、道、法各家都提出了自己的价值观。儒家重视道德价值，强调“义以为上”，提出了“和为贵”的思想；墨家重视实际功用，把道德和功用结合起来；道家则否认一切人为价值，强调崇尚自然是最高价值；法家强调富国强兵的实际功用，否认道德文化的价值……这些价值观在历史的长河中此消彼长，相互影响，深深地渗透到中华民族的传统文化之中。但总的看来，在中国传统社会占统治地位的价值取向是儒家的价值观——注重和谐、重义轻利、崇德轻力。在以儒家价值观为主的传统哲学价值观的直接影响下，中国传统体育形成了强调身心全面发展、倡导身体与精神和谐一致、注重体育活动中德性品质的修养和道德境界的提升的特点，从而使中国传统体育展现出鲜明的民族特色。

一、“和为贵”的和谐价值观对中国传统体育的影响

1. 儒家哲学“和为贵”的和谐价值观

“和”原指歌唱时的相互应和。《说文解字》中的解释是：“和，相应也。”引

① 李鸿江：《中国传统体育导论》，中国书籍出版社，2000 年，第 12 页。

申为不同事物之间相辅相成、相互融合的关系。《国语·楚语》中记载，西周末年史伯云："夫和实生物，同则不继。以他平他谓之和，故能丰长而物归之。"其中，"以他平他谓之和"讲的就是不同事物相互聚合以达到平衡。晏婴发展了史伯的思想，进一步揭示了事物之间彼此合和的内在机制。《左传·昭公二十年》记载的晏婴关于"和"的言论是非常深刻的："和如羹焉，水火醯醢盐梅以烹鱼肉，燀之以薪，宰夫和之，齐之以味，济其不及，以泄其过……"晏婴以"羹"为例，形象地阐明了"和"的哲学意蕴。在他看来，"和"就是不同事物的相成相济，可看作是"可"与"否"的相互统一。晏子的理解的确很有见地。

儒家宣扬"和为贵"的思想，以"和谐"为价值的最高标准。孔子指出了"和"与"同"的差异："君子和而不同，小人同而不和。"（《论语·子路》）孔子弟子有若云："礼之用，和为贵。"（《论语·学而》）从而肯定了"和"的价值。汉初贾谊曰："刚柔得适谓之和，反和为乖。"（《贾子·道术》）"和"即不同方面相互顺应、相互交融。此外，《易传》中也有"太和"之说，是对"和"的观点的进一步发展。《周易·乾》中指出："大哉乾元，万物资始，乃统天。……乾道变化，各正性命。保合太和，乃利贞。"意即万物各正性命，不相悖害，是谓太和。后来的张载、王夫之都对"太和"进行了阐发。

总而言之，"和为贵"的思想认为世界上万事万物都是相互联系、和谐共存的，世界上存在着普遍的和谐。这一思想对中国文化及中国传统体育精神的形成具有重要而深远的意义。

2. "和为贵"的和谐价值观与中国传统体育的身心和谐发展观

体育的本质是："通过人体运动——运用体力与智力相结合的运动手段，作用于人类个体和社会，取得物质文明与精神文明相统一的综合效果的社会活动。"[①] 衡量体育功能发挥得如何的一个重要标准，就是看体育是否通过身体活动促进了人的身心全面、协调发展。

儒家哲学注重和谐的价值取向对体育社会价值的发掘具有重要意义。体育的价值不仅在于培养四肢健全、体格健壮的生物人，更在于培养德性高雅、个性完善、适应社会生活的社会人，即实现生理与心理、身体与精神的和谐发展。《国语·郑语》中说："是以和五味以调口，刚四支以卫体，和六律以聪耳，正七体以役心，平八索以成人，建九纪以立纯德，合十数以训百体……"可以看出当时隐约已有身心和谐发展之意。

---

① 颜天民等主编：《体育概论 体育史 奥林匹克运动 体育法规》，广西师范大学出版社，2000年，第56页。

而孔子的教育思想则明确地体现了实现学生身心全面发展的观念。孔子继承了西周官学中的“六艺”教育内容，提出“志于道，据于德，依于仁，游于艺”（《论语·述而》）。“游于艺”就包含体育方面的内容，通过“游于艺”而愉悦身心、调理情感、强身健体，培养文武兼备的人才。孔子还描述了自己心目中的全面发展的人格特征：“若臧武仲之知，公绰之不欲，卞庄子之勇，冉求之艺，文之以礼乐，亦可以为成人矣。”（《论语·宪问》）“成人”不但有智慧，不贪欲，而且有武勇，善技艺，通礼乐，德智体艺全面发展。

儒家哲学的和谐价值观也深深地渗入到中国传统养生体育之中。《黄帝内经》中有“平人”一说。“阳注于阴，阴满之外，阴阳匀平，以充其形，九候若一，命曰平人。”（《素问·调经论篇》）对于平人，《灵枢·终始》说：“平人者不病。”平人身体健康就在于阴阳调和，处于平衡状态。

在儒家哲学和谐价值观的影响下，中国武术也注重内外兼修，讲求神形兼备。内外兼修、神形兼备的练功方法是武术的精髓之所在。其中“内”就是指心、神、意、气等内在的心志活动和气息的调节；“外”指手、眼、脚、步等外在的形体活动。武术的练习就是要将人内部的意念活动和外部的身体活动结合起来，使之相互促进，相互配合，和谐一致。武术内外兼修、神形兼备的主张深刻体现了儒家哲学“和为贵”的思想，而对和谐的追求，也成为中国传统体育的独特魅力之所在。这种和谐不仅包括人自身部分与整体、身体与精神等各个方面的和谐，还暗含着人与自然环境的和谐，人与人、人与社会的和谐。

二、重义轻利、崇德轻力的价值观对中国传统体育的影响

1.儒家哲学“重义轻利”的义利观

孔子主张“义以为上”。《论语》云：“子路曰：君子尚勇乎？子曰：君子义以为上。君子有勇而无义为乱，小人有勇而无义为盗。”（《论语·阳货》）孔子将义作为立身之本，是行为的最高标准。凡事合于义则为之，不合于义则不为。孔子虽重义，但并不排斥利，提出“见利思义”（《论语·宪问》），并“因民之所利而利之”（《论语·尧曰》）。孔子将义和利相对照，认为“君子喻于义，小人喻于利”，“放于利而行，多怨”（《论语·里仁》）。《论语》还讲到“子罕言利”，说明了孔子重义轻利的价值取向。孟子继承了孔子的义利思想并加以发挥，指出“生亦我所欲也，义亦我所欲也”，但如果二者不可得兼，则“舍生而取义者也”（《孟子·告子上》）。荀子对儒家的义利观作了更明确的阐述，他说：“正利而为谓之事，正义而为谓之行。”（《荀子·正名》）意为成就德行与成就事业，虽然取向不同，但是并不互相排斥。

董仲舒提出“正其谊不谋其利，明其道不计其功”（《汉书·董仲舒传》），鲜明地表达了儒家重义轻利的倾向。宋代程颢、程颐、朱熹、陆九渊都强调“义利之辨”，反对私利，肯定道德理想的崇高价值。虽然儒家也有人肯定义利的统一，如宋代张载提出的“义公天下之利”（《正蒙·大易》），清初颜元将董仲舒的“正其谊不谋其利”改为“正其谊以谋其利”，强调义利兼重，但总的看来，儒家还是主张重义轻利。虽然其他派别的哲学家也提出了自己的义利主张，但在中国传统哲学中占主导地位的仍然是儒家的重义轻利的价值取向。

2. 儒家哲学“崇德轻力”的德力观

在中国传统哲学中，德和力是两个重要的价值范畴。儒家将德和力对立看待，孔子说：“骥不称其力，称其德也。”（《论语·宪问》）骥即千里马，传说能日行千里。孔子认为骥的价值不在其日行千里的本领，而在于其性情温良，明确地表达了其重德轻力的倾向。孟子主张“以德服人”，认为“以力服人者，非心服也，力不赡也；以德服人者，中心悦而诚服也”。就是说用“力”不能使人心服，只有用“德”才能使人心悦诚服。他还指出：“以力假仁者霸，霸必有大国；以德服人者王，王不待大。”（《孟子·公孙丑上》）可见儒家是多么看重道德的价值而忽视力的价值。

墨子认识到了力的重要作用，指出“赖其力者生，不赖其力者不生”（《墨子·非乐上》），意为依赖力人才能生存。墨子将力与命对立起来，“昔桀之所乱，汤治之；纣之所乱，武王治之……若以此观之，夫安危治乱，存乎上之为政也，则夫岂可谓有命哉？……遂得光誉令闻于天下，亦岂以为其命哉？又以为其力也”（《墨子·非命中》）。墨子认为力与命是对立的，但力与德是统一的。

法家认为时代不同，德与力的作用也不相同：“上古竞于道德，中世逐于智谋，当今争于气力。”（《韩非子·五蠹》）韩非的观点虽然和孟子有所不同，但也认为德与力是对立的。后来王充批评了韩非的“偏驳”，提出德力并重的观点：“治国之道所养有二，一曰养德，二曰养力。养德者养名高之人，以示能敬贤；养力者养气力之士，以明能用兵。此所谓文武张设，德力具足者也。事或可以德怀，或可以力摧，外以德自立，内以力自备。……夫德不可独任以治国，力不可直任以御敌也。”（《论衡·非韩》）王充认为德力相济，将德力统一起来，其德力观深刻而全面。同样地，在中国传统哲学中，尽管有墨子和王充主张德力并重，但居主导地位的仍是儒家崇德轻力的价值观。

3. “重义轻利”“崇德轻力”的价值观与中国传统体育的道德化倾向

儒家价值哲学重义轻利、崇德轻力，注重道德修养的倾向对中国传统体育产生了很大影响，几乎所有的体育活动项目，如射箭、蹴鞠、捶丸、养生、武术等等都提出了道德方面的要求。这种道德主要是儒家所主张的道德，孔孟的道德主张是其主体，几千年来深刻地影响着中国的传统文化和民族心理。孔子以“仁”为最高道德，以孝悌为仁的基础，将仁、智、勇三者并举，宣扬忠、信、恕、义、恭、宽、敏、惠等。在孔子看来，智、勇和仁一样，也有道德意义，是人的道德品质的一部分。孟子在孔子思想的基础上，又提出了“孝悌忠信”“五伦”“仁义礼智”的道德主张。孔孟的道德思想深深地渗入到中国传统体育之中，并直接促使中国传统体育一个突出特点——体育道德化的形成。

孔孟之道重义轻利、崇德轻力的倾向使得中国传统体育注重体育中德性的培养，能够促使人们不断加强道德修养，提升人的精神境界，体现出人成其为人的价值和意义。如在孔子的教学内容中，礼射是基本内容之一。孔子认为射艺的高低可以反映出人的品德的好坏，“射者何以射？何以听？循声而发，发而不失正鹄者，其唯贤者乎！若夫不肖之人，则彼将安能以中？”又说“故射者，进退周还必中礼。内志正，外体直，然后持弓矢审固……此可以观德行矣”（《礼记·射艺》）。孔子认为行射不在争于技艺的高下，而在于观德性之雅俗，“君子无所争，必也射乎？揖让而升，下而饮。其争也君子”（《礼记·射艺》）。

中国武术“崇德尚武”，也很注重以“仁”为核心的武德的培养。把武德作为习武和教武的先决条件，是中国武术的古老传统，体现的是“厚德载物”的气度。纵观中国武术的发展历史，从原始先民与凶禽猛兽的搏杀到春秋战国时古代武术体系的形成，从秦汉武术的多样化发展到宋明武术的非军事化功能的利用，再到清代武术体育化的发展，中国武术始终笼罩着浓重的伦理道德的光环。中国武术倡导疾恶如仇、见恶不畏、除暴安良的品质，反对恃能逞强、恃强凌弱的劣行，自古就有“未曾学艺先习礼，未曾习武先习德”的说法。在武术的传习中讲求“学拳宜以德行为先”“学拳宜以涵养为本”，强调伦理道德的修养。

三、儒家价值观对中国传统体育的消极影响

儒家哲学重义轻利、崇德轻力的价值取向使得中国传统体育呈明显的道德化倾向。这种倾向一方面促使中国传统体育高度重视人的道德修养，促进了个人道德境界的提升和社会道德风尚的进步；另一方面也造成中国传统体育缺乏竞争性、忽视体育健美健身的实际功用，在一定程度上阻碍了体育的发展。“德”“义”固然重要，但“利”“力”也不容忽视。人既要养成高尚的道德品质，具备崇高的精神境界，又要追求身体的健康、

肌肉的力量、形体的健美。

对“和”“德”的过分尊崇，导致重德轻力、重文轻武的社会风气盛行，阻碍了中国传统体育的发展。尤其是汉武帝“罢黜百家，独尊儒术”、以经学取仕以后，重德崇德、注重道德修为的儒家思想在社会中居于统治地位，在一定程度上遏制了体育运动的发展。特别是宋以后，文弱之风日盛。理学家们提出“格物”“致知”“穷理”，主张存天理、灭人欲，倡导“主静”“无欲”“修身”，鄙视体育活动。一日之中，要“半日静坐，半日读书”，却不参加体育锻炼。然而仅凭读书、静坐，没有强健的体魄是不足以经世治国的。清代的颜元对他们这种害人误国的不良习气进行了严厉的批判：“耗气劳心书房中，萎惰人精神，使筋骨皆疲软，天下无不弱之书生，无不病之书生，一事不能做。”（《颜元集·朱子语类评》）其批评可谓一针见血，入木三分。学究们皓首穷经，只讲读书，不顾其他。颜元讽刺他们是“舍生尽死”，孜孜以求。“在思、读、讲、著四字上做工夫，全忘却尧、舜三事……六行、六艺，不肯去学，不肯去习”，他们是“率天下入故纸堆中，耗尽身心气力，作弱人、病人、无用人”（《颜元集·朱子语类评》）。由于鄙薄肢体、轻视身体的风气越来越严重，人们很少参加体育活动，纵使参加，也仅限于一些动作和缓、轻柔的养生保健活动，身体运动量严重不足，缺乏竞争性。这种体育道德化倾向致使中国传统体育中竞技类项目发展滞后，不仅阻碍了中国体育事业的正常发展，而且影响到中国人身体素质的提高、身心健康的改善，进而影响到中华民族体质的强健与国家的强盛。

四、结语

儒家价值观虽然对中国传统体育的发展有些负面影响，但其正面作用是主要的，特别是在今天，当伴随着现代西方体育的发展而带来的体育社会问题愈演愈烈之时，当西方竞技体育在异化的泥沼中越陷越深之时，主张“和为贵”的中国传统体育更加绽放出人本主义的璀璨光芒。其追求和谐、崇尚道义等种种理念都在不同方面形成了对西方体育文化的某种修正。如中国传统体育注重人的身体与精神、人的整体与各个组成部分的和谐与统一，这种锻炼理念可以很好地避免由于高度专业化而带来的因长期从事某项竞技运动项目所导致的片面发展和各种伤病。中国传统体育注重人与自然的和谐，把人看作自然界的一个组成部分，主张按照自然界的变化去调整人体内外的环境，使之达到平衡。讲求顺应自然，顺势而为，可以很好地缓解竞技性体育单纯注重发掘潜力、超越自我所带来的精神焦虑和紧张。中国传统体育强调内外兼修、形神兼备，不仅注重人体外部的肢体活动，而且更注重内在德性的修为和精神境界的提升，可以很好地弥补现代体育道德缺失的不足，等等。这一切都说明，在现代体育面对诸多伦理道德、价值观等方面的困窘时，中国传统体育无论在实际功用，还是在体育伦理方面，都不失为一种有效的解决途径。中国传统体育所倡导的和谐、仁义、自然以及道德的修为和提升等，暗含着体育运动本身所体现的以人为本的追求，体现了体育运动对社会发展所应承担的责任。在某种意义上，中国传统体育发展的积极取向，也许正是现代体育应该践行的方向。

（原载《湖北大学学报（哲学社会科学版）》2008 年第 1 期）

墨家“兼相爱、交相利”伦理原则的现代价值

春秋战国时期是一个社会急剧变革的时期，旧的生产关系趋于解体，新的生产关系尚未建立，社会处在一种无序状态。面对这种局面，当时的有识之士开出了救治社会的药方：以孔子为代表的儒家提出“克己复礼”，以老子为代表的道家提出“小国寡民”，以韩非为代表的法家提出“严刑峻法”，而以墨子为代表的墨家则提出最具伦理色彩的“兼相爱、交相利”的社会政治主张。

一、墨家“兼相爱、交相利”伦理原则的涵义

墨子是一个手工业者出身的知识分子，生活在社会的底层，对当时的社会状况有深刻的认识。他认为当时社会的一切动乱、祸害、灾难、罪恶都是因为不“兼爱”而产生的：

> 凡天下祸篡怨恨，其所以起者，以不相爱生也，是以仁者非之。既以非之，何以易之？子墨子言曰：以兼相爱、交相利之法易之。（《兼爱中》）

墨子把与“兼爱”相反的思想和行为称为“别”。他说：“乱何自起，起不相爱”（《兼爱上》）；“别之所生，天下之大害也”（《兼爱下》）。因此，治理天下的正确途径就是“兼以易别”。墨子坚信，只要普天之下人们都遵循“兼爱”，就必然会害除利兴，国泰民安，天下和平，达到乐园一般的完美境界。

“兼爱”既有如此崇高的价值，那么它的涵义是什么呢？墨家指出，兼爱是处理个人与个人、个人与社会、家庭与家庭、国家与国家之间关系的最基本的道德准则，其涵义包括相互联结的两个层次，即感情层次和利益层次。

感情层次就是要求人们相互地、平等地、普遍地爱。所谓相互性的爱就是己和人双方都承担“爱”的义务，也都享有“被爱”的权利。“爱人者，人亦从而爱之”（《兼爱中》），“爱人者必见爱也”（《兼爱下》）。所谓平等地爱就是反对“爱有差等”的儒家观点，实行“爱人若爱其身”“为彼若为己也”。特别是父、君要以平等的态

度爱子、爱臣，“视弟子与臣若其身”（《兼爱下》）。所谓普遍性的爱就是爱人应该“远施周遍”，不受范围局限，对所有的人都去爱。“兼爱天下之博大也，譬之日月兼照天下之无有私也”（《兼爱下》），“爱人者此为博焉”（《天志下》），“天下之人皆相爱”（《兼爱中》）。

利益层次就是爱时必须给对方以利益，使对方在爱中得到利益，而且其利益的性质主要是指物质利益。墨子说，“兼相爱”的实质内容就是“交相利”，“兼而爱之”就是“兼而利之”（《法仪》）。所以，墨子总是把“相爱”和“相利”、“爱人”和“利人”、“爱”与“利”同提并举。如“天必欲人之相爱相利”、“此自爱人利人生”（《兼爱下》）、“利爱生于虑”（《大取》）、“爱利天下”（《尚同下》）等等。这样，相互地爱就成了相互交利，“利人者，人亦从而利之”（《兼爱中》），“交相爱交相恭犹若相利也”（《鲁问》）。平等地爱就成了平等互利，“有力相营，有道相教，有财相分”（《天志中》）。普遍地爱就成了使天下普遍受利，“万民被其利”，“天下皆得其利”（《尚贤中》），“为利人也博”（《非攻下》）；不仅要利人，还要利天、利鬼，“上利于天，中利于鬼，下利于人，三利无所不利”（《天志上》）。

关于“爱”与“利”这种通约和统一关系，后期墨家在《墨经》中有一段很好的说明：“爱、利，此也；所爱、所利，彼也。爱、利不相为内、外；所爱、所利亦不相为外、内。”（《经说下》）梁启超解释说：“能爱能利者我也，所爱所利者彼也。能爱能利俱内，不能谓能爱为内，能利为外。所爱所利俱外，亦不能谓所爱为内，所利为外。”（《墨经校释》）也就是说无论在爱和利的付出者一方还是接受者一方，爱和利都不能有内外之分。“爱”中有“利”，“利”中有“爱”，感情和利益在道德上是紧密联结、融合统一的整体。这是墨家对道德价值和利益价值关系的深刻概括。从这里还可以看出，“兼爱”说实际上是墨家对孔孟“仁”学的重新改造，这种改造集中表现为以“爱”释“仁”，以“利”释“爱”。从而使儒家的纯情“仁爱”道德有了坚实的“利益”内核。

不仅对“兼爱”墨家持上述看法，即使对儒家十分崇尚的“义”，墨家学者也着眼于以利释之。若从字面上看，墨家谈到“义”的地方很多，但究其根本就会发现，墨家所说的“义”与儒家所说的“义”是有本质区别的。墨家“义”的实质是“利”，或者说他们赋予“义”以“利”的含义。《墨经》中给“义”下的定义就是：“义，利也”，“义，志以天下为分而能利之”。将“义”的价值归结为利益价值，行“义”就是为他人带来物质利益。墨子也曾说：“义可以利人，故曰：义，天下之良宝也。”（《耕柱》）如果“义”不附丽于“利”，何为良宝？何价值之有？可见，墨家崇尚的是“义”的利益价值，这与儒家把义利对立起来、把“义”规定为超越功利的纯道德行为是完全不同的。

显然，在墨家看来，道德的实质内容就是“利人”“兼利”“交相利”。

二、“兼相爱、交相利”伦理原则与我国社会主义市场经济条件下的公民道德建设

目前我国正处在社会转型时期，在这样一个特殊阶段，我国公民应该具备一种什么样的道德水准，社会应该坚持一种什么样的伦理原则，这是我们大家应该思考的一个问题。我认为，墨家“兼相爱、交相利”伦理原则对于社会主义市场经济条件下的公民道德建设仍然具有重要价值。

首先应澄清人们对墨家“兼相爱、交相利”伦理原则的两种误解：一种观点认为墨家的“兼相爱”是一种无差等的爱，一般人很难做到；另一种观点认为墨家的“交相利”是把“利”作为伦理的目的，缺乏道德的崇高品质。

墨家的“兼相爱”的要求真的太高了，一般人做不到吗？我们的回答是否定的。“兼相爱”不仅能够做到，而且有必要做到；“兼相爱”是实现合理利己主义的前提。

当年孟子批评说：“墨氏兼爱，是无父也。”（《孟子·滕文公下》）我们可以从墨子与巫马子的一场辩论中看墨子是怎样反驳儒家的这种观点的。巫马子反对兼爱，他对墨子说：

> 我与子异，我不能兼爱。我爱邹人于越人，爱鲁人于邹人，爱我乡人于鲁人，爱我家人于乡人，爱我亲于我家人，爱我身于吾亲，以为近我也。击我则疾，击彼则不疾于我，我何故疾者之不拂，而不疾者之拂。故有杀彼以利我，无杀我以利彼也。（《耕柱》）

从这段话中可以看出巫马子是儒家爱有差等的信徒，他认为：爱我本国的人甚于爱别国的人，爱我家乡的人又甚于爱本国的人，爱我家中的人又甚于爱我家乡的人，爱我父母亲又甚于爱我家中其他人，爱我个人身体又甚于爱我父母亲，愈接近我的，我愈爱。如同有人打我，我会感到痛，打别人，我不会感到痛。所以“有杀彼以利我，无杀我以利彼”。按照巫马子的这种观点，逻辑地推导下去，就会得出“损人以利己”的极端利己主义观点——“杀彼以利我”。这种极端利己主义是建立在感觉主义基础之上的，即以个人感觉上的苦乐作为行为的准则。

墨子反问巫马子说：“子之义将匿邪？意将以告人乎？”巫马子回答说：“我何故匿我义，吾将以告人。”墨子说，如果你想将你的利己主义学说告诉别人，进行宣传，要大家都来实行，其结果就会毁掉你自己。墨子论证说：

然则一人说子，一人欲杀子以利己；十人说子，十人欲杀子以利己；天下说子，天下欲杀子以利己。一人不说子，一人欲杀子，以子为施不祥言者也；十人不说子，十人欲杀子，以子为施不祥言者也；天下不说子，天下欲杀子，以子为施不祥言者也。说子亦欲杀子，不说子亦欲杀子，是所谓荡口者也，杀子之身者也。（《耕柱》）

墨子这段话用一个二难推理，揭示了极端利己主义理论上存在的矛盾，指出提倡“损人以利己”将对自己一无所利。因为如果将你的“损人以利己”的学说加以宣传，那么赞成你的人，必定按你的说法去损人利己，为了满足其私利会把你杀掉；而不赞成你的观点的人，认为你宣扬了不祥的言论，也必定把你杀掉。

墨子的这段话对损人利己的极端利己主义的驳斥，是相当深刻的。它也说明了只有提倡兼爱，才能实现利己；而要实现利己，就要提倡兼爱。因此，我们不仅能做到“兼爱”，而且一定要做到，否则个人的利益就不能实现。“兼爱”是实现合理利己主义的前提。

有些人对墨家的“兼相爱”中的“爱无差等”的理解有偏差，他们说“爱无差等”很难做到常常是就功利角度而言的。实际上，墨家的“爱无差等”是感情层次上的而不是功利层次上的。墨家在《大取》篇中有一个生动的说明：

二子事亲，或遇熟，或遇凶，其爱亲也相若。（《大取》）

意思是说，有两个儿子，一个遇到丰年，收成好，侍奉父母的较厚；另一个遇到荒年，收成差，侍奉父母的较薄。两个儿子的奉养虽然有厚薄之分，但他们对父母的爱却是一样的。利虽有厚薄，但爱无差等。利要受到客观物质条件的限制，爱是不受客观物质条件限制的。正因为爱不受客观条件的限制，所以，人们做不到“兼相爱”是“不为也，非不能也”。

墨家的“交相利”真的缺乏道德的崇高品质吗？我们的回答也是否定的。在墨家的“交相利”中包括了道德的崇高性。

首先，道德的崇高性本来就是墨家“利”中的应有之义。墨家所说的“利”首先是一种公利，是“天下之利”“万民之利”“百姓之利”“国家之利”。墨家认为，为了天下之利，可以牺牲自己的一切包括生命。“断指与断腕，利于天下相若，无择也。死生利若一，无择也。”（《大取》）意思是说，一个人当断指可以利天下、断腕亦可以利天下时，应该在“断指”与“断腕”之间不加选择，需要“断指”就“断指”，需要“断腕”就“断腕”。当个人的生或死给天下带来的利益一样时，也应该不在生、死二者之间作出选择，“天下利”需要生就存生，需要死就赴死。为了“天下之利”

可以牺牲自己的一切，这是多么崇高的价值取向啊！

其次，墨家的“交相利”是以“兼相爱”为前提的。墨子总是把“交相利”与“兼相爱”相提并论，“兼相爱”是“交相利”的前提，是出发点。人们首先要有爱人、利人的善良动机，然后才会有爱人、利人的行为，最后才会产生爱人、利人的效果。墨家认为考察一个人是否做到了“兼相爱、交相利”，既要看动机也要看效果，他们称之谓“合志功而观”。但在效果还没显现的情况下，着重看行为的动机。《耕柱》篇有这样一段记载：“巫马子谓子墨子曰：子兼爱天下，未云利也；我不爱天下，未云贼也。功皆未至，子何独自是而非我哉？子墨子曰：今有燎者于此，一人奉水将灌之，一人掺火将益之，功皆未至，子何贵于二人？”墨子在这里用一个非常形象的比喻说明了在利人的效果还没有产生的情况下，动机是衡量一种行为善与恶的标准。遇到一场火灾，奉水灭火的行为出于爱人的动机，这种行为就是善的；添柴拨火的行为出于害人的动机，这种行为就是恶的。正因为“兼相爱”是“交相利”的前提和出发点，而墨子的“兼相爱”又是博大无私的，“兼爱天下之博大也，譬之日月兼照天下之无有私也”（《兼爱下》）。难道以这样博大的爱为前提的“交相利”还缺乏道德的崇高品质吗？

目前，我国的市场经济刚刚起步，正处在一个由计划经济向市场经济转轨的时期。成熟的市场经济理应是一种法制经济，但是，我们现在的市场经济离成熟的市场经济还有很长一段距离，新的经济秩序还没有建立起来，经济活动还没有纳入法制的轨道。曾经被贫穷困扰了多年的中国人，急欲富起来的愿望使得其中许多人忙乱地寻找自己的发财之路。为了追求利益的最大化，有些企业或个人不择手段，丧失良心，缺乏起码的道德水准，导致假冒伪劣、坑蒙拐骗、损人利己的现象时有发生。在这样的历史条件下，迫切需要“兼相爱、交相利”伦理精神的回归。可见墨家的“兼相爱、交相利”的伦理原则应是当前加强公民道德建设的重要的传统文化资源，它不仅在形式上而且在内容上与之有相通之处，与我国的物质文明与精神文明建设也有相通之处。因此，我们要大力弘扬墨家“兼相爱、交相利”的伦理精神，把它作为我国市场经济条件下人际交往的一条重要伦理原则。

三、墨家“兼相爱、交相利”伦理原则与全球普遍伦理的构建

20 世纪以来，世界一体化进程加快，人类日益被联系成一个有着共同利害关系的有机整体。整个人类之间、世界各国之间，既可以通过合理利己方式实现利益的相互促进，也可以通过极端利己的方式造成利益的相互伤害。在这种情况下，为了使整个人类和世界各国的利益相互促进而不是相互伤害，一方面需要用国际法则来规范各国的行为，另一方面也需要用普遍伦理来劝导各国在实现自身应得利益的同时，也让其

他国家获得它们的应得利益。我们认为墨家“兼相爱、交相利”的伦理原则也是构建普遍伦理的重要的文化资源。首先，它在内容上是最少的，但却是易于接受并为人们所深信的；其次，它本身具有一种普适性，与西方文明中的价值与道德准则具有重合的内容。我们都知道，基督教文化是西方社会的一种重要的文化资源，对现代西方社会文化有着深远而广泛的影响。墨家“兼相爱、交相利”伦理原则与基督教所提倡的“平等”“博爱”具有相通之处。孙中山先生曾经说过，墨子倡行的兼爱天下与耶稣所讲的博爱是一样的。“兼爱”与“博爱”在思想上是同源的。

《圣经》中认为，每个人都是上帝的选民，生来就是平等的，所以上帝要平等地爱每个人。墨子也认为：“天下无大小国皆天之邑也，人无长幼贵贱皆天之臣也。”（《法仪》）墨子认定天有公正、公平的本性，天兼爱天下之人，一视同仁，没有偏私，“天之行广而无私”（《法仪》）。墨子根据天的这一本性解释《尚书·泰誓》中的“文王若日若月乍照，光于四方、于西土”，认为这句话的意思是：“文王之兼爱天下之博大也，譬之日月兼照天下无有私也。”（《兼爱下》）天兼爱天下是普遍而没有差等的，而人是天之臣民，必须顺天意兼相爱、交相利。如此人们秉天性、顺天意兼爱天下之人，也应该是普遍而没有差等的。所以《大取》篇明确地说：“厚人不外己，爱无厚薄。”显然墨子这种无厚薄、无差等的爱是源于“天志”的。

“兼爱”的另一思想渊源来自于人的本性，人是有感情的动物，知恩图报是人的一种本性。《兼爱下》曾引用《诗经·大雅》中“无言不仇，无德不报。投我以桃，报之以李”的诗句证明了这一观点。“兼爱”建立在人类“互报”的本性上：“夫爱人者，人必从而爱之；利人者，人必从而利之；恶人者，人必从而恶之；害人者，人必从而害之。”（《兼爱中》）《圣经》同样认为人有一种相互回报的本性。《圣经》中写道：“无论何事，你们愿意人怎样待你们，你们也要怎样待人，因为这是律法和先知的道理。”（《新约·马太福音》）显然人的这一本性也是博爱的人性基础。与墨家不同的是，基督教不仅要求人们以德报德，还要求人们以德报怨。

由以上分析可以看出，墨家的“兼相爱、交相利”的思想来源和人性基础与基督教是相同的，因而如果把它作为构建普遍伦理的文化资源，亦是容易被西方社会所接受的。我们相信，如果现代社会中人与人、国与国之间的交往都能遵循“兼相爱、交相利”的普遍伦理原则，世界将会变得更加安宁、祥和与美好。

（原载《哲学研究》2004年第11期）

墨子和边沁之功利论思想比较

功利主义的理论框架由英国哲学家边沁（J. Bentham，1748—1832 年）于 18 世纪后半叶创立。其基本特征是：认为苦乐感情是人性或道德的基础；苦乐的精确计算和道德上的善恶评价密切相关；“最大多数人的最大幸福”是其功利原则，同时也是社会道德标准，决定着个人行为的方向。

追求功利也是中国古代思想家墨子（公元前 480—前 420 年）思想的基本特征，其所谓“功”是指功业、功效；所谓“利”是指物质利益。“功”和“利”从实质上都可以理解为物质利益。“故所为功，利于人，谓之巧；不利于人，谓之拙。”（《墨子·鲁问》，下引该书只注篇名）那么追求功利的目的是什么呢？《经上》篇云：“功，利民也。”可见墨子追求功利的目的是为了广大民众。墨子将追求天下之利作为最高的道德要求和最高宗旨：“吾将正求与天下之利而取之。”（《兼爱下》）“利”的观念是墨子思想的核心，“兴天下之利”是墨子的终生追求。

一

边沁追求“最大多数人的最大幸福”，墨子追求的是“兴天下之利”。由此我们可以看出，边沁与墨子之功利论思想存在着某些相似性。这些相似性具体表现在以下几个方面。

首先，二者的人性论预设具有相似性，即他们都认为人在本性上是趋利避害的。

墨子认为：“利，所得而喜也”；“害，所得而恶也”（《经上》）。人们的本能行为就是趋利避害。墨子主张，在面临利、害的两难选择时，应该放弃目前的小利而避将来之大害，或者是忍受目前的小害而趋将来之大利。“断指以存腕，利之中取大，害之中取小也。害之中取小者，非取害也，取利也；其所取者，人之所执也。遇盗人而断指以免身，利也；其遇盗人，害也。……利之中取大，非不得已也；害之中取小，不得已也，所未有而取焉，是利之中取大也。于所既有而弃焉，是害之中取小也。”（《大取》）其意思是说，人所应该避免的不是目前的小害，而是将来的大害。在取利上，人是主动的，故可取大。但在避害上，人是被动的，故不得已而取其小。“民之所欲”即为“利”，这就肯定了求利的合理性，人人都有为满足物欲而追求利益的正当权利，“民之所欲，天必从之”（《尚书·泰誓》）。人们在交往的过程中都希望能够获得对方的回报，“投我以桃，报之以李，即言爱人者必见爱，而恶人者必见恶也”（《兼爱下》），“夫爱人者，人必从而爱之；利人者，人必从而利之；恶人者，人必从而恶之；害人者，人必从而害之”（《兼爱中》）。由于人人希望如此，因此，在本能上就不会做对自己不利的事。墨子认为人的自然本能的需要无外乎生存和繁衍，“食之利也，以知饥而食之者智也”（《三辯》），生存和繁衍的条件就是食饱、衣暖、居安，“凡五谷者，民之所仰也，君子之所以为养也”（《七患》），“故衣食者，人之生利也”（《节葬下》）。满足人的自然本性的需要即为福，否则就是祸。“生为甚欲，死为甚憎”（《尚贤中》），“欲福禄而恶祸祟”（《天志上》），“若已不为天之所欲，而为天之所不欲，是率天下之万民，以从事乎祸祟之中也”（《天志中》）。

边沁也认为“趋乐避苦”是人的本性，“自然把人类置于两个至上的主人——‘苦’与‘乐’——的统治之下。只有它们两个才能够指出我们应该做些什么，以及决定我们将要怎样做……凡是我们的所行、所言和所思，都受它们支配”[①]。不仅如此，行为的选择以及行为的方式同样是遵从这一原则的。每个人都根据个人的苦与乐来赞成什么、选择什么。“究竟使一个人做这件事，还是做别的什么事，则除了苦或乐之外，再没有其他东西可作最后决定了。”[②]快乐和痛苦决定了个人的实际行为，对快乐或免除痛苦的期待是驱使人们行为的动机，个人受制于苦乐的宰制。在边沁看来，如果把苦与乐的因素去掉，不但幸福一词失去意义，就连正义、义务、责任以及美德等一向被视为与苦和乐无关的词，也会变得无意义。

其次，二者提出的获得功利的要素是相同的，即他们均认为获得利益和幸福要依赖于人的理性。

对于如何求利，墨子提出要“节用”“节葬”“非乐”“兼爱”。由于墨子是从自然人性的角度来阐述其功利论思想的，故其所提出的种种求利之方法，是对自然人性的一种约束。如何顺利实施种种求利之方法，墨子提出要制定“法仪”即规则。因为“天下从事者不可以无法仪，无法仪而其事能成者无有也”（《法仪》）。制定“法仪”的依据是什么呢？墨子以为是“天”。在墨子看来，父母、学者、君主此三者因具有片面性和主观性而不可能成为制定“法仪”的最终依据，唯有“天”才可以，因为“天

① 周辅成编：《西方伦理学名著选辑》下卷，商务印书馆，1987年，第210页。

② 周辅成编：《西方伦理学名著选辑》下卷，商务印书馆，1987年，第223页。

之行广而无私，其施厚而不德，其明久而不衰”（《法仪》）。在墨子眼里，天是有意志的，是按照理性法则运行的。由于圣人制定“法仪”的最终依据是具有客观性的“天志”，因此，根据天的意志制定的“法仪”毫无疑问是理性的产物。

边沁不仅认为人类处于快乐和痛苦的主宰之下，“凡我们所行、所言、所思，无不由其支配”①，而且将其功利原则建立在苦乐的基础上，“功利原则承认人类受苦乐的统治，并且以这种统治为其体系的基础”“由于人类的天性使然，人们在一生中的绝大多数场合，一般都不假思索地采纳这个原则”②。因此，当行为涉及一个人时，他在各种可供选择的行为中就要选择能获得最大利益的行为，即“最大幸福原则”，这是个人选择的绝对依据。而快乐和痛苦显然属于个人的主观感受，具有较大的随意性。带有随意性的个人主观感受何以能成为人人共同遵守的客观原则的基础呢？为解决这一问题，边沁借助于理性，不仅将快乐和痛苦作了详细的划分，将其量化，而且还设计出了独特的计算快乐的方法，使主观随意性的快乐和痛苦客观化、精确化。而要将具有主观感受的快乐和痛苦客观化也要依赖于人的理性。

二

尽管墨子和边沁之功利论思想有上述相似之处，但由于二者所处的地域、时代不同，所因循的文化传统不同，从而也存在诸多的差别。这些差别主要表现在以下四个方面。

第一，理论渊源不同。

从文化传统上讲，墨子针对当时的社会实际和存在的社会问题而自创墨家学派。古文献中有关墨学渊源的记载，有以下几条：“孔子墨子俱道尧舜而取舍不同，皆自谓真尧舜”（《韩非子·显学》）；墨子称道大禹，认为“非禹之道也，不足谓墨”（《庄子·天下》）；“墨子学儒者之业，受孔子之术……背周道而用夏政”（《淮南子·要略训》；“鲁惠公使宰让请郊庙之礼于天子，桓王使史角往，惠公止之，其后在于鲁，墨子学焉”（《汉书·艺文志》）；“盖墨翟，宋之大夫”（《吕氏春秋·当染》）。上述史料揭示了墨学的四个渊源：其一是尧舜禹之道，其二是儒学，其三是周礼，其四是宋俗。墨子的祖先是宋人，且长期居住在鲁国，鲁国是姬姓封国，周公旦之子伯禽是其开国君主。鲁国享受着“祝宗卜史、备物典策、官司彝” 的特权（《左传·定公四年》），在春秋时享有“周礼尽在鲁”的雅誉，具有浓厚的周文化传统。墨子长期居住在鲁，势必受到周文化的熏陶和浸染，对其思想的形成具有较大的影响。同时，

---

① 边沁：《道德与立法原则导论》，时殷红译，商务印书馆，2005 年，第 57 页。

② 周辅成编：《西方伦理学名著选辑》下卷，商务印书馆，1987 年，第 211—213 页。

鲁国又是儒家的发祥地，墨子青年时代曾在鲁国“学儒者之业，受孔子之术”（《淮南子·要略训》），此学术渊源对墨子思想的形成具有不可忽视的影响。因墨子曾系统地学习过周礼和儒学，故而才能有的放矢地对其进行批判，以形成与儒家相抗衡的、独树一帜的学说和思想体系。比如，针对儒家为追求道义而提出的“厚葬久丧”论，墨子从功利的角度提出“节葬之法”加以驳斥。因为按照儒家的理论，随葬品的厚薄、丧期的长短最能体现贵贱等级、亲疏远近的差别。墨子则认为：“厚葬”是多埋赋财，“久丧”是久禁从事，两者均属于对人力财力的浪费，都是必须废除的陋习。墨子从功利的角度提出自己的见解和主张不仅是对儒学传统的反叛和修正，更彰显了其学说的独特个性。

边沁的功利论原则有其深厚的思想渊源，它是以快乐主义为基础的。快乐主义在伦理学史上源远流长，它产生于古希腊罗马的阿里斯提卜与伊壁鸠鲁。二者思想的共同特点是追求个人的好生活，以个人的快乐为幸福和至善，其视野局限于个体的生活，是利己主义的快乐主义。尽管边沁的功利论承袭了快乐主义，但他将视野扩展到行为涉及的（利益攸关的）所有的人的福利，因而含有伊壁鸠鲁快乐主义所不具备的社会公益倾向，将功利论向利他主义推进了一步。

第二，对功利的具体理解和实现功利的具体途径不同。

墨子所理解的功利，主要是指基本的生命权和生存权方面的内容，譬如有衣食、有住所，简言之就是能活着或勉强活下来，其层次是很低的。边沁的功利论则远远超出此层次，关注的是个体如何生活得更好的问题，并通过个体生活得更好达到群体生活得更好。也就是说，墨子仅仅关注人的生存，边沁则更关注人的发展和享受。

至于实现功利的具体途径，墨子认为只有通过贤人政治，才能实现“天下大利”“万民之利”；只有通过“天志”“鬼神”的力量，才能胁迫统治者为老百姓谋利益。其强调的是人治、德治和“天志”“鬼神”的权威。在墨子看来，“尚贤”“尚同”“尊天”“事鬼”是实现功利的重要途径。由于受西方民主法治传统的影响，边沁强调的是立法和政治参与。“功利原则承认这一被支配地位，把它当作旨在依靠理性和法律之手建造福乐大厦的制度的基础。”[①]法律的目的是增长幸福，“一切法律所具有或通常应具有的一般目的，是增长社会幸福的总和”[②]。同时边沁还认为，除了理性和法律之外，“第三只手”即立法者也是人类获得幸福的重要保证。立法者的唯一目的和标

① 边沁：《道德与立法原则导论》，时殷红译，商务印书馆，2005年，第57页。
② 边沁：《道德与立法原则导论》，时殷红译，商务印书馆，2005年，第216页。

准是“组成共同体的个人的幸福，或曰其快乐和安全”[①]。立法者的职责就是，“使得每个人都将自己的行为规范符合该标准”[②]。从边沁的论述中，我们不难看出，理性、法律、立法者是获得幸福的重要途径。

第三，出发点不同。

墨子以公利为出发点，提倡的是一种整体主义的功利论；边沁则是个人主义的功利论，以个体的利益为出发点。墨子所谓“利”，非个人的私利，乃天下之公利。仁人之事者，必务求兴天下之利，除天下之害。“且今天下之士君子，中实将欲为仁义，求为上士，上欲中圣王之道，下欲中国家百姓之利者，当天之志，而不可不察也”（《天志下》），“故君子莫若欲为惠君、忠臣、慈父、孝子、友兄、悌弟，当若兼之不可不行也，此圣王之道而万民之大利也”（《兼爱下》）。因此，天下之公利、国家百姓人民之利成了墨子立说的最重要的根据。有学者对《墨子》中被公认为最能代表他本人思想的23篇（从《尚贤上》到《非命下》）中出现的全部“利”字的不同含义作了统计：在肯定意义上指整体利益（如“兴天下之利”）的“利”字出现了160次；在否定意义上指损人利己的私利（如“夺人车马衣裘以自利”）出现了44次；在肯定意义上指不违背整体利益的个人利益（如“利人者人必从而利之”）出现了11次；指非道德意义的“利”（如“利之剑”）出现了31次[③]。这个统计表明了，墨子强调的是“天下之利”，是群体之利，是公利。笔者认为，墨子在强调公利的同时，根本就没有考虑到个体的私利，哪怕是个体正当的利益。这一点可以从墨子对其理想之君主的描述中体现出来：“古者圣王……黍稷不二，羹胾不重，饭于土塯，啜于土形，斗以酌。”（《节用》）与此同时，墨子自己还以禹为榜样身体力行，提倡献身、自苦、禁欲，以牺牲个体的私利实现天下之利。对此庄子称赞道：“昔禹之湮洪水，决江河而通四夷九州也。……禹亲自操橐耜而九杂天下之川；腓无胈，胫无毛，沐甚雨，栉疾风，置万国。禹大圣也而形劳天下也如此。使后世之墨者，多以裘褐为衣，以跂蹻为服，日夜不休，以自苦为极，曰：‘不能如此，非禹之道也，不足为墨。’”（《庄子·天下》）积极救世、为天下之利“赴火蹈刃，死不旋踵”，正是墨子利为天下的写照。

边沁的功利论理论的出发点是个体的利益。他认为，个人利益是人的唯一真实的利益，同时也是道德唯一真实的基础。此外，他又强调个人利益与社会利益、公共利益的一致性，相信个人利益的实现会导致社会公共利益的实现。在边沁看来，社会只

---

① 边沁：《道德与立法原则导论》，时殷红译，商务印书馆，2005年，第81页。

② 边沁：《道德与立法原则导论》，时殷红译，商务印书馆，2005年，第81页。

③ 参见黄伟合：《墨子的义利观》，《中国社会科学》1985年第3期。

是“一种虚构的团体，由被认做其成员的个人所组成”，社会利益和社会幸福不过是“组成社会之所有成员的利益之和”[①]。每个人在追求个人利益时，自然而然就增加了社会的整体利益，只要每个人都能够真正追求自己的最大利益的实现，最终就会达到社会利益的最大化。这使得边沁的理论表面上看带有一定的公益性。但是，当个人利益和公共利益发生冲突时，边沁还是强调追求个人利益的实质上的优先性，将个人利益置于社会利益之上。因为在边沁看来，社会利益仅仅只是个人利益的总和，是个人利益的简单累加。所以，边沁功利论的立足点和归宿仍然是个人主义的。

第四，考察功利的方法不同。

墨子注重从行为的动机和效果两方面综合考察，边沁则偏重行为的效果。墨子反对纯粹的动机论，认为人的动机（“志”）、行为（“行”）、效果（“功”）三者之间是有联系的：行为体现动机，效果则是行为的结果，应视不同的情况而各有所侧重。一般情况下，墨子强调“合其志功而观”，即对行为进行评价时应该坚持动机与效果的统一。《鲁问》篇曰，鲁君谓子墨子曰：“我有二子，一人者好学，一人者好分人财，孰以为太子而可？”子墨子曰：“未可知也。或所为赏与为是也。鲋者之恭，非为鱼赐也；饵鼠以虫，非爱之也。吾愿主君之合其志功而观焉。”由此可见，“合其志功而观”是墨子考察功利的基本观点。

但是在现实中，人们行为的动机“志”与客观效果“功”往往并不一致，如此，又该如何对功利进行考察呢？墨子以为可依据不同情况，分别从“志”与“功”两方面有所侧重地进行考察。在“功皆未至”时，尚志。《耕柱》篇记载了这样一个故事，巫马子谓子墨子曰：“子兼爱天下，未云利也。我不爱天下，未云贼也。功皆未至，子何以自是而非我哉？”子墨子曰：“今有燎者于此。一人奉水将灌之，一人操火将燎之，功皆未至，子何贵于二人？”巫马子曰：“我是彼奉水者之意，而非夫操火者之意。”子墨子曰：“吾亦是吾意而非子之意也。”奉水、操火，志有利、害，而“功皆未至”。但是，志在利人者，虽未必利，却有能利之兆；志在害人者，虽不必害，却有能害之征。因此，尽管“功皆未至”，但“志”之利、害也可显行为之高下。由此，在“功皆未至”的情况下，要着重考察行为的动机。若功至，则重点考察行为的效果。墨子以耕田为例加以说明：自耕者其功少，教人耕者其功多。自耕不若教耕，然而教耕不若教义。由此，根据行为者的效果，功利之大小一目了然。

与墨子不同的是，边沁认为，动机在一般意义上都是中性的，无所谓好或坏，“就善恶而论，动机也同任何本身既非苦、又非乐的其他东西的情况一样。假如动机有善

---

① 周辅成编：《西方伦理学名著选辑》下卷，商务印书馆，1987年，第212页。

恶可言，那只是因为它们的效果使然”[①]。因而根据动机判定善恶，计算功利之大小是不可能的，只能根据客观的外在标准——效果来判断行为是否道德，是否具有功利。边沁对自己效果论的证明，运用的是反证法，即通过揭露动机论的谬误来确立效果论。他认为，动机本身是中立的，非苦非乐，非善非恶。长期以来，人们一直认为色欲、残忍、贪心等等本身就是恶的动机，边沁认为这是由于语言的误会所导致的。实际上这些已经不是动机本身了，而是一些在具体的情况中发生过某种影响、有了某种倾向的动机。边沁举例说，比如贪心这个动机，它的本来名称是“金钱利益”。在某种情况下，它引起的意图、行为倾向于产生超过快乐的痛苦，此时，人们便称它为贪心、贪婪、贪欲、贪财或吝啬；而在有些场合，它能为人们带来快乐，人们便又称它为节约、节俭、勤勉。所有这些，都是对金钱利益这个动机在不同情况下，视其所产生的影响之后，在好坏两种不同意义上的使用，而不再是这个动机本身了。这个动机本身永远是中立的。因而，对动机不存在道德上的善恶评价问题[②]。由此可以看出，在对人们行为的功利考察上，边沁是一个彻底的效果论者。

三

墨学后来的衰微和中断原因很多：从价值论层面讲，是因为它与儒家的道义论传统相冲突；从社会经济层面看，是由于中国古代社会以自然经济为主体，工商业不发达且受压制，功利论思想缺乏社会土壤。边沁的功利论的命运则不一样，西方社会向来较为注重工商业，经济利益观念很强，近代资本主义的兴起更为这种功利论思想的生长提供了肥沃的土壤。

《荀子·解蔽》中曾批评墨子说：“弊于用而不知文。”“用”就是实际效用，即能够实现的利益，这种思路的落脚点在现世。汉代王充在《论衡·薄葬》中也曾经指出墨子过于注意经验的问题，他说墨子考虑问题“不留精澄意，苟以外效立事是非，信闻见于外，不诠订于内，是用耳目论，不以心意议也”，又说“墨议不以心原物，苟信见闻，则虽校验章明，犹为失实，失实之议难以教，虽得愚民之欲，不合知者之心”。这里说的是墨子太过分执着于耳目口鼻获得的经验而放弃了精神、心灵的体验，寻找到了“物”而失去了“心”，适合了“愚民之欲”，却不合“知者之心”。《庄子·天下》中也批评墨子“不合人情”：“以此教人，恐不爱人；以此自行，固不爱己。……其生也勤，其死也薄，其道大觳，使人忧，使人悲，其行难为也，恐其不可以为圣人之道。

---

① 周辅成编：《西方伦理学名著选辑》下卷，商务印书馆，1987 年，第 230 页。

② 参见周辅成主编：《西方著名伦理学家评传》，上海人民出版社，1987 年，第 541 页。

反天下之心，天下不堪。墨子虽独能任，奈天下何？离于天下，其去王也远矣。”《史记·太史公自序》里也说“墨者俭而难遵，是其事不可遍循”。简而言之，墨子的思想和行为是既不爱己，也不爱人。其行为对人对己都过于严苛，其理论违背了人之常情，因而不能大行于天下。但上述原因并非墨学中断的根本原因，其中断的根本原因在于中国传统社会缺乏其理论发展的土壤。

相比之下，尽管关于功利的计算不仅复杂而且难以做到，但边沁诉诸理性、法律，还有立法者，综合运用多种手段来保证其“最大多数人的最大幸福”原则的实现，社会在理性、法律、立法者的协调中保证个人的生存、富裕、安全。边沁及其理论在社会上的影响是巨大的。1832 年英国国会的改革法案，便在很大程度上反映了“最大多数人的最大幸福”这一功利论原则。边沁的功利论思想之所以在西方具有深远的影响和意义，其根源在于它搭上了资本主义发展的快车，适应了资本主义市场经济发展的需要。

综上所述，墨子和边沁的功利主义思想确实存在一些相似之处，但由于墨子和边沁所处时代和地域等方面存在较大差异，必然导致二者思想理论也有深层次上的不同。对二者的功利论思想进行比较，不仅有助于我们理解墨子和边沁思想的相似性与差异性，而且有助于我们更好地理解和看待中西方文化之间存在的诸多相似性与差异性。

（原载《哲学研究》2012 年第 9 期；该文与博士生杨爱琼女士合著）

精神自由与心灵自由

——庄子与萨特自由精神之比较

庄子（约公元前369—前286年）是我国先秦时期著名的哲学家，萨特（1905—1980年）是20世纪法国著名的思想家。两位哲人虽然相距两千多年，但他们“心有灵犀一点通”，都不约而同地发出了对“自由”的呼唤。他们呼唤的自由精神是一样的吗?本文试图作一些分析与比较。

一、庄子的精神自由

在先秦诸子中，庄子是一位思维开阔、想象丰富、气势恢宏的思想家。他运用浪漫主义手法、诗化的语言，通过寓言故事，塑造生动的艺术形象，表达他对自由理想——绝对精神自由——的追求。

1. 庄子精神自由的基本内容

在《逍遥游》中，庄子通过大鹏的形象，描绘了他追求的理想人格：“至人无己，神人无功，圣人无名。”① 非常明显，实现这种人格，就要从恐惧死亡和追逐名利的双重精神枷锁中解脱出来，达到“齐生死”“忘物我”的精神境界。

庄子认为，人要获得自由，首先就要从恐惧死亡的精神桎梏中解脱出来。去掉这个沉重的精神负担，人生的其他问题都容易解决了。卸掉这个精神负担的最好办法就是顺应自然规律，泰然面对死亡。他说：“死生，命也，其有夜旦之常，天也。人之有所不得与，皆物之情也。”② 生与死就像白天和黑夜一样，是物之常情。“人之生，气之聚也。聚则为生，散则为死，……通天下一气耳。”③ 生与死是“气”的两种外在

① 陈鼓应注释：《庄子今注今译》，中华书局，1983年，第14页。

② 陈鼓应注释：《庄子今注今译》，中华书局，1983年，第177页。

③ 陈鼓应注释：《庄子今注今译》，中华书局，1983年，第559页。

表现形式，本质上没有什么区别。庄子的旷达胸怀正是由此产生，他把自己融入到永恒的自然变迁、运动过程中，视生死犹如梦觉昼夜、春秋四时，形有所迁，而质未有变。这样生与死的界限就不是不可跨越，而是不用跨越的了，因为生与死之间根本就没有什么界限，“天地与我并生，而万物与我为一”[①]。

从惧怕死亡的精神束缚中解脱出来以后，人是否就获得自由了呢？庄子的回答是否定的。要想获得自由，人还必须要从种种世俗观念和功名利禄的社会束缚中解脱出来。解脱的最好办法也是顺任自然，做到“无己无为”。“无己”，就是取消自我中心；“无为”，就是任顺自然而无所作为。“无己无为”的具体表现是：内无私欲，外无索取；对己无所求，对人无所争。名利、权位、功业统统置之身外，甚至对道德、知识、文化也漠然待之。庄子说，至人无为，“圣人不从事于务，不就利，不违害，不喜求”[②]。庄子还把“无己无为”的至人人格与有己有为的普通人格作了比较，以说明至人人格的优越性。庄子说，有己有为的人“其寐也魂交，其觉也形开。与接为构，日以心斗”[③]，“与物相刃相靡，其行尽如驰而莫之能止，不亦悲乎！终身役役而不见其成功，苶然疲役而不知其所归，可不哀邪！”[④]而“无己无为”的至人“不刻意而高，无仁义而修，无功名而治，无江海而闲，不导引而寿。无不忘也，无不有也，淡然无极而众美从之”[⑤]。这就是说，有己有为的人从自我中心出发，执意追求，因此，陷溺于社会斗争而不能自拔，着力于奋勉劳作而一无所获，是一种典型的悲剧人格；而“无己无为”的至人却“无为而无不为”，自然就具备了“天地之道，圣人之道”。庄子说：“死生存亡，穷达贫富，贤与不肖毁誉，饥渴寒暑，是事之变，命之行也。日夜相代乎前，而知不能规乎其始者也。故不足以滑和，不可入于灵府”[⑥]，“吾以为得失之非我也，而无忧色而已矣”[⑦]。可见，庄子的“无己无为”就是这样一种人生态度：不生本性以外的妄念，不作本分以外的贪求。“尽其所受乎天，而无见得。”[⑧]这样，心无得失祸福之累，心境则无哀乐波澜之起，一切顺任自然。

---

① 陈鼓应注译：《庄子今注今译》，中华书局，1983 年，第 71 页。
② 陈鼓应注译：《庄子今注今译》，中华书局，1983 年，第 84 页。
③ 陈鼓应注译：《庄子今注今译》，中华书局，1983 年，第 41 页。
④ 陈鼓应注译：《庄子今注今译》，中华书局，1983 年，第 46 页。
⑤ 陈鼓应注译：《庄子今注今译》，中华书局，1983 年，第 393—394 页。
⑥ 陈鼓应注译：《庄子今注今译》，中华书局，1983 年，第 175 页。
⑦ 陈鼓应注译：《庄子今注今译》，中华书局，1983 年，第 553 页。
⑧ 陈鼓应注译：《庄子今注今译》，中华书局，1983 年，第 227 页。

由以上的分析我们可以看出，庄子追求的精神自由是一种一切顺应自然，不要有所作为，更不能有所抗争的自由，我们认为这是一种消极的自由。

2. 庄子的精神自由的社会意义

庄子的精神自由虽然本身是消极的，但是，两千多年来在中国社会中却起到了一定的积极作用。主要表现在以下两个方面：其一，庄子的精神自由提出了一个和儒家价值哲学完全不同的理想境界和人生态度，填补了儒家思想留下的精神空间，与儒家思想形成了互补关系。儒家的人生态度是积极的、入世的，“知其不可为而为之”。庄子的人生态度是消极的、遁世的，“即使可为也不为”。庄子的精神自由提供了一种超然的生存智慧。这两种人生态度就组成了统一的现世生活的不同方面：它们不仅体现了人世间不同境遇下不同人的不同心境；同时也可体现同一个人在不同境遇下的不同心境。这就使生长在中国文化土壤上的人展现出不同的人生态度：既有积极入世，先天下之忧而忧、后天下之乐而乐的仁人；也有超然尘外、睥睨万物的仙客和退隐山林、甘于寂寞的隐士。生长在中国文化土壤上的同一个人在不同境遇下也可以“穷则独善其身，达则兼善天下”（《孟子·尽心上》）。庄子和儒家的人生哲学概括了社会生活中的全部人生境遇和中国文化中的人生境界。如果说，一种文化的活力，是以思想理论的多样性和适应性为前提的，那么，先秦时期以老庄为代表的道家思想的意义，就在于它为以后中国文化的丰富多彩的发展和自我调节能力的发挥，奠定了最早的精神基础。其二，庄子的精神自由消解了人的紧张情绪，缓和了社会矛盾。庄子视“万物一府，死生同状”①，将自己融入自然，消除了人与自然的对立；他用超世、顺世、遁世等处世方法软化、避开来自社会的压力；他以安命处顺、“不将不迎”的态度使心境平静如镜。庄子的超脱人世的精神自由，实际上是一种无惧、无忧、无求的精神状态，它使处于逆境中的人视人世逆境犹如逆旅蘧庐。可见，庄子的精神自由，是一种全面、透彻的人的自觉。它让人们从自然、社会的压力和“我”的束缚下解脱出来，给予沦入困境、陷入逆境中的人们生存勇气。它要求人们顺任自然，缓解了人与人之间的紧张关系，也缓和了社会各方面的矛盾，有利于社会的稳定。

毋庸讳言，庄子的精神自由也有其消极影响，它会使人消极处世，懒于作事，不思进取。有些中国人身上存在的因循顺应、听天由命、萎靡不振、柔弱退让、安于现状等缺点，都与庄子的精神自由的影响有关。

① 陈鼓应注译：《庄子今注今译》，中华书局，1983 年，第 298 页。

二、萨特的心灵自由

萨特关于自由的理论是其哲学思想的重要组成部分，是在“存在”现象学的范围内提出来的，是他的所谓“自为的存在”的延伸和展开。

1. 萨特心灵自由的基本内容

“存在”在萨特的现象学中具有两种形式：一种是“自在的存在”，另一种是“自为的存在”。“自在的存在”就是不依赖于人的意识的存在，是人的意识之外的存在，萨特又称之谓“现象的存在”。这种存在，处在一种完全沉寂的状态，没有差别、没有联系、漆黑一团、混沌朦胧，它们自身没有任何意义和价值。“自为的存在”是指被人的意识活动所意向的存在。“自在的存在”与“自为的存在”的区别在于是否经过了意识的意向活动的揭示。“自在的存在”没有经过意识的意向活动的揭示，因而处于混沌朦胧、没有差别的状态，它们的作用就在于为意向活动提供背景和素材；“自为的存在”已经经过了意识的意向活动的揭示，因而处于时间和空间之中，具有明确的存在状态和存在方式，可以区别、可以分辨。这里人的意识的意向活动是“自在存在”转化为“自为存在”的关键因素。

在萨特看来，正是人的意识的意向活动的揭示作用，将“自在的存在”转化为“自为的存在”，“自为的存在”构成了人生活在其中的世界。因此个人意识是世界赖以存在的条件，意识是第一性的；个人意识既是人存在的条件，也是人自由的源泉；个人意识具有本体论的意义。由于人是一种有意识的生物，而意识本身就是自由，因此在萨特看来人不是先存在后自由，人即自由，没有自由，人则变成虚无。人的自由是命定的：“我命定是自由的，这意味着，除了自由本身以外，人们不可能在我的自由中找到别的限制，或者可以说，我们没有停止我们自由的自由”①，“人不是首先存在以便后来变成自由的人，人的存在和他的自由没有区别”②。

“人是自由的”这一命题是萨特从“存在先于本质”这一现象学命题逻辑地推导出来的。所谓存在先于本质是指：在存在与本质的关系上，先有人的存在，然后才能谈到人的本质，而不是人作为人一开始就具有了某种先天固有的不变本质，然后才有人。也就是说：“首先有人，人碰上自己，在世界上涌现出来——然后才给自己下定义。”③ 由于人没有什么先天固有本质的约束，因而关于人的本质的规定性是人自由选

① 萨特：《存在与虚无》，陈宣良等译，生活·读书·新知三联书店，1987年，第565页。

② 萨特：《存在与虚无》，陈宣良等译，生活·读书·新知三联书店，1987年，第56页。

③ 萨特：《存在主义是一种人道主义》，周煦良、汤永宽译，上海译文出版社，1988年，第8页。

择的结果，人按自己的意志造就自身，人是循着自己设计而成为的东西。所以萨特说："如果存在确是先于本质，人就永远不能参照一个已知或特定的人性来解释自己的行动，换言之，决定论是没有的——人是自由的，人就是自由。"[①] 萨特从"存在先于本质"出发，推演出人是绝对自由的，自由是人与生俱来的东西。在他看来，既然人是绝对自由的，自然这种自由就不应受任何充足理由律的支配，不受任何意义上的决定论制约。于是在萨特那里，自由实际上就是"我们进行选择的自由，但是我们并不选择是自由的：我们命定是自由"[②]。自由是绝对的无理由的，选择也是绝对的无理由的。人在任何情况下都可以自由地造就自己、选择自己——完全是自由的。人作了俘虏，他可以有选择逃跑的自由、自杀的自由。即使被关在监狱里，也可以自由地选择越狱、读书或其他可能性，甚至看天花板上的小虫爬行。当了奴隶也有选择适当的方法对抗奴隶主的自由，人永远是自由。一句话，在萨特看来，人本来是自由，人能够不受任何外部条件的限制、按照自己的意愿进行自由选择。

正因为人是自由的，人的选择是自由的，人所做的一切都是自我选择的结果，这个结果无论好坏，"我"都必须承担责任。所以在萨特那里，自由和责任是紧密相联的。他说："人，由于命定是自由，把整个世界的重量担在肩上：他对作为存在方式的世界和他本身是有责任的。"[③] 既然世界是由人在活动中创造的，人就始终背负着这个世界，它是"我的"，我无法逃避它，就像我无法逃避我的自由一样。例如，我参加了战争，我就对这场战争负有责任，因为是我自己选择参加战争的（我也可以选择自杀或逃跑来避免参加战争，但我没做这种选择），我的自由选择使这场战争成为"我的"战争，我必须对战争负责。同时，我也必须对我自己负责，虽然我不是自由选择出生到世界上来，但是我仍然可以选择我出生的意义。我的活动创造的不只是世界，也是我自己的本质。我的无限自由使我对自己的责任成为无可推诿的。

从以上的分析可以看出，萨特的意识（心灵）自由是积极的，不需要顺任存在（自然），存在（自然）是在人的自由意识的观照下才有了意义和价值，人命定是自由的，人可以自由选择，人的心灵永远是自由的。

2. 萨特心灵自由的社会意义

萨特是在德国法西斯对法兰西民族血腥屠杀和残酷统治下写作《存在与虚无》、提出他的自由理论的，他鼓吹的心灵自由，对唤起法兰西人民起来抵抗德国法西斯的

---

① 萨特：《存在主义是一种人道主义》，周煦良、汤永宽译，上海译文出版社，1988年，第12页。

② 萨特：《存在与虚无》，生活·读书·新知三联书店，陈宣良等译，1987年，第622页。

③ 萨特：《存在与虚无》，生活·读书·新知三联书店，陈宣良等译，1987年，第708页。

侵略和压迫无疑是有进步意义的。他告诉人们在任何环境中，哪怕是在面对死亡的环境中，都要保持自己的心灵自由。要敢于否定现状，面对高压要敢于说“不”。他的目的是要号召每一个法国人都要负起把法兰西民族从法西斯统治下解放出来的责任，外部高压不能成为逃避参加战斗的借口，从中我们可以看到萨特思想中迸发出来的不屈不挠的反抗法西斯的英雄气概。萨特在《沉默的共和国》中这样描写法国人民抵抗法西斯运动：“我们从来没有比在德国占领期间更自由过。从说话的权利起，我们丧失了一切的权利，每天我们都受到当面的羞辱，却必须沉默地承受。随便加个罪名，譬如工人、犹太人、政治犯，就把我们整批地放逐。告示牌上、报纸上、银幕上，到处我们都碰到我们自己可厌而枯燥的图像——我们的压迫者要我们接受的。而由于这一切，我们得以自由。由于纳粹毒素渗进我们的思想，每一个正确的思想乃都成为一项胜利。由于势力庞大的警察组织企图强迫我们闭嘴，每一个字乃都具有基本原则宣言的价值。由于我们被人搜捕，我们的一举手、一投足，乃都具有严肃献身的千钧重量。……放逐，囚禁，尤其是死亡……成了我们习以为常的关注对象。我们发现，它们既不是无可避免的偶发事件，也不是经常无可避免的危险；它们必须被视为我们的天数、我们的命运、我们作人这一实在的深邃根源。时时刻刻我们按着这个平凡短句的完全意义过活：‘人必有死！’而我们每个人做的生命抉择都是真正的抉择，因为它是面对着死亡而做的，因为它总是可以用这几个字来表达：‘宁死也不……’并且我在这里说的不是我们当中真正反抗分子的精锐，而是指所有那些4年当中日日夜夜时时刻刻都回答‘不’的法国人。”[①] 正是这个“不”字体现了人的价值，体现了人的尊严。美国学者威廉·白瑞德对萨特的这种精神给予了很高的评价：“无法从一个人身上剥夺的主要自由，终极的自由，就是说一声‘不’。……只要他保持知觉的清明状态，则无论他可能行动的范围多么窄小，他依旧可以在自己心里说：不。意识和自由于是合而为一。要想剥夺人的这种剩余自由，唯有消灭他的意识。……萨特这么坚持很有道理，因为它使人得到他最后的尊严——作人的尊严。”[②]

二次世界大战结束后，萨特的这种理论对惩治战犯也起过一定的积极作用：有些法西斯战犯以“奉命”作借口来为自己的罪行辩护，而萨特的思想却告诉人们：人是自由的，战犯们是自己选择为恶的，他们有不可推卸的责任。

---

① 转引自威廉·白瑞德：《非理性的人：存在主义探源》，彭镜禧译，黑龙江教育出版社，1988年，第243页。

② 威廉·白瑞德：《非理性的人：存在主义探源》，彭镜禧译，黑龙江教育出版社，1988年，第245—246页。

但是，萨特所宣扬的心灵自由和自由选择、自我造就的理论也存在一些弊端。因为他仅仅从孤立的个人和个人意志来讨论自由、自我选择和自我设计，不相信任何外在的东西对人的限制，把人的行为的着眼点完全放在人的“自我意识”上，“自我意识”是人的行为的唯一出发点和原动力。他的自由理论表达的是一种极端个人主义的主观随意性和行动上的盲目性。

三、庄子的精神自由与萨特的心灵自由之比较

从前面两部分的论述我们可以看出，庄子追求的精神自由和萨特宣扬的心灵自由之间是有很大差别的。如果要寻找他们之间的相同点的话，恐怕只能找到这两位哲人都具有文学家的气质——他们一方面通过哲理的论述阐述他们的自由主张，另一方面通过艺术形象描绘他们理想的自由境界。

二者之间的区别我认为主要表现在两个方面：

一是“自由”的性质不同。庄子的精神自由是消极的，萨特的心灵自由是积极的。从前面两部分的论述中读者可以清楚地看到这种区别，这里就不赘述。

二是实现理想的途径不同。庄子认为要想实现自由理想，就要顺任自然、“洗心去欲”。在庄子看来精神自由最大的祸害是欲望，它一伤民性，二损天机，三累道德，四危性命；其次是心智，“智为孽”①，“天下每每大乱，罪在于好知（智）”②。庄子提出通过“坐忘”和“心斋”，实现去欲去智。“堕肢体，黜聪明，离形去知，同于大通，此谓坐忘。”③“‘堕肢体’‘离形’实指的是摆脱由生理而来的欲望。‘黜聪明’‘去知’，实指是摆脱普通所谓的知识活动。”④“唯道集虚，虚者，心斋也。”⑤“去掉思虑和欲望，就是所谓‘心斋’。”⑥ 庄子认为通过“坐忘”和“心斋”，人就和大道融通为一，就达到了精神自由的境界。

萨特则认为“人命定是自由”。自由在萨特那里从来不是需要到外面去争取的东西，人就是自由。如果说自由也需要争取的话，那也只是努力争取认识自己是自由的，不再逃避自由和责任而已。人们要勇敢地面对现实，找回“自我”，通过自由选择，

---

① 陈鼓应注译：《庄子今注今译》，中华书局，1983年，第162页。

② 陈鼓应注译：《庄子今注今译》，中华书局，1983年，第263页。

③ 陈鼓应注译：《庄子今注今译》，中华书局，1983年，第205页。

④ 徐复观：《中国艺术精神》，春风文艺出版社，1987年，第72—73页。

⑤ 陈鼓应注译：《庄子今注今译》，中华书局，1983年，第117页。

⑥ 冯友兰：《中国哲学史新编》第二册，人民出版社，1984年，第129页。

设计未来，谋划人生。人的一切都是由自己决定的："是懦夫把自己变成懦夫，是英雄把自己变成英雄。"[①] 由此看来，萨特宣扬的心灵自由与孟子的"大丈夫"气概、陆九渊的"心即理也"、王阳明的"心外无物"之间的相同之处可能更多一些。这一看法不属本文论述的范围，以后另撰文进行讨论。

（原载《伦理学研究》2007 年第 4 期）

① 萨特：《存在主义是一种人道主义》，周煦良、汤永宽译，上海译文出版社，1988 年，第 20 页。

李贽伦理思想中的伊斯兰教情愫

李贽（1527—1602 年）原名载贽，字宏甫，号卓吾，福建泉州人。我国明代杰出的思想家、进步史学家，泰州学派的一代宗师，著有《焚书》《续焚书》《藏书》《续藏书》等。

李贽的伦理思想在中国古代伦理思想发展史上占有重要地位。晚明时期是中国封建社会最黑暗的年代，李贽的伦理思想就像漫漫长夜的一道闪电，直刺苍穹，照亮夜空。他的“人皆有私”的人性伦理观、功利主义的经济伦理观、男女平等的两性伦理观给晚明时期的“中国封建社会伦理思想界造成强烈震撼并产生深远的影响”[①]。他坚持“童心说”，猛烈抨击以“三纲五常”为代表的封建伦理思想。他站在功利主义的立场上，尖锐地批判了“存天理、灭人欲”的宋明理学。他认为人有私欲是“自然之理”，人欲就是天理，他的伦理思想促进了人的个性解放。

在宋明理学占统治地位的年代，李贽为什么能够卓尔不凡？我们认为这和他血液中流淌着的伊斯兰教情愫有关。伊斯兰教对李贽伦理思想的形成产生了重要的影响，这种影响不仅体现在其肉体中有阿拉伯人的基因，也体现在其性格、习惯乃至思维方式上。

一、李贽家族中的伊斯兰教情结

伊斯兰教传入中国，已有近 1400 年的历史，从公元 7 世纪至 14 世纪，伴随着大批穆斯林来华，阿拉伯文化和波斯文化也同时传入我国。这些外来文化通过和中国传统文化的长期碰撞和融合、互相渗透之后，就形成了一种独具特色的、充满了异域风情的中国伊斯兰教文化。

根据李贽的家谱记载，李家是福建泉州当地著名的富商，很早就开始经营对波斯湾的贸易。李家在波斯湾的贸易史可以追溯到其先祖李闾，其家庭的跨国婚姻史也可

① 李仁：《李贽的家庭伦理观》，《湖北大学学报（哲学社会科学版）》2012 年第 3 期。

追溯到李贽的两世祖李驽。这个过程可以很明晰地勾勒出来：在元末的时候，色目人（阿拉伯人）是泉州的主要统治者，而南人（汉人）则是最低种姓。在这种情况下，李贽的先祖李闾已经不可能走读书入仕之途，只能携其长子李驽经商。李闾死后，李驽成为泉州的巨商。1376 年（明洪武九年），李驽乘坐海船到西洋做生意，到了伊朗波斯湾的时候，因为生意亏损和战乱的影响，他难以回国。当时李驽已经年近三十岁，就娶了当地一位"色目女"为妻。

伊斯兰教是信仰独一神的宗教，从《古兰经》教义中可以看出，它有如下特点：一是要求教徒信仰真主、排斥其他；二是在男女关系（如婚嫁）上虽不像儒家伦理那样僵化，但不许女儿嫁给异教徒，也要求其迎娶的媳妇皈依真主；三是要求遵守一定的禁忌；四是在丧葬礼俗方面的规定与我国世俗礼仪有着诸多不同。其中最重要的就是信仰真主和不娶异教徒之女及不把女儿嫁给异教徒。《古兰经》中有这样的经文："你们不要娶以物配主[①]的妇女，直到她们信道。……你们不要把自己的女儿嫁给以物配主的男人，直到他们信道。"[②]这条规定意味着，穆斯林之间的男女婚配，都必须在教徒之间进行。如果所嫁娶之人不是教徒，就必须先入教，然后再嫁娶，而一旦成为穆斯林教徒，就要受穆斯林教规的约束。这是伊斯兰教婚姻制度中的一条重要的规定，而且是一条强制性的规定，如果不遵从的话，就要受到教规的严惩。

根据这个规定，李驽在娶穆斯林女子为妻之前，一定先接受了《古兰经》的要求，成为了一个穆斯林，并受戒于（这种受戒是非常神圣庄重的）清真寺，成了"顺天之民"。从《李氏荣山族谱》的记载来看，李驽一生都在"习其俗"，直到后来李驽的"子孙繁衍"，仍然"不去其异教"。有学者考证，在李氏家族中并不是唯有李驽娶穆斯林女子为妻，其子李仙保亦如其父般处理自己的婚姻大事。再往后，李家和穆斯林之间通婚、与混血家庭交往已经成为很平常的事情。由此可见，李贽的家族中具有浓厚的伊斯兰教文化氛围，长期生活在这种家庭氛围之中的李贽，耳濡目染，所以在他的情感中充满了伊斯兰教情愫。

李贽情感中的伊斯兰教情愫还体现在他对自己死后的安葬礼俗上。李贽晚年重病时曾写有一篇遗嘱——《李卓吾先生遗言》，在遗嘱中他希望朋友按照伊斯兰教风俗安葬自己："春来多病，急欲辞世。……倘一旦死，急择城外高阜，向南开作一坑；长一丈，阔五尺，深至六尺即止。……则用芦席五张填平其下，而安我其上，此岂有

① "以物配主"是《古兰经》中的宗教语言，意思是崇拜偶像的人和异教徒。

②《古兰经》，马坚译，中国社会科学出版社，2003 年，第 23 页。

一毫不清净者哉！我心安焉，即为乐土。”[1] 李贽死后，他的朋友遵照其遗嘱按伊斯兰教的习俗安葬了他。由此可以看出伊斯兰教情愫伴随着李贽的一生。

二、李贽人性伦理观中的伊斯兰教情愫

伊斯兰教教义中关于人性的思想影响了李贽人性伦理观的形成。任何启示性的宗教都建立在人性本恶的理论前提之上，只有如此，才能凸显人的原罪以及真主（或上帝）救赎的必要性和重要性。《古兰经》作为伊斯兰教立教的依据及教徒在公私生活中一切行为的准则，对人的本性有深刻的阐释：“人性是贪吝所支配的。”[2] 伊斯兰教所说的“贪”（强烈的夺取心态）是体现人有着强烈占有欲的一个方面，“吝”（强烈的不舍心态）是人有着强烈占有欲的另一个方面，二者共同构成了人性中的恶。“有许多人，必因自己的私欲，而无知地使别人迷误。”[3] 正因如此，《古兰经》才对人的本性中的恶进行了批判，教诲劝导人们向善。“真主是全知的，是至睿的。”[4]“真主欲为你们阐明礼义，并指示你们先民的法程，且赦宥你们。”[5]“如果他们不信这训辞，在他们背离之后，你或许为悲伤而自杀。”[6]

受《古兰经》中关于人的“贪”“吝”本性的影响，李贽提出了“人皆有私”的人性伦理观。他在《德业儒臣后论》中说：“夫私者人之心也，人必有私而后其心乃见，若无私则无心矣。如服田者私有秋之获而后治田必力，居家者私积仓之获而后治家必力，为学者私进取之获而后举业之治也必力。故官人而不私以禄，则虽召之必不来矣；苟无高爵，则虽劝之必不至矣。虽有孔子之圣，苟无司寇之任，相事之摄，必不能一日安其身于鲁也决矣。此自然之理，必至之符，非可以架空而臆说也。然则为无私之说者，皆画饼之谈，观场之见，但令隔壁好听，不管脚根虚实，无益于事，祗乱聪耳，不足采也。”[7] 李贽这段话明确指出对各种利益的追求是人们行为的根本出发点，这些利益不仅仅是指金钱，还包括各种物质、权力以及社会地位和名誉。“人皆有私”是李贽人性伦理思想中的核心概念，在李贽的其他著作中我们也可以看到类似的表述。李贽

---

① 张建业主编：《李贽全集注》第三卷，社会科学文献出版社，2010 年，第 314 页。
②《古兰经》，马坚译，中国社会科学出版社，2003 年，第 70 页。
③《古兰经》，马坚译，中国社会科学出版社，2003 年，第 103 页。
④《古兰经》，马坚译，中国社会科学出版社，2003 年，第 142 页。
⑤《古兰经》，马坚译，中国社会科学出版社，2003 年，第 59 页。
⑥《古兰经》，马坚译，中国社会科学出版社，2003 年，第 217 页。
⑦ 张建业主编：《李贽文集》第二卷，社会科学文献出版社，2000 年，第 626 页。

说“人必有私而后其心乃见”，“私”是“心”存在的必要条件，人有“私”才有“心”，“若无私则无心矣”。他还进一步认为，“私”是人在混沌之初的一种根本属性，而“心”是对每一件具体事情的看法和运用，因此“私”为体而“心”为用，“私”是“一”而“心”为“多”。正因为那些“服田者”“居家者”“为学者”具有了“私”之“体”，才有了具体而实在的“用”和“多”。即使“虽有孔子之圣”，如果没有“司寇之任，相事之摄”的“私”，“必不能一日安其身于鲁也决矣”。

李贽认为，“心”的真实价值并不在于对“私”的隐藏和伪装，而在于对“私”的表现和张扬，这就是李贽“童心说”的真正含义。西方心理学的有关研究也证实了“私”在“心”中的原始性存在。弗洛伊德（Sigmund Freud，1856—1939年）认为，人是由本我（id）、自我（ego）、超我（superego）组成的人格结构的三个阶段，其中本我是人格结构中最原始的部分，从每个人出生的时候就已经存在。本我是对人类的基本需求如食物、水、性的需要。儿童的本我是生而具有的，是一个存储着人类最基本欲望的大仓库。这种欲望是本能和下意识的，但却会和一些文明或文化产生冲突，因此或多或少会受到某种程度的压抑。正是在后天的教化中，儿童才将自己固有的本我属性逐渐控制起来，开始发展出自我和超我（超我最初代表着外在于儿童的成人文化，通过潜移默化或者训练才在儿童心中逐步内化）。[①] 根据弗洛伊德的观点，儿童只具有本我属性，不具有超我属性。例如，儿童对食物的反应，对特定关系人或事物好恶的反应都没有办法受到人为的控制。但是这种童“心”，很多时候都会让成年人发出会心的微笑，因为人们觉得孩子的“心”是无比纯洁的。这种纯洁并不是指道德上的“无私”，而恰恰指的是“心”中“私”的坦率表露和行为的真诚无伪。换句话说，让那些具有所谓道德感的成人感到羞愧的正是儿童对人性之“私”不加掩饰的表现，及童真迸发而产生出的“童心”。如果从这个角度来看，李贽提出的“人皆有私说”和他的“童心说”在精神实质上是统一的。李贽还认为，“盖方其始也，有闻见从耳目而入，而以为主于其内而童心失。其长也，有道理从闻见而入，而以为主于其内而童心失。其久也，道理闻见日以益多，则所知所觉日以益广，于是焉又知美名之可好也，而务欲以扬之而童心失；知不美之名之可丑也，而务欲以掩之而童心失。夫道理闻见，皆自多读书识义理而来也”。[②] 李贽认为人的童心丧失经历了一个逐渐演化的过程，从最开始受到“耳目闻见”的影响，到后来受到“道理”的熏陶和“美名”的诱惑，使人渐渐因对“私”

① Robert D. Nye，*Three Psychologies*，California：Brooks/Cole Publishing Company，1986，p135.

② 张建业主编：《李贽文集》第一卷，社会科学文献出版社，2000年，第92页。

的隐藏而变得虚伪，丢掉“真人”而异化为“假人”。由此可见，以李贽的人性论观点来看，“私”就等同于真诚，“假”就等同于“道理闻见”。李贽的“人皆有私说”及“童心说”（二者其实为一）的提出看似突兀，但如果联系到伊斯兰教文化对李贽的影响，这种观点的提出就有着它的逻辑必然性了。

三、李贽经济伦理观中的伊斯兰教情愫

伊斯兰教教义也影响了李贽对物质生产和经商活动的看法，由此形成了他特有的经济伦理观。在他看来：“穿衣吃饭，即是人伦物理；除去穿衣吃饭，无伦物也。”[①] 李贽认为，人及人类社会生存的前提条件不是“三纲五常”那一套封建礼教，而是最基本的生产和生活活动，即“穿衣吃饭”。他的这种观点和马克思的观点有某种契合，马克思在《德意志意识形态》一文中说：“一切人类生存的第一个前提，也就是一切历史的第一个前提，这个前提是：人们为了能够‘创造历史’，必须能够生活。但是为了生活，首先就需要吃喝住穿以及其他一些东西。因此第一个历史活动就是生产满足这些需要的资料，即生产物质生活本身。”[②] 满足人的“第一需要”的生产活动也就成了其他活动（精神活动、政治活动等）的基础，正是这种生产活动不断地提供人类生存和发展的物质条件，从而成为人的立命之本和生命之源。

李贽强调说，人世间的所有“治生、产业”之事，无论是经商、种田还是从事手工业生产都是值得肯定的。他们所从事的那些事情都是人们在日常生活中所喜好的（共好），都是亲身实践的（共习），都是十分了解的（共知），也都是人们每天言语中所谈论的（公言）。“治生、产业”之事如此重要，重要到每个人每天都离不开这些生产经营活动，都要和这些生产经营活动发生联系，这些事情并不是不体面的，也不是下流的。所以对“治生、产业”之事应该有正确的态度，不但不应贬低和轻视这些事，反而应该对这些事情给予尊重和表彰，因为对财富的追求是人的天性，每个人都有追求美好幸福生活的权利。

李贽的这些观点显然不是来自宋明理学，因为这些观点和宋明理学是背道而驰的，它的思想资源只能来自于伊斯兰教。《古兰经》中除了对不义行为和损人利己的行为进行诅咒外，对世俗生活都给予了充分的肯定。它告诫人们：只要你相信世界末日审判，并凭借个人良心和理性生活，遵守教义和戒律，你就会享受世俗生活和物质生活的美好。

《古兰经》中有许多关于经商的条文。如第 2 章第 275 条就明确讲道：“真主准

---

① 张建业主编：《李贽全集注》第一卷，社会科学文献出版社，2010 年，第 8 页。

②《马克思恩格斯选集》第一卷，人民出版社，1995 年，第 79 页。

许买卖，而禁止重利。”[①] 经文中的这一条诫命表明，只要不是损人利己的交易，其他的商业活动对伊斯兰教来说都是允许的。这表明穆斯林们对商人的看法并不像传统儒家那样认为商人是“重利轻义”的，经商活动是可耻的，商人是低人一等的。《古兰经》中有很多关于真主支持商人从事经商活动的描述，其口吻虽然是出于对真主的赞美，但也在无形中向我们传达了对经商活动的肯定态度，如在第 14 章第 32 至第 34 条中说：“真主创造天地，并从云中降下雨水，而借雨水生产各种果实，作为你们的给养；他为你们制服船舶，以便它们奉他的命令而航行海中。”[②] 在第 15 章第 79 至第 82 条中又说道：“真主为你们创造了牲畜，以便你们骑乘它们，并食用它们的肉，你们由它们获得许多利益，以便你们骑着它们，去寻求你们胸中的需要，你们用它们和船舶载运货物。”[③] 可见，真主是十分厚待商人的，他为了供商人将货物运送出去从事贸易活动而“制服了船舶”“创造了牲畜”。《古兰经》鼓励诚实的经商活动，并且承认对物质利益的追求是人的本性之一，这些观点引起了李贽强烈的共鸣。

李贽祖上有几代人都从事经商活动，可以想见，其穆斯林先祖们也经常向家族成员灌输《古兰经》教义，强化经商氛围。这使李贽对商人有一种与生俱来的好感，针对当时社会中流行的“商人鄙薄”的看法，李贽提出了“商贾不可鄙”的观点。李贽在《又与焦弱侯》中提到了他对商人的真实看法，认为商人比那些欺世盗名的“山人”要好得多。他揭露那些所谓的“山人”，“展转反覆，以欺世获利，名为山人而心同商贾，口谈道德而志在穿窬。夫名山人而心商贾，既已可鄙矣，乃反掩抽丰而显嵩、少，谓人可得而欺焉，尤可鄙也！”[④] 他质问道：商人“亦何可鄙之有？”并用同情的口吻说他们“挟数万之赀，经风涛之险，受辱于关吏，忍诟于市易，辛勤万状，所挟者重，所得者末”[⑤]。而且商人还必须“交结于卿大夫之门”，然后才能获取利益，远离迫害，否则他们“安能傲然而坐于公卿大夫之上哉！”李贽认为，之所以不可轻视商人，不仅仅因为商人对发展经济、服务民生作出了贡献，更多的是因为商人所从事的事情是非常辛苦的。李贽认为，这种辛苦体现在以下几个方面：其一是路途艰险，“挟数万之赀，经风涛之险”，过程无比辛苦；其二是心灵遭受折磨，因为地位的低下，必须要奔走交接于高官之处，走当权者的后门，然后才能得到好处；三是投入和产出不成

①《古兰经》，马坚译，中国社会科学出版社，2003 年，第 32 页。

②《古兰经》，马坚译，中国社会科学出版社，2003 年，第 191 页。

③《古兰经》，马坚译，中国社会科学出版社，2003 年，第 356 页。

④ 张建业主编：《李贽文集》第一卷，社会科学文献出版社，2000 年，第 45 页。

⑤ 张建业主编：《李贽文集》第一卷，社会科学文献出版社，2000 年，第 45 页。

比例，万般辛苦，投入的资财很多，获得的收入却很少。

李贽认为，不可鄙薄商人的另一个原因，在于人人皆有商人之心。他进一步反问道（你）“安知我无商贾之行之心”，安知那些出家当和尚的人用意不是“欺世而盗名也耶？”[①] 在他看来，有些儒生和官员无论是自称“山人”，还是自称“圣人”，反反复复，见机行事，都是为了欺骗世人而从中获利，名为“山人”而心思却同商人一样，口里谈论的是道德而心里想的却是偷盗。李贽自嘲说：然而你怎么知道我就没有像商人那样的行为和心性呢？又说有些人和自己一样：“志在温饱，而自谓伯夷叔齐；质本齐人，而自谓饱道饫德。”[②] 李贽天生有一种洞察一般人心理活动的能力，也不惮以自己为例，对自己的私念和私欲进行解剖。他立论的依据就是人皆有“功利之心”。可见李贽的经济伦理观的形成与伊斯兰教的影响是密不可分的。

四、李贽两性伦理观中的伊斯兰教情愫

伊斯兰教教义中关于两性关系的开放性态度也影响了李贽两性伦理观的形成。在当时“存天理、灭人欲”的程朱理学统治的大背景下，李贽两性伦理观的深刻意义更加凸显。他一方面认为“天生一人，即有一人之用”，主张人人生而平等，反对封建等级制度，并以此为基础提倡男女平等，反对“男尊女卑”；另一方面从“童心说”出发，提出了“天下亦只有一情”的唯情观，以“情”来对抗视情为禁脔的冷冰冰的“天理”——封建礼教，赞赏女性勇于追求爱情的行为。

在中国历史上，李贽第一个提出了“男女见识平等观”，他在《答以女人学道为见短书》中说：“故谓人有男女则可，谓见有男女岂可乎？谓见有长短则可，谓男子之见尽长，女人之见尽短，又岂可乎？”[③] 在《焚书》中他又进一步提出了男女平等观，认为武则天是一个“聪明主”，“爱养人才”，有“知人”之明。他对邑姜、文母等女性的评价也颇高，说：“自今观之：邑姜以一妇人而足九人之数，不妨其与周、召、太公之流并列为十乱；文母以一圣女而正《二南》之风，不嫌其与散宜生、太颠之辈并称为四友。彼区区者特世间法，一时太平之业耳，犹然不敢以男女分别，短长异视，而况学出世道，欲为释迦老佛、孔圣人朝闻夕死之人乎？”[④] 李贽认为邑姜、文母这些女性和周公、召公、太公、散宜生、太颠这些男性一样成就卓越。他不仅对这些卓越

---

① 张建业主编：《李贽文集》第一卷，社会科学文献出版社，2000 年，第 45 页。

② 张建业主编：《李贽文集》第一卷，社会科学文献出版社，2000 年，第 121 页。

③ 张建业主编：《李贽文集》第一卷，社会科学文献出版社，2000 年，第 54—55 页。

④ 张建业主编：《李贽文集》第一卷，社会科学文献出版社，2000 年，第 55 页。

的女性进行了褒奖，而且对于那些虚伪狡诈、表里不一的男性进行了无情的批判。他责问道："然天下多少男子，又谁是真男子者？"[①]除此之外，李贽还坚决捍卫女性与男性平等的读书受教育的权利，并且身体力行。万历二十八年（1600），李贽在麻城讲学时就招收了很多女弟子，引起封建道学家的惊恐。

李贽从"童心说"中的"真性情"出发，赞美女性对爱情的大胆追求。他认为世界的本原和一切创造的原动力不外乎一个"情"字，这种"唯情论"在两性伦理观中的体现就是以"情"字为核心的婚恋观。李贽分析道，凡有生命的万物均"肇始于夫妇"，而"情"字则是夫妇之间联系的唯一纽带。这种唯一的纽带将程朱理学之所谓"太极""天理"等等观念统统排斥在外，就连王阳明的"心"也失去了位置。一切事物惟有"情"才值得珍视，它是万物的创造者，也能派生出万物；惟有谈"情"，才能"保合太和，各正性命"[②]。

在李贽看来，"情"并不是一个抽象模糊的概念，他通过对历史人物具体事例的评价，充分肯定了那些勇于冲破礼教束缚、追求幸福生活行为的合理性。李贽以"情"作为对抗"天理"的有力武器，对泯灭人性的所谓"天理"进行了无情的鞭挞。比如他盛赞红拂女自择佳婿为"千古来第一个嫁法"。李贽在《司马相如传论》中大胆地阐明了自己对陈规陋俗的蔑视和对男女自由婚姻的向往。他针对道学家们对"文君私奔相如"的非议高度赞扬了这种冲破封建婚姻制度牢笼的行动。他说与其因"徒失佳偶，恐负良缘"而痛苦终身，倒不如"早日抉择，忍小耻而就大计"。[③]他认为卓文君是一个有胆有识有度的女性，她的胆识不仅在程郑、卓王孙之上，甚至在孟光之上；其"私奔"的行为不仅不是"失身"，反而是"获身"，她的这种行为天经地义，无可指责，应当给予同情。他颂扬卓文君和司马相如的婚姻是"同声相应，同明相照，同气相求，同类相招"[④]的美满婚姻，为妇女自主选择婚姻大唱赞歌。他言辞锋利地指出：文君追求相如，是"归凤求凰，安可诬也"，这些论述像匕首和投枪一样直刺封建卫道士们的心脏。在夫妻之间的关系上，李贽主张互爱互敬，反对夫为妻纲。他对一夫多妻制的封建婚姻表示强烈反对，认为所谓的"妒妇"是女性对男子三妻四妾的积极反抗。他本人年老丧子，宁可冒"无后"之天下大不韪也无意纳妾。

李贽的这种两性伦理观显然是受到了伊斯兰教的影响。在《古兰经》中，男女关

①张建业主编：《李贽文集》第五卷，社会科学文献出版社，2000年，第35页。

②张建业主编：《李贽文集》第五卷，社会科学文献出版社，2000年，第1页。

③张建业主编：《李贽文集》第二卷，社会科学文献出版社，2000年，第719页。

④张建业主编：《李贽文集》第二卷，社会科学文献出版社，2000年，第719页。

系虽然没有达到绝对平等的程度，但与程朱理学相比，在对待女性地位的看法上还是要开明很多，这一点主要表现在它在很大程度上肯定了妇女拥有财产权和再嫁权。《古兰经》中有许多规定强调了对妇女权益的保障。例如，“女子也得享受父母和至亲所遗财产的一部分，无论他们所遗财产的多寡，各人应得法定的部分”[①]，“如果你们休一个妻室，而另娶一个妻室，即使你们已给过前妻一千两黄金，你们也不要取回一丝毫”[②]。从肯定女性的财产权为出发点，《古兰经》还对男女平等作出了有关规定。例如，在古兰经中多次提到“人人自主”[③]，真主在创造世界的时候，“他从一个人创造你们，他把那个人的配偶造成与他同类的，并且从他们俩创造许多男人和女人”[④]，“我（真主）确已从一男一女创造你们”[⑤]，“她们是你们的衣服，你们是她们的衣服”[⑥]等。从《古兰经》中这些关于人类起源（真主造人）、个人自主及两性关系（“互为衣服”）的看法中，我们可以体会到一种与宋明理学截然不同的两性伦理观。基于李贽先祖的伊斯兰教背景，我们坚信在李贽家族中对女性更多的是尊重，这些训诫或多或少在潜意识中影响了李贽对两性关系问题的思考，从而形成与宋明理学完全不同的两性伦理观。

在中国封建伦理思想占统治地位的晚明时期，李贽的伦理思想独树一帜，开中国思想解放之先河，被封建卫道士斥之为“另类”“异端”。李贽之所以能够成为思想解放的先驱，我们认为其中的奥秘就是：伊斯兰教的教义深深地影响了李贽的心灵，伊斯兰教情愫伴随他的一生。

（原载《伦理学研究》2013年第1期；该文与博士生李仁先生合著）

---

①《古兰经》，马坚译，中国社会科学出版社，2003年，第55页。
②《古兰经》，马坚译，中国社会科学出版社，2003年，第57页。
③《古兰经》，马坚译，中国社会科学出版社，2003年，第137页。
④《古兰经》，马坚译，中国社会科学出版社，2003年，第54页。
⑤《古兰经》，马坚译，中国社会科学出版社，2003年，第388页。
⑥《古兰经》，马坚译，中国社会科学出版社，2003年，第19页。

弘扬中华“和合”文化　建立现代企业文化

中华传统文化博大精深，发掘和研究中国传统文化中的精华，探讨它在现代企业管理中的价值，明确它对建立现代企业文化的作用，既具有重大的现实意义又具有深远的历史意义。本文仅从中华“和合”文化对建立现代企业文化的意义这方面谈谈一己之见，就教于各位专家学者。

一

中华民族早在古代就使用过“和合”概念，古代思想家所创立的中华“和合”文化，体现了有中国特色的整体系统思想，是中华民族独创的精神财富。那么“和合”概念的要义是什么呢？“和”指的是和谐、和睦、和平、和善；“合”指的是汇合、结合、联合、融合。将“和”“合”连用，除了强调团结、协作、向心、凝聚的含义外，还指事物与它所处的环境和相关联事物的总体结构实现融汇统一。在中国古代，即使单独使用“和”“合”两字，也都表达“和合”概念的总体内涵。这体现了中华民族历来就从整体上认识事物及其发展规律的优秀思想传统。

中国古代思想家运用“和合”概念，从整体上理解自然界和人类社会的关系，创造和阐发了“和合”文化的精髓。首先，他们将自然界理解为一个“和合”的统一体。《吕氏春秋》中说：“天地和合，生之大经也。”《淮南子》中也说：“阴阳和合而万物生。”其次，古人强调人与自然要保持“和合”关系，这方面最著名的论述就是中国源远流长的“天人合一”思想。其三，也是最重要的一点，古人将“和合”文化运用于社会人际关系中，强调社会要保持“和合”的整体性，如孔子的“礼之用，和为贵”，《孟子》中的“天时不如地利，地利不如人和”。

二

什么是企业文化？企业文化是以形成最佳的经营管理机制为目的，以人为管理的主体，以企业精神的共识为核心，以群体行为为基础的企业管理学说。企业文化这种新的管理理论的核心内容是，它认为企业生产经营活动中的人、财、物等各种要素的管理，应该是一个完善的有机结合的系统，其中人处于管理的中心和主导地位。一个企业在特定的环境中，由全体职工在长期经营实践中逐步培育和形成的群体精神——企业精神，是企业管理的灵魂。它在企业制定发展目标、实施经营战略、调整组织机构、制定规章制度、组织生产计划、推进技术进步等各项工作的协调运转、形成整体最佳合力的过程中发挥着核心作用。因此，企业文化强调企业生存与发展的原动力主要不在于物质金钱利益，而是全体职工共同的目标感、使命感、责任感和荣誉感，在此基础上形成的凝聚力和向心力是企业无坚不摧的精神支柱和活力源泉。

20 世纪 80 年代由美国管理学家提出的这种企业文化理论继承了管理科学史上各派管理学说的优秀成果，并在新的历史条件下，对传统管理理论进行变革和重构，是一次重大的质的发展，是管理思想史上的一场革命。具体来说，企业文化理论的提出是美国管理学家深入研究了日本的“东方管理模式”，并与美国等西方国家的企业管理进行比较后提出来的。而日本的“东方管理模式”又深受中国传统文化的影响，中国“和合”文化的精髓与西方企业文化理论可说是异途同归，一脉相承。这一事实证明了企业文化理论具有“西学中源”的性质。中国传统文化与企业文化理论之间的这种内在联系，正是当前企业文化之所以能在我国很快形成热潮的一个深刻的文化背景。

企业文化渗透在企业的一切活动中，由此构成了企业文化的四个子类：一是企业的精神文化，它由一系列明确的价值观念和行为规范、道德准则以及清晰的信念构成。二是企业的物质文化，它是企业精神文化与生产、革新、质量、服务、成本等有机结合而形成的。三是企业的组织文化，它是企业精神文化与组织领域的领导体制、领导风格、组织结构、规章制度、人员成长与发展、人际关系等要素结合起来而形成的。四是企业的形象文化，企业形象是指企业职工和社会大众对企业的总体评价，可从两方面来考察它：从企业内部看，把企业视为一个整体，带有崇高精神的职工愉快地生活在其中，认同它、归属它，并注入真挚的情感；从外部看，企业给消费者可以信赖的印象，对其他行业及社会的贡献为外界所肯定。企业文化的建立对于企业的生存和发展具有十分重要的意义。美国管理学家在研究了日本的企业后才意识到，一个企业成败的真正原因，往往不在于硬性的管理程序和管理工具，而是植根于企业内的文化因素，是社会文化渗透到企业中和企业本身的诸要素有机结合而形成的独特的企业文化。一个社会有一个社会的文化，一个企业有一个企业的文化，社会文化必然影响企业文化。因此，继承和发扬中华优秀的文化传统，弘扬中华“和合”文化的优秀内涵，加强社会主义精神文明建设，建立良好的人际关系，对于建立有中国特色的企业文化具有重要意义。

三

怎样建立良好的企业文化呢？我们认为，无论从企业文化的总体要求看，还是从企业文化在四个方面的体现看，要建立良好的企业文化，都必须弘扬中华“和合”文化的优秀内涵，处理好企业两个方面的关系，一是企业的内部关系，二是企业的外部关系。

首先，建立“和合”的企业内部关系。它要求在企业内部的管理中贯彻以人为中心的管理思想，在企业的各项管理中，贯彻尊重人、理解人、关心人、教育人的基本原则，强调培养每一个员工的主人翁责任感和参与意识；强调除了通过必要的组织、制度、规章等手段对人实行硬性的管理以外，更要采取启发、诱导、对话和示范等方法对人进行软性管理，以充分调动企业员工的积极性和创造性，提高他们的自律意识和自我控制、自我约束的能力；强调“企业即人”的信念，把培育和训练高素质的人放在企业目标的首位；强调只有培养出技术业务素质高，有远大理想和坚定信念的人，才能从根本上增强企业活力，才能有高效的管理、高质量的产品和服务，取得理想的经济效益，才能创造出第一流的企业。试想，如果一个企业内部没有“和合”的人际关系，那么职工就不会把个人的目标与企业目标联系起来，不会积极参与生产经营，不会群策群力，也必然不会生产出高质量的产品、提供优质服务。企业就不能实现自己的目标，不能更好地生存和发展。只有建立企业内部的“和合”关系，企业才具有向心力和凝聚力，企业全体员工才会团结一致遵循同样的价值观，才能建立良好的厂风，员工们才会带着崇高的精神愉快地生活在企业内，认同它、归属它，并注入自己真挚的情感。

我国20世纪60年代出现的“大庆精神”“铁人精神”，那种有条件要上，没有条件创造条件也要上的艰苦奋斗精神，正是大庆油田形成的有中国特色的社会主义企业文化。正是“大庆精神”“铁人精神”激励着大庆全体员工克服了财力、物力的严重不足，战胜了难以想象的恶劣环境，建成了优质高产的大油田，为摘掉中国贫油的帽子，为中国战胜当时国际上反华势力的封锁作出了重大贡献。几十年来“大庆精神”“铁人精神”已经成为我国人民、我国企业学习的楷模。

辩证唯物主义关于内因和外因的关系告诉我们，事物发展的根本原因在于事物的内部，内因是变化的根据。企业的生产和经营、生存和发展的根本原因在于企业内部的各种关系，在于企业的人与物、人与财、人与人的关系是否和谐、协调，是否达到了“和合”。如果内部关系达到了“和合”并形成了良好的企业内部文化，那么企业在顺境中就会再创辉煌，在逆境中也会转危为安，战胜困难，求得发展。

其次，建立“和合”的企业外部关系。辩证唯物主义还告诉我们，外因是事物变化的必要条件。鸡蛋如果没有必要的温度这个条件，决不能变成小鸡。因此，建立“和合”的企业外部关系是企业发展的重要条件，也是企业文化另一重要方面。

企业的外部关系主要指与企业运行过程发生一定联系的所有外部关系。主要包括顾客关系、社区关系、政府关系、媒介关系、竞争关系等。随着商品经济和生产力的发展，卖方市场已转化为买方市场。在新形势下，任何企业的生存和发展都面临着激烈的竞争，任何企业要实现自己的目标，都必须依靠协作者的支持和帮助，都必须同有关方面共同努力，协调发展。因此，企业在建立内部“和合”关系的同时，还必须与外部公众建立“和合”的关系。

第一，建立“和合”的顾客关系。因为顾客是企业存在的前提，没有顾客的需要，企业就失去了存在的前提。顾客是企业的生存之本，没有顾客的消费，企业就不能收回成本，就无法生存；顾客还是企业发展的条件。顾客对企业如此重要，那么，怎样才能与顾客建立良好的关系呢？首先要树立“顾客就是上帝”的观念，就是说企业的一切活动都要服从顾客的利益和要求。要为顾客提供优质的产品和优良的服务，为顾客提供完善的配套服务，同时重视与顾客的交流，加强对顾客的消费引导，以实际行动赢得消费者的信赖。比如美国的凯特公司在他们的广告中讲道：“凡是买了我们产品的人，不管在世界哪个地方，需要更换零配件，我们保证在48小时之内送到你们手中，如果送不到，我们的产品就白送给你们。”他们说到做到，有时为了把一个价值只有50美元的零件送到边远地区的顾客手里，不惜动用直升飞机；有时实在无法按时把零件送到用户手里，就真的分文不收，把产品白送给顾客。正是由于他们视顾客为“上帝”，经营信誉高，因而历经50余年，日益发达。日本著名的企业家松下幸之助也认为，强烈的顾客导向是企业成功的关键。

第二，建立“和合”的社区关系。社区是企业生存和发展的重要外部环境，社区可以使企业得到最有价值、最有影响的声誉，也可能使企业遭到危害性最大的指责。它可以使企业获得各种优惠和特权，也可能让企业受到各方面的限制。具体来说，它为企业提供职工来源，为企业提供必不可少的社会服务，为企业员工提供正常的生活条件，社区公众本身也是企业较稳定的顾客。因此，为了建立“和合”的社区关系，企业应当做好以下几项工作：实行门户开放，主动与四邻交往；加强信息沟通，促进相互了解；支持社区建设，承担社会责任；保护社区利益，参与社区活动。

第三，建立“和合”的新闻媒介关系。即与新闻传播机构及记者、编辑建立协调、和谐的关系。新闻媒介以其传递信息迅速、受众数量巨大、影响涉及面广的特点，成为影响社会舆论的权威性机构。新闻媒介对于企业沟通信息，树立形象，扩大影响，提高声誉具有十分重要的作用，因此企业必须取得新闻媒介的理解和支持。处理与新闻媒介的关系要坚持以礼相待、以诚相待、平等相待、正确对待的原则。不无理干涉，不以利相交、急功近利。处理好与新闻媒介的关系要做好以下几项工作，即主动撰写有关企业情况的新闻稿件，善于利用新闻媒体做广告，及时举办新闻发布会并邀请新闻媒介公众参加。

第四，建立“和合”的政府关系。政府是国家权力的执行机构，它不仅包括国家不同级别的政府机构，也包括各级政府属下的职能部门，如公安、交通、工商、税务，财政、文化、教育等职能机构。企业与政府及其职能机构的关系，就是政企关系。企业与政府的关系是一种被管理者与管理者的关系，同时又是一种不以企业意愿为转移的法定的长期的关系。这种关系的性质，决定了政府实施管理，企业必须服从。政府用法律、法规、方针、行政、计划等手段管理和监控社会，企业必须服从政府的管理和监控。企业如果不服从政府的管理和监控，违背社会利益，尽管可能一时得逞，但最终会搬起石头砸自己的脚。政府又是企业外部信息的重要来源，而在现代社会中，信息也是最重要的财富之一。因此，仅从收集信息的角度考虑，企业也应与政府保持和谐的关系。政府还是企业获得人才的重要保障，是企业财源的重要支持者，是企业产品的重要购买者，也是企业与其外部组织关系的重要协调者。这些显而易见的事实充分说明了建立协调的政府关系的重要性。搞好政府关系，就要加强企业与政府的双向沟通，一方面及时了解国家及政府对发展经济的长远规划和宏观调控计划，掌握有关的政策、法规、法令和规定；另一方面经常向政府主管部门汇报生产及经营情况、企业取得的成就、面临的问题和困难。搞好政府关系，应注重与政府官员的人际交流，以便联络感情，增进政府官员对本企业的了解。要熟悉政府的机构设置与职能，并与之保持经常联系，这样既可提高办事效率，又可密切与政府的关系。

第五，建立“和合”的竞争关系。竞争是人的生物性本能，也是市场经济的必然规律，是不可逆转的现象。但是这种不可逆的竞争是可以且应当加以规范和引导的。因为人的本能中还包含了向善的、讲“仁义礼智”的一面，这是对竞争加以引导和规范的客观基础。而且，人的竞争具有双重性，既有相争的一面，又有互求的一面；既有相害的可能，又有互利的可能。要使人类的竞争、企业的竞争向着互利协作方面发展，关键在于管理者的引导。是引导人们向同类争夺，还是引导人们向自然界争夺；是引导人们通过个人单打独斗的方式争夺，还是引导人们通过协作的方式争夺；是引导人们争夺已有的财富，还是引导人们创造更多的财富。中国古代管理者并非不讲竞争，而是以“相安利”为标准来引导、规范人们的竞争行为。这也就是孔子所说的合理谋利局面，“富与贵，是人之所欲也，不以其道得之，不处也”（《论语·里仁》）。那么，什么样的竞争行为才合乎“相安利”的要求呢？周襄王的大夫富辰说:“夫义所以生利也，不义则利不阜。”（《国语·周语》）晋大夫丕郑说：“义以生利，利以丰民。”（《国语·晋语》）这就是说协作时才会有利的获得，而利产生于民的协作，利也就必然用以满足民的需要。只有将利还于民，人民才会继续协作。所以中国古代管理者对人们提出了“以义取利”的竞争准则，“兼相爱、交相利”的竞争方法，也就是互利协作的行动准则。显然，这样的竞争更能够激发和调动人们的积极性、创造性，有利于生产的发展和经济的繁荣，有利于社会的稳定与发展。这样的竞争显然比纯生物性的弱肉强食的竞争方法要合理得多，也更符合人性与人道。我国清代著名山西商人乔致庸认为：“经商第一是守信，第二是讲义，第三才是取利。”此所谓“诚招天下客，义纳八方财”也。将中国优秀的文化传统融贯于商业经营中，把义作为经商的精神支柱，以义团结同行，以诚取信于民，抛弃见利忘义、不仁不义的不良观念和欺诈行为，才能有效地规范商业行为，使商业活动立于不败之地。

综上所述，“和合”文化的内涵体现了中华民族的传统美德。在现代企业文化的建设中，我们要弘扬这一传统美德，使其更加发扬光大。

（原载《传统道德与企业文化》，武汉出版社，1998 年 5 月）

文明社区建设是构建和谐湖北的重要途径

社区（community）泛指集聚在一定地域中的人群生活、居住及生产的共同体，包括人群本身及生活、生产的环境与设施，它是构成社会的基本单元。随着社会组织形态的逐步变化，社区的作用越来越大，社区日益显示出强大的社会组织功能，社区发展成为社会发展的重要形式和途径。

随着社会主义市场经济体制的建立与完善，社会的不断发展与进步，社区在我国社会中的地位与作用日益凸显出来。在计划经济时代，单位、企业构成一个小社会，职工的就业、生活、住行、教育、养老等都由单位、企业来解决。经济体制的改革，市场经济的发展，企业逐步成为“四自”法人实体和市场竞争主体，单位、企业将大量的社会职能分离出来，交给了社区。不仅如此，企业的重组、兼并和倒闭，大批失业职工也返回社区，这就大大增加了社区的管理职能。另外，由于城乡、区域经济发展的不平衡，社会流动人口急剧增加，社会人口流动不仅打破了原先一个单位住在同一社区，居民成分比较单纯的格局，而且增添了许多新的问题，比如社会治安、文化教育、计划生育等等。这些都增加了社区管理的难度和复杂性。目前我省社区整体管理体系还滞后于经济体制改革，社区管理职能的变革还跟不上形势发展的需要，社会整体配套体系的不完善与社区职能日趋扩大的矛盾愈来愈突出。文明社区建设成为构建和谐湖北的关键之所在。

湖北是由大大小小的社区构成的，无论是城市社区还是农村社区，大社区还是小社区，它们都是人民群众生活的集聚地。据统计，人们有三分之二的时间是在社区内度过的，社区环境直接影响居民的身心健康和精神风貌。社区是社会的一个缩影，社区和谐是社会和谐的重要组成部分和基础，只有把大大小小的社区都建设成为文明社区才能实现和谐湖北的理想。

和谐社会一直是人类的憧憬，它包括人与自然的和谐、人际关系的和谐和个人身心的和谐。怎样才能构建一个和谐社会呢？胡锦涛同志在省部级主要领导干部提高构建社会主义和谐社会能力专题讨论班上的讲话中指出：“一个社会能否和谐，一个国家能否长治久安，很大程度上取决于全体社会成员的思想道德素质。没有共同的理想信念，没有良好的道德规范，是无法实现社会和谐的。”社区是社会成员从家庭踏入社会大舞台的第一步台阶，社会成员思想道德素质的提高、理想信念的形成、良好道德行为的养成只有在文明社区建设实践活动才能实现。文明社区建设就是要创建环境宜人、治安良好、邻里和睦、文化繁荣的新型社区。

文明社区建设首先要处理好人与环境的关系。社区环境包括自然环境和人文环境两个方面，只有自然环境优美，人文环境优雅，人生活在其中才会感到心旷神怡。优美社区环境的营造，需要社区中每一个人的共同努力。社区中的人都要养成良好的行为习惯，爱护花草树木，保护鸟兽虫鱼，与它们和谐相处；养成良好的卫生习惯，不随地吐痰，不乱扔杂物，不在公共场合抽烟；自觉遵守社会道德规范，不打架骂人，行为举止得体，尊老爱幼，乐于助人。人生活在这样的环境中都会感到幸福和愉悦，反过来，这样的环境也可以陶冶人的性情，提升人的道德境界，从而形成人与社区环境的良性互动。“人创造环境，同样环境也创造人。”一个社区的环境文明程度与该社区人的社会公德、文明素质有着直接关系。

其次要处理好人与人之间的相互关系。德国学者斐迪南·藤尼斯在1887年出版的《共同体与社会》一书中为“社区”下的定义是：“社区是具有共同价值取向的同质人口组成的关系密切、出入相友、守望相助、疾病相抚、富有人情味的社会团体。”[①] 从这个定义中我们可以看出，社区作为一个社会共同体本身就应具有和谐友好的人际关系。但是，就目前我省的情况来看情形并非如此。随着经济体制改革的全面推进，传统意义上的“单位”型社区逐渐解体，各种新型社区日渐形成。由于流动人口的增加，现在社区成员的构成成分非常复杂，社区成员之间的认同意识、公德意识、互助意识都比较薄弱。又由于社区成员在身份、文化程度、经济状况、个人经历诸多方面都存在差异，因而造成社区成员之间人际交往减少，人际关系疏远。“各人自扫门前雪，哪管他人瓦上霜”，已成为现代社区人与人之间、家庭与家庭之间关系的写照。文明社区建设就是要改变这种状况，要依托社区组织，拓展社区功能，开展丰富多彩的文艺、体育、娱乐活动，搭建人际交往的平台，使社区成员之间多交往、多沟通、相互认同。培养社区成员的公德意识，倡导“我为人人、人人为我”的互助精神，树立扶困济贫、乐善好施、见义勇为的道德风尚。只有这样才能把社区建设成为“关系密切、出入相友、守望相助、疾病相抚、富有人情味的社会团体”。

再次要处理好学校教育与社区教育之间的关系。文明社区建设的成败关键在社区

① 斐迪南·藤尼斯：《共同体与社会》，林荣远译，商务印书馆，1999年，第53页。

人的思想道德素质和良好的道德规范。思想道德素质的提高和良好道德规范的养成都离不开教育。青少年的思想品德教育虽然主要靠学校，但社区也要承担教育的责任；成年人的社会公德教育、职业道德教育理所当然在社区。我们要把学校教育看作社区教育的一部分，加强学校、家庭、社区教育之间的统筹协调，提高教育的整体效益，增强教育对社区发展的促进作用。我们要强化社区教育，社区教育是在一定区域内利用各类教育资源，开展旨在提高社区全体成员整体素质和生活质量，服务区域经济建设和社会发展的教育活动。其特点是把教育纳入社会大系统中，使其成为社区各单位和全体社区成员共有的职责、权利、义务和职能。社区教育集中体现为“三全”，即“全员”、“全程”和“全面”。“全员”是指以全体社区成员为教育对象；“全程”是指每个社区成员从出生到死亡的整个生命过程，社区都要不断提供学习和接受教育的机会；“全面”是指社区教育的内容涉及人的素质的方方面面，包括道德品质、文化知识、能力和技术、个性特长、身体健康等等。社区教育是实现终生教育的重要形式，是建立学习型社会的重要保证。同时也是协调教育发展与人的全面发展和社会发展进步的有效手段。社区教育要坚持“以科学的理论武装人，以正确的舆论引导人，以高尚的情操塑造人，以优秀的作品鼓舞人”。

文明社区建设是构建和谐湖北的重要途径。首先，社区和谐既是整个湖北和谐的主要内容也是其重要基础，社区和谐与否是衡量一个社会是否和谐的重要维度。在文明社区建设活动中，通过强化社区人的思想品德教育和道德规范教育，提高了社区居民的道德水准、公德意识和环保意识，养成了良好的行为习惯，从而实现人与自然、人与社会的和谐相处。其次，和谐的社区生活能够缓解社会的压力，化解社会矛盾，协调人际关系。随着经济体制改革的不断深入，越来越多的下岗失业人员离开原单位回到社区，离退休人员增加，老龄化社会的到来，外来流动人口的不断加入，造成社区人员结构日趋复杂，社区矛盾日益突出，这些矛盾如果不能在社区中顺利化解，就有可能激化成为更加激烈的社会矛盾和社会冲突，严重的甚至会造成社会动荡，影响整个社会的和谐。在文明社区建设活动中，通过正确处理各种复杂矛盾，理顺各种关系，在社区中形成一种尊老爱幼、乐于助人、扶困济贫的好风气，实现对弱势群体的特别关爱与自觉扶助。这样就能化解各种社会矛盾，维护社会的稳定与和谐。

（原载《湖北大学学报（哲学社会科学版）》2006 年第 3 期）

附录

附录一：怀念文章

追忆汪奠基先生

汪奠基（1900 年 10 月—1979 年 8 月），湖北省鄂州市段家店镇人，中国现代著名哲学家、逻辑学家和教育学家。汪奠基曾求学于北京大学，后勤工俭学于法国，从1927 年开始到 1955 年，先后在上海暨南大学、沈阳东北大学、北平中国大学、中法大学、桂林广西大学、西北联合大学、四川大学、国立湖北师范学院、武汉大学、北京师范大学、北京大学等著名院校任教授、系主任、教务长和院长等职务。1956 年他调入中国科学院哲学研究所，先后任中国科学院（后改为中国社会科学院）哲学研究所工会主席、研究员、学术委员会委员、逻辑组副组长、逻辑研究室顾问等职务。他一生开过 20 多门课程，出版、发表了 20 多种（篇）论著，涉及哲学、逻辑学、数学、教育学、心理学以及中国政治思想史等许多领域，其中主要代表作有《逻辑和数学逻辑论》《现代逻辑》《中国逻辑思想史》等。汪奠基主要从事逻辑学的研究、教学和普及工作，研究领域涉及了传统逻辑和现代逻辑、西洋逻辑史和中国逻辑史，是中国逻辑科学诸多领域的开拓者和奠基人。

一、生平简介

汪奠基，原名三辅，号芰芜、山父，1900 年 10 月 9 日出生于湖北鄂州市段家店镇永三村。六岁时开始在村里念私塾，由于他聪明伶俐，对古书倒背如流，被乡亲们誉为“神童”。后来汪奠基又到鄂州东路小学和鄂州县立寒溪中学（由西山寺庙改建的新式学堂）就读，学习十分刻苦，成绩非常优秀。

1916 年夏天，16 岁的汪奠基离开家乡前往北平求学。他先在北京大学理科学生主办的补习班学习了半年，又旁听了分析数学、解析几何以及哲学、文史等课程，后来转为北大正式生，1919 年肄业于北京大学哲学系。学习期间，汪奠基还在北大夜校教授算术、英文等课程。据汪先生回忆，蔡元培、刘师培、辜鸿铭、冯祖荀、王仁辅等先生的课使他很受启发，也就是在这个时候，他对逻辑学产生了浓厚的兴趣。1919 年5 月 4 日，“五四”爱国运动爆发，汪奠基与其他爱国学生一起在天安门前集会，为国家主权和民族解放而呐喊。

1920 年，汪奠基赴法国勤工俭学，与周恩来同住一楼，先后在巴黎大学、里昂中法大学等高校学习哲学、高等数学和数理逻辑等课程，取得了法国承认的大学文凭。1924 年，汪奠基进入巴黎大学继续深造，获得巴黎大学数学和哲学双硕士学位。他的老师雷诺韦尔是当时法国知名的数理逻辑学家。

1925 年 5 月，汪奠基回国，经蔡元培先生推荐，在北京大学讲授哲学、西方逻辑史和法文等课程，先后任讲师、教授。同时兼任北京师范大学、中法大学服尔德学院、中国大学和北京女师大教授。1926 年加入中国哲学会。在北京大学期间，汪奠基出版了《逻辑与数学逻辑论》（商务印书馆 1927 年）。《逻辑与数学逻辑论》是汪奠基 1924 年夏天为巴黎大学研究班写的博士毕业登记论文，回国后他一边讲授逻辑，一边修改这篇论文并将它译成中文。当时数理逻辑还是一门很新的学问，国内懂得数理逻辑的人很少，《逻辑与数学逻辑论》是中国第一部系统介绍和研究数理逻辑的著作。

1927 年夏，暨南大学成立，汪奠基奉调到暨南大学任教务长，兼任教育系、数学系、师范专修科主任。1928 年初夏，汪奠基离开暨南大学来到湖北武汉，任汉口特别市党务训练所教务长，后又任汉口市党部委员、宣传部长、《湖北日报》总编、武汉大学筹备委员、武昌中华大学校董兼哲学系主任。由于受到国民党内派系斗争的牵连，1929 年 4 月，汪奠基逃离武汉到上海避难，后来又辗转到香港、沈阳，在东北大学哲学系任教，“九一八”事变前夕回到北平。在这期间，汪奠基出版了《科学方法》（商务印书馆 1927 年）、《哲学与科学》（商务印书馆 1928 年），并于 1930 年被选任为中国哲学会理事。1931 年 9 月至 1937 年 7 月，汪奠基在北平大学女子文理学院哲学系、北平师范大学教育系、中法大学孔德学院哲学系、中国大学哲学系任教授。其间，他又出版了《现代逻辑》（商务印书馆 1937 年），并与严既澄、李季谷等人创办了《鞭策周刊》。

“七七”事变后的六年间，汪奠基先后担任桂林广西大学文学院教授、《今论衡》主编、西北联合大学文法学院教授、四川大学文法学院教授、四川大学师范学院代院长，教授逻辑学、哲学等课程。这时的汪奠基已被多所知名大学聘请为当时的最高学术职务“讲座”教授，并被国民政府教育部聘为“部聘教授”，是当时国内知名度极高的学者之一。据汪奠基当时的学生回忆，汪奠基的课很受学生们欢迎，上课时不仅教室里座无虚席，而且窗外、门前也都站满了学生。1944 年 11 月，汪奠基受国民政府教育部聘请，转任国立湖北师范学院院长。他根据学校转型发展的要求，对内积极构建大学精神和理念，大刀阔斧地推进学科专业调整和各项改革；对外广泛延揽人才，聘请一批海内外知名学者来国师任教。在他的治理下，短短三年内，国立湖北师范学院从复校走向了发展的鼎盛时期，成为当时湖北省乃至全国都很有影响的大学。1947年夏，汪奠基辞去了国立湖北师范学院院长一职，任武汉大学哲学系教授，后又调回北平，任北平师范大学教育系系主任，兼任中国大学哲学系系主任，直至北平解放。这期间，汪奠基出版了《理则学（逻辑学）》（1939年），编著了《中国政治哲学史》。

1952年，汪奠基在华北人民革命大学政治研究班学习一年。高校调整后，汪奠基复任北京大学哲学系教授，1956年调入中国科学院哲学研究所，先后任中国科学院（后改为中国社会科学院）哲学研究所工会主席、研究员、学术委员会委员、逻辑组副组长、逻辑研究室顾问等职务，主要从事中国逻辑思想史的研究工作，写出了《老子朴素辩证的逻辑思想——无名论》（1958年）、《中国逻辑思想史料分析（第一辑）》（1961年）、《中国逻辑思想史》（1979年）、《中国逻辑思想史料分析（第二辑）》（1964年交中华书局，文革期间丢失）、《先秦西汉逻辑史》（尚未出版）等书。

1979年8月16日，汪奠基病逝于北京，享年79岁。汪奠基先生一生从事学术研究和教育工作，在十几所高等院校开设过20多门课程，出版或发表了20多种（篇）论著，涉及哲学、逻辑学、科学方法、数学、教育学、心理学以及中国政治思想史等许多领域，可以说他将自己的全部生命都奉献给了他所钟爱的学术事业和教育事业。作为学者，汪奠基先生的生活虽然平淡但不失情趣，他是一位儒雅士绅，据他的长孙回忆说，他走路时手拄的拐杖先水平地抛出，然后再垂直地落地，活脱脱的绅士风范。他酷爱中国古典艺术且在这方面有很深的造诣，他的丹青作品往往融合绘画、诗词、书法、篆刻于一身。正如刘培育先生所说：科学的与艺术的，抽象的与形象的，相会在汪奠基先生的身上，融会在他心中，成就了这位有着重要贡献的著名学者。

二、学术贡献

汪奠基先生学识渊博，在许多领域都有重要的创获，但贡献最大的还是在逻辑学领域。

（一）中国现代逻辑研究的开拓者

1927年，汪奠基出版了专著《逻辑与数学逻辑论》，这是中国学者出版的第一部现代逻辑学著作。书中，汪奠基介绍了亚里士多德以来的传统逻辑的发展史，其中涉及逻辑学研究的对象，逻辑学与相关科学的关系，亚里士多德逻辑的基本内容，逻辑史上的演绎批评论派和归纳批评论派的历史，以及推理的科学结构。汪奠基认为新数学逻辑的产生主要是由于亚氏逻辑的研究范围太狭窄、莱布尼茨的普通数学逻辑也不完备。他强调数学逻辑产生的必然性，并着重介绍了罗素的命题演算、类演算和关系演算。他认为：命题逻辑、类逻辑、关系逻辑三者是统一的，不能说哪个更根本。他说，仅有命题演算和类演算，新逻辑是不完整的，逻辑中必须有关于关系的理论。关系演算能把类间各元素的关系，表现和推演得非常灵活。而关系演算则为命题演算和类演算两者之类推。

汪奠基1937年又出版了《现代逻辑》一书，书中他参考英、美、德、法等国各派的逻辑理论，比较系统地介绍了20世纪以来关于数学基础问题研究中的逻辑主义、形式公理学和直觉主义三大逻辑流派的逻辑理论、数学思想，包括了现代逻辑中命题演算、谓词演算、公理论和演绎模型等内容。该书对传统逻辑进行了批评，指出了其局限与不足，今天逻辑界所谈论的传统逻辑的局限性，汪奠基在该书中都讲到了。并且，他从数理逻辑和科学关系的角度来理解数理逻辑，辨析了“数学逻辑”和“数理逻辑”之间的区别，对数理逻辑有更深刻的认识。他认为：数学逻辑是专指应用于解决数学问题的逻辑，而数理逻辑除了数学外还涉及其他理科学科中的逻辑问题。他侧重对逻辑学在其他学科中的应用意义进行了深入分析，今日逻辑在计算机科学中的大量应用，及其他应用逻辑的兴起，正好印证了汪先生的远见卓识。如果汪先生在天有灵，他一定会感到非常欣慰。

汪奠基的上述两部著作，对数理逻辑在中国的早期传播和研究起到了重要的推动作用。贺麟先生在他的《当代中国哲学》（1947年）一书中评论当时对西洋数理逻辑的研究状况时说，汪奠基“数学基础特佳”，“有相当深的研究，且有新的贡献”。中国科学院院士席泽宗晚年回忆：他在1944年秋进入西北师大附中读高中时，就专门找汪先生的逻辑著作来读。中国当代逻辑学家莫绍揆说，他青年时代开始接触数理逻辑时，就读过汪奠基的数理逻辑著作。

（二）中国逻辑思想史研究的奠基人

中国学术界对中国逻辑思想史的研究始于20世纪初，1956年以前，虽然出版了几部有关研究中国逻辑思想的著作，但视野都局限于先秦时期。1956年，中国政府制定全国科学发展规划，其中明确要求加强对中国逻辑思想史的研究工作。当时，中国科学院哲学研究所委托年近花甲的汪奠基先生负责此事，汪先生下决心将中国历史上的典籍全部翻阅一遍，以第一手材料写出一部比较完备的中国逻辑思想通史来。为此，他制定了一个“三步走”的研究、写作计划。

第一步，全面系统地翻检中国历史上的典籍，搜集逻辑思想史料，运用马克思主义观点分析这些史料，编辑《中国逻辑思想史料分析》一书。全书拟编四辑：先秦史料分析两辑，秦汉至隋唐史料分析一辑，宋以后至“五四”时代史料一辑。第一辑包括邓析、惠施、公孙龙等的名辩思想史料分析及墨辩的逻辑科学史料分析，于1961年由中华书局正式出版。第二辑包括儒家的正名论史料、道家的无名论史料和法家的形名法术论史料分析。

第二步，撰写《中国逻辑思想简史》。这部《简史》包括绪论和正文四编。绪论从研究逻辑史的问题谈到中国逻辑思想史的特点；第一编阐述先秦逻辑思想发生发展历史；第二编阐述秦汉迄魏晋六朝时代的逻辑思想；第三编阐述唐宋迄明清时代的逻辑思想（附因明学与西方逻辑的迻译）；第四编阐述“五四”前后五十年间逻辑思想运动。《简史》初稿于1960年完成，立刻受到学术界的关注。1961年春，中国哲学会召集京津地区逻辑和哲学专家四十多人就《简史》初稿举行座谈会，《光明日报》还在头版详细报道了会议内容。与会专家高度评价了《简史》初稿，认为“它是中国逻辑史方面的第一部著作，对于中国逻辑思想史的研究是个良好的开端”。一些专家还指出，汪奠基研究中国逻辑思想史的成果，可以说明我们的祖先在逻辑思想、思维形式方面都有过建树、创造和发展；可以说明形式逻辑反映的是人类思维发展的共同规律，因此“具有重大的意义”。

第三步，在《简史》基础上写出一部内容更为详备的中国逻辑史。当年汪奠基已经年逾古稀又正值文化大革命，他一边参加学部北京留守处规定的学习会，一边抓紧时间撰写大部头的中国逻辑史著作，到1972年完成了“先秦两汉逻辑史”。这部文稿包括上下两编十六章，分讲先秦及两汉的逻辑理论对象史。

1979年，《中国逻辑思想简史》经过修改、调整，以《中国逻辑思想史》为名问世。《中国逻辑思想史》全书32万多字，是中国历史上第一部逻辑学通史著作，该书出版后受到广大读者的欢迎，在国内外学术界产生了巨大影响。首印8万册，两年后又重印，并且被上海人民出版社评为1979年度优秀图书。《中国逻辑思想史》是中国逻辑史研究领域里一部里程碑式的著作，它的意义与贡献表现在以下几个方面：

1. 中国逻辑思想史的历史特点与研究方法

汪奠基认为中国逻辑思想史的历史特点主要体现在以下四个方面：

第一，中国历史上关于“名言”的逻辑形式，基本上都与伦理规范的原则一致；逻辑是服务于伦理善恶的思想范畴。第二，“形名”“审分”的政治逻辑代替了正确思维形式的逻辑基本认识。第三，中国古代名实的逻辑思想与形而上学的名理思想，在演绎形式上完全混同；思辨的玄学方法占据了思维的逻辑地位。第四，正名主义的“正统”思想与历代名辩科学思想的矛盾斗争和发展。这四方面的问题不是截然划开的，如果四点结合起来看，它们不仅概括了中国逻辑思想的历史特点，而且反映了逻辑与政治伦理、与思辨哲学的历史关系。

在此基础上，汪奠基提出了研究中国逻辑思想史的方法：（1）要结合中国古代各逻辑思想家的哲学观点研究中国古代逻辑。（2）要分析各逻辑思想家的政治立场。（3）

要完整地、历史地考察中国古代的思想文献。（4）要结合中国古代科学发展史来考察中国古代逻辑。

汪奠基先生概括的中国逻辑思想史的历史特点和研究方法在今天看来仍然是正确的。

2. 中国逻辑思想史的研究对象

汪奠基认为，研究中国逻辑史，既要研究中国古代的形式逻辑思想，也要研究中国古代的辩证逻辑思想；既要研究逻辑理论，也要研究逻辑应用；既要研究中国古代逻辑的成熟形态，也要研究中国古代逻辑的萌芽状态；既要研究中国古代的逻辑，也要研究中国古代逻辑的相关因素。不仅如此，中国逻辑思想史的研究还应该包括印度因明和西方逻辑在中国的传播和发展历史。具体到中国古代思想文献，《中国逻辑思想史》的研究范围是相当广泛的，不仅包括历代哲学文献和政治文章中的逻辑思想资料，而且还包括文学、数学、天文学、地理学、医学、农学中的逻辑思想资料。这为后来的中国逻辑史的研究者们在浩如烟海的历史文献中寻找相关资料提供了极大的便利。

当然，汪奠基的《中国逻辑思想史》是博而不杂的，他重点突出了以下几条线索:（1）名辩学派的逻辑思想及其发展。（2）《墨辩》的逻辑思想的产生和发展。（3）正名学说的产生和发展。（4）因明学的传入和发展。（5）西方传统逻辑思想的输入和发展。

与当时的其他学者相比，汪奠基把中国逻辑史的研究范围扩大了。在当时中国逻辑史研究还处于初创时期的情况下，为了尽量吸收中国历史上的逻辑遗产而把研究的对象和范围放宽一些是革命性的、合理的、有重要意义的。

3. 汪奠基在中国逻辑思想史研究中的创造性见解

汪奠基先生在中国逻辑思想史的研究方面有很多创造性的见解，值得我们认真学习、继承和发展。这里，初步将其归结为以下七点：

（1）中国逻辑史具有人类共同的思维形式，但它同时具有人类不同语言，即不同的民族历史类型的表达形式。

（2）“名辩”问题属于中国逻辑史的研究对象与范围，“名辩”具有一般逻辑的基本内容。之前一些学者过多地按照西方形式逻辑的模式探索名辩问题的“形式”属性，而从现代逻辑发展的趋势看，名辩问题包括了“名”也包括了“辩”。“名”主要是定义和分类，“辩”主要是论证与反驳，它们都属于非形式逻辑的研究范围。

（3）汪奠基在书中很强调“类”概念的逻辑意义，从而也强调“推类”的逻辑方法。他认为“推类”是中国传统推理的主要形式。中国传统中的“类”概念与西方的“类”概念不尽相同，“推类”过程也很难用类比、演绎或归纳简单地加以概括。它具有非形式逻辑的特点。

（4）研究中国逻辑史不仅要研究人文历史的资料，更要重视研究自然科学，尤其是数学发展的资料。中国古代逻辑思想的产生和发展与中国古代数学思想的产生和发展是密切相关的，只有与自然科学特别是数学思想发展史相结合，才能更好地理清中国逻辑思想的发展脉络。

（5）对于《墨经》逻辑的研究以下的两种方法是违反历史的、不科学的：一是根据普通逻辑的内容，按照概念、判断、推理、证明、反驳等等对《墨经》进行研究；二是打乱整个《墨经》的顺序，根据形式逻辑的观点，在“经、说、取”各篇中寻找主观上需要利用的观点，加以过分诠释。汪奠基依照孙诒让《墨子间诂》把《墨经》四篇分为二十章，肯定后期墨家已经提出了逻辑体系思想，归纳出《墨经》逻辑的基本特点，包括：“墨辩”之“辩”即原始辩证法的“辩”；墨辩是在全面概括当时科学概念的认识基础上产生的；墨辩的逻辑是古代唯物主义认识论的思想方法；在具体科学认识基础上，墨辩分别对逻辑思维形式的类型、构成等进行理论分析。

（6）《道德经》第一章是老子“无名论”思想的逻辑导言，也是老子朴素辩证观念的基本理论。《庄子》书中反映的辩证因素，又大大发展了老子的思想。而魏晋时期的“连珠式”都具有前提和结论，是中国古代逻辑的一种推论形式。

（7）王充的逻辑思想主要表现在坚持科学式的认识方法上，王充把论据的真实性和逻辑论证的正确性统一了起来，使感觉经验的事实和逻辑的推理一致地表达了出来，从而获得真正的知识。

4. 汪奠基在中国逻辑史研究上的历史地位

汪奠基对中国逻辑史的研究是在对20世纪前50年中国逻辑研究反思的基础上进行的。通过反思，汪奠基走上了一条以历史分析为主的中国逻辑史研究之路，他以探讨中国古代固有的逻辑为目的，以“类”为中介，将各思想家的哲学观点、政治立场与逻辑贯通起来，真正做到了对中国古代逻辑的历史分析，初步揭示了中国古代推理理论的特点和演变规律。汪奠基的研究直接影响了20世纪后二十年的中国逻辑史研究，后来学者研究中国逻辑史就不能不读汪奠基的《中国逻辑思想史》。

汪奠基先生以后半生的精力研究中国逻辑思想史，充分肯定了中国古代逻辑的存在，提出了一系列有着深远影响的学术观点，给中国逻辑思想史的研究探索出了一条前进的道路，为后人进一步研究中国逻辑思想史开辟了一条航道，对中国逻辑思想史研究的学术发展和人才培养作出了拓荒性的贡献，被公认为中国逻辑思想史研究的奠基人。

三、治学理念

汪奠基先生的学术成就与他的治学思想、教育理念分不开。1940年，四川大学毕业生请汪奠基教授示以治学方法，汪奠基写道："余以为学者必有求端致力之方，如举纲提目，振衣挈领，从而近思体念，寻绎入理，复引申触类，虚融蓄察，则天下之理得而成位乎其中矣。《论语》谓谁能出不入户，何莫由斯道也。学者如错用心力，唐废光阴，终身难得一明瞭知识。古人以学思并论，若徒夸记诵，狂肆辞说，虽间有私义，焉知统类？所谓炫闻守曲，行一不该，绝非通学。读中应以涵养敬事为功夫，以持志率气为守恒，不迁为收摄因修显性，强立不反，是谓学之至也。"

汪奠基是这样教育学生，更是这样身体力行的。在大学执教和担任领导的同时，他一直潜心研究学术，富有饱满的学术热情。他指出，做学问者必须首先热爱学问，知难而上，勇于创新，全身心投入到学问之中，即"以涵养敬事为功夫，以持志率气为守恒"。他说，治学者不一定要搞教学，但教学者一定要治学。因为"在大学讲课是占着一个学术讲台，导引学生进入学术宫殿"。所以在教学过程中，他勤于治学，精于治学。

汪奠基十分讲求治学之道，强调要有正确的学术方法。如要善于抓住根本问题，做到纲举目张，不能眉毛胡子一把抓。若抓不住主要问题，就会错用心力、浪费光阴，一生难有成就。又如，做学问要"学思并重"，做到博学而又多思、深思，达到触类旁通的效果。切忌死记硬背，或固守一孔之见。在国立湖北师范学院任院长时，汪奠基曾说"君子之学，首事物本末之知，次问学先后之辩，德用兼立，学思并重""思辨之法有六义：一曰绪统，二曰分析，三曰明同，四曰别异，五曰存有，六曰空无。思能大乎绪统，则学有所本；辩能精乎分析，则穷理精致"。他还一向重视科学的思维方法，把对科学方法和逻辑方法的研究放在突出位置，经常运用比较的方法和历史的方法，并十分注意考察研究对象的历史发展过程，从中探求对象发展的必然趋势。

汪奠基先生在论文写作和著作编写过程中，认真细致，追求完美，从不落笔就投稿，而是要经过多次修改。他愿意倾听同行对其学术观点的评议，不怕接受批评和否定自己，不固执己见，面对早年的著作，他曾叹息道"年年过去空空了，处处翻来句句非"；但他也不随波逐流，只要认为对的他就坚持，面对有人建议他改掉自己对中国逻辑史研究对象的定义时，他毅然写下"尚有名书降未得，穿言龙悖术难焚"的诗句。

作为早期归国的留学生，汪奠基始终胸怀教育救国、学成报国的抱负。他相信只有科学才能救国，只有"师夷长技"才能强国。于是学成归来之时，他毅然投身提高国民素质的教育事业。

在担任国立湖北师范学院（现湖北大学）院长期间，汪奠基严于律己，爱护师生，勉励学生笃志力行、全面发展。他把德育作为学校教育的基础内容，教育师生德用兼立、为学与做人并重，培养道德乐群的精神，每年师范生入学时都在他的领誓下宣读终身从事教育工作的誓言。他给学院院训的题词是："科学理知的训练，道德乐群的精神，师范教学的专业，笃行服务的人生。"其谆谆教诲的师表师道至今仍留在国师校友心中。特别是他还亲自改定校歌歌词："荆楚地阔，大别山青；浩浩江汉，海纳不盈。学惟际此，养性存诚；念哉教育，师范前旌。日思日睿，笃志笃行；有文有史，正学正名。实科分系，教学研并；和同音乐，玉振金声。会观典礼，溥博贯精；我湖北师院兮，成均之英；国家下代师傅兮，民族干桢。吾侪不骄不傲不矜，斯天下莫于争。"当年此歌音震五峰山峦，凝聚了无数有志青年，更唱出了汪奠基的办学理念和奋斗目标，即推行海纳百川、兼收并蓄的办学主张，强调涵养品德修养。教师要念念不忘教书育人的责任，为人师表，教学和科研并重，做到集成体系、博学与专精兼备；学校要谋求大发展，成为大学中的佼佼者；全院师生要成为培育下一代的楷模和民族的脊梁。其中"日思日睿，笃志笃行"今天已成为湖北大学的校训，它激励学子孜孜不倦地学习，并勤于思考，才能融会贯通，博大精深；立定志向，始终如一地去追求，并切实地实践，才能达到理想的目标。1947 年元旦，汪奠基作感诗一首——"只问耕耘不问收，行从禹墨道从周。叔时九教传古今，学易为名习坎楼"，并亲笔为沙市童家花园两层新修的教学楼题名"习坎楼"，篆刻石碑置于该楼基脚，寓有"遭逢重重坎坷而君子以常德行、习教事"之意，借以激励师生努力克服困难、树立信心，具备习于坎坷、坚韧不拔的精神品质。汪奠基倡导的这种"习坎"精神一直延续至今，成为"自强不息、克难奋进、艰苦奋斗、矢志不渝"的湖大精神的重要源头。

2010 年 10 月 30 日，中国社会科学院哲学研究所、湖北省鄂州市政府、湖北大学师生及汪奠基先生亲属代表在湖北大学隆重集会，纪念汪奠基诞辰 110 周年，缅怀先生之业绩、弘扬先生之思想、光大先生之事业。如今在湖北大学的正门，被镌刻在大理石上的"日思日睿，笃志笃行"八个大字熠熠生辉，充分昭示着汪奠基的办学业绩和教育理念必将载入史册，并永远为后人铭记。

四、汪奠基主要论著

汪奠基：《逻辑与数学逻辑论》，商务印书馆，1927 年。

汪奠基：《科学方法》，商务印书馆，1927 年。

汪奠基：《哲学与科学》，商务印书馆，1928 年。

汪奠基：《现代逻辑》，商务印书馆，1937 年。

汪奠基：《老子朴素辩证的逻辑思想——无名论》，湖北人民出版社，1958 年。
汪奠基：《中国逻辑思想史料分析（第一辑）》，中华书局，1961 年。
汪奠基：《中国逻辑思想史》，上海人民出版社，1979 年。
汪奠基：《关于中国逻辑史的对象和范围问题》，《哲学研究》1957 年第 2 期。
汪奠基：《丰富的中国逻辑思想遗产》，《光明日报》1961 年 5 月 21 日。
汪奠基：《先秦逻辑思想的重要贡献》，《哲学研究》1962 年第 1 期。

主要参考文献

刘培育:《论汪奠基对中国逻辑学研究的贡献》,《湖北大学学报(哲学社会科学版)》2010 年第 5 期。

孙中原：《汪奠基在中国逻辑思想史研究中的重要成就》，《湖北大学学报（哲学社会科学版）》2010 年第 5 期。

宋文坚：《逻辑学的意义：实用、科学——汪奠基〈现代逻辑〉评介》，《湖北大学学报（哲学社会科学版）》2011 年第 1 期。

陈道德、李先焜：《汪奠基中国逻辑思想史研究四题》，《湖北大学学报（哲学社会科学版）》2011 年第 1 期。

张晴：《汪奠基的中国逻辑史研究》，《湖北大学学报（哲学社会科学版）》2006 年第 3 期。

（原载《20 世纪中国知名科学家学术成就概览》哲学卷第一分册，科学出版社，2014 年 12 月）

永远怀念恩师李先焜先生

2017 年 11 月 14 日零时 10 分，恩师李先焜先生与世长辞，享年 91 岁。先生虽然离开了我们，但他的音容笑貌一直留在我的记忆中。

一

我是 1978 年 3 月进入武汉师范学院（湖北大学的前身）中文系读书的，和先生相识于 1979 年的秋季。大学二年级上学期系里开设了逻辑学课程，我记得第一堂逻辑课开始时，教室里走进来一位身材魁梧、气质高雅、戴着宽边眼镜的 50 岁左右的男教师，他就是李先焜先生。他用一口标准的普通话授课，语速不快不慢，恰到好处；语言简洁生动、条理清晰、逻辑严密；板书字迹工整、井然有序。听他的课，让我们感受到逻辑学之美！加之我在中小学阶段对数学就有深厚的兴趣，逻辑中又蕴涵着数学的神韵，从那时起我就喜欢上了逻辑学这门课程，与逻辑学结下了不解之缘，也与先生结下了深厚的师生情谊。

1980 年春季，为了拓展学生的知识面、培养学生的科研能力，中文系开办了一些课程兴趣班，如先秦文学兴趣班、元明清文学兴趣班、现代语言学兴趣班、逻辑学兴趣班等等。我参加了逻辑学兴趣班，记得当时这个班由中文系七七级和政教系七七级 20 多位对逻辑学感兴趣的学生组成。先生为逻辑学兴趣班的学生讲授数理逻辑，用的是他自己翻译的卢卡希维茨的《亚里士多德三段论》作教材。给我们介绍亚里士多德三段论的公理系统，让我们第一次知道了什么是公理、什么是推理规则、什么是定理，怎样根据推理规则从公理推出一系列的定理。先生在黑板上整齐地板书出来的一串串的推理公式，简直让我震惊，逻辑的力量太伟大了！我当时就下决心要一生投入到这门学科的学习和研究中。

1982 年元月，我如愿以偿地留在了先生的身边做助教。1982 年秋季，先生给政教 82 级的学生讲授逻辑学，我就开始批改学生的作业并上辅导课。1983 年我又幸运地考取了逻辑学专业的研究生，跟着先生继续研修逻辑学。我在学业上每一点进步和成长，都有先生的心血。1980 年秋季我尝试着写了一篇小论文《谈表现为并列关系的属种概念》，先生看后大加赞赏，并推荐到《中学语文》编辑部，在 1981 年第三期《中学语文》就发表了。这是我学习逻辑学后写的第一篇小论文，写得非常稚嫩，但却得到了先生的肯定与鼓励。2013 年我完成了《符号学视野下的先秦名辩学研究》一书的书稿，呈给先生指点。先生认真审读了书稿，并欣然为该书作序，这时他已经是 87 岁高龄的老人，爱生之情跃然纸上！

二

先生为中国逻辑事业的发展作出了重要贡献。在中国逻辑学界，提到语言逻辑和符号学这两个学科，人们都会不约而同地想到先生的名字，一致认为他是这两个学科的奠基人。

先生在语言逻辑研究方面有很高造诣，在国内外都有重要影响。从 1978 年开始，他就大力倡导研究语言逻辑，组织全国高校中文系的逻辑学教师编写了《逻辑学》教材，倡议成立了“中国逻辑与语言研究会”，1982—1989 年他担任了两届“中国逻辑与语言研究会”理事长。先生先后在《哲学研究》《哲学动态》等期刊上发表语言逻辑研究方面的论文 20 多篇。1989 年先生与浙江大学王维贤、陈宗明两位教授合著了《语言逻辑引论》（40 余万字，湖北教育出版社出版），1992 年该著作获浙江省人民政府社科优秀成果一等奖。这部划时代的著作，先生付出了很多心血，他不仅执笔撰写了其中第一、四、五、十这四个重要章节，而且还承担了全书的统稿工作。由于这部著作在学术界的影响很大，三位作者后来被逻辑学界誉为我国语言逻辑研究的“铁三角”“三剑客”“三家村”，也有人称他们为中国的“自然语言逻辑学派”。先生为语言逻辑这个新兴学科在中国的创立起了巨大的推动作用。

先生在符号学研究领域也做了很多开拓性的工作，一直为符号学这门新兴学科在中国的形成和发展鼓与呼。他第一个把当代西方刚刚兴起的新兴学科——符号学引介到中国，并从符号学的视角研究中国的传统文化，发掘中国传统文化中的符号学思想。1989 年先生主持了国家社科基金项目“中国符号学的源流与发展”，这是湖北大学历史上第一个国家社科基金项目。先生先后在《哲学研究》《哲学译丛》《世界哲学年鉴》《湖北大学学报（哲学社会科学版）》等刊物上发表有关符号学研究的论文 20 多篇，并在国外符号学杂志上发表英文论文 10 多篇。先生还主编或参与编写了《符号学与语言逻辑》（《探索与争鸣》1999 年增刊）、《中国语用学思想》（浙江教育出版社 1997 年出版）、《符号学导论》（河南人民出版社 2004 年出版）、《语言、符号与逻辑》（湖北人民出版社 2006 年出版）等著作。

先生担任了 15 年的“中国符号学专业委员会”主任（1989—2003），还先后担任了两届国际符号学会理事（1989—1999），两届东亚符号学会副会长（1997—

2002）。

在这个阶段先生多次参与组织与国际符号学界的学术交流活动。1989 年，他应邀率中国代表团到法国佩皮尼昂大学参加第四届国际符号学大会，并在这次大会上作学术报告，也是在这次大会上他当选为国际符号学会的理事。同年，他还与日本符号学家进行了交流，邀请了日本符号学会会长坂本百大教授来中国访问。与美国符号学会会长、国际《符号学》杂志主编西比奥克教授进行了联系，西比奥克教授还邀请他去美国印第安纳大学进行学术访问。1994 年先生应邀到美国加利福尼亚大学伯克莱分校参加了国际符号学第五届大会，会上他再度当选为理事。1995 年先生应日本大学的邀请，去日本访问，与日本符号学学者进行了学术交流，并在日本大学、日本青山学院大学作了专题演讲。1999 年先生组织了中国逻辑符号学专业委员会的十多位学者去德国德累斯顿大学参加第七届国际符号学大会。

在这个阶段先生还先后在我国主持召开了三次国际符号学研讨会。1992 年在湖北大学召开了第一届东亚符号学研讨会，参会的有中国学者上百人，日本学者十余人（包括日本记号学会会长坂本百大教授与东京大学藤本隆志教授），以及国际符号学会主席波兰华沙大学的佩尔茨教授，国际符号学会秘书长法国德雷达尔教授与夫人（也是符号学家）。1997 年在上海华东师范大学与日本联合举办了第二届东亚符号学研讨会，国际符号学会也来了 10 多位学者（他们分别来自奥地利、巴西、美国、波兰、越南等国家），会上与会学者一致同意成立“东亚符号学会”，推举日本的坂本百大教授为会长，先生与东京大学哲学系的藤本隆志教授为副会长。2002 年在武汉大学举办了第三届东亚符号学研讨会，国际符号学会来了 10 多位学者，包括国际符号学会名誉会长波兰华沙大学的佩尔茨教授、国际符号学会秘书长奥地利工业大学的伯纳德教授、美国著名语言学家马丁尼奇教授等，国内有 80 多位学者参加了大会。通过这些学术交流活动，一方面拓展了中国学者的视野，另一方面也增强了国外学者对中国的了解。先生组织的这些学术活动为符号学在中国的传播和研究，以及将中国的学术推向世界都作出了积极的贡献。

先生先后在《哲学研究》等刊物上共发表学术论文 100 多篇，出版学术著作 10 余部，这些论著在国内外产生了广泛的学术影响。他参编的《逻辑百科辞典》获中国社会科学院第二届（1992—1994）优秀科研成果一等奖，后又获国家社科基金资助项目优秀成果二等奖。他参与编写的《逻辑——正确思维与成功交际的理论》获国家社科基金资助项目优秀成果三等奖。先生的这些学术成果和学术活动，奠定了他在中国逻辑学界的学术地位，赢得了广大学者的尊敬和爱戴。1987—1996 年他两次以高票当选为中国逻辑学会副会长，这在中国逻辑学界是少见的。

三

先生一生乐观豁达。先生的一生虽然经历了很多坎坷，但他始终乐观面对，人们每次见到他时，总会看到他满脸的笑容。

先生 1927 年 8 月 18 日出生在北京，祖籍湖南浏阳。先生的少年时代，恰逢日本帝国主义的铁蹄践踏中国，和那个时代千百万个中国家庭一样，父母带着他们四处逃难，躲避日本鬼子的蹂躏。他们一家从北京逃到上海，又从上海逃到浙江、江西，再从江西逃到湖南，后来又逃到湖北……先生后来回忆说：“由于抗战，我中小学一共读了 11 个。真是‘打一枪换一个地方’。”（《双兔集》第 118 页）1948 年先生从武昌文华中学高中毕业，以优异成绩考入武汉大学经济系。在读大学期间，先生参加了中国共产党的一个地下外围组织——新民主主义青年社，这个组织为保护同学、保卫校园机智地与国民党特务进行斗争。

1952 年先生大学毕业后被分配到武汉市人事局教育科，负责干部的培训工作。1956 年，他响应党的“向科学进军”的号召，考入北京师范大学哲学研究生班学习，1958 年从北师大毕业后又被分配到武汉轴承厂当教育科科长。1960 年武汉市强调干部要归队，要专业对口学以致用，先生向市委组织部申请调到高校从事教学工作。1961 年经市委组织部批准，先生调到武汉师范学院（湖北大学前身）任教，至 1996 年离休，在湖北大学整整工作了 35 年。

和大多数知识分子一样，先生也没能逃过文化大革命的厄运。在那段特殊的日子里，先生既不能搞教学，也不能搞科研，天天等着挨“批斗”。先生想：“现在教不成书了，我得学一点为人民服务的真本事呀！”于是他就买了几本针灸书，几根银针，一瓶酒精，一包药棉，在家偷偷学起了针灸（因为这事不能让学校军宣队和工宣队的人知道，否则又会挨批斗）。后来他的针灸还真的为很多“人民”服了务，不仅在紧急关头救了他的老伴（见《双兔集》第 53 页），还为很多人解除了痛苦。1974 年先生和另外几位老师一起带着中文系七三级的学生到农村开门办学，师生一起接受贫下中农的再教育。湖大校友熊宗荣（当年的学生）在一篇回忆文章中写道：“李先焜老师是个做学问的人，除了做学问外，他还有一门绝活，会针灸。有一天，我突然肚子痛了起来，疼得人头上直冒冷汗。李老师见了，先把我扶到床上躺下，然后拿出他随身携带的针灸包来。他取出几根细长的银针，用酒精棉球擦了擦，在我的双手虎口穴、腿上足三里和痛处的阿是穴上深深地扎了下去。然后，他坐在床边，用右手的拇指和食指将那一根根银针捻来捻去。一个小时后，我的肚子竟神奇般好了。”（见《湖大校友通讯》2009 年第 2 期）“文革期间”先生做的第二件有意义的事就是学习英文版的《毛主席语录》，这样他不仅学习了毛泽东思想，也提高了英语水平。也许这就是哲人的生存智慧吧！

进入老年后，先生经历了人生的几大不幸。2006 年 10 月，我们给他做完八十寿诞庆典后，他和师母一起去了美国，在他们小女儿家住了一年多时间。2008 年初他在美国发现身体有恙，一检查才知道患了输尿管癌。2008 年 6 月他们回到天津，先生在天津做了输尿管切除手术，住在天津儿子家一边化疗一边休养。2009 年春天他和师母一起回到武汉，不久，曾经精心照顾他的师母因病逝世。先生怀着悲痛的心情，收集师母生前写的一些散文和他自己写的一些杂文，准备结集出版一本《双兔集》（他们夫妻都属兔），用以纪念与他相濡以沫一生的师母。2012 年这本《双兔集》自费印刷出来了，书中记录了他们夫妻近60年生活中的点点滴滴，夫妻恩爱，令人羡慕，让人动容！

2013 年先生常引以为自豪的儿子又先他而去，老年丧子，白发人送黑发人这叫人如何受得了？这一阶段我们经常到先生家和他聊天，也是想帮他分担一些悲伤，只要一提到儿子，先生眼里总是噙着泪花。为了转移他的注意力，我尽量多地和他讨论一些学术问题，并把我写的书稿拿给他审阅。后来又帮他策划出版《语言、符号与逻辑——李先焜译文集》，慢慢地先生才走出了丧子的悲痛。2013 年以后，每年的 8 月 18 日，我都会买好生日蛋糕，带着家人一起去给先生过生日。2017 年 7 月我和妻子陈正芸要到台湾女儿家住三个月，但在去台湾之前，我仍然在蛋糕店给先生订好了生日蛋糕，让他女儿在 8 月 18 日那天去取。春节或者其他节假日，陈正芸也常常会包一些饺子给先生送去（因为先生爱吃饺子），我们这样做的目的也是想让他感受到还有一个“儿子”就在身边。

先生的歌唱得很好，也喜欢唱歌，他常常用歌声给人们带来了很多欢乐。学术会议期间，如果举行文艺晚会，总会听到先生优美的歌声。我们师生聚会，他总会说，为了感谢你们的热情款待，我唱支歌向你们表示感谢！于是我们就能听到他用俄语和汉语两种语言唱的《莫斯科郊外的晚上》《喀秋莎》《三套马车》等苏联歌曲。最近两年为了哄他的小重孙开心，他在家里经常给小重孙吹口琴，唱歌听。据先生女儿说，在去世的前三天，他还躺在床上听歌曲，甚至还要女儿把家里的歌本拿到医院来，他还要唱歌。先生就是这样一个乐观的人！

四

先生和蔼可亲，乐于助人。由于先生的人品好、学识好，所以他生前有很多好朋友。

仅我所知道的，他生前就有如下几个“朋友圈”：逻辑学界、中学同学、大学同学、研究生班同学、湖南浏阳老乡、老政教系同事、老中文系同事等等。大家所熟悉的中文系的老师中，有很多都是先生的好朋友，例如朱祖延老师、邹贤敏老师、章子仲老师、章季涛老师、田祚申老师、金嗣峰老师、刘宋川老师、许平辛老师、舒怀老师、彭惠楠老师等等。他们中有些老师从外地回武汉，总会到先生家去看看他，和他聊聊天，先生见到这些老师也是异常的兴奋，有说不完的话。

在先生众多朋友圈中，逻辑学界朋友圈是其中最大的一个，这个朋友圈分布有三代人：有他老师辈的，如我国著名的逻辑学家金岳霖、江天骥、温公颐、周礼全等等；和他同一辈的除了上面提到的王维贤、陈宗明外，还有中国社科院的刘培育、张家龙、周云之，南开大学的崔清田，北京师范大学的吴家国、董志铁，华东师范大学的沈剑英，甘肃人民出版社的刘延寿等等；学生辈的就更多了。

先生在逻辑学界为什么会有这么多好朋友呢？这和他个人的人格魅力有密切关系，大家都认为他是一个有真才实学的人。老一辈学者欣赏他，同辈学者佩服他，晚辈学者景仰他。当年南开大学逻辑学科的负责人崔清田教授曾对他的博士生说："先焜老师比我有学问，我现在是博士生导师而他不是，这是因为我在南开大学，他在湖北大学，不是因为我比他有学问，你们都要好好向他请教。"从1978年南开大学温公颐先生招收第一届博士生开始，直到崔清田教授最后一届博士生毕业为止，在近20年期间，南开大学逻辑学专业博士生的论文答辩，几乎都会邀请先生去做答辩委员会主任委员。

先生乐于助人，一是因为他有"君子成人之美"的善心，二是因为他有助人的本钱（学识）。和他交往的人总能从他那里得到一些启发和帮助。先生有很高的语言天赋，不仅普通话说得标准，而且上海、江西、湖南、湖北、四川等各地的方言他都学得惟妙惟肖。有了好的语言天赋再加之后天的勤奋，先生熟练掌握了英语和俄语这两门外语。他翻译了多本国外逻辑学经典著作，还用英语写了十多篇学术论文。他对中国古代的"四书五经"、先秦诸子、礼乐辞赋等都作了深入研究并有独到的见地和心得。冯天瑜先生曾称赞他"学贯中西，德堪楷模"。他的这些学识吸引了当年南开大学、武汉大学、浙江大学、北京师范大学等一流高校的博士生、硕士生，他们都来请先生指导学位论文、拜先生为师，并且都以自己是"李门弟子"为荣。先生80华诞和90华诞庆典时，就有几十个"李门弟子"主动要求来参加！

先生虽然离开了我们，但他留给了我们许多难以忘怀的东西，我们将永远怀念他！最后我引用我国著名因明学家沈剑英先生写给先生的一副挽联作为本文的结语：

"景行并崇慈祥长者懿德留芳，高山共仰澹泊哲人宏著常存"！

（原载《中文论坛》2018年第1辑，社会科学文献出版社，2018年8月）

李先焜和他的《逻辑基本知识》

一

李先焜先生生于北京，祖籍湖南浏阳。我国当代著名逻辑学家、符号学家，湖北大学哲学学院教授。曾任中国逻辑学会的副会长、中国逻辑与语言研究会会长、中国逻辑学会符号学专业委员会主任、国际符号学会理事、东亚符号学会副会长等学术机构领导职务。李先生 1952 年毕业于武汉大学经济系，1958 年毕业于北京师范大学哲学研究班，1961 年起在湖北大学（原武汉师范学院）从事逻辑学、符号学教学与科研工作，至 1996 年退休，在湖北大学工作了 35 年。

李先生以“为学贵有创新”的治学精神，在语言逻辑、符号学、中国逻辑史、西方逻辑史等研究领域笔耕不辍，著作等身，先后在《哲学研究》《哲学动态》等权威刊物上发表学术论文百余篇，出版学术著作十余部，为我国逻辑事业的发展作出了卓越贡献！

李先生在语言逻辑研究方面有很高造诣，在国内外有广泛影响。从 1978 年开始，他就大力倡导研究语言逻辑，组织全国高校中文系的逻辑学教师编写了《逻辑学》教材，创建了“中国逻辑与语言研究会”，创办了学术刊物《逻辑与语言学习》，还创立了“中国逻辑与语言函授大学”。李先生参与撰写的《逻辑——正确思维和成功交际的理论》曾荣获中国社会科学院第二届优秀科研成果一等奖、国家社会科学基金资助项目优秀成果二等奖。1989 年与王维贤、陈宗明两位教授合著《语言逻辑引论》，李先生撰写了第一、四、五、十四等章节，并为全书统稿。由于这部著作在逻辑学界的重大影响，李先焜、王维贤、陈宗明被誉为我国语言逻辑研究的“铁三角”。

在符号学研究领域，李先生做了很多开拓性的工作。 他是我国名辩符号学的开拓者和奠基人。他率先把当时西方刚刚兴起的符号学引介到中国，并从符号学的视角发掘中国传统文化中的符号学思想，使中国名辩符号学研究走向了一个新时代。李先生在国际符号学界声誉卓著，曾多次应邀到美国、德国、日本等地讲学或参加高端学术研讨活动。李先生还先后在我国主持召开了三次符号学国际学术会议，邀请国外著名符号学专家来中国交流，扩大了中国符号学研究的国际影响，奠定了中国符号学研究的国际地位，推动了中国符号学界的对外交流与合作。

李先焜先生有很高的语言天赋，不仅普通话说得标准，吴、赣、闽、蜀等方言亦学得惟妙惟肖。他精通英语和俄语，翻译了多本国外逻辑学经典著作，还用英语写了十多篇学术论文。李先生重视人才培养，他教学严谨而生动，既有理论深度，又观照学术前沿问题。他的学生回忆说："听李老师的课，感受到的是逻辑之美。黑板上那一串串奇妙而和谐的推理公式，简直让我们惊叹。"李先生的学识吸引了当年南开大学、武汉大学、浙江大学、北京师范大学等高校的博士研究生。其中有很多学生登门拜访李先生，请李先生指导学位论文，并邀请他参加论文答辩。南开大学崔清田教授曾对他的博士生说："先焜老师比我有学问，你们都要好好向他请教。"南开大学从温公颐先生第一届博士生开始到崔清田教授最后一届博士生毕业为止，在近 20 年里，逻辑学专业每一届博士生的论文答辩，几乎都邀请李先生去做答辩委员会主任。李先生人品好，学问好，受到学界普遍的尊敬和爱戴。老一辈学者欣赏他，同辈学者佩服他，晚辈学者景仰他。荆楚社科名家冯天瑜先生曾称赞他"学贯中西，德堪楷模"。

二

李先生生前长期在高等师范院校中文专业从事语言学和逻辑学的教学工作，而这个专业正是培养中学语文教师的，因此他对中学语文教师的情况非常了解。先生生前也非常关心中等学校的语文教育，写过不少语文教育和语言学研究方面的文章。《逻辑基本知识》正是李先生为中学语文教师撰写的普及性的逻辑学著作。李先生在绪论中说道：

> 语文教师一般都比较熟悉"逻辑"这个词。这不奇怪，因为教师的一个重要任务，就是培养与提高学生的逻辑思维能力。可以说，语文教师每天都在跟逻辑打交道。
>
> 例如，语文教师每天都要向学生解释语词，解释语词就要给词下定义，下定义就是运用逻辑。
>
> 再如，语文教师要讲解文章的篇章结构，篇章结构就是文章的逻辑结构，教师讲篇章结构就是在讲逻辑。
>
> 又如，语文教师每天要批改学生的作业，看学生使用的语词是不是准确，语句是不是通顺，结构是不是严谨，论述是不是有说服力，这些大部分都属于逻辑问题。
>
> 因此，可以从某种意义上说语文教师个个都是逻辑教师。
>
> 但是，语文教师虽然天天跟逻辑打交道，不见得就对逻辑已有深刻的了解。有的教师一见逻辑这门科学，就有点望而生畏，觉得它太抽象、太深奥、不好懂。其实未必如此，既然我们天天在跟学生讲逻辑，说明逻辑并不神秘，也不难学。

本书想做的工作就是将教师们每天实际运用的逻辑知识加以适当的系统化，用一些专业术语表述出来，让读者们读后感到逻辑并不是一朵远在天边的鲜花，可望而不可即，逻辑就在我们身边，或者说就在我们头脑之中。

李先生正是看到了语文教师与逻辑关系密切又有些望而生畏的实际情况，才编写了这本逻辑学通俗读物，供广大中学语文教师学习，向他们普及逻辑学知识，从而消除广大中学语文教师对逻辑的神秘感。

逻辑并不神秘，它就存在于我们生活周围，我们的日常生活和人际交往一刻也离不开逻辑。一般来说我们可以把日常生活中的逻辑方法分为八种：

①比较：将两个或两类事物的共同点和差异点作比较。如：比较两个物体的轻重、长短；比较两个不同地点的远近。

②分析：把事物分解为各个部分，分析构成某一事物的各种要素，找出某事物产生的原因等等。如：分析衣服的颜色和式样；找到地面有水的原因。

③分类：根据事物的特征作分类，相同属性的归为一类，不同属性的归为不同的类。如：能将汽车、面包、火车、蛋糕分成交通工具和食物两种类别。

④抽象：从个别的不同事物中，找出其共同点的思想活动。如：苹果、香蕉、梨子、葡萄，它们的共同点是“水果”。

⑤概括：由分析若干事物的共同性，推而界定其全类事物也都有此特性。如：知道三角形有三条边、三个角，那么大致可推定无论是什么颜色、形状大小，只要有三条边、三个角的形状就是三角形。

⑥综合：把各个部分或因素合而为一。如：根据每一片的内容与特征完成拼图。

⑦归纳：从一系列特殊或具体的事例中，推出普遍性的原则。如：归类、总结。

⑧演绎：要求前提与结论间具有必然的可推关系。如：举一反三、三段论推理。

逻辑知识的学习和逻辑思维的训练，关乎国民最基本的素质——思维素质——的提高。逻辑素养是其他国民素质的基础，要培养高素质的国民，就必须要加强逻辑素质的训练。好的逻辑修养，让人富有理性，遇到问题时可以独立思考，使人具有真知灼见。美国著名心理学家霍华德·加德纳（Howard Gardner）曾提出过多元智能理论，他认为每个人都拥有多元智能，这些智能包括“音乐、身体运动、逻辑－数学、语言、空间、人际、自我认识、博物学家智能……”[①]而在这些多元智能中，逻辑智能是最基

① 霍华德·加德纳：《多元智能理论二十年——在美国教育研究协会上的演讲》，沈致隆译，《人民教育》2003年第17期。

本的智能，其他智能都要通过逻辑智能的助力才能得到顺利的发展。说话时有条理地表达想法，是逻辑在语言智能上的表现；研究事物时能观察入微，是逻辑在自然智能上的表现；遇到事情时能够自我省察，是逻辑在内省智能上的表现；运动或手工劳作时能够活用肢体，是逻辑在肢体运动智能上的表现；欣赏音乐、念唱韵文时能展现敏锐的节奏感，是逻辑在音乐智能上的表现；绘画时能用色彩和线条展现创意与空间感，是逻辑在空间智能上的表现；与人相处时能察言观色，则是逻辑在人际交往智能上的表现。总之，人的每一种智能只有通过逻辑思维的训练才能得到更好的发展。

逻辑思维与语文教学的关系更为密切，我们可以从两个方面来考察他们之间的关系。一方面，语文素养的建构和发展需要逻辑。语文素养的核心是语言能力和思维能力。语言和思维互为表里。马克思说：“语言是思想的直接现实。”离开了思想，语言就成了僵死的躯壳。语文的基本能力就是听说读写。听和读是通过语言获取别人的思想，说和写是通过语言表达自己的思想。逻辑思维是思维的基本方式。甚至文学创作也需要逻辑。钱钟书说得好：“理之在诗，如水中盐，蜜中花，体匿性存，无痕有味。”另一方面，语文又有培养逻辑思维得天独厚的条件。课文的情境为思维活动特别是逻辑思维创造了广阔、丰富而生动的思维空间。这样的条件是数理化和政史地都无法比拟的。因此，《普通高中语文课程标准（2017版）》将“思维的发展与提升”作为一个语文核心素养，并将培养逻辑思维能力作为重要的课程目标，提倡学习逻辑知识。

由以上论述可以看出，逻辑基本知识是一个中学语文老师必须具备的最基本的素养。只有掌握了逻辑基本知识，才能成为一个称职的中学语文老师。

三

《逻辑基本知识》出版于1987年，收入北京师范大学教授叶苍岑先生主编的“语文基本知识丛书”，在当时受到广大中学语文教师和青年学生的热烈欢迎，广大读者评价说：这是一本难得的学习逻辑知识的好书！

本书共设“绪论”“逻辑和语言”“定义和划分”“演绎推理”“归纳推理”“思维的基本规律”“谬误”七章。“绪论”一章阐明了什么是逻辑、逻辑与其他学科的关系、学习逻辑的意义等。第二章“逻辑和语言”介绍了逻辑与语言的密切关系。在李先生看来，逻辑的研究对象就是语言。第三章“定义和划分”讲的是明确概念的逻辑方法。第四章“演绎推理”主要讲的是各种命题和必然性推理。第五章“归纳推理”主要介绍了归纳推理和类比推理。李先生把人们通常说的类比推理放在归纳推理之中，这是有充分理由的，归纳推理和类比推理的前提和结论之间的联系都是或然性的。因为在李先生看来推理可分为两大类，一类是必然性推理，另一类是或然性推理。第六章“思维的基本规律”

是从宏观上阐明逻辑规律。第三至六章是逻辑学的基本内容或主线条。第七章“谬误”帮助读者更清楚地了解各种常见的逻辑谬误，特别是人们在说话写文章时常犯的逻辑错误。通过这些逻辑知识的学习和训练，人们就能更自觉地运用逻辑，遵守逻辑规则。

本书共计 13 万字左右，与其他逻辑学教材或逻辑学普及读物相比，篇幅比较精当，或者说，这是一本非常简洁的逻辑学读物。本书有两个重要特点：一是用例贴切，例子与逻辑知识点相吻合，能够恰到好处地说明抽象的逻辑知识与原理。而且大多数例子都是中学语文教材中的经典文章，读者耳熟能详。二是用例丰富，作者用丰富的例子把枯燥的逻辑知识讲得生动有趣，让读者在愉快的阅读过程中受到逻辑思维的训练。用例丰富而又篇幅短小，这虽是一个矛盾，但李先生拿捏得恰到好处，非大手笔而不能为。学术大家写通俗读物的意义也正在于此。

时下商务印书馆正在编辑一套“语文教师小丛书”，丛书的策划李节女士以敏锐的眼光发现了此书的价值，决定再版。2016 年 11 月，中国逻辑学会第十次全国代表大会在武汉召开，又恰逢李先焜教授九十寿诞，李节女士委托吴格明教授与李先生洽谈再版意向，李先生欣然应允。2017 年 6 月，李节女士又专程到武汉与李先生商谈再版的具体事宜。因时隔久远，再版需要做些修订工作。这时李先生已是 90 岁高龄的老人，且卧病在床，已没有精力亲自做修订工作。于是他委托他的学生陈道德教授和吴格明教授做具体的修订工作，并谈了他对修改本书的一些想法。现在呈现在读者面前的正是我们根据李先生的嘱托重新修订的《逻辑基本知识》。

我们修订《逻辑基本知识》所遵循的原则是，尽可能保留原书的风格。我们主要做了两件事：第一，更换或调整某些用例。由于社会的发展，书中原来的有些例子已经不恰当，需要更换。特别是中学语文教材已有很大变化，原来的有些用例所在的文章已不再选作中学课文，或者课文已不在原来的那一册。我们根据目前的教材进行了调整。第二，修正了个别的学术观点。随着社会的发展，逻辑科学也在不断地进步，有些学术观点已经发生变化。我们根据逻辑学界已有的共识，对原著个别观点进行了修正。例如关于选言命题的逻辑联结词“或者”，当时的观点是，“或者”既可以表达相容选言命题，也可以表达不相容选言命题。而现在逻辑学界的共识是，“或者”只表达相容选言命题，不相容选言命题用“要么”表达。这一共识也与整体的逻辑思想联系在一起，即一个命题的种类和逻辑意义仅以逻辑联结词为准，与命题的具体内容无关。像这样的地方我们进行了适当的修正。

在我们修订这本书的过程中，恰逢教育部公布了《普通高中语文课程标准（2017 年版）》，这一新的课程标准提出了“思维发展与提升”的语文核心素养和“发展逻辑思维”的课程目标。新版语文课程标准的颁布，使我们更鲜明地看到了再版《逻辑基本知识》的意义和价值。

广大中学语文教师通过这本著作的学习，掌握书中介绍的逻辑基本知识，将能够满足中学语文教学的需要。

正如这本书的书名所标示的，这是一本关于逻辑基本知识的读物。所谓“基本知识”就是每一个人必须要具备的逻辑知识，没有这些知识你就有可能不能正确思维或成功交际。也正是因为这是一本关于逻辑基本知识的读物，所以，它没有包括所有的逻辑知识，特别是有关现代逻辑的知识。如果有的读者想进一步提高逻辑修养，登堂入室了解更多的逻辑知识，可以更广泛地阅读一些逻辑学著作。下面提供几本参考书供朋友们选择。

陈波：《逻辑学十五讲》（第 2 版），北京大学出版社，2016 年。

陈波：《思维魔方：让哲学家和数学家纠结的悖论》（插图本），北京大学出版社，2014 年。

陈道德等：《二十世纪意义理论的发展与语言逻辑的兴起》，中国社会科学出版社，2007 年。

《逻辑学》编写组：《逻辑学》（第 2 版），高等教育出版社，2018 年。

欧文 · M · 柯匹、卡尔 · 科恩：《逻辑学导论》（第 13 版），张建军等译，中国人民大学出版社，2014 年。

麦克伦尼：《简单的逻辑学》，赵明燕译，中国人民大学出版社，2008 年。

斯蒂芬·雷曼：《逻辑的力量》（第 3 版），杨武金译，中国人民大学出版社，2010 年。

（原载《逻辑基本知识》，李先焜著，商务印书馆，2020 年 8 月；该文与吴格明先生合著）

附录二：主要科研成果与科研项目

（一）主要科研成果

论　文

论文名称	发表刊物名称、出版社	发表时间	备注
谈表现为并列关系的属种概念	《中学语文》	1981 年第 3 期	
我是怎样做逻辑课的辅导工作的	《教育科学研究》	1983 年第 2 期	
疑问句与判断	《中学语文》	1983 年第 10 期	
先秦类推谬误理论探析	《湖北大学学报（哲学社会科学版）》	1987 年第 5 期	《高等学校文科学报文摘》1988 年第 2 期全文转载。
论胡适“大胆的假设，小心的求证”的合理性与局限性	《湖北大学学报（哲学社会科学版）》	1988 年第 4 期	《新华文摘》1988 年第 11 期论点摘编;《文汇报》1988 年 9 月 25 日（第四版）摘录;《博览》1989 年第 1 期摘录。
论《周易》符号的象征意义	《湖北大学学报（哲学社会科学版）》	1989 年第 5 期	《中国哲学年鉴》（1990 年）摘录。
中国逻辑学会学术讨论会综述	《江汉论坛》	1990 年第 12 期	
《周易》——古代中国的符号宇宙	《湖北大学学报（哲学社会科学版）》	1991 年第 1 期	《光明日报》1991 年 4 月（理论园地）摘录。
沙夫意义理论述评	《湖北大学学报（哲学社会科学版）》	1992 年第 6 期	
论卦爻符号的起源及《周易》的意义层面	《哲学研究》	1992 年第 11 期	曾在“第一届东亚符号学研讨会”（1992 年 10 月）上报告。 2004 年获中国逻辑学会第一届优秀科研成果三等奖。
东亚符号学研讨会概述	《哲学动态》	1993 年第 2 期	
东亚符号学研讨会纪要	《江汉论坛》	1993 年第 2 期	

续表

论文名称	发表刊物名称、出版社	发表时间	备注
试论中华易学辩证法思想对毛泽东辩证法思想的影响	《毛泽东思想论集》，武汉出版社	1993 年 11 月	
李先焜	《二十世纪中国哲学》（第二卷·人物志），华夏出版社	1994 年 8 月	
胡适的科学方法简析	《自然辩证法研究》（逻辑学研究专辑）	1995 年增刊	
传播学与符号学散论	《湖北大学学报（哲学社会科学版）》	1997 年第 2 期	人大复印报刊资料《新兴学科》1997 年第 2 期全文转载；人大复印报刊资料《新闻学》1997 年第 2 期全文转载。
言、象、意简论	《哲学研究》	1997 年第 6 期	人大复印报刊资料《中国哲学》1997 年第 8 期全文转载。
先秦诸子对名的认识的再认识	《湖北大学学报（哲学社会科学版）》	1998 年第 1 期	
弘扬中华和合文化　建立现代企业文化	《传统道德与企业文化》（论文集），武汉出版社	1998 年 5 月	
论《易经》的符号系统	《哲学译丛》（第二届东亚符号学国际研讨会论文集）	1998 年增刊	曾在“第二届东亚符号学研讨会”（1997 年 10 月）上报告。
论“譬”	《哲学研究》（中国名辩学与方法论国际研讨会论文集）	1998 年增刊	曾在“澳门 97 中国名辩学与方法论研讨会”（1997 年 12 月）上报告。
“墨家”的交际理论初探	《探索与争鸣》（符号学和语言逻辑专辑）	1999 年增刊	
道德哲学的逻辑基础（书评）	《光明日报》	1999 年 11 月 12 日	
一本追寻道德哲学逻辑基础的新著（书评）	《现代哲学》	1999 年第 4 期	
墨辩中有关“名”的理论新探	《逻辑今探》（论文集），社会科学文献出版社	1999 年 1 月	

续表

论文名称	发表刊物名称、出版社	发表时间	备注
确立思想政治教育目的的意义和主要依据	《武汉交通管理干部学院学报》	2000 年第 4 期	
周礼全先生话语意义理论述评	《逻辑、语言与思维》（论文集），中国科学文化出版社	2002 年 7 月	
试论中国价值哲学的地位与特点	《价值论与伦理学论丛》（论文集），湖北人民出版社	2002 年 12 月	
墨家“兼相爱，交相利”伦理原则的现代价值	《哲学研究》	2004 年第 11 期	2007 年获湖北省第五届社会科学优秀成果三等奖。
简论周礼全先生的预设理论	《湖北大学学报（哲学社会科学版）》	2004 年第 4 期	人大复印报刊资料《逻辑》2004 年第 5 期全文转载。
李先焜语言逻辑思想述评	《湖北大学学报（哲学社会科学版）》	2004 年第 6 期	
20 世纪语言逻辑的发展：世界与中国	《哲学研究》	2005 年第 11 期	人大复印报刊资料《逻辑》2006 年第 2 期全文转载。2007 年获武汉市第十次社会科学优秀成果三等奖。
“兼爱”是构建和谐社会的重要文化资源	《传统文化与和谐社会》（论文集），天马出版有限公司	2005 年 9 月	
文明社区建设是构建和谐湖北的重要途径	《湖北大学学报（哲学社会科学版）》	2006 年第 3 期	
论中国传统哲学天人观对中国传统体育的影响	《武汉交通职业学校学报》	2006 年第 3 期	
精神自由与心灵自由——庄子与萨特自由精神之比较	《伦理学研究》	2007 年第 4 期	人大复印报刊资料《伦理学》2007 年第 10 期全文转载。2011 年获湖北省第七届社会科学优秀成果二等奖。
汉语逻辑研究的新进展——邹崇理汉语逻辑形式化研究述评	《湖北大学学报（哲学社会科学版）》	2007 年第 2 期	人大复印报刊资料《逻辑》2007 年第 5 期全文转载。
“兼爱”与“博爱”	《职大学报》	2007 年第 3 期	

续表

论文名称	发表刊物名称、出版社	发表时间	备注
文明社区建设是构建和谐湖北的重要途径	《湖北和谐文化建设》（论文集），湖北人民出版社	2007 年 10 月	
试论儒家价值观对中国传统体育的影响	《湖北大学学报（哲学社会科学版）》	2008 年第 1 期	
墨家“兼相爱、交相利”伦理原则的现代价值	《价值论与伦理学研究》（论文集），中国社会科学出版社	2008 年 2 月	
“譬”与因明学中的五支作法	《因明》第三辑（论文集），甘肃民族出版社	2009 年 12 月	
汪奠基中国逻辑思想史研究四题	《湖北大学学报（哲学社会科学版）》	2011 年第 1 期	人大复印报刊资料《逻辑》2011 年第 2 期全文转载。该文与李先焜先生合著。
周礼全对格赖斯隐涵理论的发展	《重庆理工大学学报（社会科学版）》	2011 年第 8 期	人大复印报刊资料《逻辑》2012 年第 1 期全文转载。
周礼全对语言逻辑的巨大贡献	《湖北大学学报（哲学社会科学版）》	2012 年第 3 期	该文是李先焜先生与我合著。
墨子和边沁之功利论思想比较	《哲学研究》	2012 年第 9 期	该文与当时的博士生杨爱琼女士合著。
李贽伦理思想中的伊斯兰教情愫	《伦理学研究》	2013 年第 1 期	该文与当时的博士生李仁先生合著。
符号学是深化先秦名辩学研究的更优范式	《湖北大学学报（哲学社会科学版）》	2013 年第 3 期	《新华文摘》2013 第 16 期论点摘编；《高等学校文科学术文摘》2013 年第 4 期论点摘编；《社会科学学报 · 学术看台》2013 年 8 月 15 日（第 4 版）论点摘编；人大复印报刊资料《逻辑》2013 年第 3 期全文转载。
从自然生命到精神生命——庄子生死观初探	《中南民族大学学报（人文社会科学版）》	2013 年第 3 期	该文与当时的博士生杨爱琼女士合著。
当前的学术评价机制急需改进	《云梦学刊》	2013 年第 4 期	
依托特色栏目，提升办刊水平	《华中师范大学学报（人文社会科学版）》	2014 年第 6 期	

续表

论文名称	发表刊物名称、出版社	发表时间	备注
强化逻辑思维 培养学生创新能力——逻辑学课程教学改革随想	《荆楚学术论丛》	2014 年第 1 辑	与黄文红女士合著。
“汪奠基”条目	《20 世纪中国知名科学家学术成就概览》，科学出版社	2014 年 12 月	与当时的硕士生徐昇先生合著。
符号学视野下的先秦名辩学研究	《中国社会科学报》	2015 年 4 月 29 日 B05 版	
“中”字意义的嬗变：从“形下”到“形上”	《湖北大学学报（哲学社会科学版）》	2016 年第 1 期	《新华文摘》2016 年第 12 期全文转载。 该文与当时的博士生高涌瀚先生合著。
世界古代三大辩学传统比较研究	《中文论坛》	2016 年第 3 辑	
农民选举信访利益表达的协调路径	《湖北大学学报（哲学社会科学版）》	2016 年专辑	
先秦时期社会价值观念的嬗变：从尊神到贵民	《道德与文明》	2017 年第 1 期	《社会科学文摘》2017 年第 4 期全文转载。 该文是当时的博士生高涌瀚先生与我合著。
“阳明学”的重要特征：儒佛会通	《江汉论坛》	2018 年第 1 期	《新华文摘》2018 年第 9 期论点摘编；《高等学校文科学术文摘》2018 年第 3 期转载。 该文与当时的博士生唐锦锋先生合著。
“阳明学”的立论之基：心外无 X	《湖北大学学报（哲学社会科学版）》	2018 年第 4 期	该文是当时的博士生唐锦锋先生与我合著。
从我国古代航海事业的发展看“一带一路”的重大意义	《文化发展论丛》	2018 年（第 1 卷）	
永远怀念恩师李先焜先生	《中文论坛》	2018 年第 1 辑	
地方普通本科高校逻辑学课程体系建设的思考——以湖北大学为例	《逻辑学研究》	2018 年冬季号特刊	

著 作

著作名称	出版社名称及出版时间	备注
传播学教程	中国测绘科技大学出版社 （1996 年出版）	主编
思想政治教育学原理	高等教育出版社 （2001 年出版）	参编 （面向 21 世纪课程教材）
符号学导论	河南人民出版社 （2004 年出版） 中国出版集团东方出版中心 （2016 年再版）	参编
二十世纪意义理论的发展与语言逻辑的兴起	中国社会科学出版社 （2007 年出版）	与邹崇理等合著。 2009 年获教育部“高等学校科学研究优秀成果奖（人文社会科学）”三等奖。 2008 年获中国逻辑学会第二届优秀科研成果三等奖。
符号学视野下的先秦名辩学研究	人民出版社 （2017 年出版）	与曾祥云合著。
执中致德——中庸价值观念的历史考察	商务印书馆 （2022 年出版）	与高涌瀚合著。
汪奠基集（上、下）	华中科技大学出版社 （2023 年出版）	陈道德整理，选入《荆楚文库》。

（二）科研项目

科研项目

项目名称	下达编号	来源	起止时间	经费（万元）	备注
20 世纪语言逻辑发展状况研究	99BZX026	国家社科基金	1999—2001	3	主持（鉴定结果为“良好”）
符号学视野下的先秦名辩学研究	06BZX048	国家社科基金	2006—2008	8	主持（鉴定结果为“优秀”）
中国符号学思想研究	2006Y065	省教育厅	2006—2007	0.5	主持
墨家“兼相爱、交相利”伦理原则的现代价值	2004Y001	省教育厅	2004—2005	0.5	主持

续表

项目名称	下达编号	来源	起止时间	经费（万元）	备注
中国传统哲学对中国传统体育的影响研究	(2006)11号	湖北大学	2006—2007	0.8	主持
中国符号学思想中的价值取向	A0017	湖北大学重点项目	2001—2002	1.2	主持
“逻辑学”校级精品课程建设项目	013-015305	湖北大学	2004—2006	2	主持
逻辑学课程体系与教学内容的综合改革和实践	2005-027	湖北大学	2005—2006	0.6	主持
社会信用问题研究	2005-035	湖北省社科基金	2004—2006	1	第二负责人
湖北省城市社区伦理建设思路研究	2005-113	湖北省社科基金	2004—2006	0.5	第三负责人
“中庸之道”的价值哲学研究	ZD-1-21	郑州中华之源与嵩山文明研究会	2015—2017	10	主持

图书在版编目（CIP）数据

逻辑的力量 / 陈道德著 . -- 武汉 ：长江出版社，2023.11

ISBN 978-7-5492-9242-4

Ⅰ . ①逻… Ⅱ . ①陈… Ⅲ . ①逻辑学－研究 Ⅳ . ① B81

中国国家版本馆 CIP 数据核字 (2023) 第 236555 号

逻辑的力量

LUOJIDELILIANG

陈道德　著

责任编辑： 刘依龙　谌一
装帧设计： 汪雪
出版发行： 长江出版社
地　　址： 武汉市江岸区解放大道 1863 号
邮　　编： 430010
网　　址： https://www.cjpress.cn
电　　话： 027-82926557（总编室）
027-82926806（市场营销部）
经　　销： 各地新华书店
印　　刷： 武汉市首壹印务有限公司
规　　格： 787mm×1092mm
开　　本： 16
印　　张： 19
彩　　页： 12
字　　数： 360 千字
版　　次： 2023 年 11 月第 1 版
印　　次： 2025 年 7 月第 1 次
书　　号： ISBN 978-7-5492-9242-4
定　　价： 118.00 元